Les Chats fantastiques

Les Chats fantastiques

Anthologie établie
par Xavier Legrand-Ferronnière

Nouvelles traduites de l'anglais

ÉDITIONS JOËLLE LOSFELD

Le Roi des chats

S. V. Benét

« Enfin, ma chère, demanda Mme Culverin un peu émue, vous n'allez pas me dire... une queue ? »

Mme Dingle hocha la tête avec conviction.

« C'est pourtant vrai. Je l'ai vu. Deux fois. À Paris bien sûr et puis à Rome, à un gala de Cour. Nous étions dans la loge royale. Ma chère, jamais personne n'a su tirer de tels effets d'un orchestre. Et, ma chère – elle hésita un instant –, c'est avec elle qu'il dirigeait.

– Mais c'est tout simplement incroyable ! dit Mme Culverin d'un ton étonné mais avide. Il *faut* l'avoir à dîner dès son arrivée. Car il va venir, n'est-ce pas ?

– Le 12, répondit Mme Dingle l'œil brillant. On lui a demandé de diriger le Nouvel Orchestre symphonique pour trois concerts de gala. J'espère bien que vous pourrez dîner *chez nous* un soir où il sera là. Il sera très pris naturellement, mais il a promis de nous réserver quelques moments...

– Merci, ma chère », répondit distraitement Mme Culverin. Elle se rappelait comme elle avait brillamment kidnappé aux Dingle un célèbre romancier britannique. « Vous savez si bien recevoir. Mais vous allez vous tuer, et chacun doit vous soulager un peu ; Harry et moi nous serons trop heureux de...

– Comme c'est gentil, mon chou. » Mme Dingle n'avait pas oublié le coup du romancier britannique. « Mais le dîner que nous donnerons à M. Thibauld... joli nom, n'est-ce pas ? On dit qu'il descend du Tylbaut de *Roméo et Juliette*, et c'est pourquoi il n'aime pas Shakespeare... ce dîner sera fort simple – une petite réception après son premier concert. Il déteste, ajouta-t-elle, les grandes sauteries. Et puis aussi cette petite... particularité, toussota-t-elle, lui donne une certaine timidité en présence d'étrangers.

– Je ne comprends pas très bien, tante Emily, dit Tommy Brooks, le neveu de Mme Dingle, vous voulez dire que ce bonhomme a une queue. Comme un singe, ou quoi ?

– Mon cher garçon, répliqua sèchement Mme Culverin, d'abord M. Thibauld n'est pas un bonhomme. C'est un musicien très distingué, le premier chef d'orchestre en Europe. Et ensuite...

– Ensuite, il a une queue, confirma Mme Dingle. Et c'est avec elle qu'il dirige son orchestre.

– Sérieusement, dit Tommy dont les oreilles étaient devenues écarlates. Allons donc ! Enfin, puisque vous le dites, tante Emily, je ne vais pas... Tout de même, c'est un peu fort, avouez-le ! Qu'en pensez-vous, maître ? »

Le Pr Tatton s'éclaircit la gorge :

« Hum, dit-il en croisant délicatement les doigts. Je serais très heureux de rencontrer M. Thibauld. Comme personnellement je n'ai jamais pu observer un cas authentique d'*homo caudatus*, je serais porté à douter. Cependant... au Moyen Âge, par exemple, la notion qu'il existait des hommes munis de cette sorte d'appendice était largement répandue et, semble-t-il, non sans fondement. Sans remonter plus haut que le XVIIIe siècle, un capitaine au long cours, hollandais de bonne renommée, prétend avoir découvert un couple de ces créatures dans l'île de Formose. Ils étaient descendus, je crois, à un degré très bas de civilisation, mais les appendices en question étaient nettement différenciés. Et, en 1860, le Dr Grimbroock, chirurgien anglais, prétendit avoir examiné au moins trois Nègres africains munis de queues courtes, mais indiscutables. Personne n'est cependant venu confirmer son témoignage. Après tout, la chose n'est pas impossible, encore qu'évidemment inhabituelle. On voit quelquefois des pieds palmés, des ouïes embryonnaires, nous avons toujours l'appendice. La chaîne de notre descendance, depuis le singe, est encore très incomplète. C'est pourquoi il nous est permis de dire que les dernières vertèbres de notre épine dorsale ne sont que les premières d'un appendice caudal rudimentaire et dissimulé. Mais oui, il est possible, très possible que, dans un cas tout à fait particulier, une sorte de régression de l'espèce, une survivance... Cependant...

– Je vous l'avais bien dit, s'écria triomphalement Mme Dingle. N'est-ce pas fascinant ? Ne trouvez-vous pas, princesse ? »

Les yeux de la princesse Vivrakanarda, bleus comme la gentiane, insondables comme l'azur du ciel, s'arrêtèrent un instant sur cette brave Mme Dingle.

« Très fascinant, dit-elle d'une voix suave, veloutée, dorée, j'aimerais, j'aimerais beaucoup rencontrer ce M. Thibauld.

– Et moi, j'aimerais lui tordre le cou », dit Tommy Brooks entre ses dents ; mais personne ne lui prêtait attention, comme d'habitude.

Cependant, comme la date de l'arrivée de M. Thibauld aux États-Unis approchait, les gens se demandèrent si la princesse avait dit la vérité. Car, sans aucun doute, elle avait été jusqu'ici le clou de la saison et, en général, les vedettes prennent grand soin de cette exclusivité.

C'était, et vous vous en souvenez encore, une saison siamoise et les véritables Siamois étaient aussi recherchés que les Russes dans les premiers jours des ballets de la Chauve-Souris. Le *Théâtre d'Art siamois*, importé à grands frais, jouait à guichets fermés. *Gushuptzgu*, une épopée de la vie rurale au Siam en dix-neuf volumes, venait de remporter le prix Nobel. Les éleveurs n'arrivaient pas à satisfaire la demande en chats siamois. Et au sommet de cette vague d'intérêt pour les choses siamoises, la princesse Vivrakanarda évoluait avec la désinvolture d'un indigène hawaïen dans son canoë d'écorce. Indispensable, incomparable, elle était partout.

Jeune, fabuleusement riche, apparentée d'un côté à la famille royale de Siam et de l'autre aux Dupont de Nemours, faisant son apparition dans le monde après une adolescence mystérieusement soustraite aux regards de la foule, elle réunissait les traits des deux races dans une beauté aussi étrange qu'originale. Elle se mouvait avec une grâce aisée, féline ; sa peau semblait saupoudrée d'imperceptibles grains d'or, et ses yeux légèrement bridés avaient les reflets du flot des profondeurs. Ses cheveux lui tombaient aux genoux et le syndicat des coiffeurs lui avait offert des sommes insensées pour qu'elle se coiffe à la Ninon. Descendant en vagues sur ses épaules comme une cascade sur de bruns rochers, ils répandaient un doux parfum de santal et d'épices, et leurs ondes paraissaient avoir capturé quelques rayons du soleil. Elle parlait peu – à quoi bon parler ? Mais sa voix contenait une sorte d'âpreté mélodieuse, étrange, inoubliable. Elle vivait seule. On lui faisait la réputation d'être nonchalante ; elle dormait, disait-on, presque toute la journée. Mais le soir, elle s'épanouissait comme une belle de nuit et ses yeux brillaient d'un bleu plus profond.

Il était naturel que Tommy Brooks tombât amoureux d'elle. Ce qui l'était moins, c'est qu'elle tolérât cet amour. Tommy n'avait rien de remarquable, rien d'exotique. C'était un de ces jeunes gens normaux, sympathiques, qui semblent nés pour assumer l'expédition des affaires courantes en lisant les journaux les pieds sur la table, et qu'on peut toujours inviter à dîner au dernier moment. Il est vrai que la princesse n'avait jamais accordé à ses soupirants autre chose qu'une indulgence lointaine. Personne n'avait jamais vu son regard distant et fier s'animer en présence d'un représentant du sexe fort. Mais elle paraissait réserver un peu plus d'indulgence à Tommy qu'aux autres. Et le malheureux, dans sa passion, se prenait à évoquer des solitaires étincelants, des appartements somptueux sur Park Avenue, lorsque M. Thibauld donna son premier concert à Carnegie Hall.

Tommy Brooks était assis auprès de la princesse. Il tournait vers elle des regards soumis et tendres. Elle gardait une contenance impassible et elle se borna à remarquer, tandis que les violons s'accordaient, qu'il y avait bien du monde. Tommy fut soulagé en quelque manière de la trouver encore plus réservée qu'à l'ordinaire car, depuis le dîner chez Mme Culverin, il avait mûri une vague inquiétude quant à l'effet qu'allait produire sur la princesse le dénommé Thibauld. Le seul fait qu'il fût venu montrait l'étendue de sa passion. Pour lui, la musique s'arrêtait à *Rose-Marie*, et c'est d'un vaillant sourire qu'il parcourut le programme.

« Chut, souffla Mme Dingle, émue. Le voici ! »

Tommy se retrouva un instant sur le front d'Italie comme M. Thibauld faisait son entrée, littéralement mitraillé d'applaudissements.

Puis ce déferlement d'enthousiasme s'arrêta court, et l'on entendit une sorte de vaste bâillement, un large soupir, comme si chaque spectateur avait soudain fait « Ahh ! », car les journaux n'avaient pas menti : la queue était là.

On avait fait à M. Thibauld la réputation d'être théâtral. Mais que son goût de l'apparat était bien compris ! Dans son habit d'un noir de jais, il ne marchait pas, il ondulait paisiblement, aisément, non sans hauteur, sa fameuse queue nonchalamment enroulée autour du poignet, une souple panthère noire dans un jardin d'acclimatation, avec cette sorte de frisson mystérieux de la tête qu'ont les panthères lorsqu'elles piétinent derrière les barreaux d'une cage, ses yeux étincelants et sombres ne trahissant ni surprise, ni fierté. Il salua deux fois d'une façon royale, tandis que les applaudissements reprenaient frénétiquement. Tommy découvrit avec terreur que ses manières évoquaient étrangement celles de la princesse. Puis Thibauld revint à son orchestre.

L'auditoire fit alors entendre un nouveau murmure d'étonnement, plus prononcé encore que le premier : car, comme il se retournait, le bout de cette queue incroyable serpenta avec une sorte de nonchalance étudiée dans quelque poche secrète et produisit une baguette d'ébène. Mais Tommy ne le regardait plus. Ses yeux étaient tournés vers la princesse.

D'abord elle n'avait pas même daigné applaudir, et puis... il ne l'avait jamais vue émue à ce point. Elle n'applaudissait pas. Ses mains étaient crispées sur son genou, tout son corps était tendu, rigide comme une barre d'acier, et ses yeux couleur de myosotis étaient braqués sur M. Thibauld avec une fixité terrifiante. Son aspect était à la fois si immobile et si tendu que Tommy conçut un instant l'idée folle qu'elle allait s'envoler de son siège comme un gigantesque éphémère et atterrir silencieusement auprès de M. Thibauld pour – mais oui –, pour frotter avec adoration ce fier visage au revers de son habit. Mme Dingle elle-même n'allait pas tarder à s'apercevoir de quelque chose.

« Princesse, chuchota-t-il, horrifié. Princesse... »

Il vit se relâcher la tension de son corps. Ses yeux perdirent leur éclat. Elle était calmée.

« Quoi donc, Tommy ? » dit-elle, et sa voix était normale.

Cependant, il y avait encore en elle quelque chose...

« Rien, rien. Oh tenez, il commence ! » dit Tommy, comme M. Thibauld, les bras nonchalamment croisés, se retournait et faisait *face* au public. Il baissa les yeux, sa queue fouetta l'air avec grâce, puis frappa sur le sol les trois petits coups d'avertissement.

L'ouverture d'*Iphigénie en Aulide* avait rarement connu pareil succès. À la *Huitième Symphonie*, l'enthousiasme de l'assistance touchait à l'hystérie. Jamais le Nouvel Orchestre symphonique n'avait aussi bien joué, jamais encore, il faut le dire, il n'avait été conduit avec une telle maîtrise. Trois éminents chefs d'orchestre sanglotaient dans la salle comme des enfants désespérés de leur impuissance à atteindre le fruit défendu, et l'on entendit l'un d'eux offrir éperdument dix mille dollars à un célèbre chirurgien esthétique qui assistait au concert, pour qu'il voulût bien admettre que, dans l'état actuel de la science, une queue pouvait être greffée sur un organisme dépourvu de cet ornement. À n'en pas douter, aucun bras, aucune main, quelle que fût son agilité, ne pouvait allier l'élan délicat et la grâce irrésistible déployés par la queue de M. Thibauld.

Cette baguette de martre dominait les cuivres d'un frémissement rapide comme l'éclair, ce souple fouet d'ébène tirait des bois le soupir expirant de la plus divine mélodie, cette baguette de sorcier maîtrisait les cordes impétueuses. M. Thibauld salua, salua encore ; des rugissements enthousiastes secouaient l'édifice jusqu'en ses fondations et quand enfin, épuisé, il abandonna son pupitre, on dut empêcher par la force la présidente du Sonata Club de lui jeter d'admiration son collier de perles de quatre-vingt-dix mille dollars.

New York était venu, avait vu. New York était vaincu. Mme Dingle fut immédiatement assiégée par les journalistes, et Tommy envisagea la « petite soirée » à laquelle il devait rencontrer le héros du jour avec un état d'esprit à peine moins lugubre que celui du monsieur que l'on vient d'asseoir dans un fauteuil électrique.

La rencontre entre sa princesse et M. Thibauld fut pire et meilleure que ce qu'il attendait. Meilleure, parce qu'après tout ils ne se dirent pas grand-chose. Pire, parce qu'il lui apparut en quelque manière qu'une certaine parenté d'esprit entre eux rendait les mots inutiles. Ils formaient certainement le couple le plus distingué de l'assistance et, comme il se penchait sur sa main, Mme Dingle ne put s'empêcher de murmurer :

« Comme ils sont loin de nous, ces chers amis, et cependant si différents l'un de l'autre. »

Tommy n'était pas d'accord.

Différents, oui. L'étranger, brun, souple, son bizarre appendice nonchalamment fourré dans sa poche, et la jeune fille aux cheveux noirs, aux yeux bleus. Mais cette différence ne faisait qu'accentuer ce qu'ils avaient en commun : leur démarche, la souplesse de leurs gestes, l'expression de leurs yeux. Quelque chose de plus profond, même, que la race. Il essaya de démêler cette énigme, puis, contemplant les autres invités, il eut un éclair de lucidité. Ce couple était étranger, certes, non seulement étranger à New York, mais à toute l'humanité. C'étaient les hôtes bien élevés venus d'une autre planète.

Tommy passa une soirée assez pénible. Mais il avait l'esprit lent, et ce n'est que beaucoup plus tard que ses soupçons insensés prirent corps définitivement.

Il ne faut peut-être pas lui reprocher ce manque de compréhension immédiate. Les semaines qui suivirent le laissèrent dans un complet désespoir. Non que l'attitude de la princesse à son égard eût changé. Elle était toujours aussi indulgente avec lui. Mais M. Thibauld était toujours là. Il avait la faculté d'apparaître comme par enchantement – il marchait, tout grand qu'il fût, léger comme un papillon. Et Tommy apprit à haïr le frémissement imperceptible du tapis qui annonçait son arrivée.

Et puis, après tout, l'homme était d'un caractère si égal, si infernalement égal ! Il ne se mettait jamais en colère, ne perdait jamais contenance. Il traitait Tommy avec une courtoisie parfaite, et cependant son œil ne perdait jamais son expression moqueuse. Tommy n'y pouvait rien. Et la princesse se sentait attirée vers cet étranger, peu à peu, irrésistiblement, dans une communion ineffable. Tommy le voyait bien et il se perdait en une haine impuissante.

Il commença à être hanté non seulement par M. Thibauld en chair et en os, mais encore par M. Thibauld en esprit. Il dormait mal et, quand il dormait, il rêvait de M. Thibauld, qui n'était plus un homme, mais une ombre, un spectre, le fantôme flexible d'un animal qui parlait en montrant de petites dents pointues. Il y avait certainement dans le personnage quelque chose de bizarre – ses manières fuyantes, la force de sa tête et celle de ses ongles –, mais l'esprit fiévreux de Tommy ne parvenait pas à mettre en forme tous ces éléments. Et, quand enfin il y réussit, il refusa tout d'abord d'y croire.

Quelques petits incidents le décidèrent enfin, contre toute apparence de raison. Il s'était rendu chez Mme Dingle, un après-midi d'hiver, espérant trouver la princesse. Elle était sortie avec sa tante, mais on l'attendait pour le thé, et il se promenait oisivement dans la bibliothèque pour l'attendre. Il allait allumer les lampes, car il faisait toujours sombre dans la bibliothèque, même en été, quand il entendit un léger souffle qui lui sembla venir du divan de cuir dans un coin de la pièce. Il s'en approcha doucement et reconnut la silhouette de M. Thibauld, recroquevillé sur le divan, paisiblement endormi.

À ce spectacle, Tommy, excédé, jura à voix basse et il battait en retraite vers la porte, quand cette sensation que nous connaissons tous et que nous détestons, cette sensation qu'on nous regarde dans le dos, lui fit tourner la tête. Apparemment, M. Thibauld n'avait pas bougé d'un pouce, mais ses yeux étaient grands ouverts. Et ses yeux n'étaient plus des yeux noirs, des yeux d'homme. Ils étaient verts. Tommy aurait pu le jurer – et il aurait pu jurer qu'ils étaient sans fond et qu'ils luisaient dans l'ombre comme deux petites émeraudes. Cela ne dura qu'un instant, car, sans y penser, Tommy toucha l'interrupteur – et M. Thibauld apparut, semblable à lui-même, bâillant un peu, mais s'excusant courtoisement. Tommy n'en avait pas moins son idée. Et ce qui se produisit quelques jours plus tard ne contribua pas à le rassurer.

Ils parlaient au coin du feu. La haine de Tommy était devenue si intense qu'il recherchait parfois sa compagnie, comme il arrive quelquefois dans ces cas-là. M. Thibauld racontait quelque anecdote, et Tommy lui en voulait à mort de se rôtir ainsi devant les flammes avec un contentement si évident et de se rengorger au son de sa propre voix.

Puis ils entendirent s'ouvrir la grande porte de la rue. M. Thibauld bondit, et, ce faisant, il accrocha sa chaussette à un fil de cuivre du pare-étincelles qui la lui déchira du haut en bas. Les yeux de Tommy se portèrent machinalement sur la déchirure – rien qu'une seconde, mais qui suffit –, car M. Thibauld, pour la première fois, perdit complètement son sang-froid. Il cracha un juron dans une langue inconnue, il grimaça affreusement et mit la main sur son bas. Puis, jetant à Tommy un regard furibond, il bondit presque hors de la chambre et Tommy l'entendit grimper l'escalier en une série de sauts allongés et souples.

Tommy s'effondra sur une chaise, sans que le rire léger de la princesse, que l'on pouvait entendre dans le hall, le fît tressaillir. Il ne voulait pas voir la princesse. Il ne voulait voir personne. Ce qu'il avait aperçu lorsque M. Thibauld avait déchiré sa chaussette, ce n'était pas une peau humaine. Tommy avait aperçu une sorte de peluche noire, de velours noir. Puis M. Thibauld avait failli s'étrangler de colère. Seigneur ! Le bonhomme porterait-il des bas de velours noir sous ses chaussettes ? Ou alors... ou alors... Tommy prit son front enfiévré entre ses deux mains.

Il se rendit le soir même chez le Pr Tatton et lui posa une

série de questions hypothétiques. Mais comme il n'osa pas confier au professeur ses véritables soupçons, les réponses qu'il reçut, non moins hypothétiques, ajoutèrent encore à sa confusion. Puis il pensa à Billy Strange. Billy était un brave garçon. Il était attiré par le bizarre. Billy pourrait peut-être lui venir en aide.

Il ne put le joindre durant trois jours et ne vécut pas pendant cet intervalle. Finalement, ils dînèrent ensemble chez Billy, et, dans sa bibliothèque aux livres peu communs, Tommy put lui faire part de ses soupçons incohérents. Billy l'écouta, sans dire un mot jusqu'à ce que Tommy eût terminé. Puis, tirant une bouffée sur sa pipe :

« Écoute, mon bon vieux... protesta-t-il.

– Oh, je sais, je sais... » dit Tommy, et il leva les mains. « Je sais que je suis fou, inutile d'insister. Mais je te dis que cet homme est un chat. Comment, je n'en sais rien, mais c'est un chat. En tout cas, ce que chacun sait, c'est qu'il a une queue.

– Même ainsi, dit Billy, dans une bouffée de pipe. Mon cher Tommy, je ne mets pas en doute ce que tu as vu, ou ce que tu crois avoir vu. Mais, malgré tout... » Il secoua la tête.

« Et les loups-garous et autres créatures de ce genre ? » demanda Tommy.

Billy prit un air de doute.

« Là, reconnut-il, je suis forcé de m'incliner. On peut admettre *à la rigueur* un homme à queue, et ce qu'on raconte des loups-garous va assez loin, de sorte que... je n'irais pas jusqu'à dire qu'il existe ou qu'il n'existe pas de loups-garous – et je suis disposé à croire pas mal de choses. Tout de même, un chat-garou, ou un homme-chat, ou un chat-homme, tout de même, Tommy...

– Si tu ne me viens pas en aide, je n'ai plus qu'à me faire enfermer. Pour l'amour du ciel, que faut-il que je fasse ?

– Voyons un peu, dit Billy. Avant tout, tu es prêt à mettre ta main au feu que cet homme est...

– Un chat, oui, dit Tommy en hochant vigoureusement la tête.

– Bon. Deuxièmement, sans vouloir te blesser, Tommy, tu

crains que cette jeune fille dont tu t'es entiché ait en elle un soupçon de... hum... félinité et ne soit attirée vers lui ?

– Si seulement je le savais !

– Admettons-le un instant. Tu serais toujours épris d'elle ?

– Je l'épouserais même si elle se transformait en dragon tous les mercredis », dit Tommy avec ferveur.

Billy sourit.

« Hum, dit-il, alors il est évident qu'il faut se débarrasser de M. Thibauld. Laisse-moi réfléchir. »

Il fuma au moins deux pipes sans mot dire. Tommy était sur des charbons ardents. Finalement, Billy éclata de rire.

« Il n'y a pas de quoi rire, dit Tommy, amèrement.

– Non, Tommy. Mais je pense à un tour – quelque chose de si absurde que... Enfin, s'il est... ce que tu crois qu'il est... cela *pourrait* prendre. »

Et, s'approchant de la bibliothèque, il en tira un livre.

« Si tu crois me calmer en me lisant un conte à dormir debout...

– Une minute, Tommy, écoute plutôt, si tu veux vraiment être débarrassé de ton ami félin.

– Qu'est-ce que c'est ?

– Le livre d'Agnès Repplier sur les chats. Écoute :

On connaît aussi une version scandinave de l'histoire fameuse racontée par Walter Scott à Washington Irving, et par Charles Nodier à Gérard de Nerval, histoire que, sous une forme ou sous une autre, nous retrouvons dans le folklore de chaque pays. – Attention, là, Tommy – *On raconte qu'un voyageur aperçut dans une abbaye en ruine une procession de chats qui portaient en terre un petit cercueil orné d'une couronne. Rempli d'effroi, le voyageur s'enfuit. Quand il fut arrivé à la ville, il ne put s'empêcher de raconter à un ami l'étrange scène à laquelle il avait assisté. À peine avait-il achevé son histoire que le chat de son ami, qui sommeillait tranquillement au coin du feu, bondit sur ses pattes en criant :* "Mais alors, je suis le roi des chats !" *Et, en un clin d'œil, il disparut dans la cheminée.*

– Qu'en dis-tu ? conclut Billy, en refermant le livre.

– Bon Dieu, dit Tommy les yeux écarquillés, bon Dieu ! Tu crois qu'il y a un espoir ?

– Je crois que nous sommes aussi fous l'un que l'autre. Mais si tu veux essayer...

– Essayer ! Je vais lui jeter cela à la tête, la prochaine fois que je le verrai. Mais écoute, où vais-je trouver une abbaye en ruine ?

– Donne-toi un peu de mal ! Prends Central Park par exemple, n'importe quoi. Raconte-lui comme si cela t'était arrivé à toi-même, la procession funèbre et tout le bazar. Tu arroses le tout de considérations générales, du genre : "Curieux, tout de même, comme la vie copie parfois le roman. Tenez, hier, par exemple..."

– Curieux, tout de même, comme la vie copie parfois le roman... répéta docilement Tommy. Tenez, hier, par exemple...

– Je flânais dans Central Park quand j'ai aperçu un étrange spectacle...

– Je flânais dans... Eh, donne-moi ce bouquin, dit Tommy, je veux apprendre le reste par cœur. »

Le dîner d'adieu de Mme Dingle au célèbre M. Thibauld, à l'occasion de son départ pour la Californie, était attendu avec curiosité. Tout le monde y serait, y compris la princesse Vivrakanarda, et de plus Mme Dingle, avec son habitude du monde, avait fait courir le bruit qu'au dîner on apprendrait une nouvelle qui aurait un certain retentissement dans la bonne société. Pour une fois, tout le monde arriva à l'heure, sauf Tommy. Il était là au moins un quart d'heure trop tôt, car il voulait avoir avec sa tante un entretien particulier. Malheureusement, à peine avait-il enlevé son manteau que sa tante déversait dans son oreille un flot de nouvelles avec une telle volubilité qu'il n'y comprit rien.

« Pas un mot à personne, dit-elle enfin, rayonnante. La bombe éclatera avec la salade, je pense. Personne ne fait attention à la salade...

– Mais quoi donc ? demanda Tommy, éberlué.

– La princesse, mon petit, la princesse et M. Thibauld, ils se sont fiancés cet après-midi, les pauvres chéris ! N'est-ce pas *merveilleux* ?

– Ouais », dit Tommy, et, comme un aveugle, il se dirigea vers la porte. Sa tante le retint.

« Pas par là, mon cher. Pas dans la bibliothèque. Tu les féliciteras plus tard. Laisse-les un moment l'un à l'autre... »

Et elle se retourna pour donner ses ordres au maître d'hôtel, laissant Tommy foudroyé.

Mais, une seconde plus tard, il redressait la tête. Il n'était pas encore battu.

« Curieux, tout de même, comme la vie copie parfois le roman... » répétait-il mécaniquement et, ce faisant, il frappait à la porte de la bibliothèque.

Mme Dingle s'était trompée, comme d'habitude. La princesse et M. Thibauld n'étaient pas dans la bibliothèque. Ils étaient dans la serre, et Tommy les découvrit comme il ouvrait sans y penser la porte de verre qui y conduisait.

Il ne voulut pas les voir et, une seconde plus tard, il était parti. Mais cet instant avait suffi.

Thibauld était assis. Elle était allongée sur une couverture à ses pieds. Il caressait doucement, il flattait sa chevelure brune. Un chat noir, une chatte siamoise. Tommy ne pouvait voir son visage. Mais il aperçut celui de Thibauld, et il entendit.

Ils ne parlaient pas. Mais ils faisaient entendre un son. Un bruit satisfait et grave, le murmure d'abeilles géantes dans un tronc d'arbre mort, un bourdon, musical, profond, qui venait des lèvres de M. Thibauld et auquel elle répondait. Ils ronronnaient, tout simplement.

Tommy se retrouva au salon, secouant énergiquement les mains de Mme Culverin qui ne lui avait, dit-elle, jamais trouvé aussi mauvaise mine.

Au dîner, les deux premiers services défilèrent devant Tommy comme dans un rêve, mais la cave de Mme Dingle était assez remarquable, et c'est au rôti qu'il commença à se ressaisir. Sa décision était prise.

Pendant un bon moment, il essaya désespérément de s'insinuer dans la conversation, mais Mme Dingle parlait et l'ange Gabriel lui-même n'aurait pu l'interrompre.

« À propos, déclara Tommy d'une voix forte et sans avoir la moindre idée de quoi l'on parlait, à propos...

– Comme je vous le disais... » enchaîna le Pr Tatton.

Mais Tommy n'allait pas s'arrêter en chemin.

« À propos », répéta-t-il d'un ton si ferme et si étrange que Mme Culverin sursauta et qu'un « chut » général fit le tour de la table. « Curieux, tout de même, comme la vie copie parfois le roman ? » Et le voilà parti. Sa voix s'éleva d'un ton :

« Tenez, hier, je flânais... » et, mot pour mot, il répéta sa leçon.

Il pouvait voir les yeux brillants de Thibauld fixés sur lui, comme il décrivait l'enterrement. Il pouvait voir la princesse, rigide.

Il n'aurait pu dire à quoi il s'était attendu lorsqu'il eut terminé : en tout cas, pas à ce silence ennuyé, général, qu'interrompit la voix acide de Mme Dingle :

« Eh bien, Tommy, et alors ?... »

Il se tassa dans son fauteuil, écœuré. Il était idiot, et son dernier atout était sans valeur. Il entendit à peine sa tante déclarer :

« Mes amis... », et il comprit qu'elle allait prononcer l'arrêt fatal.

À ce moment, M. Thibauld prit la parole :

« Une seconde, je vous en supplie, madame Dingle », dit-il avec une politesse infinie, et elle se tut. Il se tourna vers Tommy.

« Vous êtes... certain, Brooks, je suppose, de ce que vous avez vu hier après-midi ? demanda-t-il d'un ton légèrement ironique.

– Absolument, dit Tom d'un ton maussade. Croyez-vous que j'irais...

– Oh non, non, non. » M. Thibauld écarta d'un geste cette supposition. « Mais c'est une histoire si intéressante. On n'est jamais trop sûr des détails. Et naturellement vous êtes *sûr... tout à fait sûr...* que la couronne que vous décrivez se trouvait sur le cercueil ?

– Positivement, dit Tom étonné, mais...

– Mais alors, je suis le roi des chats ! » hurla M. Thibauld d'une voix formidable. Et comme il disait ces mots, les lumières vacillèrent, on entendit une sorte d'explosion étouffée qui semblait venir du salon de musique. Un éclair aveuglant et douloureux illumina la salle, qui fut aussitôt remplie de fumée, lourde, âpre.

« Ces photographes sont *insupportables*, se plaignit mélodieusement Mme Dingle. Je leur avais pourtant dit de ne pas brûler leur magnésium avant la fin du dîner. Et ils m'ont prise juste comme je tournais la salade. »

Quelqu'un frissonna. Quelqu'un toussota. La fumée se dissipait lentement, et les taches vertes et noires qui dansaient devant les yeux de Tommy disparurent.

Les invités se regardaient tous, clignotant des yeux comme des hommes que la lumière du soleil aveugle au sortir d'une cave. Leurs yeux étaient encore douloureux et Tommy distinguait à peine les personnes qui étaient assises en face de lui.

Mme Dingle, avec son aisance habituelle, reprit possession de son auditoire éberlué. Elle se leva, son verre à la main.

« Et maintenant, mes chers amis, dit-elle d'une voix claire, j'ai le grand honneur de vous faire part... »

Puis elle se tut, bouche bée, une expression d'horreur incrédule sur ses traits. Son verre, tenu d'une main incertaine, répandit sur la nappe quelques gouttes d'ambre. En parlant, elle s'était tournée vers la place de M. Thibauld... et M. Thibauld avait disparu.

Les uns disent avoir vu une sorte d'éclair s'engouffrer dans la cheminée. Les autres, qu'un chat géant bondit par la fenêtre sans casser la glace. Le Pr Tatton incline pour une mystérieuse désintégration atomique dont la chaise de M. Thibauld aurait été le théâtre. Le maître d'hôtel, un homme bien pensant, est d'avis que le diable lui-même est venu le chercher ; et Mme Dingle hésite entre la sorcellerie et la malicieuse dématérialisation d'un ectoplasme dans le mauvais plan cosmique. Quoi qu'il en soit, une chose est sûre. Dans l'instant d'obscurcissement artificiel qui suivit l'explosion, M. Thibauld, le grand chef d'orchestre, queue comprise, avait disparu de cette planète.

Mme Culverin jure que c'était un escroc international et qu'elle était sur le point de le démasquer lorsqu'il s'échappa à la faveur d'un rideau de fumée ; mais aucun des convives ne la croit. Aucune explication n'est satisfaisante. Tommy a bien la sienne et il ne peut plus croiser un chat sans ressentir un petit frisson.

Mme Tommy partage l'attitude de son mari en ce qui concerne les chats. Son prénom est Gretchen. C'est une Woolwine de Chicago. Tommy lui a tout raconté et, si elle garde quelques doutes, elle est bien certaine en tous cas que l'héroïne de l'histoire était une *véritable chatte.* L'aventure eût été plus romanesque si Tommy avait réussi à conquérir enfin le cœur de sa princesse. Malheureusement, elle ne serait plus vraie. Car la princesse Vivrakanarda n'est plus des nôtres. Ses nerfs secoués par le dénouement spectaculaire du dîner de Mme Dingle réclamèrent la détente d'un voyage en mer. Et depuis, on ne l'a jamais revue en Amérique.

Naturellement, on raconte sur elle des tas d'histoires. On la dit cloîtrée dans un couvent siamois ou bien danseuse masquée au *Jardin de ma sœur.* On dit qu'elle a été assassinée en Patagonie, qu'elle est mariée à Trébizonde. Mais aucune de ces légendes n'a jamais été confirmée par les faits. Je crois que Tommy, au fond de son cœur, est convaincu que la croisière en mer n'était qu'un prétexte et que, par quelque moyen inédit, elle a réussi à rejoindre le formidable M. Thibauld, que ce soit dans ce monde ou dans l'autre. Il est convaincu que, dans quelque cité en ruine, dans quelque palais souterrain, ils règnent ensemble à présent, roi et reine de ce mystérieux royaume des chats. Mais, naturellement, cette histoire ne tient pas debout.

Traduit de l'anglais par Pierre Javet

Le Retour de l'âme

Robert S. Hichens

« Je suis déjà venu ici,
Mais quand ? comment ? je ne saurais le dire. »
Dante-Gabriel Rossetti

I

Nuit de mardi, 3 novembre.

Les théories ? À quoi bon ?... Ce sont les fléaux des temps modernes : elles assaillent nos esprits, les plongent dans la confusion, le chaos et le désespoir ! Jusqu'à présent, elles ne m'ont jamais troublé ; pourquoi cela changerait-il aujourd'hui ? Évidemment, la théorie du Pr Black est complètement absurde. Même un enfant la trouverait risible. Oui, même un enfant ! Je n'ai jamais tenu de journal. Je n'ai jamais compris l'intérêt de veiller, tard la nuit, pour consigner minutieusement dans un journal intime les événements dérisoires d'une existence insignifiante. On prétend qu'il est si intéressant d'en relire les notes des années plus tard. Relire, une fois adulte, les *menus** de mon enfance, les histoires d'amour dont j'ai été acteur, les tragédies dont j'ai été responsable, les dettes que je

* Les mots suivis d'un astérisque sont en français dans le texte. *(N.d.T.)*

n'ai jamais remboursées !... Quel profit pourrais-je en tirer ? Tenir un journal ne m'a toujours paru qu'un surcroît de souffrance ajouté aux épreuves de la vie. À présent, comme tout le monde, je tiens moi aussi un journal intime, sur lequel je griffonne aujourd'hui. C'est vrai, mais je n'agis pas sans raison.

Je veux éclaircir la situation, et j'ai constaté, comme d'autres, que la plume facilite le travail de la pensée. Le tracé des mots sur le papier dissipe les nuages qui obscurcissent mes idées. Je me rappellerai les événements pour tranquilliser mon esprit, et me prouver combien il serait ridicule de croire le Pr Black. « Petit Homme Sec et Borné », c'était ainsi que je le surnommais. Borné ? Il a l'esprit rempli de fables extravagantes, d'inepties auxquelles une écolière rougirait de croire. Il est pourtant anormalement intelligent, son récit le prouve. Les esprits brillants ont néanmoins la réputation d'être les premiers à se fourvoyer : ce sont les chercheurs qui suivent une lumière vagabonde. Les affirmations du Pr Black ne sauraient être vraies. Quand j'aurai noirci ces pages et relu, comme pourrait le faire un lecteur extérieur, ce que j'ai écrit impartialement, j'en aurai fini une fois pour toutes avec ces chimères ridicules, discordantes, qui font de ma vie un fardeau. Mettre mes idées en ordre rétablira l'harmonie. L'esprit du mal se rendormira, s'éteindra en moi. Je serai guéri. Il doit en être ainsi... Il en sera ainsi...

Reprenons depuis le début. Ah ! comme cela me paraît loin ! Lorsque j'étais enfant, j'étais cruel. C'est le cas de la plupart des enfants, je crois. Mes camarades d'école formaient une bande impitoyable : impitoyables entre eux, envers leurs maîtres quand ils en avaient l'occasion, envers les animaux, les oiseaux. Ils étaient presque tous animés par le besoin de faire souffrir. Ils aimaient brutaliser, et s'ils n'allaient pas au bout de leur cruauté, ce n'était ni par crainte, ni par amour. Ils ne voulaient pas que leur boomerang revienne et les tue. Si un garçon était disgracieux, ils prenaient un malin plaisir à le taquiner. Si un maître se montrait gentil, peu sévère ou timide, ils lui rendaient la vie aussi impossible qu'ils le pouvaient. Si un animal ou un oiseau tombait entre leurs mains, ils étaient implacables. J'étais comme eux, je crois même que j'étais pire. La cruauté est un sentiment horrible. Je possède assez d'imagination pour ne pas seulement le savoir, mais encore pour le ressentir.

Certains prétendent que la brutalité des hommes provient d'un manque d'imagination. Ne serait-ce pas plutôt du pouvoir de l'imagination ? Le plaisir que l'on trouve à torturer est considérablement amoindri si l'on ne peut être dans la peau du supplicié aussi bien que dans celle du tortionnaire.

Lorsque j'étais enfant, j'étais cruel par nature, par instinct. J'étais une aimable petite brute, bien élevée, courtoise, attentionnée. Mes parents m'adoraient, et je me montrais charmant avec eux. Ils étaient si gentils avec moi que j'en arrivais presque à les aimer. Pourquoi pas ? Il me semblait aussi diplomate de les aimer, eux, que n'importe qui d'autre. Je n'en faisais qu'à ma tête, sans nécessairement les en tenir informés ; j'étais ainsi certain de leur faire plaisir. L'enfant avisé prendra soin d'entretenir l'ignorance de ses parents. J'étais enfant unique et mes parents étaient assez riches, mais mes principales espérances de plaisir dans la vie se concentraient sur ma grand-mère maternelle, dont la fortune était considérable. C'est dans cette maison qu'elle vivait, la pièce dans laquelle j'écris actuellement était son salon préféré. C'est là, sur son âtre, devant un feu de bois comme celui qui brûle en ce moment, que s'asseyait sa superbe chatte – son horrible chatte blanche ! Pourquoi avoir jamais abattu mes cartes, mon jeu d'enfant pour remporter cette maison ? C'est une question que je me suis posée ces derniers temps, tout récemment, comme un imbécile peut-être. Peut-être ne serait-ce l'avis du Pr Black ? Je me souviens, à l'âge de seize ans, de ma dernière visite à ma grand-mère. C'était une véritable corvée, mais on la disait à l'article de la mort ; et la mort laisse derrière elle de grandes maisons vides pour permettre à d'autres de venir les occuper. C'est pourquoi, lorsque ma mère me dit qu'il était préférable d'aller voir ma grand-mère, et que mon père ajouta qu'il pensait que j'étais le préféré de la famille, je renonçai de bonne grâce, en apparence, à tous les projets d'enfant que j'avais formés pour les vacances. Même si je n'étais encore qu'un enfant, j'étais loin d'être aveugle : je savais que tous les garçons n'ont pas seulement un présent, mais aussi un avenir. Je renonçai à mes projets pour venir ici, le sourire aux lèvres, mais au fond du cœur je haïssais ma grand-mère d'avoir le pouvoir de me contraindre à renoncer au plaisir pour l'ennui. Je la haïssais ; je m'avançai vers elle et l'embrassai. Je vis sa belle chatte persane blanche assise devant l'âtre dans cette pièce, et je pensai alors à mon camarade, mon ami intime, en compagnie duquel j'avais hâte de me retrouver à chasser, à pêcher ou à faire du cheval. De nouveau, je regardai la chatte. Je me souviens qu'elle se mit à ronronner quand je m'approchai d'elle. Elle était assise, parfaitement immobile, ses yeux bleus fixés sur le feu, mais je l'entendis ronronner de plaisir à mon approche. J'eus alors une envie folle de lui décocher un coup de pied. Les contraintes de sa vie ridicule la contentaient parfaitement. Elle semblait être, en miniature, la reproduction grotesque de ma grand-mère avec sa coiffe de dentelle blanche, son visage et ses mains d'ivoire. Assise dans son fauteuil, elle passait ses journées à regarder le feu. La chatte, assise devant l'âtre, faisait de même. Elle m'apparaissait comme l'incarnation animale de l'être humain qui me retenait enchaîné, et me privait de tous les divertissements et les plaisirs que je m'étais promis pendant les vacances. En entendant la chatte ronronner tranquillement à mon approche, j'eus soudain envie de lui faire du mal : j'avais l'impression qu'elle comprenait ce que ma grand-mère ne comprenait pas, qu'elle se réjouissait de mon emprisonnement volontaire avec la vieillesse, et riait tout bas du mal que se donnent les hommes – et les garçons – par amour de l'argent. Sale bête ! Je n'aimais pas ma grand-mère et elle avait de l'argent. Je haïssais mortellement la chatte, elle n'avait pas un *sou** !

Cette belle demeure n'est pas ancienne ; elle a été construite par mon grand-père. Je crois qu'il n'éprouvait pas la moindre attirance pour la vie citadine, et qu'il aimait passionnément la nature. Il entreprit dans sa jeunesse un étrange périple à travers l'Angleterre ; son but était de découvrir une vue parfaite, en face de laquelle il se proposait de construire sa maison. Pendant presque un an, m'a-t-on dit, il parcourut l'Écosse et l'Angleterre, avant de parvenir à cet endroit du Cumberland, dans ce village, où s'arrêtèrent ses pérégrinations. Debout sur cette terrasse sur laquelle s'ouvrent ces fenêtres – ce n'était encore qu'une forêt inculte –, il trouva enfin ce qu'il cherchait. Il acheta la forêt, les méandres de la rivière, les champs sur ses berges et, au bord de la gorge au fond de laquelle elle coule, il construisit cette maison charmante qui m'appartient aujourd'hui.

L'endroit, qui sort vraiment de l'ordinaire, est extrêmement pittoresque. La maison est admirablement située, le terrain plonge à pic devant elle, et la rivière forme presque un fer à cheval. Les bois sont ravissants. Le jardin curieusement dessiné, presque sauvage, ne ressemble à aucun autre, et la maison, sans être ancienne, réserve une foule de petites surprises, de pièces aux formes bizarres, d'escaliers remarquables, de recoins étranges. C'est un endroit qu'on n'oublie pas, une maison qui reste gravée dans la mémoire. En revenant ici après y avoir vécu, personne ne saurait l'avoir oublié. Pas même un animal. Non, pas même un animal...

Je souhaiterais n'être jamais allé à ce dîner et n'avoir jamais rencontré le Pr Black. L'horreur rôdait près de moi. Il en a accéléré les pas. Il a matérialisé mes peurs, fourni des mots à mes pensées imprécises. Pourquoi les hommes ne peuvent-ils se résoudre à laisser la vie en paix ? Pourquoi veulent-ils la saisir à la gorge et lui arracher ses secrets ? Respecter la réserve est l'un des premiers instincts du gentleman, et la vie est pleine de réserve.

Il se fait très tard. J'ai cru entendre à l'instant un pas dans la maison. Je me demande... Je me demande si *elle* dort. J'aimerais le savoir.

Les uns après les autres, les jours s'écoulèrent. Ma grand-mère semblait s'affaiblir, mais c'était presque imperceptible. Visiblement, elle appréciait beaucoup ma compagnie. Comme la plupart des personnes âgées à l'agonie, son âme se cramponnait frénétiquement à la vie, cette vie qui ne pouvait pourtant plus rien lui apporter ; et je crois qu'elle finissait par me considérer comme la personnification de tout ce qui l'abandonnait. Ma vitalité la réchauffait. Elle étendait ses mains vers ma propre flamme. Elle paraissait s'acharner à vivre à travers moi, et à la fin ne supportait plus de me perdre de vue. Elle me dit un jour, de sa voix chevrotante, ignoble – les vieilles voix sont hideuses, comme des échos immondes :

« Tant que tu seras dans cette pièce, Ronald, je ne mourrai jamais. Aussi longtemps que tu es avec moi, que je peux te toucher, je vivrai. »

Et, allongeant sa main blanche et ridée, elle caressa ma chaude main d'enfant.

Que j'eus envie de repousser cette main, de retrouver l'air libre et la clarté du soleil, d'entendre des voix jeunes – celles de l'aurore, pas du crépuscule ! Que j'eus envie d'être loin de la Mort ridée, accroupie comme une mendiante sur le seuil de cette maison, et attendant qu'on lui ouvre la porte !

Je m'ennuyais à en devenir malveillant, je l'avoue. Et j'aspirais de plus en plus ardemment à décharger ma haine sur quelque chose ou quelqu'un. Je regardai la chatte, assise devant le feu comme à son habitude.

Les animaux ont des intuitions aussi fines que celles d'une femme, plus subtiles que celles d'un homme. Ils héritent une peur instinctive de ceux qui les haïssent d'une longue lignée d'ancêtres ayant souffert de la main d'hommes cruels. Il leur suffit d'un regard, d'un geste, de l'intonation d'une voix, pour savoir s'ils doivent attendre de quelqu'un la bienveillance ou la malfaisance. Le premier jour de mon arrivée, la chatte avait ronronné avec satisfaction ; elle avait arrondi son dos blanc et soyeux sous ma main ; elle m'avait souri de ses yeux calmes, bleu clair. Elle avait désormais un mouvement de recul et paraissait se ramasser sur elle-même, se recroqueviller à mon approche. Je m'imaginais que ses yeux bleus s'emplissaient d'une compréhension naissante, d'une terreur croissante. À présent, elle se blottissait toujours très près de ma grand-mère, comme pour y chercher une protection, et elle m'observait comme si elle guettait une résolution qu'elle craignait de voir grandir dans mon esprit.

Et la résolution ne tarda pas à se préciser.

À mesure que les jours passaient, et comme ma grand-mère était toujours en vie, le désespoir commençait à me gagner. Mes vacances étaient finies, mais mes parents m'écrivirent pour me dire de rester où j'étais et de ne pas penser à retourner à l'école. Ma grand-mère leur avait fait envoyer une lettre dans laquelle elle assurait ne pas pouvoir se séparer de moi, en ajoutant que mes parents n'auraient pas lieu de regretter cette interruption momentanée de mes études. « Il sera amplement dédommagé pour chaque instant perdu », écrivait-elle, en parlant de moi.

Un tel intérêt pour un jeune garçon pouvait sembler étrange, mais ma grand-mère n'avait jamais aimé les femmes. J'étais beau, et elle aimait les beaux visages. Mes traits ne laissaient pas deviner la brutalité de ma nature. J'avais des yeux bruns, souriants et francs, une silhouette souple et vive, une voix gaie. On m'avait toujours dit que mes gestes étaient gracieux et que je ne manquais pas d'élégance, comme c'est si souvent le cas des jeunes écoliers. Extérieurement, j'étais séduisant, et la vieille femme, qui avait épousé deux maris uniquement pour leur beauté, prenait plaisir à sentir qu'elle avait le pouvoir de me retenir auprès d'elle à un âge où la plupart des garçons fuient les vieillards comme la peste.

Je faisais semblant de l'aimer. Je me pliais à ses moindres volontés, obéissais à ses ordres insupportablement ennuyeux, mais je n'avais qu'un rêve : me venger d'elle. Mon meilleur ami, le camarade avec lequel je devais passer mes vacances, partait à la fin du trimestre scolaire que je manquais. Il m'écrivit des lettres furieuses, dans lesquelles il me pressait de revenir, me reprochant mon égoïsme et mon manque d'affection.

Chaque fois que j'en recevais une, je regardai la chatte ; et elle se rapprochait davantage du fauteuil de ma grand-mère.

À présent, elle avait cessé de ronronner, et rien n'aurait pu la décider à quitter la pièce où ma grand-mère était assise. La servante me dit un jour :

« J'ai comme l'impression, monsieur, que la pauv' bête sait que ma maîtresse n'en a plus pour très longtemps. La façon dont cette chatte la regarde me va droit au cœur. Ah ! les bêtes, m'est avis qu'elles comprennent les choses aussi bien que nous. »

Je crois en effet que la chatte comprenait parfaitement. Elle observait ma grand-mère d'une manière très étrange, examinant son visage comme pour guetter les contours changeants, le progrès des rides, l'affaissement des traits qui annonçaient la lente et graduelle approche de la mort. Elle écoutait le son de sa voix ; et comme chaque jour celle-ci devenait plus vague, plus faible et plus éteinte, une anxiété qui me faisait exulter s'accentuait dans ses yeux bleus. Je le croyais tout du moins.

Je possédais une bonne dose d'imagination morbide à cet âge-là : j'adorais tisser une toile de chimères, horribles pour la plupart, autour de presque tout ce qui entrait dans ma vie. Je me plaisais à croire que la chatte déchiffrait chaque nouvelle intention qui me venait à l'esprit, me comprenait en silence depuis le coin du feu, suivait l'évolution de mes pensées, et qu'elle frémissait d'horreur comme elles se concentraient autour d'une résolution précise, qui s'affermissait et se renforçait jour après jour.

Je me plaisais à croire, ai-je dit ? J'étais convaincu, et je le suis encore aujourd'hui, que la chatte comprenait tout, et qu'elle était transie par la peur à mesure que ma grand-mère s'affaiblissait visiblement. Car elle savait ce que la fin signifierait pour elle.

Le premier jour de mon arrivée, en voyant ma grand-mère avec sa coiffe blanche, son visage et ses mains d'ivoire, et la grande chatte blanche assise auprès d'elle, je leur avais trouvé une ressemblance. Cette ressemblance me frappa davantage encore, s'insinua en moi, à mesure qu'augmentait la durée de mon séjour : la chatte m'apparaissait presque désormais comme une réplique de ma grand-mère, et chaque lettre de mon ami renforçait ma haine envers elles. Mais la haine que j'éprouvais à l'égard de ma grand-mère était destinée à rester impuissante. Jamais je ne pourrais lui faire payer l'*ennui**, l'inactivité furieuse, forcée, qui faisaient de ma vie un enfer et m'obligeaient à ronger mon frein, en exacerbant mes passions mauvaises. Je pourrais me venger sur cette créature qu'elle avait toujours chérie, sa favorite, sa confidente féline qui vivait en sûreté à l'ombre de sa protection. Je pourrais assouvir ma fureur sur elle quand cette protection lui serait retirée, comme elle le serait inévitablement un jour ou l'autre. Il semblait à mon jeune esprit brutal, imaginatif et imparfait, que le meurtre de son animal de compagnie devrait blesser ma grand-mère et lui porter un coup fatal, même après sa mort. Je la ferais alors souffrir, lorsqu'elle serait impuissante à se venger.

J'allais tuer la chatte.

La créature connut ma résolution le jour même où je la pris, je dirais même qu'elle l'avait anticipée.

Dans la pièce sombre, aux stores baissés pour intercepter la lumière du soleil d'été, je me morfondais, jour après jour, près du fauteuil de ma grand-mère, et lui parlais à voix basse et respectueuse, acquiesçant à ses interminables banalités, à ses opinions grotesques, à tous les ordres qu'elle m'imposait, sans cesser de fixer la chatte réfugiée derrière elle, malade d'inquiétude.

Elle savait, comme moi, que son heure allait venir. Je me baissais parfois, la prenais sur mes genoux pour faire plaisir à ma grand-mère et ne tarissais pas d'éloges sur sa beauté et l'affection qu'elle lui témoignait. Et pendant tout ce temps je sentais son corps chaud, soyeux, trembler d'effroi entre mes mains. J'y prenais plaisir, et je prétendais n'être jamais plus heureux que lorsqu'elle était sur mes genoux. Je la retenais pendant des heures, la cajolais, lissais sa fourrure blanche toujours parfaitement ordonnée, lui parlais, la couvrais de caresses.

Parfois même, je prenais sa tête entre mes mains, tournais son visage contre le mien et sondais ses grands yeux bleus. Je pouvais alors y lire toute son angoisse, toute son agonie et, malgré les lettres de mon ami et l'insupportable monotonie de mes journées, j'en arrivais presque à être heureux.

L'été déclinait. L'éclat des roses empourprait les allées du jardin et le ciel était serein au-dessus de Scawfell, lorsque la fin approcha. Le visage de ma grand-mère était maintenant à peine reconnaissable. Ses yeux étaient profondément enfoncés dans leurs orbites. Elle semblait perdre peu à peu toute expression. Ses joues n'étaient plus d'une belle blancheur d'ivoire ; elles étaient recouvertes d'une pâleur cireuse, terne, écœurante. Elle ne me prêtait à présent plus guère attention : elle restait ensevelie dans son grand fauteuil, et ses membres ratatinés s'affaissaient vers le sol, comme si elle ne pouvait s'empêcher de glisser sur le plancher pour aller y mourir. Ses lèvres minces et sèches remuaient inlassablement, dans un monologue silencieux, comme si son esprit parlait encore et que sa voix était déjà morte. La marée de la vie se retirait de son corps : je pouvais presque la voir refluer au loin. Les vagues descendantes ne faisaient aucun bruit sur le rivage ; la mort est mystérieuse, comme tout ce qui est silencieux.

Sa domestique voulait qu'elle reste alitée, mais elle cherchait sans cesse à se lever, marmonnant qu'elle se sentait bien, et le docteur disait qu'il était inutile de l'en empêcher. Elle ne souffrait d'aucune maladie spécifique, les années se contentaient de prélever sur elle leur ultime tribut. Chaque jour, on l'installait dans son fauteuil près du feu, et elle y restait vautrée jusqu'au soir à grommeler, les lèvres sèches. Les plis raides de ses jupes de soie formaient un angle ; c'est là que se tapissait la chatte, heure après heure – cette créature blanche, silencieuse, aux aguets.

Et les vagues refluaient, refluaient au loin et, moi aussi, j'attendais mon heure.

Un après-midi, alors que j'étais assis près de ma grand-mère, la servante entra et me remit une lettre qui venait juste d'arriver pour moi. Elle était de Willoughby, mon camarade de classe. Il m'informait que le trimestre était fini, qu'il avait quitté l'école et que son père avait décidé de l'envoyer à New York pour le lancer dans les affaires, au lieu de l'inscrire à Oxford comme il l'avait espéré. Il me faisait ses adieux, et disait qu'il était peu probable que nous nous revoyions avant des années, puis il ajoutait : « Mais vous vous en ficherez sans doute pas mal, du moment que vous obteniez ce maudit argent que vous convoitez. Vous m'avez enseigné une des leçons de la vie, Ronald : ne jamais croire à l'amitié ».

Je serrai les dents à la lecture de cette lettre. Tout ce que ma nature avait de bon, je le devais à Willoughby. C'était un véritable ami, je l'aimais profondément et sincèrement. Les nouvelles qu'il m'annonçait me causèrent un choc, et mirent mon cœur à feu et à sang. Peut-être ne le reverrais-je jamais ? Et même si j'étais appelé à le revoir, les années l'auraient changé, flétri : mon ami, avec sa merveilleuse jeunesse et le matin dans ses yeux, ne serait plus. Je m'en voulus à cet instant d'être resté ; j'en voulus plus cruellement encore à ma grand-mère de m'avoir retenu auprès d'elle. Je fus alors pris d'un brusque accès de colère. Je froissai fébrilement la lettre, la roulai en boule, et me retournai violemment vers la silhouette jaunâtre, énigmatique et moribonde, affaissée dans le grand fauteuil. Toute la rage, accumulée depuis si longtemps dans mon cœur, remonta à la surface, chassant tout intérêt personnel. Je fis face à ma grand-mère, les yeux étincelants, les membres tremblants. J'ouvris la bouche pour proférer un flot de reproches, mais... qu'était-ce ?... quel changement imperceptible s'était glissé sur ce visage cireux, ridé ? Je me penchai sur elle. Ses yeux me fixaient, mais si horriblement ! Elle était affaissée si bas dans son fauteuil ; elle paraissait si effrayante, tellement étrange... Posant les doigts sur ses paupières, je les abaissai sur les globes oculaires : elles ne se rouvrirent pas. Je touchai ses mains desséchées : elles étaient glacées. Je compris alors, et je me sentis sourire. Je m'inclinai sur la morte. Là, derrière elle, la chatte était accroupie. Sa fourrure blanche était toute hérissée ; ses yeux bleus étaient dilatés, ses mâchoires tachetées d'écume.

Me penchant sur la morte, je pris la chatte dans mes bras.

Il y a presque vingt ans de cela, et cette nuit encore le souvenir de cette heure, et des instants qui suivirent, m'inspire une peur que je dois combattre. J'ai lu des histoires d'hommes qui ont vécu de longues années, hantés par les démons de leur imagination. Je me suis moqué d'eux et je les ai plaints. Je me refuse à partager leur folie, leur démence ; je ne vais pas laisser mes chimères m'entraîner aux portes de l'épouvante, sous prétexte qu'elles ont été à moitié confortées par les propos hasardeux d'un professeur prétentieux – un homme de science, certes, mais un maniaque.

Cela remonte à vingt ans. Après cette nuit, laissez-moi oublier ces instants. Après cette nuit ? Écoutez ! Les oiseaux gazouillent déjà dans la rosée. Les pâles rayons du soleil levant commencent à illuminer le ciel, au-dessus de la lande. Je suis fatigué. Demain soir j'en aurai fini avec cette lutte contre ma propre folie, je donnerai le *coup de grâce** à mon imagination. Mais cela suffit pour l'instant. Mon esprit manque de sérénité, et je ne veux pas écrire dans l'agitation.

II

Nuit de mercredi, 4 novembre.

Margot est enfin montée se coucher, et je suis seul. Je viens de passer une journée horrible – horrible ; mais je ne m'étendrai pas là-dessus.

Après la mort de ma grand-mère, je retournai à l'école, mais Willoughby était parti, et il ne pouvait me pardonner. Une ou deux fois il m'écrivit de New York, puis cessa de m'envoyer de ses nouvelles. Il sortit de ma vie. Son affection pour moi avait manifestement décliné à partir du jour où il s'était mis en tête que, comme tous les autres, je n'étais qu'un grippe-sou et que la cupidité s'était développée en moi à un âge anormalement précoce. Je ne fis rien pour le retenir. Qu'importait ? Mais j'étais toujours ravi de la cruauté dont j'avais fait preuve le jour où mourut ma grand-mère. Je ne regrettai jamais ce que j'avais fait – jamais. Si j'en avais éprouvé des remords, peut-être serais-je plus heureux aujourd'hui.

Je retournai à l'école. Je poursuivis mes études et mes jeux, fis des bêtises, rentrai dans le droit chemin, comme les autres enfants ; mais une froideur continuelle, dont j'étais peut-être le seul à avoir conscience, semblait assombrir ma vie. Cet acte de barbarie, de vengeance cruelle sur une créature innocente avait flétri mon âme. Je ne m'en repentais pas, mais ne parvenais pas à oublier. Je pensais même parfois – comme cela paraît ridicule sur le papier ! – qu'une puissance, cachée quelque part, n'avait pas non plus oublié mon geste, et qu'il m'en faudrait payer le prix. Parce qu'une créature est muette, son âme doit-elle mourir avec elle ? L'âme ne serait-elle pas, comme *il* le dit, un vagabond passant de corps en corps ?

Mais si j'ai tué un corps, le jour où ma grand-mère mourut, sans réussir à tuer une âme, où est-elle à présent ? C'est ce que je veux savoir, ce qu'il me faut savoir, si je dois être heureux.

Je retournai à l'école et je fus admis à Oxford. Je connus la vie nouvelle, unique, de l'université – cette vie circonscrite mais palpitante –, où la jeunesse, si impétueuse et si naïve, cherche à s'armer pour la bataille avec les armes forgées par les morts et affûtées par ses aînés. Je réussis dans mes études, et passai dans le monde. Je commençai à réaliser enfin la valeur de mon héritage, car tout ce qui avait appartenu à ma grand-mère m'appartenait désormais. Mes parents souhaitaient que je me marie, mais je n'avais aucune envie de m'enchaîner. Je pris donc l'éponge d'amertume entre mes jeunes mains robustes, et essayai de l'essorer. J'ignorais alors que j'étais malheureux ; je ne le découvris que le jour où, à l'âge de trente-trois ans, dix-sept ans exactement après la mort de ma grand-mère, je compris enfin ce qu'était le bonheur. Naturellement, ce fut l'amour qui me le révéla. Je n'ai pas besoin de l'expliquer. J'avais souvent joué sur l'amour ; à présent c'était lui qui commençait à se jouer de moi. Je tremblais aux harmonies que ses mains évoquaient.

Je fis la connaissance d'une jeune fille, très jeune, encore à l'aube de la vie et de la féminité. Elle avait dix-sept ans et, la première fois que je la vis, elle valsait à un grand bal de Londres : c'était son premier bal. Je la remarquai lorsqu'elle passa devant moi, dans la foule des danseurs. Comme c'était une *débutante**, sa robe avait naturellement la blancheur de la neige et ne comportait pas une seule touche de couleur : ni une fleur, ni un bijou. Je ne croyais pas avoir déjà vu des cheveux d'un blond aussi pâle – la couleur d'une primevère précoce. Ils bouffaient naturellement, et cachaient presque entièrement le ruban blanc qui les rassemblait en vrilles et en boucles minuscules sur sa nuque. Sa peau, plus blanche que l'ivoire, en était presque transparente, lumineuse. Ses yeux, très grands, étaient bleu porcelaine.

En dansant, la jeune fille passa et repassa devant moi, et je la suivis négligemment du regard, non sans un certain cynisme. Elle paraissait tellement heureuse ! À cette époque le bonheur, exposé aussi naïvement, me plongeait dans un étonnement sans borne : être heureux me semblait presque le comble de la stupidité. Je me surpris cependant à observer peu à peu cette jeune fille plus attentivement. Une autre danse commença. Elle s'y joignit en compagnie d'un autre cavalier, avec lequel elle paraissait prendre autant de plaisir qu'avec le précédent. Elle le forçait à enchaîner les danses sans répit, révélant sa jeunesse et sa fraîcheur dans cette aimable contrainte. Elle éveilla en moi un vif intérêt. Je croyais voir l'âme de la Jeunesse qui dansait sur le cadavre du Temps. Je décidai de faire sa connaissance. Je me sentais las : je pensais qu'elle pourrait me revivifier. À la fin de la danse, je m'avançai vers mon hôtesse et, lui indiquant la jeune fille, demandai à lui être présenté. J'appris qu'elle s'appelait Margot Magendie, et qu'elle n'était pas seulement une beauté, mais encore une riche héritière.

Je m'en moquais. C'était son humanité qui m'attirait, rien d'autre.

Mais, curieusement, à l'instant des présentations, lorsque je me retrouvai face à Mlle Magendie, je ressentis en sa présence un extraordinaire mouvement de répulsion. Je n'ai jamais été capable de le comprendre, mais mon sang se glaça dans mes veines et mon pouls s'arrêta presque de battre. J'aurais voulu l'éviter, un instinct en moi semblait soudain s'insurger contre elle. Mais il était trop tard. Les présentations étaient faites, sa main était appuyée sur mon bras.

Je tremblais littéralement. Elle ne parut pas le remarquer. L'orchestre jouait une valse, et la musique joyeuse dissipa l'horreur inexplicable qui s'était abattue sur moi. Ce n'est que tout récemment qu'elle est réapparue.

J'ai rarement pris autant de plaisir à une valse. Nos pas s'accordaient à la perfection, et le plaisir d'enfant qu'elle laissait paraître était communicatif. L'esprit de la jeunesse qui l'animait frappait à la porte de mon cœur plutôt blasé : je lui ouvris. C'était à la fois étrange et beau. En parlant avec elle, je me sentais plus jeune, et plus ingénu que cynique ; j'étais même enclin à un optimisme radieux, tout à fait insensé. Son éducation mondaine était très incomplète ; elle était pleine de spontanéité, de vues fragmentaires mais catégoriques sur la vie, qu'elle exposait sans la moindre timidité, et auxquelles elle demandait mon assentiment de façon tout à fait inconsidérée.

Et puis, quelque temps après, alors que nous étions assis dans un corridor sombre, sous la clarté rose d'une lampe suspendue, elle plongea ses grands yeux bleus dans les miens, au beau milieu d'une phrase. Une très vague réminiscence se réveilla et s'agita dans ma mémoire.

« Sûrement, dis-je en hésitant, sûrement vous ai-je déjà vue ?... Il me semble me souvenir de vos yeux. »

Tout en parlant, je réfléchissais, poursuivant le souvenir vagabond qui m'échappait.

Elle sourit.

« Vous ne vous souvenez pas de mon visage ?

– Non, pas du tout.

– Ni moi du vôtre. Si nous nous étions déjà rencontrés, nous nous le rappellerions sûrement. »

Puis elle rougit, en réalisant tout à coup que ses mots avaient peut-être dépassé sa pensée. Je ne lui retournai pas le compliment : ces yeux bleus et quelque chose dans leur expression me troublaient étrangement, je n'aurais su dire pourquoi. En prenant congé d'elle, ce soir-là, je demandai la permission de la revoir.

Elle me fut accordée.

Ce fut le début d'une cour merveilleuse, qui donna une couleur à ma vie, une musique à l'existence, un sens aux sensations les plus légères.

Était-ce l'amour qui engourdissait le souvenir, berçait l'horreur naissante et la couvrait de pavots, jusqu'à ce qu'elle aspire au sommeil ? Était-ce l'amour qui submergeait mon esprit dans ses eaux profondes et enchantées, enchaînant les étranges facultés que renferment tous les esprits sous des guirlandes de fleurs plus résistantes qu'aucune chaîne de fer ? Était-ce l'amour qui, mobilisant les songes, détournait mes pensées de leur recherche de la vérité ?

Je l'ignore. Je sais seulement que je finis par tomber amoureux de Margot. Je ne cherchais que l'amour dans ses yeux bleus, seulement l'amour, et pas le reflet hypothétique du passé.

Je sus la séduire.

Elle me confia son cœur d'enfant, avec cette confiance aveugle que seule une parfaite affection pouvait engendrer. Elle m'aimait. Aussi effroyables soient-elles, les circonstances actuelles n'y pourront rien changer. Elle m'aimait, et c'est parce que je le sais que j'éprouve tant de crainte aujourd'hui.

Car les bouleversements qui affectent l'esprit humain sont terribles. En prendre conscience, c'est prendre conscience de la possibilité illimitée d'actes funestes que renferme chaque être humain. Un enfant qui s'entiche d'une poupée peut devenir, avec l'âge et la ruse, un meurtrier secret. Que c'est horrible !

Et peut-être est-il plus horrible encore de penser que, même si l'enveloppe humaine reste inchangée, chaque mot de la lettre qu'elle contient peut s'altérer, et un message de paix se transformer en sentence de mort.

Le visage de Margot n'a pas changé depuis le jour de notre mariage – à peine plus âgé, certainement pas moins beau. Seule l'expression de ses yeux a changé.

Car nous nous mariâmes. Après une année de cour inlassable, nous choisîmes de nous unir, de ne faire qu'un.

Nous passâmes notre lune de miel à l'étranger. Au lieu de nous contenter de quinze jours, comme c'était la mode, nous voyageâmes pendant six mois : six mois d'un bonheur sans partage.

Je ne connus jamais l'ennui, l'esprit de Margot avait la beauté de son visage. Le cours de ma vie semblait prendre une direction nouvelle. Je tournais les pages d'un livre de pitié et de mort plus beau que celui de Pierre Loti. J'étais enfin touché par le grand appel à la compassion, cet appel qui compose la musique de cet étrange monde souffrant, et mon cœur s'en faisait l'écho. La cruauté de ma nature semblait se flétrir. J'étais plus doux que je ne l'avais jamais été, plus doux que je ne l'avais jamais espéré.

Enfin, à la fin du printemps, nous partîmes pour la maison. Après avoir séjourné une semaine à Londres, nous voyageâmes vers le nord. Margot n'avait encore jamais vu sa future maison, car c'était la première fois qu'elle se rendait dans le Cumberland. Elle était pleine d'excitation et d'allégresse, me faisant aussitôt partager ses émotions comme une véritable enfant. La gare est située à plusieurs miles de la maison, au bord de la mer. Quand le train s'immobilisa à quai du côté de la route, le jour approchait du crépuscule et l'étendue de la plage miroitait sous une lumière d'ambre, chaude et liquide. Au loin, la mer roulait et tanguait, sous une brise fraîche soulevant des franges d'écume. L'île de Man s'étendait à l'horizon, sombre et mystérieuse, sous un amas de nuages blancs gonflés par le vent, qui commençaient juste à se teinter du rose le plus pâle.

Margot trouva la scène fort belle et la brise vivifiante ; les bancs de sable plats, l'étendue miroitante, et même l'herbe sèche, hérissée, qui s'agitait dans le vent, lui parurent fascinants et rafraîchissants.

« Dans un décor comme celui-ci, je me sens proche du cœur de la Nature », m'avoua-t-elle, en levant les yeux vers une mouette suspendue au-dessus du petit quai, saluant par des cris le vent sur lequel elle planait.

Le train s'éloigna sans bruit le long du rivage, jusqu'à ce

que nous n'apercevions plus que son panache de fumée blanche s'échappant vers le soleil. Laissant la mer derrière nous, nous montâmes dans la voiture qui nous attendait, et tournâmes nos visages vers l'intérieur des terres. L'océan fit place à l'herbe rase et aux talus couverts de bruyères qui séparaient les champs. Au bout d'un certain temps, nous nous enfonçâmes dans les bois. La route descendit tout à coup. Un village, les méandres d'une rivière firent soudain leur apparition.

Nous entrions sur mes terres. Nous passâmes devant l'auberge, appelée *les Armes de Rainwood*, d'après le nom de famille de mon grand-père. Les gens que nous croisâmes nous dévisagèrent avec curiosité et nous saluèrent à la mode campagnarde.

Margot était radieuse d'excitation et de plaisir ; serrant ma main dans la sienne, elle ne cessait de bavarder, me posant mille questions. Après avoir traversé le village, nous gravîmes une colline en direction d'un épais bosquet d'arbres.

« La maison est située juste au milieu », dis-je, en la montrant du doigt.

Elle se leva d'un bond dans la voiture pour la découvrir, mais elle était encore cachée par le rideau des arbres.

Franchissant le portail à vive allure, nous entrâmes dans l'obscurité passagère de l'allée, et débouchâmes entre deux vastes pelouses vertes, avant de nous arrêter enfin devant la grande porte du hall. Je regardai Margot droit dans les yeux.

« Bienvenue ! » lui dis-je.

Elle me répondit par un sourire.

Je ne voulais pas la faire entrer tout de suite dans la maison ; je la conduisis d'abord à la terrasse surplombant la rivière, pour admirer le point de vue sur les monts Cumbrian et les landes d'Eskdale.

Le ciel était pâle et serein, mais les nuages s'amassaient audessus de Styhead. Les Éboulis qui gardent le lac de Wastwater, couleur d'ébène, paraissaient lugubres et tristes.

Margot se tenait près de moi sur la terrasse, mais son bavardage avait fait place au silence. Moi aussi, je gardais le silence pour le moment, absorbé dans ma contemplation.

Mais je me tournai bientôt vers elle, voulant savoir quelle impression lui faisait son nouveau domaine.

Elle ne regardait pas en direction de la rivière et des collines, mais considérait l'allée de la terrasse, la bordure de gazon vert émeraude, les pots de pierre remplis de fleurs, le sentier sinueux qui menait aux massifs d'arbustes.

Elle les examinait avec une vive attention, et une expression curieusement perplexe, presque alarmée, se peignait sur son visage.

« Chut ! Ne dites rien pour l'instant, dit-elle, au moment où j'ouvrais les lèvres. Ne me parlez pas ; je veux... Comme c'est étrange !... »

Levant les yeux, elle contempla fixement les croisées de la maison, les plantes grimpantes qui escaladaient ses murs, son toit incliné et les souches irrégulières de ses cheminées.

Ses lèvres étaient légèrement entrouvertes, et ses yeux avaient une expression de concentration qui m'apprit qu'elle luttait pour retrouver la mémoire et s'efforçait de rassembler ses souvenirs.

Surpris, je gardais le silence.

Elle me dit enfin : « Je ne suis encore jamais allée dans le nord de l'Angleterre, Ronald, et je n'ai jamais mis les pieds dans le Cumberland ; j'ai pourtant l'impression de connaître déjà l'allée de cette terrasse, ces pots de fleurs, ce jardin, la forme de ce toit, ces cheminées, et jusqu'à cette grande plante grimpante qui pousse en biais. N'est-ce pas... n'est-ce pas très étrange ? »

Elle releva les yeux et me regarda, et dans ses yeux bleus se lisait presque une expression de crainte.

Je lui souris.

« Ce doit être votre imagination, dis-je.

– Je ne crois pas, répondit-elle. J'ai la sensation d'être déjà venue ici, souvent – ou longtemps. »

Elle se tut un instant, puis ajouta : « Faites-moi entrer dans la maison. Il doit y avoir là une chambre... une chambre... Je crois presque la voir. Venez ! Entrons. »

Elle me prit par la main et m'entraîna vers la porte du hall. Les domestiques étaient occupés à rentrer les bagages ; il régnait un certain tumulte et une certaine confusion, mais elle ne parut pas s'en apercevoir. Elle était entièrement absorbée par quelque chose, j'ignorais quoi.

« Faites-moi visiter la maison, Ronald... le salon, et... et... il y a une autre pièce que je souhaite voir.

– Vous les verrez toutes, chérie, répondis-je. Vous êtes excitée. C'est assez naturel. Voici le salon. »

Elle le parcourut rapidement du regard.

« Aux autres, à présent ! » s'écria-t-elle.

Je la conduisis à la salle à manger, à la bibliothèque, en y ajoutant les différentes pièces du rez-de-chaussée.

Elle leur accorda à peine un regard. Quand nous eûmes fini notre exploration, « Est-ce tout ? » demanda-t-elle, avec un tremblement de contrariété dans la voix.

« C'est tout, répondis-je.

– Dans ce cas... faites-moi voir les pièces du haut. »

Nous montâmes l'escalier de chêne aux marches étroites, et la première chambre dans laquelle nous entrâmes était celle où ma grand-mère était morte.

Elle avait été refaite depuis, remeublée, et presque entièrement transformée. Seule la grande cheminée, avec ses chenets de cuivre et son lourd manteau de chêne, était restée intacte.

Margot parcourut rapidement la pièce du regard. Puis elle s'approcha de la cheminée, et prit une profonde inspiration.

« Il devrait y avoir un feu ici, dit-elle.

– Mais... c'est l'été, répliquai-je, abasourdi.

– Et là, un fauteuil, poursuivit-elle, d'une curieuse voix basse, en désignant – c'est du moins ce que je crois à présent, ou est-ce mon imagination ? – l'endroit précis où ma grand-mère avait coutume de s'asseoir. Oui, il me semble me rappeler... et pourtant ne pas me rappeler. »

Elle me regarda, en fronçant les sourcils.

Elle dit tout à coup : « Ronald, je ne crois pas que j'aime cette pièce. Il y a quelque chose... je ne sais pas... je ne crois pas que je pourrai rester ici ; il me semble me rappeler... quelque chose à son propos, comme pour la terrasse. Qu'est-ce que cela peut bien signifier ?

– Simplement que vous êtes fatiguée et surexcitée, chérie. Vous êtes trop tendue, et les nerfs nous jouent parfois des tours étranges. Venez dans votre chambre et débarrassez-vous ; quand vous aurez pris le thé, vous vous sentirez à nouveau beaucoup mieux. »

Oui, je fus assez stupide pour croire que le thé était la panacée pour un fléau encore inconcevable, un fléau qui défiait toute imagination.

Je crus simplement, ce soir-là, que Margot était une enfant exténuée et imaginative. Si seulement je pouvais encore le croire aujourd'hui !

Nous montâmes dans son boudoir et prîmes le thé, et elle parut se ressaisir ; mais à plusieurs reprises au cours de la soirée je remarquai qu'elle avait l'air perplexe et pensif, et qu'une appréhension tout à fait nouvelle brillait dans ses yeux bleus.

Mais je n'en tirai aucune conclusion, et j'étais heureux. Quelques jours passèrent, sans que Margot fît à nouveau allusion à sa curieuse impression de déjà-vu de la maison et du jardin. Je crus seulement remarquer un léger changement dans son attitude, cela n'alla pas plus loin. Elle paraissait un peu nerveuse. Sa vivacité retombait par moments. Elle semblait plus disposée à être seule qu'elle ne l'avait été jusqu'alors. Mais à présent que nous n'étions plus de jeunes mariés, nous ne pouvions toujours rester à portée de vue l'un de l'autre. J'avais pas mal de gens à voir, en rapport avec le domaine, et un certain nombre d'affaires embrouillées à démêler.

Notre lune de miel était finie. Fatalement, nous ne pouvions toujours être ensemble.

J'aurais aimé néanmoins que Margot le souhaite, et je ne pouvais me cacher qu'elle avait par instants du mal à dissimuler une légère impatience à retrouver sa solitude. Ce comportement me troublait, mais seulement un peu, car elle se montrait généralement aussi affectueuse que par le passé. Ce soir-là, cependant, il se produisit un incident qui éveilla indéniablement mon inquiétude, et me fit me demander si ma femme n'était pas sujette à ce fléau des femmes nerveuses – l'hystérie !

J'avais dû me rendre à cheval à l'autre bout de la lande,

pour aller voir un métayer habitant à quelque distance, si bien que je ne fus pas de retour avant le crépuscule.

Mettant pied à terre, j'entrai dans la maison, traversai le hall et montai les escaliers. Je portais des éperons et, les marches de chêne étant cirées et sans tapis, je faisais assez de bruit pour avertir quiconque de mon arrivée. Je passais devant la porte de la pièce qui avait servi de salon à ma grand-mère, lorsque je remarquai qu'elle était ouverte. La maison était assez sombre et la chambre était plongée dans la pénombre, mais je distinguai une forme vêtue d'une robe blanche qui se déplaçait à l'intérieur. Je reconnus Margot et me demandai ce qu'elle était en train de faire, mais ses gestes étaient si singuliers qu'au lieu de lui parler, je restai debout à l'observer, dans l'embrasure de la porte.

Elle allait et venait dans la pièce, d'un pas très étrange, furtif, non comme si elle cherchait quelque chose, mais simplement comme si elle était agitée ou inquiète. Mais ce qui me frappa surtout, ce fut sa démarche curieusement animale, dans ce demi-jour, cette pénombre qui ne la dévoilait qu'en partie. C'était la première fois que je voyais une femme marcher ainsi, de cette démarche animale, étrangement sauvage et feutrée à la fois. Il y avait dans cette scène quelque chose d'inquiétant, qui me mit extrêmement mal à l'aise ; j'étais néanmoins cloué sur place, absolument fasciné.

Je ne saurais dire combien de temps je restai là, pétrifié. J'étais si fasciné par ce spectacle que j'en avais perdu la notion du temps. J'étais comme un homme assistant à un spectacle inconnu. Cette créature blanche en train de se déplacer dans l'obscurité ne me faisait pas penser à ma femme, bien que ce fût elle. J'aurais aussi bien pu observer un animal, vague et cependant déterminé, en train de suivre une piste secrète, obéissant à quelque instinct entièrement étranger à l'humanité. Je me souviens d'avoir joint involontairement les mains, au bout d'un certain temps, et senti qu'elles étaient glacées. La sueur me perlait sur le visage. J'étais douloureusement, anormalement troublé, et une irrésistible envie de fuir cette créature blanche en mouvement s'empara de moi. M'éloignant sur la pointe des pieds, j'allai à mon vestiaire, fermai la porte, et me laissai tomber sur une chaise. Je ne me rappelle pas m'être jamais senti parfaitement déconcerté auparavant, mais j'étais à présent complètement bouleversé, paralysé. J'ignorais encore quel terrible sentiment était la peur. J'étais en train d'allumer hâtivement une bougie quand, au même instant, on frappa un coup à la porte.

La voix de Margot se fit entendre : « Puis-je entrer ? »

Incapable de répondre, je me levai pour lui ouvrir.

Elle entra en souriant, et ressemblait tant à une enfant, si douce, si innocente, que je faillis rire tout haut. Que moi, un homme, j'aie pu avoir peur d'une enfant en robe blanche, simplement parce que la pénombre l'environnait d'une atmosphère fantomatique !... Je la serrai dans mes bras, interrogeant ses yeux bleus.

Elle baissa le regard, sans cesser de sourire.

« Où étiez-vous donc, et que faisiez-vous ? » demandai-je d'un ton enjoué.

Elle me répondit qu'elle n'avait pas quitté le salon depuis l'heure du thé.

« Vous êtes venue ici directement du salon ? » dis-je.

Elle répondit : « Oui. »

Je dis alors, avec une désinvolture qui cachait une réelle anxiété :

« À propos, Margot, êtes-vous retournée dans cette pièce – la pièce dont vous imaginiez vous souvenir ?

– Non, jamais, répondit-elle, en se dégageant de mon étreinte. Je ne souhaite pas y retourner. Dépêchez-vous de vous habiller, Ronald. Il est presque l'heure du dîner, et je suis prête. »

Et, tournant les talons, elle sortit de la pièce.

Elle m'avait menti. Tous mes sentiments de malaise et d'inquiétude resurgirent, décuplés.

Ce soir-là fut le plus malheureux – le seul malheureux – que j'aie jamais passé avec elle.

Je suis las d'écrire. Je continuerai ma tâche demain. Elle est plus longue que je ne le prévoyais. Cette confession me procure malgré tout un certain soulagement. L'homme doit s'exprimer, et le désespoir trouver une voix.

III

Nuit de jeudi, 5 novembre.

Ce mensonge éveilla en moi des soupçons sur l'enfant que j'avais épousée. Je me mis à douter d'elle, sans jamais pourtant cesser de l'aimer. Elle possédait tout mon cœur, et le conserverait aussi longtemps que je vivrais. Mais à la sérénité de l'amour devaient succéder le tumulte et les tourments de l'amour. Une étrangeté commençait à gagner Margot : c'était comme si, de ses propres mains, elle saisissait un voile subtil pour s'en recouvrir, s'en envelopper, jusqu'à estomper peu à peu les contours que j'avais connus. Son tempérament, si nettement, si admirablement découpé, et dont l'éclat innocent se détachait à la vue de tous, semblait refluer, comme si s'était révélée une nécessité croissante pour le secret. Une retenue imperceptible commença à recouvrir subtilement chacun de ses actes et de ses expressions. Elle réfléchissait désormais avant de parler, et même ses regards paraissaient calculés. Il me semblait qu'elle devenait une personne légèrement différente.

Le changement que je cherche à suggérer n'est pas facile à décrire. Il n'était pas suffisamment marqué pour me faire tressaillir mais, si imperceptible qu'il fût, je pouvais le ressentir. Avez-vous déjà vu la première vague étale, poussée par la marée montante, ce filet d'eau de mer qui rampe silencieusement sur les plis du sable brun, comblant les sillons jusqu'à ce que les dunes et les vallons miniatures deviennent une surface lisse et uniforme ? Il en était ainsi avec Margot : une marée montante submergeait son caractère, une mer étale de retenue. Les collines et les vallées que j'aimais s'effaçaient peu à peu. Ma femme se réfugiait derrière son ancien sourire plein de douceur, son ancienne expression de franchise, comme un fugitif qui s'abrite derrière une barrière. Quand deux êtres sont unis très intimement, que toutes les cloisons qui séparaient leurs âmes ont été abattues, il est difficile de les rétablir sans bruit et sans poussière, sans que résonnent le crissement des chevilles qu'on enfonce et les coups des marteaux qui plantent les clous. C'est difficile, mais pas impossible. On peut dresser des barricades en silence, pousser les verrous silencieux qui empêchent l'âme d'entrer. Le rideau de gaze noire qui masque la scène tombe, et lorsqu'on lève enfin le voile – si tant est qu'il se lève – la scène a changé.

La vraie Margot s'éloignait de moi. Je le sentais avec une impuissance, un désespoir qui me paralysaient. Je ne pouvais pourtant pas lui en parler, car j'ignorais encore si elle avait conscience de ce qui se passait. D'ailleurs, en y réfléchissant aujourd'hui, je crois qu'elle a mis un certain temps avant de réaliser qu'elle finissait par m'aimer moins passionnément que par le passé. Le plus curieux, c'est qu'en actes elle n'avait pas changé. Ses baisers étaient toujours tendres, mais ils me semblaient prémédités. Elle serrait mes mains dans les siennes, mais ce geste d'affection était à présent plus machinal que magique. Margot perdait de sa spontanéité, alors qu'elle était la spontanéité même ! Le savait-elle ? À cette époque, je me posais la question. Pensant qu'elle ignorait le changement qui s'opérait en elle, je me donnais beaucoup de mal pour surveiller ma conduite, de peur d'implanter le soupçon qui pourrait hâter ce que je redoutais. Je restais désespérément le même, et c'est justement en cela que j'avais changé : parce qu'un geste de défi n'a plus grand-chose à voir avec un geste naturel. J'étais perpétuellement en train de peser mes paroles, de calculer mes gestes et jusqu'à mes regards. La vie était devenue pénible au lieu d'être facile. La contrainte remplaçait la spontanéité. Nous nous observions à la dérobée, ma femme et moi, à travers les trous d'un masque. Je le savais. Le savait-elle ?

À cette époque, c'était une question que je ne cessais de me poser. J'avais pourtant acquis une certitude : Margot commençait à inventer des excuses pour se retrouver seule. À notre arrivée dans la maison, elle supportait difficilement de me perdre de vue. À présent, elle en venait à apprécier la solitude. C'était le signal d'un terrible danger, et je ne pouvais manquer de le considérer ainsi.

Cependant, quelque chose en moi me retenait de parler franchement. Je me gardai de tout commentaire sur le changement qui s'accentuait jour après jour ; je me contentais d'observer furtivement ma femme, avec une acuité qui m'épuisait parfois physiquement. Enfin, je me sentais aussi devenir morbide ; je me rendais compte que la suspicion faussait mon esprit et me portait à mal interpréter beaucoup de ses actes, à exagérer ses gestes les plus insignifiants. Ses moindres expressions me semblaient préméditées. Même si elle m'embrassait, je m'imaginais qu'elle le faisait avec une arrière-pensée ; si elle me souriait comme autrefois, j'avais l'impression que ce sourire n'était qu'un masque hypocrite. Peu à peu, nous en arrivâmes à nous sentir mal à l'aise en présence l'un de l'autre. Nous étions comme des confidents ayant perdu toute affinité, contraints de vivre sous le même toit, acculés à une connaissance affreuse des habitudes intimes de l'autre, mais ignorant tout des pensées qui constituent sa véritable existence.

Un autre incident se produisit alors, analogue à l'étrange visite de Margot à cette pièce qu'elle affectait de craindre, et dont elle se défendait. C'était une nuit d'automne, noire, obscure, une saison susceptible de prédisposer le plus gai des esprits à la mélancolie. Nous restions à présent souvent silencieux lorsque nous étions ensemble, Margot et moi. Ce soir-là, vers neuf heures, il se mit à pleuvoir, une pluie maussade, ininterrompue. Nous étions dans le salon après le dîner ; je me rappelle avoir entendu la pluie frapper sur les carreaux et avoir remarqué que si elle continuait ainsi pendant deux ou trois jours, elle verrait peut-être les inondations, et les pêcheurs affluer chez nous.

Margot ne répondit pas grand-chose. Le temps lugubre semblait influer sur son état d'esprit. Au bout de quelques minutes, elle prit un livre et parut s'absorber dans sa lecture ; mais, en relevant tout à coup les yeux de mon journal, je crus surprendre son regard fixé craintivement sur moi. Il me sembla qu'elle m'observait à la dérobée, avec une véritable épouvante. J'en fus si affecté que je trouvai une excuse pour quitter la pièce, et descendis dans mon antre. J'allumai un cigare et marchai de long en large avec inquiétude, en écoutant la pluie tambouriner à la fenêtre. À dix heures, Margot entra pour m'annoncer qu'elle allait se coucher. Je lui souhaitai tendrement bonne nuit, mais, en la serrant dans mes bras, je sentis son corps svelte se mettre à trembler. Je la laissai partir ; et elle se glissa hors de la pièce de cette démarche légère, feutrée, qui lui était habituelle. Curieusement, mes pensées me ramenèrent à ce jour lointain où, prenant pour la première fois la grande chatte blanche sur mes genoux, j'avais senti tout son corps se rétracter à mon contact, saisi d'une horreur sans nom. Le mouvement de répulsion de cette femme évoquait si irrésistiblement, si étrangement, celui de l'animal !

J'allumai un autre cigare. Quand je l'eus fini, il était près de minuit ; je montai me coucher à pas feutrés, après avoir éteint la lampe. Je me déshabillai dans la chambre voisine de celle de ma femme, avant de me glisser silencieusement dans la sienne. Elle dormait dans le grand lit blanc, d'un sommeil assez agité ; au moment où je me penchai vers elle, en voilant de la main la flamme de la bougie, elle murmura quelques mots incohérents que je ne pus comprendre. C'était la première fois que je l'entendais parler dans son sommeil. Je m'allongeai doucement à ses côtés et éteignis la bougie.

Mais je n'arrivais pas à trouver le sommeil. Le silence était sinistre : c'était un silence de mort, qui m'oppressait au lieu de m'apaiser. Mon esprit était en effervescence, terriblement alerte, et le contraste entre mon exaltation et la paix profonde de mon environnement était pénible, presque insoutenable. J'en vins à souhaiter qu'un vent se lève dans les montagnes et fouette les vitres, que la pluie vienne cingler la maison avec fureur. Le silence nocturne qui m'entourait était horrible, anormal. La pluie s'était changée en bruine et je n'entendais plus son crépitement, même en tendant l'oreille. Margot avait cessé de parler ; elle était allongée, parfaitement immobile. Comme j'aurais aimé pouvoir lire l'âme cachée dans ce corps endormi, éclaircir le mystère de cet esprit que j'avais autrefois si parfaitement compris ! Il est si affreux de se dire qu'on ne pourra jamais ouvrir l'enveloppe humaine, retirer la lettre qu'elle contient, et en déchiffrer les moindres mots ! Même endormie, même inconsciente, et bien qu'elle eût relâché sa vigilance, Margot préservait tous ses secrets. Son souffle paisible était imperceptible, et elle était tellement silencieuse que j'éprouvai le besoin de glisser ma main sous la couverture et d'effleurer très légèrement la sienne.

Elle retira aussitôt sa main, sans un bruit. Ainsi, elle ne dormait pas.

« Margot, dis-je, vous ai-je réveillée ? »

Ma question resta sans réponse.

Ce geste, auquel succédait le silence, m'affecta très désagréablement.

J'allumai la bougie et la regardai. Elle était couchée à l'extrême bord du lit. Ses yeux bleus étaient fermés, ses lèvres à peine entrouvertes. Je pouvais entendre sa respiration régulière. Et cependant dormait-elle vraiment ?

Je me penchai davantage et, au même instant, un mouvement léger, involontaire, semblable à ce qu'on appelle un frisson, parcourut son corps. Je m'éloignai du lit. Une rage impuissante s'empara de moi. Se pouvait-il que ma présence devînt si odieuse à ma femme que, même dans son sommeil, son corps frémissait à mon approche ? Ou ce sommeil était-il feint ? Je ne pouvais le dire, mais il me parut alors impossible de rester plus longtemps dans cette chambre. Je regagnai la mienne, m'habillai et descendis les escaliers jusqu'à la porte ouvrant sur la terrasse. Je n'avais qu'un désir : être dehors, retrouver l'air libre. L'atmosphère de la maison était irrespirable.

Voilà donc à quoi j'en étais réduit ! Devais-je fuir, moi, un homme, avec une lâcheté inouïe devant la femme que j'aimais ? La cruauté de ma nature commençait à resurgir en moi, je devenais la proie de cet esprit despotique que l'amour évoque parfois. J'avais pratiquement été l'esclave de Margot. Mon affection pour elle m'avait amené à ses pieds, m'y avait enchaîné. Aussi longtemps qu'elle m'aimait, j'étais heureux de ma servitude, car je savais qu'elle était mienne. Mais un changement dans son attitude à mon égard pouvait réveiller le maître. Même si la douceur, la tendresse de Margot m'avait merveilleusement adouci, il y avait dans ma nature une certaine brutalité, une sauvagerie dont je n'avais jamais pu entièrement me défaire. Le jeune garçon d'autrefois s'était épanoui, mais il n'était pas mort en moi. Je le sentais au plus profond de moi, en arpentant la terrasse dans la nuit, absorbé dans mes pensées. Si mon amour était impuissant à retenir Margot, ma force y parviendrait.

Aspirant une longue bouffée de l'air humide de la nuit, je relâchai mes épaules comme pour m'affranchir d'une oppression. Non, mon amour pour Margot ne m'avait pas encore ravalé à la faiblesse : il m'avait élevé jusqu'à la force. La vague crainte qu'elle m'inspirait, que j'avais plus d'une fois éprouvée presque inconsciemment, s'évanouit. L'exaltation du conquérant s'empara de moi : j'avais encore une victoire à remporter. Ma paralysie se dissipa, et je me tournai vers la maison.

Il se produisit alors une chose étrange. J'entrai dans le hall obscur, refermant la porte extérieure sur les murmures de la nuit, et fouillai dans ma poche pour trouver ma boîte d'allumettes. Elle n'y était pas. J'avais dû l'oublier par mégarde dans mon vestiaire. Je cherchai à l'aveuglette sur la table du vestibule, sans y trouver aucune lumière. Il ne me restait donc plus qu'à regagner l'étage à tâtons, tant bien que mal.

Je commençai à monter les marches, en m'appuyant de la main contre le mur pour me guider. J'arrivai en haut de l'escalier et entrepris de traverser l'étage, la main toujours posée sur le mur. Pour atteindre mon vestiaire, je devais passer devant la chambre qui avait servi de salon à ma grand-mère.

Quand j'y parvins, au lieu de glisser le long d'une porte fermée, comme je m'y attendais, ma main ne rencontra que le vide.

La porte était grande ouverte. Quand j'étais descendu, elle

était fermée, comme toutes les autres portes de la maison : fermée et verrouillée, comme c'était toujours le cas pour la nuit. Pour quelle raison était-elle à présent ouverte ?

Je m'arrêtai un instant dans l'obscurité. Une impulsion soudaine m'obligea alors à avancer dans la pièce. Je fis un pas en avant ; mais un cri effroyable, à demi étouffé, s'éleva aussitôt des ténèbres, juste en face de moi. Il exprimait la terreur la plus abjecte.

Je restai cloué sur place.

« Qui est là ? » demandai-je.

Il n'y eut pas de réponse.

J'écoutai un moment, sans pouvoir distinguer le moindre bruit. J'éprouvais un besoin de lumière irrésistible. C'est dans cette pièce que j'écrivais généralement, et j'en connaissais parfaitement la disposition. Je savais qu'une boîte d'argent contenant des allumettes de cire était posée sur le bureau. Elle était placée à gauche. J'avançai d'un autre pas.

Un léger bruissement se fit entendre, comme si quelqu'un reculait à mon approche.

Posant vivement la main sur la boîte, je l'ouvris et frottai une allumette. La pièce fut éclairée d'une lueur incertaine. J'aperçus quelque chose de blanc, à l'autre bout de la pièce, contre le mur. Je portai l'allumette à une bougie.

C'était Margot.

Vêtue de son peignoir blanc, elle était tapie dans un angle du mur, aussi loin que possible de l'endroit où je me tenais. Ses yeux bleus, écarquillés, étaient fixés sur moi avec une expression de terreur si intense et si hideuse que je faillis pousser un cri.

« Margot, que se passe-t-il ? dis-je. Êtes-vous souffrante ? »

Elle ne répondit pas. Son visage me frappait d'épouvante.

« Qu'y a-t-il, Margot ? m'écriai-je d'une voix forte, presque dure, fermement décidé à la tirer de ce mutisme affreux, anormal. Que faites-vous ici ? »

M'approchant d'elle, je tendis les bras et l'empoignai. Au même instant, elle fut soudain secouée d'une sorte de sanglot. Ses mains étaient glacées et tremblantes.

« Que se passe-t-il ? De quoi avez-vous peur ? » répétai-je.

Elle se mit enfin à parler, d'une voix sourde.

« Vous... vous paraissiez si étrange, si... si cruel quand vous êtes entré, dit-elle.

– Étrange ? Cruel ! Mais vous ne pouviez me voir ; il faisait noir, répondis-je.

– Noir ? s'étonna-t-elle.

– Oui, jusqu'à ce que j'aie allumé la bougie. Quand vous vous êtes mise à crier, j'étais encore dans l'embrasure de la porte. Vous ne pouviez me voir.

– Pourquoi pas ? Quel est le rapport ? murmura-t-elle, sans cesser de trembler violemment.

– Vous pouvez me voir dans le noir ?

– Bien sûr, dit-elle. Je ne comprends pas ce que vous voulez dire. Bien sûr que je peux vous voir quand vous êtes là, sous mes yeux.

– Mais... », commençai-je, avant de m'interrompre brusquement devant sa stupeur et son incompréhension face à mes questions. Je tenais toujours ses mains serrées dans les miennes, et leur froideur extrême me rappela qu'elle était à moitié dévêtue.

« Si vous restez ici, vous allez tomber malade, dis-je. Retournez dans votre chambre. »

Elle ne répondit rien, et je la reconduisis jusqu'à sa chambre. J'attendis qu'elle se recouche, puis, posant la bougie sur la coiffeuse, m'assis dans un fauteuil à côté d'elle.

Plus que jamais, j'étais décidé à agir sans tarder, à provoquer une explication, à en finir avec ces pénibles mystères qui gouvernaient l'esprit et le comportement de Margot.

Je ne pensais pas à l'heure tardive ; l'aube approchait déjà, je ne m'en souciais pas. J'étais préoccupé. J'étais bien au-delà des considérations ordinaires.

Je ne pris pourtant pas la parole tout de suite. Je m'efforçais de rester parfaitement calme, réfléchissant à la meilleure conduite à suivre. Désormais, tant de choses pouvaient dépendre de simples mots !

Je plaçai ma main sur la sienne, qui reposait sur le couvre-lit.

« Margot, dis-je enfin, que faisiez-vous dans cette chambre à une heure aussi insolite ? Pourquoi vous trouviez-vous là ? »

Elle hésita un instant. Puis elle répondit, en détournant les yeux :

« Vous me manquiez. Je pensais que vous y seriez peut-être, en train d'écrire...

– Mais vous étiez dans le noir !

– Je pensais que vous auriez une lumière. »

Je savais, par son attitude, qu'elle me cachait la vérité, mais je poursuivis calmement :

« Si vous m'attendiez, pourquoi avoir poussé un cri quand je suis arrivé à la porte ? »

Elle chercha à dégager sa main, mais je la tenais solidement, les doigts serrés, avec une certaine brutalité.

« Pourquoi avez-vous crié ?

– Vous... vous aviez l'air si étrange, si cruel.

– Si cruel !

– Oui. Vous m'avez fait peur... vous m'avez fait horriblement peur ! »

Elle éclata soudain en sanglots, comme si elle était à bout de nerfs. La soulevant du lit, je l'enlaçai et l'appuyai contre moi. J'étais étrangement ému.

« Je vous ai fait peur ! Comment cela est-il possible ? m'écriai-je, en m'efforçant de contenir le flot d'amour et de colère mêlés qui grondait dans ma poitrine. Vous savez que je vous aime. Vous devez le savoir. Au cours de notre courte vie conjugale, me suis-je jamais montré un seul instant cruel envers vous ? Soyons francs l'un envers l'autre. Nos vies ont changé ces derniers temps. L'un de nous a changé. Vous ne pouvez prétendre que c'est moi. »

Elle continua seulement de sangloter amèrement dans mes bras. Je la serrai plus fort.

« Soyons francs l'un envers l'autre, poursuivis-je ; pour l'amour de Dieu, qu'aucun obstacle ne nous sépare ! Margot, regardez-moi dans les yeux et répondez-moi : commencez-vous à vous lasser de moi ? »

Elle détourna la tête, mais je durcis la voix :

« Vous devez me dire la vérité. Je ne veux plus de subterfuge. Regardez-moi en face. Vous m'avez vraiment aimé autrefois ?

– Oui, oui, murmura-t-elle d'une voix étranglée.

– Qu'ai-je donc fait pour m'aliéner vos sentiments ? Vous ai-je jamais fait du mal, vous ai-je jamais manqué de bienveillance, vous ai-je jamais manqué d'égards ?

– Jamais, jamais...

– Cependant, vous avez changé à mon égard depuis... depuis... »

Je m'arrêtai un instant, pour me rappeler quand j'avais remarqué pour la première fois son changement d'attitude.

Elle m'interrompit.

« C'est dans cette maison que tout a commencé, sanglota-t-elle. Mon Dieu, que m'arrive-t-il ? Que signifie tout cela ? Si seulement j'arrivais à comprendre... rien qu'un peu... ce ne serait pas si grave. Mais ce cauchemar, cette espèce d'égarement si semblable à la folie... »

Sa voix se brisa, et elle n'acheva pas. Elle fondit de nouveau en larmes. Je n'avais encore jamais rencontré un tel mélange de peur, de passion et cette sorte d'étrange irritation sourde.

« C'est de la pure folie, en effet, dis-je, et un sentiment d'indignation rendit ma voix sèche et cassante. Je n'ai pas mérité un tel traitement de votre part.

– Je ne veux pas y céder, s'écria-t-elle avec une sorte de désespoir, en jetant tout à coup ses bras autour de moi. Je ne veux pas... je ne veux pas ! »

J'étais étrangement perplexe. J'étais partagé entre des sentiments contradictoires. L'amour et la colère se disputaient mon cœur. Je me contentai pourtant de serrer Margot contre moi et d'attendre qu'elle se soit un peu calmée avant de parler. Le paroxysme semblait en train de passer.

« Je ne comprends pas, dis-je.

– Moi non plus, répondit-elle, en faisant preuve d'une franchise qui lui avait été étrangère ces derniers temps, mais qui appartenait à sa belle, à sa véritable nature. Je ne comprends pas. Je sais seulement qu'un changement s'opère en moi, ou en vous dans vos relations envers moi, et que je ne puis l'empêcher, que je n'ai pas été capable de l'empêcher. Je ressens parfois en votre présence – ne vous fâchez pas, je cherche simplement à vous expliquer – une peur physique, une peur de votre contact, de votre étreinte, une peur semblable à celle qu'un animal pourrait éprouver envers le maître qui l'a battu. Je tremble alors à votre approche. Quand vous êtes près de moi, j'ai froid, oh ! si froid et... et je suis inquiète, peut-être devrais-je dire angoissée. Oh, je vous ai blessé ! »

Je suppose que ses paroles m'avaient fait tressaillir, et rien ne lui échappait.

« Poursuivez, ordonnai-je ; ne me ménagez pas. Dites-moi tout. C'est de la pure folie ; mais nous pourrons y mettre fin quand nous la connaîtrons tous les deux.

– Oh, si seulement nous le pouvions ! s'écria-t-elle, avec une intensité déchirante. Si seulement nous le pouvions !

– En doutez-vous ? dis-je, en m'efforçant d'être patient et calme. La raison vous fait cruellement défaut, comme toutes les femmes. Soyez un instant raisonnable. Vous me faites tort en entretenant ces sentiments. Il est vrai qu'il existe en moi une aptitude à la cruauté. J'ai peut-être été cruel – je l'ai été – autrefois, mais jamais envers vous. Vous n'avez aucun droit de me traiter comme vous l'avez fait. Si vous interrogez vos sentiments et que vous les confrontez aux faits, vous en comprendrez toute l'absurdité.

– Cela ne suffira pas à les faire disparaître pour autant, coupa-t-elle, avec cette repartie qui caractérise les femmes.

– Il le faut. Regardez-les en face, jusqu'à ce qu'ils s'évanouissent comme de simples fantômes entrevus au crépuscule. Ils ne reposent sur rien. Ils ne connaissent ni père ni mère. Ils sont hystériques. Ils sont pernicieux. Pensez un peu à moi : vous n'allez pas vous laisser subjuguer par une chimère, vous n'allez pas laisser un fantôme, créé de toutes pièces par votre imagination, ruiner le bonheur que nous avons connu. Vous ne ferez pas cela. Vous n'oserez pas ! »

Elle répondit simplement :

« Si je puis l'empêcher. »

Une colère folle m'envahit, une rage devant mon impuissance face à cette enfant. Je la repoussai presque brutalement.

« Dire que j'ai épousé cette femme ! » m'écriai-je, plein d'amertume. Je me levai.

Margot avait à présent cessé de pleurer. Sous la faible lueur de la bougie qui brillait de l'autre côté du lit, son visage était calme et livide, presque rigide.

« Ne soyez pas fâché, dit-elle. Il y a quelque chose en nous qui nous gouverne. Il y a en nous des forces que nous ne pouvons combattre.

– Il n'y a rien que nous ne puissions combattre, m'insurgeai-je. La doctrine de la prédestination est la doctrine du diable. C'est la doctrine avancée par le pécheur pour se disculper de son péché. C'est la doctrine du lâche. Comprenez-moi, Margot, je vous aime, mais je ne suis ni un fou ni un lâche. Cette folie doit cesser. Peut-être vous jouez-vous de moi, peut-être vous comportez-vous comme une petite fille, simplement pour me mettre à l'épreuve. N'en parlons plus.

– Je fais seulement ce que je *dois* faire », répondit-elle.

Le ton de sa voix me glaça le sang. La détermination qui se lisait sur son visage me remplit de frayeur et d'irritation, car il s'y mêlait une curieuse obstination. Je quittai brusquement la chambre, pour ne plus y revenir. Je ne pus fermer l'œil de la nuit.

Je n'ai rien d'un lâche, mais je me rends compte que j'ai tendance à craindre ce qui me craint. L'animal qui m'évite en silence m'effraie davantage que celui qui passe à l'attaque. La créature qui me fuit me donne le frisson, la créature qui s'éloigne silencieusement à mon approche suscite mon inquiétude.

Il s'éveilla alors en moi un étrange sentiment envers Margot. Par instants, par instants seulement, sa présence me devenait odieuse. Je me sentais disposé à fuir l'enfant blanche et blonde que j'avais épousée. Quelque chose en moi s'insurgeait contre elle. Il y a bien longtemps, à l'instant de notre présentation, j'avais ressenti une appréhension irraisonnée que je pouvais seulement qualifier d'effroi. La nuit de notre explication, cet effroi revint à la charge, décuplé et plus virulent que jamais. Ce fut lui qui me poussa à faire une suggestion que je regrettai aussitôt. Le lendemain matin, je dis à Margot qu'il serait préférable à l'avenir de faire chambre à part. Elle acquiesça tranquillement, mais je crus entrevoir sur son visage un soulagement fugitif.

J'étais profondément irrité contre elle et contre moi-même ; pourtant, à présent que je connaissais la terreur physique qu'éprouvait ma femme à mon égard, je n'étais pas rassuré. Il me semblait inconcevable de rester dans l'obscurité, couché pendant des heures aux côtés d'une femme qui se dérobait devant moi, et m'observait sans que je puisse la voir. Cette seule idée me donnait la chair de poule.

Je m'en voulais cependant de cette répulsion physique, parfois même je haïssais Margot d'en être la cause. Une lutte effroyable se déroulait en moi – une lutte entre l'amour, la rage impuissante et le désespoir, entre l'amant et le maître. Car j'appartiens à ces hommes de la vieille école qui pensent qu'un mari doit être maître de sa femme, aussi bien que de sa maison.

Mais comment être maître d'une femme que je craignais en secret ? Ma connaissance de moi-même, exacerbée par une irritation aiguë, m'entraînait presque au bord de la folie.

J'avais perdu tout mon calme. Je me montrais tour à tour doux et presque féroce envers ma femme. J'étais prêt à tomber à ses pieds et à l'adorer, puis, l'instant d'après, à l'empoigner et à la brutaliser. Je ne me maîtrisais qu'à grand-peine.

Ma versatilité ne semblait pas l'émouvoir. En fait, j'avais parfois l'impression qu'elle me craignait davantage quand j'étais gentil avec elle que lorsque je me montrais cruel.

Et je savais, par mille indices furtifs, que son horreur pour moi augmentait chaque jour. Je crois qu'elle supportait difficilement de se retrouver seule dans la même pièce que moi, en particulier après la tombée de la nuit.

Un soir, pendant le dîner, le majordome s'apprêta à sortir de la pièce, après avoir posé le dessert sur la table. Margot pâlit brusquement. Au moment où il atteignit la porte, elle se leva à demi de sa chaise et le rappela d'une voix stridente.

« Symonds ! s'écria-t-elle.

– Oui, m'dame ?

– Vous nous quittez déjà ? »

L'homme parut surpris.

« Désirez-vous encore quelque chose, m'dame ? »

Elle me lança un regard d'angoisse indescriptible. Puis, avec un effort, elle se laissa retomber sur sa chaise, en pinçant les lèvres.

« Non », dit-elle.

Quand l'homme referma la porte derrière lui, elle m'observa à nouveau, les yeux plissés, puis son regard glissa jusqu'à un petit couteau à lame fine placé près de son assiette, qui servait à couper les oranges, et s'y arrêta. Elle avança furtivement la main, l'attira vers elle et le cacha sous sa paume. Je pris une orange dans la corbeille posée devant moi.

« Margot, dis-je, voulez-vous me passer ce couteau à fruits ? »

Elle hésita visiblement.

« Donnez-moi ce couteau ! » répétai-je brutalement, en allongeant le bras.

Elle souleva la main, en laissant le couteau sur la table ; puis elle se leva précipitamment et sortit silencieusement de la pièce, fermant la porte derrière elle.

Je passai le reste de la soirée seul dans le fumoir. Pour la première fois, elle ne vint pas me souhaiter bonne nuit.

Je m'assis pour fumer un cigare, déchiré entre le désarroi et l'amour. La situation devenait intolérable. C'était plus que je ne pouvais en souffrir. Je désirais ardemment une crise, même violente. J'aurais pu réclamer, ce soir-là, une véritable tragédie. Par moments, j'aurais presque tué cette enfant qui me fuyait et me défiait si mystérieusement. J'aurais infligé à son corps un châtiment implacable en expiation du péché de l'esprit. J'étais terriblement, mortellement désemparé.

Après un long et douloureux échange avec moi-même, je décidai de tenter l'impossible pour arranger les choses avant qu'il ne soit trop tard. Quand l'horloge sonna dix heures et demie, je montai doucement jusqu'à sa chambre à coucher et tournai la poignée de la porte. Je voulais entrer, serrer Margot dans mes bras, lui dire combien mon amour pour elle était profond, combien ses craintes indignes me causaient du tort, et combien son attitude me ramenait de la douceur qu'elle avait su me donner à la cruauté, à la brutalité de ma première nature.

La porte me résista : elle était fermée à clef.

Je m'arrêtai un instant, puis frappai doucement. J'entendis un bruissement soudain à l'intérieur, comme si quelqu'un s'éloignait précipitamment de la porte pour se réfugier à l'autre bout de la pièce, et la voix de Margot cria brusquement :

« Qu'est-ce que c'est ? Qui est là ?

– C'est moi, Margot. Je veux vous parler, vous... souhaiter bonne nuit.

– Bonne nuit, dit-elle.

– Mais laissez-moi entrer un instant. »

Il y eut un silence, qui me parut interminable ; puis elle répondit :

« Pas maintenant, mon ami ; je... je suis si fatiguée.

– Ouvrez la porte un instant.

– Je suis très fatiguée. Bonne nuit. »

Après le premier cri d'angoisse, sa voix avait retrouvé toute son assurance et sa froideur. Cela me poussa aussitôt à l'action. Je saisis la poignée de la porte et m'y appuyai de toutes mes forces. Physiquement, je suis un homme très fort : la fureur et le désespoir me donnaient une force herculéenne. Je fis sauter la serrure et me précipitai dans la chambre. Ma première impulsion était de prendre Margot et de la broyer entre mes bras, jusqu'à la mort peut-être, dans une étreinte contre laquelle elle serait impuissante. Le sang courait dans mes veines comme de la lave en fusion. Une soif d'amour, une soif de meurtre peut-être, me possédait. D'un bond, je fus dans la chambre.

Toutes les bougies étaient éteintes. Les stores étaient relevés, et les rayons froids de la lune filtraient à travers le treillis des carreaux. Près de la fenêtre la plus éloignée, dans la clarté jaunâtre, était blottie une créature blanche.

Un frisson glacé me traversa. Le sang se figea dans mes veines.

Je m'arrêtai net, retenant mon souffle.

Dans la pénombre incertaine, cette créature blanche n'avait absolument plus rien d'humain. Elle était *animale*. J'aurais pu croire un instant qu'une grande chatte blanche se ramassait sur elle-même, près du rideau, s'apprêtant à bondir.

Quelle étrange illusion ! Par la suite, je voulus en rire, mais à cet instant je fus submergé d'horreur – d'horreur, presque d'effroi.

Tout désir de violence me quitta sur-le-champ. La chaleur était morte, j'étais froid comme une pierre. J'étais incapable d'articuler un seul mot.

Soudain, la créature blanche bougea. Le rideau fut tiré brusquement, masquant le clair de lune. La chambre se trouva plongée dans l'obscurité : une obscurité dans laquelle cette créature pouvait voir !

Je fis demi-tour et me glissai hors de la chambre. J'aurais pu m'enfuir, poussé par la peur inexprimable qui m'habitait.

Ce fut seulement au lever du jour que l'homme se réveilla en moi, et que je me maudis pour ma lâcheté.

Le lendemain soir, nous étions invités à dîner chez des voisins. Ils habitaient un merveilleux château anglo-normand près de la mer, à quelques miles de distance. Pendant toute la journée, nous évitâmes soigneusement de faire allusion aux incidents de la nuit précédente. Je crois que nous étions tous les deux soulagés de nous retrouver en société. Les amis à qui nous rendions visite, lord et lady Melchester, recevaient de nombreux invités, et nous étions, je crois, les seuls étrangers à vivre dans le voisinage. L'un des invités était le Pr Black, dont j'ai déjà mentionné le nom. C'était un petit homme sec, maigre, acerbe, aux lèvres pincées et droites, et dont les cheveux noirs et touffus ignoraient l'usage du peigne. J'avais déjà eu l'occasion de le rencontrer deux ou trois fois à Londres. Comme il venait d'arriver au château et qu'il connaissait à peine les autres convives, il se dirigea tout naturellement vers moi, son verre à la main, pour engager la conversation au moment où les dames quittèrent la salle à manger. Sur le moment, je me réjouis de sa compagnie, mais, avant de suivre les dames au salon, j'aurais donné un an, voire des années de ma vie pour ne lui avoir jamais parlé, pour ne l'avoir jamais entendu parler ce soir-là.

Comment cette conversation fatale est-elle venue sur le tapis ? Je ne m'en souviens plus très bien. Nous parlâmes tout d'abord du voisinage, la conversation glissa ensuite sur les livres, puis sur les gens en général. Oui, c'est ainsi que c'est arrivé. Le professeur parlait d'un homme que nous connaissions tous deux en ville, un homme curieusement efféminé, dont les pensées et la sensibilité semblaient être celles d'une femme. Je lui dis que je ne l'aimais pas, et que je désapprouvais son allure et son esprit efféminés ; mais le professeur engagea avec moi une polémique à ce sujet.

« Plaignez cet homme si vous voulez, proférait-il d'une voix assez stridente ; pour ce qui est de le condamner, je pourrais aussi bien reprocher à un têtard de ne pas être une grenouille adulte. Il n'est pas en son pouvoir de diriger son âme, ni même de la réprimer, soyez-en sûr. »

Après avoir bu une gorgée de son porto, il se rapprocha un peu de moi et dit, en baissant légèrement la voix :

« Il y aurait moins de préjugés dans ce monde si les gens montraient un peu plus de discernement. Les âmes sont semblables à des lettres, elles sont parfois scellées dans la mauvaise enveloppe. L'âme d'un homme, par exemple, peut être glissée dans le corps d'une femme, ou *vice versa.* C'est ce qui s'est passé dans le cas de D***. Une erreur a été commise.

– Par la providence ? » l'interrompis-je, avec peut-être un *soupçon** de sarcasme dans la voix.

Le professeur sourit.

« Disons, pour imiter Thomas Hardy, par le Président des Immortels, qui se joue de plus d'humains que Tess, répondit-il. Une erreur peut être intentionnelle, tout comme une réalité peut s'avérer accidentelle. Même une Force souveraine peut parfois s'abaisser à une petite mystification. Pour un penseur, le monde est plein de lits en portefeuille, et la moitié au moins des portes que nous poussons nous réservent un grand seau d'eau froide. En ce qui concerne l'âme, les tours de passe-passe du Président susdit sont très curieux, mais les gens ne veulent pas comprendre que la transmigration est un fait aussi évident que le lever quotidien du soleil sur une moitié du monde et son coucher sur l'autre moitié.

– Voulez-vous dire que les âmes passent de nouveau dans le monde, à la mort du corps dans lequel elles ont été provisoirement emprisonnées ? demandai-je.

– Précisément : je n'en ai aucun doute. Parfois l'âme d'une femme passe dans le corps d'un homme ; alors l'homme agit en femme, et on le décrie pour son caractère efféminé. L'âme marque le corps de son empreinte, le corps n'agit pas sur l'âme, ou pas au même degré.

– Mais nous ne sommes pas irresponsables : nous pouvons nous maîtriser. »

Le professeur sourit froidement.

« Vous croyez ? dit-il, j'en doute parfois.

– Moi, je doute de votre théorie sur le transfert des âmes.

– Cela prouve simplement – pardonnez-moi l'impertinence apparente de cette remarque – que vous ne vous êtes jamais penché attentivement sur la question de l'âme. Pensez-vous que D*** apprécie vraiment d'être si différent des autres hommes ? Ce que nous avons remarqué chez lui ne lui a pas échappé, vous pouvez en être sûr. Soyez assuré qu'il s'est efforcé d'être comme tout le monde, et il a constaté que c'était impossible. Son âme le gouverne, de la même manière qu'une forte nature en dirige une faible, et son âme n'est pas mâle, mais femelle. Car les âmes ont des sexes, sinon pourquoi parlerait-on d'union des âmes ? La réalité de la réincarnation sur terre ne fait pour moi aucun doute. Inlassablement, les âmes poursuivent leur évolution.

– Vous croyez que chaque âme se réincarne ?

– Un certain nombre de fois.

– Que, même dans le règne animal, l'âme d'un animal passe dans le corps d'un autre ?

– Attendez un instant. Nous arrivons ici à un point qui tend à prouver l'exactitude de ma théorie. Les animaux ont des âmes, comme vous le laissez entendre. Qui peut les connaître intimement et en douter un seul instant ? Des âmes aussi immortelles – ou aussi mortelles – que les nôtres. Et leurs âmes se réincarnent, elles aussi.

– Dans d'autres animaux ?

– Peut-être. Et tôt ou tard, au cours de l'évolution, dans des êtres humains. »

Je ris, avec peut-être un peu d'impolitesse.

« Mon cher professeur, je croyais qu'en ces temps modernes et scientifiques cette vieille idée était tout à fait discréditée.

– Je fonde mes croyances sur des observations minutieuses, répliqua-t-il assez froidement. Je remarque que, dans une certaine mesure, certains animaux cherchent à imiter les êtres humains, et j'en tire mes conclusions. Si elles se trouvent coïncider avec les conclusions de Pythagore ou de n'importe qui d'autre sur le sujet, je n'y vois pas d'inconvénient. Si ce n'est pas le cas, cela ne me trouble guère. Vous avez sûrement remarqué que l'animal se trouvait reproduit chez l'homme – et pas seulement l'animal, mais des animaux précis. Il y a des hommes dont l'allure générale évoque celle d'un singe. J'ai rencontré des femmes qui, par leur comportement, leur apparence et même leur caractère, étaient tout à fait apparentées à des chats. »

Je laissai échapper une légère exclamation, qui ne l'interrompit pas.

« Or, j'ai étudié les chats avec beaucoup d'attention. De tous les animaux, ce sont eux qui m'inspirent le plus vif intérêt. Ils ont moins de violence apparente, ils expriment moins d'émotion, mais à mon avis ils ont plus de caractère que les chiens. Leur subtilité est remarquable, leur sensibilité extraordinaire. Me comprendrez-vous si je vous dis que tous les chiens sont des hommes, tous les chats des femmes ? Voilà ce qui les différencie. »

Il s'arrêta un instant.

« Poursuivez... poursuivez », dis-je, en me penchant en avant, les yeux rivés sur son visage pénétrant et plissé.

Il sembla ravi d'avoir réussi à éveiller mon intérêt.

« Les chats sont aussi subtils, aussi mystérieux et presque aussi intuitifs que la femme la plus complexe. S'ils ont été bien traités, ils se montrent souvent d'un abord gracieux, avenant, affable, même envers un parfait inconnu ; mais si cet inconnu est mal intentionné, ils semblent alors lire instinctivement dans son âme, et sont aussitôt sur le qui-vive. Ils dissimulent cependant leurs craintes sous une attitude indifférente, avec beaucoup de circonspection. Ils n'agissent pas : ils s'abstiennent simplement d'agir. Ils rétractent leur âme qui a fait une apparition furtive, comme ils peuvent rétracter leurs griffes dans les coussinets charnus de leurs pattes. Ils ne montrent pas les dents comme un chien pourrait le faire. Ils ne manifestent aucune agressivité. Ils ne gémissent pas, la queue basse. Ils se contentent de rester sur leurs gardes, vigilants, méfiants. Tout ceci n'est-il pas l'apanage de la femme ?

– Peut-être, répondis-je, en feignant péniblement l'indifférence.

– Une femme sait intuitivement qui est son ami et qui est son ennemi – à condition toutefois que son cœur ne soit pas engagé ; car elle se déchaîne alors, je le reconnais. Une femme... Mais il est inutile de poursuivre ce parallèle. D'ailleurs, peut-être n'est-il guère judicieux, car je ne cherche pas à soutenir l'affirmation absurde selon laquelle toutes les femmes auraient des âmes de chats. Non. Mais j'ai rencontré des femmes si étrangement semblables à des chats que leur âme a, comme je l'ai dit, marqué leur corps de son empreinte. Leur visage possédait toutes les caractéristiques du chat. Leur déplacement, leur comportement étaient visiblement, profondément félins. Or, je ne vois rien de ridicule dans l'hypothèse selon laquelle de tels corps de femmes puissent être habités par des âmes – en cours d'évolution, naturellement – qui n'étaient autrefois que des âmes de chats, mais qui sont en train de s'élever progressivement en haut de l'échelle, acquérant peu à peu l'humanité. Après tout, nous ne sommes pas tellement supérieurs aux animaux, et nos écarts de conduite nous amènent bien souvent à nous comporter comme de simples animaux. L'âme opère alors une régression. »

Il s'interrompit de nouveau et me regarda. Je me mordais les lèvres, et je n'avais pas encore touché à mon verre de vin. Je suppose qu'il prit mon agitation comme un compliment, car il sourit et dit :

« Serais-je en train de vous convertir ? »

Je secouai à demi la tête. Puis je dis, avec un effort :

« C'est une idée curieuse et intéressante, naturellement ; mais elle nécessiterait quelques éclaircissements. Permettez-moi à présent de vous demander ceci : croyez-vous... croyez-vous qu'une âme, si elle se transmet comme vous le pensez, puisse conserver des souvenirs de ses vies antérieures, des souvenirs de ses amours passées et... et de ses haines ? À supposer que l'âme d'un chat passe dans le corps d'une femme, et que le chat ait été... ait été... disons torturé... peut-être même tué par quelqu'un.... disons un homme, il y a fort longtemps – se pourrait-il que la femme, en retrouvant cet homme, se souvienne et manifeste une certaine aversion à son égard ?

– Vous me posez là un curieux problème, fort intéressant d'ailleurs, que je n'ai pas la prétention d'avoir résolu. Je ne peux par conséquent que suggérer ce qui semblerait, ce qui me semble être l'hypothèse la plus probable. Je ne crois pas que la femme puisse se souvenir distinctement de son passé et de cet homme, mais je pense qu'elle pourrait en avoir l'intuition. Nos intuitions ne sont peut-être que des souvenirs fragmentaires de notre âme, de ce qu'elle a vécu autrefois quand elle habitait un autre corps. Comment expliquer sinon que l'on puisse éprouver de l'aversion envers un inconnu, charmant selon toute apparence, sans en connaître le moindre mal, sans jamais en avoir entendu parler ni l'avoir rencontré auparavant ? Les prétendues intuitions ne sont peut-être que des bribes de souvenirs. Et ces intuitions seraient peut-être renforcées, incarnées, ressuscitées, par des associations – de lieu, par exemple. Les chats s'attachent intensément aux lieux, à certains endroits : une maison, un jardin, un foyer particuliers – indépendamment des gens qui peuvent s'y rencontrer. Si l'homme et la femme dont vous parlez pouvaient être réunis sur les lieux mêmes de la tragédie, peut-être l'aversion de cette femme se changerait-elle en véritable haine. Je pense néanmoins que, pour elle, cette haine resterait irraisonnée, et même parfaitement inexplicable. Cependant... »

Mais lord Melchester se leva de table à cet instant, et les conversations se réduisirent à quelques propos décousus. Je devais être blanc comme un linge.

Nous passâmes alors au salon. Les dames étaient réunies à une extrémité de la pièce, autour du piano. Margot se trouvait parmi elles. Comme d'habitude, elle était vêtue de blanc, et le bas de sa robe était bordé d'un liseré de fourrure blanche comme la neige. Au moment où nous entrâmes, elle s'éloigna du piano, se dirigea vers un canapé placé non loin de là et s'y installa gracieusement. Le Pr Black, qui était entré dans la pièce à mes côtés, me saisit doucement le bras.

« Regardez cette femme, là-bas, me chuchota-t-il à l'oreille. J'ignore qui elle est, mais elle ressemble étonnamment à un chat : je l'ai remarqué avant le dîner. Avez-vous observé sa démarche à l'instant ? la légèreté, la souplesse, le naturel avec lesquels elle s'est assise, trouvant instinctivement une pose charmante ? Et ses yeux bleu porcelaine sont...

– Vous parlez de ma femme, professeur », l'interrompis-je rudement.

Il eut l'air passablement interloqué.

« Je vous prie de m'excuser ; je l'ignorais totalement. Je ne suis pas entré dans le salon ce soir avant votre arrivée. Je croyais que cette dame était l'une des autres invités de la maison. Permettez-moi de vous féliciter. Elle est très belle », ajouta-t-il, avant de se mêler assez rapidement au groupe qui s'était formé autour du piano.

Cet homme est fou, je le sais – fou à lier. Il souffre de monomanie, comme tant d'hommes intelligents. S'il voit un animal dans chaque personne qu'il croise, c'est simplement parce que sa théorie ridicule l'y incite. Son adhésion lui présente les faits non comme ils sont, mais comme il voudrait qu'ils soient. Mais il n'arrivera pas à me convaincre. Cette théorie est la sienne, pas la mienne. Elle ne tient pas debout. Je peux en rire à présent, mais je dois avouer que, ce soir-là, elle me troubla profondément. C'était à peine si je pouvais parler. Je me surpris à observer Margot avec une terrible intensité, et à partager si entièrement les vues du Pr Black que je m'émerveillais de l'aveuglement dont j'avais fait preuve jusqu'alors.

Il y avait quelque chose d'étrangement félin dans la jeune fille que j'avais épousée – chez cette enfant douce et blanche dont la présence m'inspirait la plus vive aversion, cette enfant que j'aimais encore, que je devais aimer toujours... Ses mouvements avaient la grâce subtile, instinctive et caractéristique de ceux d'un chat. Son pas furtif, qui m'avait si souvent frappé, était celui d'un chat. Et ces yeux bleu porcelaine ! Une sueur froide me parcourut soudain quand je compris enfin pourquoi je les avais *reconnus* lors de notre première rencontre. C'étaient les yeux de l'animal que j'avais torturé, de l'animal que j'avais assassiné. Oui, mais cela ne prouvait rien, absolument rien : beaucoup de gens possédaient des yeux d'animaux – des yeux doux, humides de chiens, des yeux furtifs, cruels de tigres. J'en avais connu. J'avais même eu autrefois une liaison avec une jeune fille qu'on surnommait « Perdrix Blessée », parce que ses yeux étaient censés ressembler à ceux d'un oiseau mourant ! Je m'efforçai de rire en moi-même à l'évocation de ce souvenir, mais je fus pris d'un frisson et paralysé par l'épouvante. Je m'assis comme une pierre, les yeux rivés sur Margot, cherchant péniblement à lire en elle tout ce que m'avaient suggéré les paroles du professeur – mais espérant bien ne pas y réussir.

L'arrivée de lady Melchester me tira de mes réflexions. Elle avait un service à me demander : j'ai oublié aujourd'hui lequel. Je m'efforçai de me montrer enjoué, de prendre part à la conversation, de paraître à l'aise. Mais je me sentais comme oppressé par un cauchemar, et c'est à peine si je pouvais détourner mes yeux du canapé sur lequel ma femme était assise. Elle parlait alors avec le Pr Black, qui venait de lui être présenté ; et je fus pris d'une rage soudaine à la pensée qu'il était peut-être en train de l'étudier sèchement, froidement, à cent lieues de soupçonner les aboutissements qui dépendaient de la vérité ou de la fausseté de son étrange théorie – et dont les conséquences seraient peut-être d'une portée considérable. Ils étaient en grande conversation, et il me vint bientôt à l'esprit qu'il était peut-être en train d'imprégner Margot de ses doctrines pernicieuses, de lui apporter une connaissance de son âme qui lui faisait encore défaut. Cette idée était insupportable. Je suspendis brusquement la conversation à laquelle je prenais part, et me précipitai vers eux avec une impulsion soudaine qui dut étonner tous ceux qui me remarquèrent. Je pris un siège et, le rapprochant avec violence, m'interposai entre eux.

« De quoi parlez-vous tous les deux ? » dis-je brutalement, en lançant un coup d'œil soupçonneux à Margot.

Le professeur me regarda avec surprise.

« J'enseignais à votre femme quelques-uns des mystères de la pêche au saumon, répondit-il. Elle m'apprend que vous avez une rivière à saumons qui coule à travers vos terres. »

Je ris d'un air gêné.

« Ainsi, vous êtes non seulement un théoricien, mais encore un pêcheur accompli ! dis-je, assez insolemment. Comme je vous envie vos multiples talents ! Venez, Margot, il est temps de partir. La voiture doit nous attendre. »

Elle se leva tranquillement et souhaita bonne nuit au professeur, mais au moment où elle releva les yeux sur moi, je crus surprendre dans son regard une expression nouvelle. Une lueur de détermination, une flamme implacable mêlée au sombre feu du désespoir.

Dès que nous fûmes dans la voiture, je dis, de ce ton faussement désinvolte qui dissimule un contre-interrogatoire sournois :

« Le Pr Black est un homme intéressant.

– Vous trouvez ? répondit-elle, depuis son coin sombre.

– Assurément. C'est un homme d'une intelligence remarquable. Cependant, en dépit de toutes ses connaissances scientifiques et de ses facultés d'analyse, ce n'est qu'un doux rêveur. » Je me tus, mais elle ne répondit pas.

« Vous ne croyez pas ?

– Comment pourrais-je le dire ? répondit-elle. Nous n'avons parlé que de pêche. Il a réussi à en faire un agréable sujet de conversation. »

Son ton était franc. Je me sentis soulagé.

« Il est remarquablement intelligent », dis-je du fond du cœur, et nous retombâmes dans le silence.

Quand nous fûmes arrivés à la maison, et que Margot eut enlevé son manteau, elle s'approcha de moi et posa la main sur mon bras.

Son contact était à présent si inhabituel que j'en fus alarmé. Elle me regardait avec un curieux sourire : un sourire fixe, figé, qui me glaça le sang au lieu de me réchauffer.

« Ronald, dit-elle, il y a eu un malentendu entre nous. J'en ai été la cause. J'aimerais que... que nous nous réconcilions. M'aimez-vous encore comme vous m'aimiez autrefois ? »

Je ne répondis pas tout de suite, j'en étais incapable. Je ne sais pourquoi, sa voix, si maîtrisée qu'elle fût, semblait en contradiction avec les mots qu'elle prononçait. Il y avait en elle une intonation dure, désespérée, qui s'accordait avec le sourire énigmatique de ses lèvres.

J'eus aussitôt l'impression qu'elle me tendait un piège. Je reculai au contact de sa main.

Elle attendait, les yeux fixés sur moi. Nos visages étaient éclairés par la lueur vacillante des bougies que nous tenions à la main.

Enfin, je retrouvai la voix.

« Pouvez-vous en douter ? » demandai-je.

Elle avança d'un pas.

« Dans ce cas, renouons nos anciennes relations, dit-elle.

– Nos anciennes relations ?

– Oui. »

Je frémis comme si un spectre se glissait auprès de moi. J'étais saisi d'horreur.

« Ce soir ? C'est impossible !

– Pourquoi ? demanda-t-elle, le même sourire figé aux lèvres.

– Parce que... parce que... je ne sais pas... je... Demain, ce sera comme autrefois, Margot... demain. Je vous le promets.

– Très bien. Embrassez-moi, mon ami. »

Je forçai mes lèvres à toucher les siennes.

Quelle bouche était la plus froide ?

De son pas léger, feutré, elle disparut alors en direction de sa chambre. J'entendis la porte se refermer tout doucement.

Je tendis l'oreille. La clef ne fut pas tournée dans la serrure.

Que Margot abandonnât soudain les précautions inouïes auxquelles je m'étais presque accoutumé me remplit d'un effroi indicible.

Cette nuit-là, pour la première fois, je fermai solidement la porte de ma chambre.

IV

Nuit de vendredi, 6 novembre.

Je fermai solidement ma porte et, après m'être couché, restai éveillé des heures durant, l'oreille aux aguets. J'étais saisi d'horreur, une horreur qui ne m'a pas quitté depuis un seul instant, qui ne me quittera peut-être jamais. Je tremblai de froid cette nuit-là, le froid d'une terreur physique absolue. Je savais être enfermé dans cette maison avec une âme ne rêvant que d'assouvir sa vengeance irraisonnée – l'âme de l'animal que j'avais tué, prisonnière du corps de la femme que j'avais épousée. J'étais malade de peur, à cet instant. Je le suis encore aujourd'hui.

Ce soir, je suis si fatigué. Mes paupières sont lourdes ; ma tête me fait mal. Ce n'est pas étonnant. Je n'ai pas dormi depuis trois nuits. Je n'ai pas osé.

Cela fait à présent trois nuits que s'est produite cette étrange révolution dans la conduite de ma femme, cette froide métamorphose – car j'ai senti d'instinct que l'humanité, la chaleur humaine n'avaient rien à voir avec cette transformation. Ces trois derniers jours, Margot n'a fait que jouer un rôle. Dans quel but ?

En m'asseyant pour consigner cet inquiétant récit de deux âmes, aussi sombre et fantastique qu'il pût sembler à beaucoup, je cherchais à me rassurer, à recouvrer la raison, la paix à travers mes écrits.

J'ai tenté l'impossible. Je sens qu'après tout la théorie la plus folle est peut-être la plus juste – qu'aux frontières de ce qui paraît être la folie, la réalité marche à pas mesurés.

Chacun de mes souvenirs confirme la vérité de ce que le Pr Black a été le premier à me suggérer.

Je connais désormais le but de Margot.

L'âme de l'animal que j'ai torturé à mort est passée dans le corps de la femme que j'aime ; et cette âme, autrefois endormie dans sa nouvelle cage, est maintenant éveillée, aux aguets, tissant peut-être ses intrigues ! Sans même en avoir conscience, elle me reconnaît. Elle me guette avec des yeux dans lesquels une vague terreur se change insensiblement en haine, mais l'âme ne comprend pas pourquoi elle a peur – pourquoi sa peur est mêlée de haine. L'intuition a remplacé la mémoire. Le changement de décor a tué le souvenir, et lui a substitué l'instinct.

Pourquoi a-t-il fallu que je me mette à écrire ? Le rappel des faits a scellé mon désespoir.

L'instinct ne s'est réveillé chez Margot que lorsque je l'ai amenée sur les lieux que l'âme avait connus du temps où elle regardait le monde depuis le corps d'un animal.

Ce jour-là, sur la terrasse, l'instinct a remué dans son sommeil, a ouvert les yeux et m'a contemplé d'un air songeur, interrogateur.

Les souvenirs confus que conservait Margot de la promenade de la terrasse, des pots de fleurs, des bordures de gazon où la chatte s'était si souvent étirée au soleil ; son impatience à voir la chambre de la morte et les visites secrètes qu'elle lui rendait ; son malaise croissant, se muant en vive inquiétude, puis en haine implacable – tout cela ne m'amène qu'à une seule conclusion.

L'âme de l'animal, logée en elle, ne se contente plus d'avoir peur, de reculer devant moi. Elle est devenue plus menaçante. Elle se tient sournoisement en embuscade, froidement déterminée.

Ce curieux changement dans l'attitude de Margot, qui est passée brusquement du soin qu'elle mettait à m'éviter à l'invitation, a marqué la subtile, profonde évolution de ses sentiments, la transition silencieuse de la simple sensation à l'action.

Jadis, elle me craignait. À présent, c'est moi qui dois la craindre.

L'âme, tapie dans sa cage, montre les dents. Elle vise à ma destruction.

Le corps de la femme est animé d'un désir convulsif : venger la mort de celui de l'animal.

Je le sens, elle n'attend que le moment de bondir ; et l'amour instinctif de la vie fait naître en moi une peur physique, comme en face d'un ennemi subtil. Car même si l'âme est brave, le corps redoute de mourir, et semble posséder par instants une seconde âme, purement physique, qui s'insurge comme un enfant contre la souffrance, contre la mort.

Et puis, il y a aussi une lâcheté de l'imagination qui peut ébranler le cœur le plus robuste, et cette résurrection de ce qui était mort, assassiné, épouvante mon imagination. Ce que je croyais avoir tué depuis longtemps a dû m'accompagner de si près sans que je le reconnaisse !

Je suis malade de peur, physiquement et mentalement.

Il y a deux jours, quand j'ouvris au matin la porte de ma chambre, que je vis la lumière d'automne entrer à flots par les carreaux des fenêtres du corridor, et que j'entendis la rivière danser joyeusement au fond de la ravine, entre les arbres qui seraient bientôt entièrement dépouillés de leurs feuilles, je me dis : « Tu as été fou, Ronald. Ton esprit a été la proie de rêves horribles, qui ont fait de toi un lâche, et de ta femme un démon. Chasse-les loin de toi. »

Je regardai de l'autre côté du ravin. Une lueur froide et

limpide éclairait au loin les montagnes. Un amas de nuages s'amoncelait au-dessus des crêtes de Scawfell. Le ciel était une étendue de turquoise décolorée. J'ouvris un instant la fenêtre. L'air était sec et vif. Qu'il était doux de le sentir sur son visage !

Je descendis à la salle du petit déjeuner. Margot allait ici et là, à pas feutrés, en m'attendant. Elle tenait des lettres dans ses mains blanches, et les laissa tomber sur la table lorsqu'elle monta à pas furtifs pour m'accueillir. Ses lèvres étaient étroitement serrées, mais elle les avança pour m'embrasser.

Que je m'approchai près de mon ennemie au moment où nos bouches s'effleurèrent ! Ses lèvres étaient plus froides que le vent.

À présent que j'étais avec elle, le soulagement passager que j'avais éprouvé m'abandonna. L'horreur qui m'oppressait réapparut.

J'étais incapable de manger – je pouvais seulement faire semblant ; et ma main tremblait tellement que je pouvais à peine soulever ma tasse de la table.

Elle le remarqua, et me demanda avec douceur si j'étais souffrant.

Je secouai la tête.

Une fois le petit déjeuner fini, elle dit d'une voix basse et calme :

« Ronald, avez-vous réfléchi à ce que je vous ai dit hier soir ?

– Hier soir ? répondis-je, avec effort.

– Oui, à propos de cette froideur qui s'est installée entre nous. Je crois que j'ai été souffrante, malheureuse, je n'étais pas dans mon état normal. Vous savez que... que les femmes sont plus sujettes que les hommes aux sautes d'humeur, qu'elles ne peuvent pas toujours s'expliquer. Je vous ai froissé dernièrement, je le sais. J'en suis désolée. Je veux que vous me pardonniez, que... que... » Elle s'interrompit un instant, et je l'entendis prendre une soudaine aspiration. « Que vous m'accordiez de nouveau une place dans votre cœur. »

Chaque mot qu'elle prononçait me semblait résonner

comme une sinistre menace, et la dernière phrase me glaça littéralement le sang dans les veines.

Nos regards se croisèrent. Elle ne détourna pas le sien : ses yeux étaient fixés dans les miens. C'étaient les yeux bleus de la chatte que j'avais tenue sur mes genoux, il y a des années. C'étaient eux que j'avais contemplés alors que j'étais enfant, et au fond desquels j'avais vu naître l'horreur et l'angoisse avec une jubilation malveillante.

«Je n'ai rien à pardonner, dis-je d'une voix rauque, entrecoupée.

– Vous avez beaucoup à pardonner, répondit-elle fermement. Mais ne... je vous en prie, ne me veuillez pas de mal.

– Il n'y a pas de mal dans mon cœur – à présent», dis-je, et mes paroles semblaient lâchement implorer la clémence de mon ancienne victime.

Elle porta sa main douce et blanche à ma poitrine.

« Ainsi, tout redeviendra comme avant ? Et, cette nuit, vous me reviendrez ? »

J'hésitai, en baissant les yeux. Mais comment refuser ? Quelle excuse trouver pour rejeter cette requête ? Machinalement, je répétai alors :

« Cette nuit, je vous reviendrai. »

Un petit sourire, terrifiant, se dessina sur son visage. Elle tourna les talons et sortit.

Je m'assis aussitôt. J'étais trop déconcerté pour rester debout plus longtemps. Je lâchais pied devant une épouvante pleine d'imagination qui semblait menacer ma raison. Je tentai vainement de me ressaisir. Mon corps était parcouru de sueurs froides. Il me semblait avoir perdu toute maîtrise de mes nerfs.

J'ignore combien de temps je restai là, mais je fus tiré de ma prostration par l'entrée du majordome. Il me jeta un coup d'œil visiblement surpris, et cet étonnement d'un domestique agit sur moi à la manière d'un coup de fouet. Je me relevai précipitamment.

« Dites au palefrenier de seller la jument, lançai-je. Je pars sur-le-champ faire un tour à cheval. »

Le grand air, l'action étaient ce dont j'avais besoin pour

chasser cette stupeur. Il me fallait quitter cette maison de larmes. J'avais besoin d'être seul. Je devais lutter contre moi-même pour retrouver mon courage, tuer le lâche qui était en moi.

Je montai la jument en hâte et m'élançai au grand galop du côté des landes d'Eskdale, le long des chemins de campagne solitaires.

Je passai toute la journée en selle ; et toute la journée, je ne cessai de penser à cette sombre maison, à cette créature blanche qui guettait mon retour, regardant peut-être avec impatience par les fenêtres, épiant le bruit des sabots de mon cheval sur le gravier, prolongeant la longue veille de la vengeance.

Mon imagination défaillante chavirait, tandis que mon cheval fatigué avançait en trébuchant sur les sentiers ombragés. Ma terreur était désormais trop grande pour être seulement physique. C'était une pure terreur de l'esprit, indescriptible.

Dormir aux côtés de cette créature blanche qui m'attendait ! Être allongé dans le noir à côté d'elle ! Savoir qu'elle était là, près de moi !

Si elle me tuait, qu'importait ? C'était vivre et être près d'elle, *avec* elle, qui m'épouvantait.

Les lumières de la maison brillèrent à travers les arbres. J'entendis le murmure de la rivière.

Je descendis de cheval et m'avançai furtivement dans le hall, en regardant autour de moi.

Margot se glissa aussitôt près de moi, sans un bruit, et me débarrassa de ma cravache et de mon chapeau de ses mains blanches et veloutées. Je tressaillis à son contact.

Au dîner, elle ne me quitta pas du regard.

Je ne pouvais avaler une bouchée, mais je bus davantage de vin qu'à l'ordinaire.

Lorsque je me levai pour descendre au fumoir, elle dit :

« Ne tardez pas trop, Ronald. »

Je balbutiai je ne sais quelle réponse. Il était près de minuit quand j'allai me coucher. Quand j'entrai dans la chambre, en voilant de la main la lumière de la bougie, elle était encore éveillée.

Blottie contre les oreillers, elle s'étira étrangement et m'adressa un sourire.

«Je croyais que vous ne viendriez jamais, mon ami», soupira-t-elle.

Je savais que j'étais pâle comme la mort, mais elle n'en fit pas la remarque. Je me couchai, en prenant soin de laisser la bougie allumée.

Elle dit, au bout d'un certain temps :

« Pourquoi n'éteignez-vous pas la bougie ? »

Je la regardai furtivement. Son visage me parut sculpté dans la pierre, tant il était rigide, inexpressif. Elle se tenait loin de moi, à l'extrême rebord du lit, couchée sur le côté, les mains tournées vers moi.

« Pourquoi ne le faites-vous pas ? répéta-t-elle, ses yeux bleus rivés sur moi.

– Je n'ai pas sommeil, répondis-je lentement.

– Tant qu'il y aura de la lumière dans la chambre, vous ne pourrez dormir, dit-elle.

– Vous voulez que je l'éteigne ?

– Oui. Comme vous êtes bizarre ce soir, Ronald ! Quelque chose ne va pas ?

– Non », répondis-je, et je soufflai la bougie.

Que les ténèbres étaient effrayantes !

J'avais la certitude qu'elle voulait m'étouffer dans mon sommeil. Je le savais. Je décidai de rester éveillé.

Il était horrible de penser que, alors que nous étions couchés là, elle pouvait sans cesse me voir comme en plein jour.

La nuit s'écoula. Margot était parfaitement immobile et silencieuse. Je restais aux aguets.

Aux approches du matin, je fermai les yeux, non parce que j'avais sommeil, mais parce que j'étais las de fixer les ténèbres.

Peu après, je perçus un mouvement furtif dans le lit.

« Margot, êtes-vous réveillée ? » m'écriai-je vivement.

Le mouvement cessa aussitôt. Il n'y eut pas de réponse.

Quand la lumière de l'aube entra par la fenêtre, elle paraissait endormie.

La nuit dernière, je me gardai de refermer les yeux. Elle ne bougea pas.

Elle cherche à m'épuiser, et elle possède assez de force pour y parvenir. Mes paupières sont si lourdes, ce soir. Bientôt il me faudra dormir, et alors...

M'évertuerai-je à résister plus longtemps ? Tout semble si inéluctable, tellement hors de ma portée, comme les rouages d'une justice inexorable s'acharnant à punir l'enfant pour le péché de son père. Car l'enfant cruel n'était-il pas le père de l'homme ?

Et pourtant, cette tragédie est-elle inévitable ? C'est impossible. Je serai un homme. Je me révolterai, je la combattrai. J'emmènerai Margot loin de cette demeure dont son âme se souvient, loin de cette demeure dans laquelle son corps fut torturé et mis à mort, il y a si longtemps. Elle finira bien par oublier... il faudra qu'elle oublie...

L'instinct retrouvera le sommeil. C'est ce qu'il adviendra. Je veux qu'il en soit ainsi. Je veux répandre des pavots sur son âme. Je veux l'emmener loin, loin d'ici, en des lieux où elle sera de nouveau celle qu'elle a été.

Demain, nous partirons. Demain...

Ah, ce cri ! Était-ce le mien ? J'étouffe ! Qu'était-ce ? Oh, quelle abomination ! La plume m'est tombée de la main. J'ai dû m'assoupir. J'ai fait un rêve : elle se glissait furtivement sur moi, cette blanche créature ! Ses mains de velours se posaient sur ma gorge. L'âme regardait fixement par ses yeux, l'âme de la chatte ! Même son corps, son corps de femme, semblait se métamorphoser à l'heure de la vengeance. Elle m'étranglait lentement, et alors que le souffle s'éteignait en moi, et que mes yeux défaillants la contemplaient, elle n'avait plus rien d'une femme. C'était une créature souple, blanche, soyeuse... Ma gorge était ensevelie sous la fourrure. Ces mains étaient des griffes. Ce souffle sur mon visage était le souffle d'une bête. Le corps était revenu pour servir l'âme dans sa vengeance, le corps d'...

Ah, quel cauchemar !

La vengeance des morts peut-elle entraîner leur résurrection ?

Écoutez ! Écoutez cette voix qui m'appelle d'en haut !

« Ronald, vous ne viendrez donc jamais ? Je suis lasse de vous attendre. Ronald !

– Oui.

– Venez à moi ! »

Il me faut obéir.

À la première lueur de l'aube, un pâle rayon de soleil illumina un lit au travers duquel gisait le corps d'un homme, recroquevillé et déformé. Sa tête était enfoncée dans les oreillers. Ses yeux, désormais aveugles, regardaient fixement en direction du soleil levant. Et, à la fenêtre ouverte de la chambre du mort, une femme vêtue d'un peignoir blanc se penchait au-dehors, guettant avidement de ses grands yeux bleus les oiseaux qui s'élançaient de long en large, se posaient sur les plantes grimpantes ou décrivaient des cercles au-dessus du ravin, au fond duquel coulait une rivière. Ses lèvres figées ébauchèrent un sourire. Elle avait l'air calme, serein, paisible. Au bout de quelque temps, un moineau imprudent se percha juste à sa portée, sur le treillis sous la fenêtre. Rapide comme l'éclair, sa main blanche s'abaissa en silence, se refermant sur l'oiseau. Elle s'éloigna de la fenêtre.

Les morts peuvent-ils entendre ? L'homme était-il en mesure de surprendre son ronronnement discret, continu, lorsqu'elle s'accroupit sur le plancher avec sa proie ?

Traduit de l'anglais par Norbert Gaulard

Le Chat, «Je Suis»

Gerald Heard

« Vous vous y connaissez en possession ?
– Je sais que possession vaut titre.
– Je ne parle pas de posséder, mais d'être possédé.
– Par quoi ? Vous ne voulez pas dire...
– Je ne sais pas. Dieu sait que j'aimerais le savoir ! »

Le décor était conventionnel. Un bon feu de bois dans une cheminée bien conçue. Une pièce élégamment lambrissée, moderne mais sans rupture flagrante avec la tradition, alternant boiseries et bibliothèques remplies jusqu'au sol de livres dont les dos bien ordonnés valaient les plus beaux papiers peints. Les deux hommes étaient en parfaite harmonie. Ils auraient pu être fournis avec l'ameublement par le décorateur, chacun soigneusement choisi pour s'accorder avec le confortable fauteuil dans lequel il se prélassait, vêtu d'un costume de tweed taillé pour la flânerie. Ils avaient même une pipe à la main et un whisky posé sur la petite table qui occupait l'espace central laissé par les deux énormes fauteuils devant la cheminée.

Confort, agrément, bien-être physique, autant de garanties que rien, dans cette vaste pièce abondamment meublée, bien éclairée et chauffée, ne venait rompre. Rien ne suscitait le moindre soupçon ni même le moindre trouble. D'ailleurs, aucun son ne déparait : le crépitement du feu apportait la touche classique de félicité ; le murmure d'un air de danse à la radio donnait l'assurance moderne d'un monde à portée de voix, un monde qui vous disait qu'il prenait du bon temps et que la vie facile, le rythme, la gaieté, la sensualité, les cinq sens mis en accord et en cadence sont tout ce qu'il y a à savoir et tout ce que nous avons besoin de savoir. Aucun autre bruit ne suggérait une quelconque alternative, excepté ce mot bizarre, incongru, mais, Dieu merci, encore ambigu : possession.

« Tout cela peut n'être qu'un accident, une coïncidence, un imprévu, ou je ne sais quel terme employé par les savants pour définir ce qui s'imprime tout seul dans votre cerveau. J'espère que vous me confirmerez que c'est cela. Je sais que l'on peut voir des codes secrets partout, comme les baconiens acharnés en trouvent dans n'importe quel passage de Shakespeare. Sans compter... », il se pencha pour tisonner les bûches avec une vigueur inutile, « les enfants qui voient des visages dans les flammes. N'est-ce pas ce que l'on appelle des images eidétiques ? J'espère que vous me confirmerez qu'il s'agit de cela ou d'un phénomène approchant.

– Comment puis-je vous dire de quoi il s'agit réellement si vous ne me racontez pas d'abord ce que vous croyez avoir expérimenté ? » Le Dr Hamilton ne voyait aucun mal à montrer un peu d'agacement. Innes lui avait demandé de venir ce soir-là, sans préciser qu'il voulait un avis professionnel. C'est agaçant pour un homme qui a accompli une longue journée de travail à travers la campagne, et guère rassurant pour un médecin qui a observé pendant de nombreuses années la façon dont une dépression nerveuse peut lancer ses attaques et qui connaît le patient un peu plus qu'il ne le souhaiterait. Il était dommage et vexant qu'Innes n'eût pas dit qu'il se sentait un peu bizarre et souhaitait consulter son thérapeute et ami. Il n'y avait aucune contre-indication à ce que l'ami et le médecin fût la même personne, du moment que le patient et ami ne confondait pas lui-même *ses* deux qualités.

Innes avait toujours été un homme parfaitement normal, sinon séduisant ; un patient fiable, sinon lucratif, et un ami avec lequel on aimait jouer au golf et dîner plutôt que partager des confidences. Il paraissait relativement sain d'esprit mais, bien entendu, ces caractères tranquilles et stables, s'il leur arrivait de tomber de la dunette de leur santé mentale, étaient capables de sombrer et de ne jamais refaire surface. Toutefois Hamilton devait l'écouter, et non sauter tout de suite aux conclusions.

Innes s'excusait. « Je suis désolé de vous avoir attiré ici sous un faux prétexte, du moins j'espère qu'il est faux. Voyez-vous, j'étais certain qu'il l'était. En soi, chaque détail n'est rien, mais ensemble... »

« Quel que soit son trouble, réfléchit Hamilton, c'est une preuve manifeste de tension nerveuse. Innes est un homme méthodique, or son entrée en matière n'a rien de méthodique. » A haute voix il remarqua : « Très bien. Un observateur extérieur (il fit exprès de ne pas dire un médecin) est certainement meilleur juge pour déterminer si une série d'événements bizarres ont un lien réel et objectif. Allez-y. Racontez votre histoire. Je vous arrêterai quand je penserai que vous établissez des connexions là où il n'y en a pas. » Hamilton avait le sentiment d'avoir employé le ton juste, non seulement pour Innes mais pour lui-même. Car il aimait être objectif même à son propre égard et, d'une certaine manière, ce préambule brutal d'Innes, après ce qu'il avait cru être un silence convivial de fumeurs de pipe, l'avait, il le reconnaissait, choqué – l'incongruité totale de la remarque, dans cet endroit douillet, de la part de cet homme banal.

Hamilton eut la confirmation qu'il avait employé le ton juste en ce qui concernait Innes. Ce dernier parut aussitôt soulagé. Et Hamilton partagea tout naturellement son soulagement. Il avait anticipé la fin de l'histoire. Il savait d'ores et déjà qu'il s'agissait d'insomnie légère, de tension domestique – un médecin se doit d'établir un diagnostic pour toute la famille du patient –, peut-être de quelques cauchemars freudiens, peut-être d'une once d'amnésie. Oui, cinq ou dix grammes par jour de ce cher potassium. Je suis assez jeune, pensa-t-il, pour revenir aux bons vieux sédatifs, pas le potassium, bien sûr. Le bromure était trop dégradant. Peut-être un soupçon de fer, une légère anémie provoque souvent des fatigues et des lubies étranges.

Mais Innes était lancé. « Ce sont les plus beaux et les plus intelligents. » Bon sang, Hamilton avait manqué le début et il ne devait surtout pas le montrer. « Il tape à cette fenêtre, là-bas. J'y vais et je le laisse entrer. Je l'ai souvent dessiné pendant qu'il faisait sa toilette. » Mais oui, bien sûr, il a un chat ! « Nous l'avons depuis six mois. Il n'a guère de succès auprès des dames. En y réfléchissant, elle aurait dû le savoir. On n'en fait pas des toutous de salon ni des poupées. Il se conduit normalement, du moins c'est que je croyais. Je l'appelle "Je Suis" ; il se fait si bien comprendre, il est si catégorique. Ils sont superbes ces siamois, avec leurs yeux bleu pâle presque transparents. » Innes s'interrompit un instant avant de poursuivre : « Et leur pelage gris fumée. Mais ils ont du caractère. En fait ils sont capricieux. Il a réussi à griffer ma femme », dit Innes en riant. « Il lui a déchiré des couvre-lits en dentelle et des oreillers en soie. Il a même mordu la cuisinière et, bien entendu, essayé de dévorer un oiseau noir au cri rauque qu'elles essaient de dresser et de faire parler. C'est stupide. Moi je dis qu'il faut laisser un animal rester un animal. La cuisinière prétend que le chat l'a mordue exprès, mais elle est tellement sourde qu'elle n'a probablement pas vu que Je Suis était dans ses jambes, bien que les siamois aient la démarche aussi sonore qu'un chien. J'ai souvent entendu ma femme dire à la cuisinière, d'une voix qui portait jusqu'à la salle à manger : "Mais enfin, êtes-vous sourde ?" Selon elle, la cuisinière ne se retourne jamais, affirme qu'elle n'est pas sourde, et déclare que madame devrait mieux articuler. »

Hamilton ne voyait aucun intérêt à entendre le diagnostic d'un patient sur les symptômes très différents d'un autre patient. Néanmoins une description des tensions domestiques pouvait jeter un éclairage précieux sur la situation. Il prêta donc une attention soutenue à ce qui suivit. « Or il semble que, juste au moment où il devenait nécessaire de sacrifier le chat pour éviter une perte majeure à la cuisine, Je Suis a disparu. Je pensais qu'il était parti pour de bon, raflé par un clochard qui espérait gagner un ou deux repas en vendant sa fourrure. Mais trois ou quatre jours plus tard, on a tapé doucement au bas de cette porte-fenêtre, là-bas. Je n'ai jamais entendu parler d'un autre chat faisant cela. Une petite tape, pas un miaulement. Ses griffes cliquetaient contre la vitre. C'est devenu une routine. J'ai pour habitude de venir lire ici après dîner. Tout est réglé comme une horloge. Il frappe à la fenêtre à vingt et une heures trente. »

Hamilton jeta un coup d'œil désinvolte à sa montre. Il était neuf heures.

« Je me lève et je le fais entrer. Il accourt et trottine devant moi jusqu'à la cheminée. Il attend que je sois réinstallé puis, après un regard vers le feu, probablement pour juger s'il est à la bonne distance, il s'assoit pour procéder à sa toilette. C'est un cérémonial immuable, qui prend un temps considérable. D'abord le poitrail. Puis le pourtour des oreilles, avec ses pattes. Ensuite il fore entre ses coussinets. Après quoi il se donne de grands coups de langue qui nettoient presque la totalité de sa fourrure. Le tout avec les postures les plus acrobatiques. Ce doit être aussi bénéfique pour la forme physique que pour le poil. Vous hissez une patte postérieure tel un signal, avec l'aide d'une patte antérieure tendue derrière, puis vous étirez la tête en avant pour vous laver jusqu'au ventre.

– Oui, oui », dit Hamilton avec impatience. Il ne comprenait pas la raison de cette revue de détail digne d'une vieille fille. Puis il eut un remords en se rendant compte qu'Innes tournait autour de son histoire, cherchait à gagner du temps. Il approchait sans doute d'un passage qui l'effrayait. Il tentait, avec une accumulation de détails normaux, simples, ennuyeux, de dessiner un décor d'une platitude rassurante pour la suite. « Oui ? » ajouta Hamilton pour l'encourager.

« Voilà, reprit Innes. Il y a tout juste quatre soirs de cela, j'ai entendu frapper doucement, comme d'habitude. Je me suis levé, approché de la porte-fenêtre, et j'ai vu sa tête couleur de brume qui attendait que je le laisse entrer. Dès que j'ai ouvert, il a sauté le seuil d'un bond et trottiné vers la cheminée. Je me suis assis. Il a choisi sa position, juste à l'endroit où sont vos pieds en ce moment, il s'est donné un coup de langue puis, de cette façon mûrement réfléchie propre aux chats, comme s'il venait subitement de se rappeler une chose qu'on lui avait dite, il s'est redressé, ce qu'il n'avait jamais fait jusqu'alors et il est allé là. » Innes désignait une bibliothèque qui se trouvait presque à l'opposé de la porte-fenêtre, et dont l'étagère inférieure n'était qu'à trois centimètres du plancher.

« Il a commencé sa toilette. Il touchait presque les livres. Je l'ai observé un instant puis j'ai repris ma lecture. Je lisais dans ce fauteuil. Je suppose que mon attention a de nouveau été troublée par un léger tapotement. Comme vous le voyez, la lumière est bonne. » Il montra une puissante lampe de lecture debout derrière eux.

« Oui, excellente pour les yeux, acquiesça Hamilton.

– Elle possède un déflecteur, et celui-ci renvoyait la lumière par-dessus mon épaule. Le chat en était à la dernière phase de son exercice. La patte arrière était dressée, le corps et la tête assemblés autour de cette sorte d'enseigne brandie en l'air. Je voyais distinctement ce que faisait Je Suis, car sa tête était pointée par ici. Il nettoyait l'intérieur de sa patte dressée, et je pouvais également voir ce qui causait le tapotement régulier. À chaque coup de langue, la cuisse levée s'inclinait et le bout de la patte, tendue au-dessus de sa tête, frappait contre le dos des livres derrière lui. »

Hamilton ne pouvait s'empêcher de penser que toute cette histoire naturelle de salon était peut-être rassurante mais ne menait strictement à rien.

« Vous comprenez, reprit Innes d'une voix tout à coup hésitante, de cette place je voyais parfaitement bien.

– Oui.

– J'ai une bonne vue, vous savez.

– Oui.

– Il n'y avait donc aucun doute possible. Les livres de cette rangée sont exactement tels qu'ils étaient ce soir-là. » Innes se leva brusquement, approcha de la bibliothèque, se pencha, prit le volume sur l'étagère du bas, se retourna et le tendit à Hamilton. Celui-ci lut à voix haute : « *Quand on m'appelle, je viens.* »

« Il se peut que ce soit une coïncidence », poursuivit Innes, toujours avec hésitation, comme s'il ressassait une idée et s'adressait principalement à lui-même.

«Je ne pense pas que ce soit une coïncidence», répondit le docteur. Puis il ajouta, avec une assurance intentionnelle : «Vous pouvez me croire sur parole. Il n'y a rien de bizarre, *là-dedans.*» Il avait souvent remarqué l'efficacité d'une réponse ferme et sereine sur des patients excités.

«Très bien, très bien», dit Innes d'un air presque absent. «Mais écoutez la suite.» Il remit le livre en place et regagna son fauteuil, en regardant la bibliothèque et plus du tout Hamilton. «Les chats sont bien entendu des créatures d'habitudes. Dieu seul sait ce qui les fait changer de routine. Certains incidents extérieurs, peut-être, diraient les psychologues. Mais une fois modifié, le schéma se reproduit. Le lendemain soir, le tapotement a eu lieu à l'heure dite, l'arrivée s'est effectuée de la même façon. Le chat m'a escorté jusqu'à la cheminée, puis m'a délaissé, et il a repris, presque mais pas tout à fait, la même position que la veille pour sa toilette rituelle. Il s'est installé le dos aux livres et s'est mis au travail, mais pas contre la rangée la plus proche de nous, ni contre celle, plus éloignée, où se trouve l'ouvrage intitulé *Quand on m'appelle, je viens.* J'ai lu jusqu'à ce que le tapotement régulier me dérange à nouveau. Bien entendu j'ai su tout de suite de quoi il s'agissait. C'était un petit bruit gênant : pas assez fort pour être énervant, mais suffisant pour distraire l'attention, obliger à lever les yeux et à observer la toilette par-dessus la page. La patte, brandie au-dessus de la tête qui s'abaissait en rythme, était, sous les coups de langue, agitée d'un mouvement de balancier, et, comme la veille, elle toquait contre les livres situés juste derrière. De nouveau j'ai lu machinalement le titre désigné de cette façon hasardeuse, par cet étrange pointeur.»

Innes se releva, s'agenouilla devant la bibliothèque, mais cette fois il ne sortit pas le livre en question, il l'indiqua du doigt et lut le titre à voix haute : «*J'ai franchi la frontière*».

«C'est un livre ennuyeux, dit-il. L'autre est bien sûr l'anthologie sentimentale qui a remporté un si grand succès il y a deux ans. Celui-ci est une piètre autobiographie d'un des ancêtres pionniers de ma femme, dont elle est inutilement fière.» Il marqua une nouvelle pause.

Hamilton sentit qu'il serait bon d'ajouter une nouvelle couche solide sur ce terrain bourbeux. « Non, dit-il judicieusement. Il n'y a rien d'anormal là-dedans non plus. Et pas le moindre lambeau d'association objective entre ces deux incidents. Je vous le garantis.

– Vous en êtes certain ? demanda Innes avec anxiété.

– Tout à fait certain. » La réponse était professionnelle. L'heure n'était pas aux conjectures oiseuses et amicales, Hamilton n'avait aucun doute là-dessus. Il devait montrer son autorité professionnelle. Il se fit mentalement la remarque suivante : « Bromure de potassium, c'est sûr. Peut-être aussi de l'huile de ricin, car une obstruction intestinale peut parfois... »

Mais le patient poursuivait : « Je comprends votre point de vue. Prises séparément, les deux choses sont de simples incidents. Oui, je sais. D'ailleurs elles ne m'ont pas perturbé. En réalité je me les suis rappelées parce que... eh bien disons que je m'intéresse à la psychologie féline. » Il émit un petit rire. « Tous les détails sont importants pour un diagnostiqueur, n'est-ce pas ? » Hamilton se contenta d'un hochement de tête à la lord Burleigh. « Je les aurais très certainement oubliés si... Eh bien, le lendemain soir, le même cérémonial s'est reproduit. Tapotement à la vitre, entrée, trajet jusqu'à la cheminée, changement de place près de la bibliothèque. Mais alors est intervenue une variante. Cela confirmait l'avis des psychologues : un stimulus extérieur altérait le processus. Je crois, ou plutôt je suis sûr, que Je Suis se préparait à faire sa toilette lorsque son attention a été détournée de lui-même. Je ne peux l'affirmer avec certitude, car je n'ai levé les yeux qu'en entendant une bousculade. Le chat avait aperçu un de ces insectes étonnamment incompétents mais agiles qu'on appelle faucheux. Mi-voletant, mi-sautillant. Pour une raison que j'ignore, ils ont le don d'exciter les chats, qui sont capables d'interrompre sur-le-champ leur toilette, leur repas ou leur somme pour les pourchasser. Déjà le siamois le boxait en vol et bondissait quand le faucheux se posait sur le tapis. Mais à chaque fois l'insecte parvenait à s'échapper. J'ai observé le duel pendant quelques instants. Ensuite le faucheux a jailli par-dessus la patte du chat et est allé se cogner contre les livres. Pendant une seconde il est resté perché en haut d'un volume, le chat a fait volte-face et bondi, et l'insecte, peut-être propulsé par le mouvement d'air, ou bien pour esquiver l'impact, a filé dans l'espace de quelques centimètres qui sépare les livres de l'étagère supérieure.

» Le chat a fourré sa patte dans l'interstice, aussi loin qu'il le pouvait. Je l'observais, vaguement amusé. Il ressemblait tellement à un humain impatient, cherchant à tâtons un objet tombé derrière une chaise ou un bureau ! On pouvait presque l'entendre jurer entre ses dents. Je l'ai laissé se démener, persuadé qu'il allait finir par abandonner et que nous pourrions l'un et l'autre retourner à nos paisibles occupations respectives : lui à sa fourrure, moi à mes pensées. Mais il n'a pas abandonné. J'entendais faiblement le faucheux vrombir derrière les livres, et peut-être Je Suis le sentait-il bruire contre ses doigts étirés qui tâtonnaient. En tout cas il a redoublé d'efforts. Il poussait ses deux pattes dans la fente au-dessus des livres. Il s'y enfonçait de toutes ses forces, à tel point qu'il a fini par ébranler deux ou trois volumes.

» Je l'ai laissé s'obstiner : pareille entreprise ne méritait pas d'être découragée. Peut-être poursuivait-il un but... » Innes s'est encore interrompu. « En tout cas, ce succès partiel l'a stimulé. Il a continué de batailler et, comme c'était prévisible, deux livres sont tombés. Cette fois il avait percé les défenses du faucheux. Il s'est jeté en avant, de la tête et du corps, pour atteindre l'arrière des livres et essayer de dénicher la retraite de sa victime. Il fallait une bonne allonge, les livres qu'il avait délogés se trouvaient au milieu de cette rangée du bas, à gauche, et naturellement le faucheux avait reculé dans l'extrême coin. Le chat s'était engagé de tout son corps et, ce faisant, sa patte arrière, tendue pour le pousser en avant, piétinait la page du livre qui s'était ouvert en tombant.

» Cette fois c'était trop. Mon amour des livres l'a emporté sur mon intérêt pour l'histoire naturelle. J'ai bondi, attrapé le chat par la peau du cou, et remis l'étagère en ordre. Mais au moment de refermer le livre, j'ai noté une chose contrariante.

Je vous ai dit que je pensais que le chat avait été distrait avant de terminer sa toilette du soir. Eh bien ce n'était malheureusement que trop évident. Son pied postérieur, celui dont il s'était servi pour se propulser, était manifestement encore crotté et humide. Il avait laissé une empreinte entière sur la marge de la page. J'ai apporté l'ouvrage sous la lumière, espérant pouvoir le nettoyer avant que la boue ne sèche. »

Innes se tut. Il pêcha un livre à côté de lui, dans le fond du fauteuil, l'ouvrit, et le posa sur le large accoudoir, à côté de Hamilton. Celui-ci se pencha. En effet, sur la marge extérieure de la page de gauche, à peu près à mi-hauteur, apparaissait une tache de boue qui ressemblait un peu à un gros astérisque maladroit, imprimé avec un tampon de caoutchouc émoussé. « Et un peu plus loin, reprit Innes, la page est abîmée. » Là aussi c'était très net. Une des griffes du chat avait perforé le papier et ouvert une petite larme dans la page. Les deux hommes contemplèrent un instant la feuille endommagée. Puis, la voix altérée, Innes demanda : « Remarquez-vous autre chose ? »

Hamilton scruta la page. « Non ? » Innes poussa un soupir, mais tout ce qu'il put dire, en continuant de contempler le livre ouvert, fut : « *Le poisson de rivière est non seulement sourd mais tellement sot que, même s'il est capable de se mettre rapidement hors de portée en cas d'alerte et de rester caché, il semble inconscient de la présence de l'homme. Après quatre ou cinq jours d'approche, pendant lesquels il est devenu de plus en plus visible, celui-ci peut se pencher au-dessus de l'eau et le transpercer de sa lance sans difficulté.*

– Vous observerez, reprit Innes en levant les yeux de la page dont il venait de lire un extrait, que ce que j'appelle l'astérisque du chat, ou l'empreinte manuelle, se trouve le long de ce passage... » Il regarda Hamilton, mais le médecin lui avait pris le livre. « *Gros poisson de rivière* », lut-il à voix haute. « Voilà un sport de plein air excellent pour la santé. »

Sans prêter attention à ce commentaire, Innes acheva sa propre phrase : « ...Et la griffe du chat, tel un accent, est cochée sur les mots "*Après quatre ou cinq jours d'approche...*" »

Hamilton s'éclaircit la gorge. « Franchement, Innes... » Il ferma le livre et le posa de côté. « Vous pouvez me croire. Il n'y a rien d'anormal dans tout ceci. » Innes détourna la tête. Hamilton poursuivit : « Ne pensez pas que je vais vous donner de grandes claques amicales dans le dos en vous disant de chasser ces idées saugrenues. Pour commencer, vous devez vous fier à mon avis, mon avis professionnel, quand je vous dis que tous ces petits incidents qui vous ont... », il s'arrêta pour chercher le mot, « tellement ennuyé, sont en *soi* (il appuya sur le dernier mot), absolument insignifiants. »

Innes s'était tassé dans son fauteuil. Hamilton accéléra un peu, il devait réveiller le bonhomme. « Ensuite, je vous assure, je vous donne ma parole, que vous avez eu raison, parfaitement raison, de m'en parler. Je peux vous affirmer que j'ai rencontré de nombreux cas similaires. Ils sont très courants dans mon domaine, très courants. Ils n'ont rien d'alarmant, du moment qu'on les comprend. Ils sont dus à la tension nerveuse, inconsciente bien entendu. Il est facile de s'en débarrasser si l'on s'y prend à temps, comme vous l'avez fait. »

Mais Innes, en se tournant lentement pour fixer son regard sur le médecin, ne trouva rien d'autre à dire que : « Alors je peux tout vous raconter ?

– Mais naturellement, naturellement, voyons. C'est la moitié de la guérison, surtout que nous connaissons déjà la source de ce petit trouble. Une simple tension nerveuse qui donne des connotations à ces petites associations subjectives, lesquelles se trouvent, pour un observateur extérieur, ici (il désigna d'un air enjoué sa propre tête), et non là. » D'un geste emphatique, il engloba le livre, la cheminée et la bibliothèque.

Il aurait poursuivi ainsi sur sa lancée, avec son boniment rassurant, si Innes ne l'avait interrompu d'un : « La suite est bien pire. Je n'aurais peut-être pas eu le courage de vous la dire si vous ne m'aviez encouragé à continuer – du moins après la façon dont vous avez traité des signes qui me semblent, à moi, très objectifs. Car ceci, je le sais, ne l'est pas. »

Très mauvais, se dit le médecin. L'hallucination évolue.

« Le soir suivant – le quatrième, précisa Innes entre parenthèses, le chat a de nouveau frappé à la vitre à vingt et une heures trente. Comment il connaît l'heure, je l'ignore, mais je sais désormais que je ne sais rien.

– Continuez, dit Hamilton d'une voix de commandement tranquille.

– Toujours est-il que lui le sait, j'en suis certain, reprit Innes d'un ton presque de défi. J'avoue que, pour la première fois, je me suis dirigé vers la porte-fenêtre avec une sorte de malaise. Bon sang, je suis certain que vous auriez éprouvé la même impression si vous aviez vu les choses comme je ne pouvais m'empêcher de les voir. »

Pendant un instant, Hamilton se sentit capable, émotionnellement et non rationnellement de compatir, d'une certaine manière. Aussitôt il chassa cette ombre de sentiment de son esprit. Ce type de sympathie est la mort de l'attitude professionnelle : vous devenez vous-même un patient. « Bien, trancha-t-il avec une certaine sécheresse. Vous êtes allé à la fenêtre.

– Oui, s'empressa de poursuivre Innes. Je l'ai ouverte. Je Suis est entré en courant, a trottiné vers la cheminée et attendu que je sois assis. Je n'ai pas pris mon livre ; j'avoue que je ne lisais pas avant qu'il frappe. Mais cette fois il ne s'est pas ravisé sur sa position. Je commençais à penser que le numéro était fini. Qu'il avait repris ses anciennes habitudes. Car, bien entendu, il a choisi sa place devant l'âtre, là, juste où vous avez vos pieds, et s'est mis à sa toilette. C'était extrêmement rassurant. C'est l'un des spectacles les plus réconfortants qui existent, cette concentration saine, méthodique, agréable, tournée vers son propre corps. Les femmes qui se brossent les cheveux pensent toujours à un homme et à ce qu'il en dirait. Alors que le plaisir d'un chat est sainement animal. Je l'ai observé pendant quelques minutes, jusqu'à ce que, enfin propre et net, il étire une patte, puis l'autre, trouve tout à son goût, se mette en boule et s'endorme. C'était un sermon mimé très persuasif en faveur des vertus de la relaxation ; il pratiquait si bien ce qu'il prêchait et démontrait qu'il m'avait convaincu. Je souriais tout seul. » Innes eut un sourire vague au souvenir de son soulagement, alors que le soleil, déjà englouti par de gros nuages d'orage, leur lançait un ultime rayon blafard.

«J'ai repris mon livre et ma place. C'était un bon roman policier. Je me suis très vite douillettement installé : mon corps bien calé dans ce fauteuil, mon esprit vagabondant avec le narrateur, ou suivant ses propres spéculations. Je ne sais combien de temps j'ai lu. Je suppose que j'ai dû bouger, croiser mes jambes, et c'est peut-être ça la cause ; c'est peut-être ce qui a tout déclenché. Bref, j'ai levé les yeux de mon livre pour regarder devant la cheminée. Le chat était là. Mais il n'était plus roulé en boule et ne dormait plus. Il était éveillé et cela, je le répète, sans doute en raison d'un mouvement de ma part. En tout cas, il me regardait. »

Innes se tut. Hamilton intervint : « Oui, c'est fréquent chez les chats. Je l'ai moi-même souvent remarqué. Vous les dérangez, ils vous regardent, puis oublient ce qui les a dérangés, mais ils oublient aussi de détourner la tête. On ne leur a jamais appris qu'il est mal élevé de dévisager les gens. » Hamilton pouffa de rire à dessein et ajouta : « On n'aurait jamais dit aux chats qu'ils pouvaient regarder les rois si ceux-ci n'avaient les premiers apprécié cet intérêt paisible et dédaigneux pour la conscience de soi qu'ont les hommes. »

Innes n'écoutait pas. Il s'apprêtait à faire un aveu, effrayant pour lui-même, ridicule pour son compagnon. Il parvint enfin à trouver ses mots : «Je regardais Je Suis, et lui me regardait. Un instant, cela m'a semblé une sorte d'étrange match de regards. Puis j'ai remarqué autre chose. Vous savez comment les yeux des chats étincellent devant des phares de voiture, la nuit, quand ils traversent une route. Vous devez savoir aussi que les yeux des siamois sont à peine pigmentés, presque albinos. » Hamilton grommela un assentiment. « Eh bien, dans ce cas, vous avez peut-être noté ceci. Si vous êtes assis comme ça, le dos à une lumière forte, comme cette lampe de lecture avec son déflecteur, et que le faisceau concentré de la lampe est projeté droit dans les yeux du chat, alors, non seulement ses pupilles fendues sont presque fermées et l'œil entier mangé par l'iris, mais toute couleur disparaît de l'œil, qui prend l'aspect d'un miroir rose.

– Évidemment, dit le Dr Hamilton. Vous regardez droit dans l'œil.

– Tout ce que je sais c'est qu'on a l'impression... ». Innes s'interrompit de nouveau au milieu de sa phrase. « On a l'impression de regarder dans une petite pièce éclairée par un feu de bois, douillette, tranquille, mais qui attend que quelqu'un entre et l'occupe. » Il conclut par une vieille citation : « "Vide, propre, et garnie." J'ai continué de regarder dans ces petits miroirs binoculaires, stéréoscopiques. Je suppose que le chat et moi étions tous deux dans une sorte de transe mutuelle. Toujours est-il que j'ai peu à peu commencé à penser que je regardais réellement dans un miroir, et que dans ce miroir se reflétait cette pièce. Les yeux du chat me la montraient. » Innes poursuivit plus lentement : « Vous comprenez, je voyais la pièce, je voyais derrière moi le mur entier, jusqu'à la porte-fenêtre. »

De la main gauche, Innes fit un signe par-dessus son épaule tout en continuant de fixer le devant de la cheminée. « Je voyais tout avec une grande netteté, comme par le mauvais côté d'un télescope. C'était minuscule mais finement détaillé. Je scrutais tout cela avec la curiosité nonchalante de celui qui regarde dans une chambre noire. Les objets miniaturisés intriguent toujours. Mon attention ne faiblissait pas, ou plutôt elle s'est déplacée jusqu'à la limite de l'image, juste à l'endroit où cette porte-fenêtre (de nouveau il la désigna de son doigt recourbé sans se retourner) clôturait mon champ de vision. Mon regard s'est porté là, et sur le rideau, à gauche. Vous voyez, c'est un rideau lourd et épais, et il était ouvert, comme maintenant, puisque je ne l'avais pas remis en place après avoir fait entrer le chat. » La voix d'Innes devint alors un murmure et Hamilton dut se pencher pour saisir ses paroles. « J'ai vu que la pièce n'était pas, pas tout à fait, comme elle l'était lorsque je l'avais regardée pour la dernière fois. Quelque chose y avait été... ajouté. Près des plis lourds du double rideau. J'ai cligné deux fois des yeux pour m'assurer qu'ils ne me jouaient pas un tour, et j'ai regardé à deux reprises dans le miroir avant d'en être certain. Mais j'en étais aussi convaincu que vous êtes assis dans ce fauteuil. » La voix désemparée d'Innes grimpa dans des aigus déplaisants. « Là, dans le coin, près du rideau, se tenait quelque chose, quelqu'un, tout prêt à... »

Il fit volte-face. La panique contagieuse de sa voix fut trop forte pour le médecin. Lui non plus ne put s'empêcher de tourner la tête. Il eut un hoquet de soulagement, puis de mépris envers lui-même. La pièce était aussi raisonnablement vide qu'une prairie. Il jeta un regard à Innes, qui contemplait lui aussi le rideau avec un soulagement incrédule.

Hamilton se leva d'un bond, traversa la pièce à grands pas, et secoua le velours pesant en s'exclamant : « C'est la forme d'hallucination la plus commune ! Walter Scott, ce bon vieux conteur d'histoires doué de raison, dit qu'il a manqué mourir de peur en voyant, dans la pénombre, son peignoir prendre la forme d'un ami mort.

– Mais, murmura Innes, ce n'était pas dans la pièce elle-même, du moins pas encore, quand je l'ai vu. C'était dans les yeux de cet animal. »

Le Dr Hamilton resta un moment près de la fenêtre. Sans doute ferait-il mieux de retourner auprès d'Innes et de le secouer vigoureusement. Aujourd'hui, on gifle les hystériques pour leur rappeler qu'ils sont sains d'esprit ; Hamilton se souvenait avoir lu cela à peine une semaine auparavant, dans sa revue médicale préférée. Ce n'est peut-être pas d'une grande efficacité sur l'hystérique, mais un soulagement bienvenu pour le praticien. Pouvait-il réellement gifler un vieil et respectable ami pas très aimé ? Il hésitait. Qui sait ce qu'il serait advenu s'il avait appliqué cette théorie. Mais pendant les quatre ou cinq secondes où il hésita, et où Innes attendit, voici ce qui se produisit.

La pièce était vide et silencieuse, mais, tout à coup, ils s'immobilisèrent. « Tap, tap. » Innes avait entendu le bruit, il était à moitié hors de son fauteuil. Il n'y avait pas le moindre doute. Hamilton consulta sa montre : vingt et une heures trente précises. Sa réaction n'avait rien de réfléchi, mais il ne trouva rien d'autre à dire que : « Ce n'est pas un tapotement. C'est une sorte de coup sourd. »

Innes passait déjà devant lui pour aller à la porte-fenêtre. « Juste à l'heure », constata-t-il simplement. Hamilton n'avait qu'à pivoter et ils étaient tous deux face à la fenêtre obscure. Ils abaissèrent les yeux vers le sol. Dans la lumière projetée par la pièce éclairée, ils discernèrent une forme floue.

« C'est Je Suis », dit Innes. Hamilton ne distinguait pas nettement la silhouette d'un chat. Elle paraissait emmitouflée dans quelque chose. Plus nette était la panique à laquelle cédait Innes. Une scène terrible aurait eu lieu si Hamilton n'avait réussi à mettre un frein à ses fantasmes. Il saisit la poignée et ouvrit en grand la porte-fenêtre. À leurs pieds bondit un chat couleur gris fumée. S'il avait été si difficile à distinguer à l'extérieur, c'était parce que sa tête était masquée par des plumes noires. Il tenait dans la gueule un assez gros oiseau, en piteux état mais encore vivant.

D'un geste machinal, Hamilton frappa le chat d'une tape sèche sur la nuque. L'anima recula d'un bond, lâchant sa proie, et déguerpit dans le jardin. Le petit tas de plumes sanguinolentes resta un instant immobile sur le sol. Puis le corps désarticulé essaya de se reconstituer. Ils s'aperçurent que la tête et le cou étaient écrasés sous le corps. L'oiseau s'efforçait de les dégager. Innes et Hamilton reculèrent l'un et l'autre, l'un se refusant à toucher le corps mutilé, l'autre se demandant s'il ne ferait pas mieux de poser rapidement le pied dessus pour l'achever. Le corps se redressa : le cou et la tête émergèrent. À cet instant, Innes et Hamilton entendirent, venant de ces décombres d'oiseau, une petite voix, rauque, fantomatique, qui disait : « Êtes-vous sourd ? »

Les plumes s'affaissèrent. Hamilton, entre le pouce et l'index, souleva le cadavre mou de l'oiseau. Puis il dégagea un espace au milieu des bûches enflammées, y laissa tomber la charogne, et jeta dessus trois ou quatre poignées de petit bois. Le feu crépita et envahit tout le foyer. Hamilton se tourna vers Innes. Celui-ci regardait la petite tache de sang et les quelques plumes de duvet collées au tapis. « Venez vous asseoir, Innes. Les chats sont des bêtes cruelles mais ils n'y peuvent rien. Ils ont ça dans le sang. C'est un simple réflexe, l'instinct. »

Il se devait de reconnaître que ce sale incident, survenu à cet instant et à cet endroit, n'aurait pu être moins pertinent –

ou bien plus pertinent au contraire ? Question grotesque. Innes jouait de malchance, voilà tout. Pour la première fois, une vraie coïncidence venait brutalement jeter le trouble sur un cas nerveux qui était allé plus loin que Hamilton ne l'avait d'abord imaginé, et plus loin qu'il ne le souhaitait. Il se dirigea vers Innes mais s'arrêta à la bibliothèque.

Innes passa devant lui et, sans quitter le rideau des yeux, recula vers les fauteuils. « Je ne blâme pas le chat, dit-il. Pas plus que l'oiseau. » Puis, dans un accès de terreur fulgurante qui se mua en fureur : « Vous ne comprenez donc pas, espèce d'imbécile ? Vous ne comprenez pas ? Ce sont de simples pions. Des messagers. J'ai été traqué, avec une telle assurance et une telle habileté que le bavard m'avertit qu'il est sur mes traces. Il me défie de me débarrasser de lui. Regardez, il est prêt à commencer dès que je l'appelle. Oui, il sait que je l'ai appelé. Que j'ai voulu la tuer. Ma femme. Soir après soir, je suis venu ici pour la fuir. Fuir sa voix disant : "Vous êtes sourde ?" Dieu sait que j'ai rêvé de la faire taire. Je suis venu m'asseoir ici chaque soir, en priant pour trouver un moyen sûr, sans risque, qui paraîtrait naturel à tout le monde. Je sais qu'il existe des tas de méthodes. Assis dans mon fauteuil, je me disais que si je restais là, calme et tranquille, il me viendrait tout seul à l'esprit, ce plan parfait qui ne laisse pas de traces – de la même manière qu'un mot oublié vous revient, pendant que vous regardez ailleurs. Puis il y a eu le signal suivant, *J'ai franchi la frontière.* Il est en route. Et le troisième, le pauvre poisson stupide, c'est-à-dire moi. J'ai su alors qu'il me tenait, que c'était moi la victime et non elle. À ce moment, il m'a indiqué son programme, depuis la première réponse à mon appel jusqu'à son arrivée. Oh, il est très ponctuel. Il respecte l'horaire. Le soir suivant, il me montre qu'il est derrière mon épaule, dans mon dos, penché au-dessus de moi, prêt à frapper. Et ce soir, avec une parfaite ironie, en votre présence – vous à qui j'ai demandé secours, vous l'homme guindé et gonflé de stupide confiance en soi – ce soir il me demande si je suis sourd. Non, je ne suis pas sourd ; et je ne suis plus aveugle. Le pauvre poisson voit et entend la lance qui le transperce ! »

Innes regardait fixement le double rideau, avec une telle intensité que Hamilton ne put s'empêcher de penser qu'il y avait une « présence » entre lui-même et ce pitoyable fou. C'était d'autant plus horriblement crédible qu'il vit les yeux d'Innes se plisser pour faire le point et, l'instant d'après, son corps reculer à pas de loup, comme s'il battait en retraite devant quelqu'un qui approchait. Mais, bien entendu, il ne pouvait céder le passage.

« Attention ! » cria Hamilton. Mais Innes, qui redoutait bien plus autre chose, avait trébuché dans la cheminée.

Hamilton l'en arracha. « État de choc », conclut-il, en essayant de recouvrer son sang-froid, quand il devint évident qu'il ne servait plus à rien de tenter de ramener le patient à la raison. « Évidemment, je savais qu'il en était arrivé à haïr sa femme. Mais naturellement il n'avait pas le cran de mener à bien un meurtre ni même un suicide. Cette fois, c'est bel et bien le choc fatal. » Il interrompit un instant son rapide monologue. « Tous ces incidents étaient-ils vraiment des coïncidences ? Mieux vaut appeler la police. Dieu merci, ils sont imperméables aux esprits, bien plus encore que nous autres médecins. Néanmoins, voilà une autre histoire étrange pour une anthologie posthume de cas médicaux. »

Traduit de l'anglais par Annick Le Goyat

Manches à balai

Walter de la Mare

Le chat de Mlle Chauncey, Sam, vivait avec elle depuis de nombreuses années lorsqu'elle se rendit compte de quelque chose d'inhabituel et de *troublant* dans son comportement. Comme la plupart des chats qui vivent sous le toit d'un petit nombre d'humains, il avait toujours été plus malin que les chats des maisonnées ordinaires. Il avait appris les façons de Mlle Chauncey. C'est-à-dire que, pour un chat, ses manières étaient aussi proches que possible de celles d'un petit être humain en manteau de fourrure. Il était ce que l'on appelle un chat « intelligent ».

Mais bien que Sam eût appris beaucoup de Mlle Chauncey, je dois avouer que Mlle Chauncey, elle, n'avait pas appris grand-chose de Sam. C'était une maîtresse douce et indulgente ; elle cousait, elle cuisinait, elle faisait du crochet et savait dresser un lit ; de même que lire, écrire, et faire un peu de sténo. Et dans son enfance elle avait chanté *Kathleen Mavourneen* en s'accompagnant au piano. Sam, bien sûr, ne pouvait rien faire de tel.

Mais pour ce qui était d'attraper et de tuer une souris ou un merle à main nue, elle n'en était pas plus capable que de se faire élire pape. Elle n'eût pas davantage escaladé un mur de deux mètres, ou sauté d'un seul bond de la carpette du foyer de son petit salon à l'étagère de sa cheminée sans en déplacer un seul bibelot, ni même sans faire tinter un seul verre de cristal. Contrairement à Sam, elle ne retrouvait jamais son chemin dans l'obscurité en se fiant à son seul odorat et ne pouvait guère rester en bonne santé en se contentant de grignoter les herbes du jardin. De surcroît, si, petite fille, on l'avait suspendue par les pieds un bon mètre au-dessus du sol et lâchée, elle fût tombée avec un gros *floc* sur le dos. À trois mois, Sam, lui, opérait déjà des rétablissements dans les airs en quelques dizaines de centimètres et atterrissait sur ses quatre petites pattes, ferme comme le roc.

Ainsi, alors que Sam avait appris bien des choses de Mlle Chauncey, elle n'avait rien appris de lui. Et quand bien même eût-elle voulu apprendre, il est probable qu'elle se fût avérée une élève bien médiocre. Qui plus est, elle en savait bien moins sur Sam que Sam n'en savait sur elle – en tout cas, jusqu'à cet après-midi où elle se coiffait devant sa glace. Ce jour-là, elle eut du mal à en croire ses yeux. Ce fut un moment qui changea du tout au tout l'idée qu'elle se faisait de Sam – et rien, après cette expérience, ne fut plus comme avant.

Sam avait toujours été un bel animal bien campé, à la fourrure soyeuse d'un noir de jais ; aux yeux verts et chatoyants, même à la lumière du jour, et rayonnants la nuit comme des topazes. Il avait à présent sept ans bien sonnés, et un miaulement d'une puissance peu ordinaire. Vivant, comme c'était le cas, en tête à tête avec Mlle Chauncey à Post Houses, il était naturel qu'il fût devenu son compagnon de tous les instants. Car Post Houses était une maison remarquablement solitaire, au beau milieu ou presque de la lande d'Haggurdsdon, à l'endroit même où deux chemins de traverse divaguants se croisent, comme les lames à demi fermées d'une paire de ciseaux.

Le voisin le plus proche, M. Cullings, le commissionnaire, habitait à trois kilomètres ; et cinq cents mètres plus loin se trouvait le village d'Haggurdsdon. Les routes dataient de la plus haute antiquité. Les moutons y avaient transhumé bien avant que les Romains ne parvinssent en Angleterre pour tracer leurs propres routes, d'un rivage à l'autre. Mais au cours de ces derniers siècles, bien peu de voyageurs, de charrettes ou même de moutons conduits par leurs bergers avaient emprunté les routes qui menaient chez Mlle Chauncey. On eût passé des heures à ses fenêtres, même en été, sans voir ne fût-ce qu'une carriole de forestier, une caravane de gitan.

La raison en est peut-être aussi que Post Houses était la maison la plus vilaine qui fût. Ses quatre murs se dressaient tout droit sur la lande : la maison de bois d'un coffre à joujoux. Du toit plat l'on pouvait, par temps clair, voir s'étendre à des kilomètres la lande alentour ; sise dans un petit creux, la maisonnette de M. Cullings était dissimulée aux regards. Post Houses avait appartenu aux Chauncey d'avant Mlle Chauncey, depuis des générations et des générations. Dans Haggurdsdon on l'appelait d'ailleurs volontiers « Chez Chauncey ». Et bien que par grand vent Post Houses fût aussi sonore qu'un orgue, bien qu'en hiver elle fût glaciale comme une grange, et qu'une autre branche de la famille se fût, dès les années soixante-dix, installée sur l'île de Wight, Mlle Chauncey resta fidèle à ses quatre murs. Cette horrible vieille chose, elle l'aimait, car elle y avait vécu depuis sa plus tendre enfance, depuis l'époque où elle portait des culottes bouffantes qu'on entrevoyait sous les jupes, et des rubans d'épaule bleu clair.

Ce fait, à lui seul, rendait la conduite de Sam d'autant plus répréhensible : jamais chat en effet n'eut plus gentille maîtresse.

Mlle Chauncey avait maintenant près de soixante ans – cinquante-trois de plus que Sam. Elle mesurait un mètre soixante-dix-neuf. Les jours de semaine, elle portait de l'alpaga noir, et de la soie moirée les dimanches. Ses grandes lunettes cerclées d'acier chevauchant son nez aquilin lui donnaient un air aussi détaché qu'observateur. En vérité, elle n'en avait que l'air... Car même quelqu'un d'aussi bête que M. Cullings pouvait lui faire payer un prix de charroi trop élevé pour un colis, rien qu'en prenant l'air fatigué, ou en poussant un soupir, et en jetant un coup d'œil à sa jument au poil rêche et aux genoux cagneux. Et sous le corsage empesé de Mlle Chauncey battait le plus humain des cœurs.

Bien sûr, comme le village était si loin, il n'était pas facile d'avoir du lait et de la crème. Mais Mlle Chauncey ne pouvait rien refuser à Sam – rien qui ne fût raisonnable. Elle donnait bien six pence par semaine à une petite fille du nom de Susan Ard, pour se faire livrer ces friandises de la ferme la plus proche. Des friandises, c'en était en effet, car bien que l'herbe sur la lande d'Haggurdsdon fût d'un vert amer et sombre, les vaches qui y paissaient donnaient un lait d'une richesse peu commune, et Sam s'en gobergeait. M. Cullings passait une fois par semaine, au cours de sa tournée, et avait pour mission permanente d'apporter quelques sprats, harengs frais ou tout autre succulent poisson de saison. La bourse de Mlle Chauncey ne s'effarait pas même de la perspective onéreuse de la friture, s'il n'y avait rien de moins cher. Et M. Cullings observait Sam, courbant l'échine près de la carriole, ou dévorant sa gamelle des yeux, et il disait toujours :

« V'là un bestiau point commun, pour sûr ; v'là vraiment un bestiau point croyable. »

Quant à Mlle Chauncey, elle mangeait comme un oiseau, encore qu'elle tînt fort à son thé. Elle confectionnait elle-même son pain et ses gâteaux secs. Le samedi, un garçon boucher en tablier rayé passait. De surcroît Mlle Chauncey était une maîtresse de maison de grand talent. Ses armoires étaient pleines de confitures, de fruits en conserve et d'herbes séchées de toutes les sortes, car il y avait derrière Post Houses un bout de jardin délimité par un vieux mur de briques jaunes fort haut.

Dès ses premiers jours Sam, bien sûr, avait appris à connaître ses heures de repas – encore que la façon dont il les avait mémorisées ne fût connue que de lui seul, car jamais il ne jeta ne fût-ce qu'un coup d'œil au cadran de la pendule à gaine, dans l'escalier. Il était ponctuel, particulièrement en ce qui concernait sa toilette, et dormait énormément. Il avait appris à baisser le loquet de la porte du jardin pour sortir quand il le souhaitait aux saisons où les fenêtres restent fermées. Il ne dormait jamais sur le couvre-pieds de patchwork de Mlle Chauncey, à moins que sa couverture à lui ne fût placée dessus. Il observait scrupuleusement toutes ces habitudes avec une constance presque affectée, et jamais ne volait quoi que ce fût. Il avait un long miaulement sur une note qui voulait dire : je veux à manger, et un autre miaulement, plus aigu d'un ton ou d'un demi-ton, lorsqu'il voulait boire (c'est-à-dire boire de l'eau froide, pour laquelle il avait une prédilection marquée) ; et encore un autre miaulement, doux et soutenu, lorsqu'il souhaitait converser, pour ainsi dire, avec sa maîtresse.

Ce n'était pas que l'animal parlât *anglais*, bien sûr : mais il aimait à s'asseoir sur une chaise près du feu, particulièrement dans la cuisine – car il n'avait rien d'un chat de salon – et à regarder, tête levée, les verres scintillants des lunettes de Mlle Chauncey, puis à baisser les yeux vers les flammes (et tout ce temps sortant et rentrant les griffes, et ronronnant de même), presque comme s'il prononçait un sermon ou récitait un poème.

Mais c'était, tout cela, au temps heureux où les choses semblaient si bien aller. C'était au temps où l'esprit de Mlle Chauncey était vierge de tout doute, de toute méfiance. Comme d'autres félins de son espèce, Sam, également, adorait se coucher à la fenêtre et regarder, oisif, les oiseaux dans les branches des pommiers – les mésanges, les bouvreuils, les fauvettes – ou rester tapi des heures sur un trou de souris. Telles étaient les distractions de Sam (car il ne mangeait jamais ses souris) pendant que Mlle Chauncey, armée de son bonnet, de son balai, de son torchon et de son chiffon, vaquait à ses occupations ménagères. Mais il avait aussi une façon bien à lui d'examiner des choses qui, en général, ne présentent aucun intérêt pour les chats. Un après-midi, il prévint Mlle Chauncey – ou tout comme – qu'un trou était en train de se former dans le tapis du salon. En effet, il marcha de long en large, d'avant en arrière, la queue levée, jusqu'à ce qu'elle fasse attention à lui. Et sans doute lui donna-t-il l'alerte, d'un glapissement de singe des Amériques, lorsque, un autre jour, un charbon ardent eut mis le feu à un paillasson de cuisine.

Il se couchait ou restait assis les moustaches au nord avant midi, et droit vers le sud ensuite. En général, sa conduite était des plus irréprochables. Mais parfois, lorsque Mlle Chauncey l'appelait, sa physionomie semblait se froncer tout entière – ou du moins arborait soudain une expression sombre et renfrognée, comme pour la sermonner :

« Madame, au nom de quoi vous permettez-vous de m'interrompre, alors que mes pensées sont ailleurs ? »

Et de temps à autre Mlle Chauncey s'imaginait qu'il se cachait délibérément, pour sortir et rentrer dans la maison à son insu.

Parfois, Mlle Chauncey le surprenait à trottiner d'une pièce à l'autre, comme pour une visite d'inspection. Le jour de son cinquième anniversaire, il avait apporté une énorme souris et l'avait déposée près du bout verni de sa chaussure, alors qu'elle tricotait au coin de la cheminée. Elle avait souri, et gaiement opiné du chef, comme d'habitude ; mais cette fois-ci, il l'avait regardée avec attention, et puis avait secoué délibérément la tête. Après cela, il n'avait plus jamais prêté la moindre attention aux souris, à leurs trous et à leurs colonies, et Mlle Chauncey avait dû acheter un piège à souris, sans quoi elles eussent envahi la maison.

Tous les chats domestiques ou presque font ce genre de choses, et bien sûr cela n'était que le côté domestique de Sam. Car il vivait sous le même toit que Mlle Chauncey et, comme n'importe quelle moitié d'un couple, il était obligé de respecter certaines conventions. Comme on dit, il faisait une partie du chemin. Mais pourtant, lorsqu'il était seul, il n'était plus le Sam de Mlle Chauncey ; il n'était plus simplement le chat de Post Houses ; il était *lui-même*. C'est-à-dire qu'il retournait à sa vie privée, indépendante et libre, à ses habitudes intimes.

Alors la lande sur laquelle il rôdait était son royaume, et les hommes et leurs maisons ne lui importaient pas davantage, dans ces moments sauvages et intimes de son existence, que nous importent les trous des taupes, les terriers des blaireaux, les excavations des lapins. De cet aspect de sa vie sa maîtresse ignorait pratiquement tout. Elle n'en tenait pas compte. Elle s'imaginait que Sam se comportait comme les autres chats, quoiqu'il fût évident qu'il allait parfois très loin, car de temps à autre il rapportait un poussin de Cochinchine : et l'on ne trouvait pas de poules de cette race avant le presbytère, à dix kilomètres de là. Parfois, le soir, de même, lorsque Mlle Chauncey faisait son petit tour, elle le voyait – minuscule tache noire filant à toute allure – loin sur la route, courant vers la maison. Et il y avait dans sa course plus de volonté manifeste que M. Cullings n'en avait jamais montrée.

Chose plaisante à observer, lorsqu'il arrivait à portée de miaulement, son comportement changeait. De chat tout court, il se faisait chat domestique. Dans l'instant il cessait d'être l'aventurier félin, le maraudeur nocturne, le rôdeur de la lande d'Haggurdsdon (encore que Mlle Chauncey ne l'eût pas formulé de cette façon) pour redevenir simplement Sam, l'animal favori de sa maîtresse. Elle l'aimait profondément. Mais comme cela arrive également avec deux humains qui se côtoient régulièrement, elle ne *pensait* pas souvent à lui. Ce ne put donc être qu'un choc pour Mlle Chauncey lorsque, en cette fin d'après-midi, sans le moindre signe avant-coureur, elle découvrit que Sam la trompait délibérément.

Elle était devant son miroir et brossait sa maigre frange de cheveux bruns. À ce moment précis, ils pendaient devant son visage comme un voile fin et lâche. Et comme elle rêvassait toujours quand elle se brossait les cheveux, elle avait l'esprit un peu ailleurs. Soudain, en levant les yeux sous ce filet de cheveux, elle perçut non seulement le reflet de Sam dans le miroir, mais aussi le fait que quelque chose d'assez mystérieux était en train de se produire. Sam était assis, comme s'il quémandait. Il n'y avait rien de singulier à cela : depuis qu'il avait six mois, c'était l'une de ses attitudes coutumières. Mais que quémandait-il alors qu'il n'y avait personne près de lui ?

Certes, le panneau supérieur de la fenêtre, à droite de la table de toilette ornée d'une frange d'indienne, était ouvert. Dehors, il commençait à faire sombre. La lande d'Haggurdsdon s'étendait tout entière, silencieuse, immobile, dans le crépuscule croissant du soir. Et non content de quémander alors qu'il n'y avait rien à quémander, Sam paraissait pour ainsi dire gesticuler avec ses pattes. C'est-à-dire qu'il semblait faire des signes, comme si quelqu'un ou quelque chose le regardait par la fenêtre, dans les airs – ce qui était complètement impossible. Et sa face avait une expression que Mlle Chauncey, assurément, ne lui avait jamais vue auparavant.

Elle resta un moment la brosse levée, son long bras maigre perpendiculaire à sa tête. Sam, ce voyant, avait immédiatement cessé son manège. Il s'était remis à quatre pattes, et se préparait apparemment à faire une nouvelle sieste. Non, ceci était également un faux-semblant ; car à présent qu'elle le regardait, il se retourna d'un mouvement nerveux de façon à ce que ses moustaches fussent à nouveau dirigées droit vers le sud. Le dos vers la fenêtre, il fixait maintenant droit devant lui, la physionomie rien moins qu'inamicale. Inamical : c'était bien le mot pour un animal qui avait partagé l'existence de Mlle Chauncey depuis la minute où, dans sa première enfance de chaton, il avait ouvert les yeux.

Comme s'il avait lu dans ses pensées, Sam à ce moment leva la tête pour regarder sa maîtresse ; elle détourna les yeux, revint au miroir juste à temps et lorsqu'elle tourna le dos, il était bien là, assis, tellement serein en apparence, si gentil minet, à nouveau si ordinaire que Mlle Chauncey avait du mal à croire qu'il se fût passé à l'instant quoi que ce fût d'étrange. Ses yeux l'eussent-ils trompée ? Ou son miroir ? Ce geste curieux des pattes de devant – on eût presque dit qu'il tricotait –, ce regard écarquillé, excité, n'étaient-ils pas dus simplement au fait qu'il était en train d'attraper une mouche *invisible* pour Mlle Chauncey ?

Mlle Chauncey, ayant maintenant soigneusement coiffé ses « rideaux » – les boucles lisses de cheveux qu'elle portait de chaque côté de son grand front –, jeta de nouveau un coup d'œil à la fenêtre. Il n'y avait rien là que le silence de la lande ; il n'y avait rien là que la vague pointe d'une étoile dans le soir obscurci.

La crème fraîche de Sam l'attendait sur le tapis de foyer du salon à cinq heures, comme d'habitude. La lampe était allumée. Les jalousies rouges étaient tirées. Le feu crépitait dans l'âtre. Ils étaient assis là, ces deux habitants de Post Houses ; les murs de la maison rectangulaire à la croisée des chemins s'élevant au-dessus d'eux comme une énorme boîte oblongue sous l'immense ciel étoilé, gigantesque soucoupe coiffant les ténèbres sans limites de la lande.

Et tandis qu'elle était assise là – et Sam à deux pas, semblant dormir –, Mlle Chauncey réfléchissait. Ce qui s'était produit dans la chambre en ce début de soirée lui avait rappelé d'autres petits incidents étranges. Des petits riens qu'elle avait alors à peine remarqués, mais qui lui revenaient maintenant précisément à la mémoire. Par exemple, combien de fois Sam, par le passé, à cette heure de la journée était assis, dans un sommeil apparemment profond (c'était son état présent, du reste), les pattes soigneusement rangées sous le ventre, comme un magistrat bien gras après un bon dîner. Et soudain, sans crier gare, il sautait sur ses quatre pattes, comme si une voix lointaine l'avait appelé, et se ruait hors de la pièce. Et en quelque endroit de la maison – une porte entrouverte, une fenêtre béante –, il trouvait la sortie et filait dans la nuit. Ceci s'était souvent produit.

Une fois, de même, Mlle Chauncey l'avait trouvé accroupi sur ses pattes arrière, sur l'appui de fenêtre d'une petite chambre qui n'avait plus servi depuis que sa blonde petite cousine Milly avait séjourné à Post Houses, l'année des huit ans de Mlle Chauncey. À cette vue, elle avait crié :

« Sam, idiot ! Descendez, monsieur. Sam, la prochaine fois, tu vas tomber de la fenêtre ! »

Et elle se rappela, comme si la chose s'était produite la veille, que bien qu'il fût alors descendu immédiatement, d'un bond délicat, de son vertigineux promontoire, il ne lui avait pas jeté un seul regard. Il était passé devant elle sans un signe.

Les soirs de lune, de même – eh bien, il n'y avait pas moyen de savoir où il partait. Pas moyen non plus de savoir de quelle course il s'en *retournait.* Savait-elle vraiment, du reste, où il pouvait bien passer *toutes* ses nuits ? Plus elle y songeait, et plus ses doutes et ses pressentiments s'aggravaient. Cette nuit, à tout prix, Mlle Chauncey décida de monter la garde. Mais cela ne lui plaisait guère. Elle détestait tout ce qui ressemblait de près ou de loin à de l'espionnage. Sam et elle étaient de vieux compagnons ; et sans lui, dans cette lugubre demeure de Post Houses, elle n'eût connu que tristesse et désolation. Elle aimait profondément Sam. Mais le spectacle de l'après-midi la poursuivait. Il était plus sage de tirer l'affaire au clair – ne fût-ce que pour le bien de Sam.

Il faut savoir que Mlle Chauncey dormait toujours avec la porte de sa chambre entrouverte. Il en était ainsi depuis sa plus tendre enfance. Comme elle était alors une petite fille plutôt timide, elle aimait, en ces époques reculées, entendre les voix des adultes au rez-de-chaussée, et les cliquetis des couteaux et des fourchettes. Quant à Sam, il dormait toujours dans son panier, près de la cheminée de la chambre. Le matin, c'était là qu'elle le trouvait, encore que de temps à autre les yeux de Mlle Chauncey s'ouvrissent lentement sur les prunelles vert pâle de Sam ; il se tenait sur ses pattes de derrière, les pattes de devant posées sur le lit, et la regardait bien en face.

« C'est l'heure de ton lait, Sam ? » murmurait alors sa maîtresse. Et Sam miaulait, un miaulement presque aussi lointain que le cri d'une mouette dans le ciel.

Cette nuit-là, cependant, Mlle Chauncey fit semblant de s'endormir. Il n'était pas si facile de rester vraiment éveillée, et elle était presque en train de s'assoupir lorsque les gonds de la porte émirent un faible grincement, et qu'elle se rendit compte que Sam était sorti. Après une minute ou deux d'attente, elle gratta une allumette : oui, son panier était vide en effet, dans la chambre silencieuse et sombre, alors que dans le lointain, au clocher de l'église d'Haggurdsdon Village, sonnaient les douze coups de minuit.

Mlle Chauncey enfonça le bout mort de l'allumette dans la soucoupe du chandelier et crut entendre à ce moment précis un petit *vffsh* à la fenêtre, comme un coup de vent soudain, ou un petit tourbillon, ou le battement d'ailes d'un oiseau au vol rapide – une oie sauvage. Cela rappela même à Mlle Chauncey le jour de la fête de Guy Fawkes, à demi enfoui dans sa mémoire, et le bruit que fait la tige d'une fusée en traversant les airs, tandis que ses lumières, vertes et rubis, s'éteignent dans les cieux immenses. Mlle Chauncey replia ses longues jambes dans son lit, tira à elle la robe de chambre en flanelle qu'elle suspendait toujours aux barreaux du lit, et soulevant la jalousie de quelques centimètres, regarda par la fenêtre.

C'était une nuit vaste et claire, et l'illumination du ciel, au-dessus du toit, donnait à penser que la lune avait dû se lever à l'arrière de la maison. Alors même qu'elle regardait, une traînée d'argent pâle fila dans les espaces lointains du ciel, de l'endroit où quelques étoiles plus grosses se regroupaient de façon à former une sorte de faux. C'était une météorite, et en cet instant même Mlle Chauncey se figura avoir entendu un vague, lointain et mourant *vffsh* dans les airs. Et *cela*, était-ce donc une météorite ? Ses sens avaient-ils pu la tromper ? La trompaient-ils du reste depuis le début ? Elle se détourna de la fenêtre.

Ce fut alors qu'en guise de réponse préméditée, provocante, là-bas, à ce qui semblait être l'extrême limite de son long jardin, là où poussaient les prunelliers en un buisson inextricable, monta un hurlement de chat prolongé, très bas – contralto, eût-on pu dire, et presque confidentiel : miaaa-ou-ou-ou...

Bonté divine ! Était-ce bien là la voix de Sam ? La musique de chat s'interrompit. Et pourtant Mlle Chauncey ne put s'empêcher de frissonner. Elle connaissait depuis longtemps la voix de Sam. Mais celle-là ! Non, sûrement pas celle-là ! Sûrement pas !

Aussi étrange et impudique que cela pût lui paraître de s'entendre, en ce lieu solitaire, crier au cœur de la nuit, elle ouvrit cependant sur-le-champ la fenêtre et appela Sam par son nom. Il n'y eut pas de réponse. Les arbres et les buissons du jardin ne bougèrent pas d'un pouce ; à voir leurs ombres vagues sur le sol, l'on comprenait que la lune n'était pas encore pleine, et qu'elle approchait aussi de son coucher. Les ondulations indistinctes de la lande s'étendaient dans le lointain. Pas une lumière en vue hormis celles qui brillaient au firmament. De nouveau Mlle Chauncey cria, encore et encore :

« Sam ! Sam ! Rentre ! Oui, monsieur, rentrez, vilain drôle ! »

Pas un bruit. Pas le moindre bruissement de feuille ou de brin d'herbe.

Après une nuit inquiète, Mlle Chauncey se réveilla un peu tard le lendemain matin. Et tandis qu'elle se redressait dans son lit, la première chose que ses yeux aperçurent, ce fut Sam

– tapi comme d'habitude dans son panier. C'était un mystère, un troublant mystère. Après avoir lapé son bol de lait du matin, il dormit profondément jusqu'à midi. C'était justement le jour de la semaine où Mlle Chauncey faisait le pain. Elle travaillait sans relâche la pâte dans un grand saladier de faïence, fermement, de ses phalanges repliées, jetant de temps en temps un coup d'œil à l'animal immobile. Les doigts couverts de grumeaux, elle se pencha enfin un moment sur lui, et l'inspecta soigneusement du regard.

Il était couché en rond, son museau moustachu tourné vers un des pans de la cheminée. Et il sembla à Mlle Chauncey qu'elle ne lui avait jamais remarqué cette grimace vague et singulière.

« Sam ! » s'exclama-t-elle d'un ton coupant.

Un œil s'ouvrit immédiatement, d'un vert ardent, comme si une souris avait couiné. Il la fixa un moment puis sa paupière se rétrécit. Le regard fixe s'éclipsa mais Sam se mit à ronronner.

À dire vrai, tout cela rendait Mlle Chauncey excessivement malheureuse. M. Cullings passa cet après-midi-là avec un panier de jeunes sprats, frais et appétissants.

« V'là qui va réveiller l'Altesse, dit-il. Sont frais comme la rosée. Vingt dieux, m'dame, c't'un Néron que c'bestiau !

– M. Cullings, les chats sont en effet de curieuses créatures », répliqua Mlle Chauncey d'un ton réfléchi et satisfait : elle se disait que M. Cummings avait oublié son « h » aspiré et qu'il avait voulu dire « un héros ». Et Sam lui-même, la queue dressée, semblait partager cette opinion et se frottait doucement la tête contre le soulier de Mlle Chauncey.

M. Cullings l'observa avec soin.

« On n'peut point dire l'contraire, dit-il. C'que j'entends, c'est qu'avec ces bestiaux-là, c'est loin des yeux, loin du cœur. N'y a pas plus d'gratitude et d'amour dans ces bêtes que dans une pompe. Encore qu'pour la pompe, les mercis sont d'not' côté. J'ai connu une famille de chats qu'ont ben fini par chasser leur maîtresse d'la maison d'ses ancêtres, comme j'vous l'dis.

– Mais vous, vous ne prendriez pas un chat qui ne serait qu'un simple animal de compagnie ? bafouilla Mlle Chauncey, qui n'avait guère envie d'en savoir plus sur cet étrange incident.

– Ben non, m'dame, dit le commissionnaire. Y sont comme le bon Dieu les a faits. Mais j'suis ben certain qu'y pourraient en dire, des choses point plaisantes, si y z'avaient des langues d'hommes. »

Sam ne caressait plus le pied de sa maîtresse, et fixait M. Cullings, le poil légèrement ébouriffé à la nuque et aux épaules. Et le commissionnaire se retourna.

« Non, m'dame. On n'les gard'rait point, finit-il par dire, si y z'étaient *quatre* fois gros comme ça. Ou en tous cas pas ben longtemps. »

Après avoir vu disparaître dans le lointain la petite charrette de M. Cullings, Mlle Chauncey rentra chez elle, plus troublée que jamais. Et son malaise ne se dissipa guère lorsque Sam refusa de toucher, et même de flairer ses sprats. Au lieu de cela, il rampa sous une table basse de la cuisine, derrière le vieux coffre de marin dans lequel Mlle Chauncey gardait son bois d'allumage. Elle crut entendre ses griffes gratter le bois à plusieurs reprises. Une autre fois, il sembla exprimer ses sentiments naturels en « grondant », comme disent les gens vulgaires qui n'ont pas de sympathie pour les animaux.

Les « Sam, Sam » caressants de Mlle Chauncey restèrent de toute façon sans effet. Elle obtint pour seule réponse une sorte d'éternuement qui ressemblait désagréablement à un « crachat » félin. La susceptibilité de Mlle Chauncey avait déjà été froissée. À présent sa conscience tremblait. C'était quelque chose que le commissionnaire lui avait dit – ou peut-être était-ce la façon dont il l'avait dit – ou l'expression singulière qu'elle avait lue sur ses traits lorsqu'il avait croisé le regard de Sam, sous le porche ; et cela hantait ses pensées. Elle n'était plus toute jeune : se laissait-elle entraîner par son imagination ? Ou devait-elle en conclure que depuis des semaines Sam l'avait constamment bernée, ou qu'il lui avait tout au moins caché ses randonnées, ses occupations ? Balivernes ! Pis encore : était-elle devenue si crédule qu'elle en était à croire que Sam avait vraiment fait signe – secrètement, dans le dos de sa maîtresse – à quelque invisible confédéré du ciel ou de la lune ?

Quoi qu'il en soit, Mlle Chauncey décida de l'avoir à l'œil, ne fût-ce que pour son bien. Elle voulait être certaine en tout cas qu'il ne sortirait pas de la maison cette nuit-là. Mais en fait, pourquoi pas ? se demandait-elle. Cet animal n'était-il donc pas libre de choisir son heure et sa saison ? Les chats, comme les hiboux, *voient* mieux dans l'obscurité. Dans l'obscurité, la chasse aux souris est plus fructueuse, et peut-être préfèrent-ils l'ombre pour leurs affaires intimes, sociales et même publiques. Post Houses, après tout, n'était qu'à quelque trois kilomètres d'Haggurdsdon Village, et il y avait là-bas des chats en abondance. Pauvre chaton, il devait parfois trouver bien ennuyeuse cette humaine et muette compagnie !

Telles étaient les réflexions de Mlle Chauncey, et comme pour la rassurer, Sam lui-même à ce moment entra, serein, dans la pièce et sauta sur la chaise vide près de la table à thé. Et de même, comme pour montrer qu'il avait réfléchi à son accès de mauvaise humeur, ou pour suggérer qu'il n'y avait aucun problème entre lui et M. Cullings, il se lécha les babines, et l'on ne pouvait guère se méprendre sur l'odeur de poisson qu'il ramenait de sa gamelle.

« Ah, mon garçon, tu y as repensé à deux fois ? » se dit Mlle Chauncey, sans prononcer les mots à haute voix. En lui rendant son regard félin et ferme, elle comprit à quel point il était difficile de déchiffrer l'intelligence derrière ces prunelles. On eût pu dire que, comme Sam n'était qu'un chat, l'expression de ses yeux n'avait aucune signification. Mais Mlle Chauncey savait fort bien qu'elle n'eût rien pu prétendre de tel si semblables yeux l'avaient observée d'un visage humain ! À vrai dire, elle eût ressenti une intense inquiétude.

Malheureusement, et tout comme si Sam avait surpris les cogitations de sa maîtresse concernant de possibles amis chats au village, il se fit entendre à ce moment, par la fenêtre ouverte, un miaulement faible et timide. En un clin d'œil Sam eut sauté de la chaise à l'appui de la fenêtre, et Mlle Chauncey se leva à temps pour le voir poursuivre avec fureur une créature mince et luisante, au pelage écaille-de-tortue, qui de toute évidence était venue à Post Houses dans l'espoir d'une réception plus amicale et fuyait maintenant comme si sa vie en dépendait.

Sam rentra de sa poursuite frais comme une rose, et Mlle Chauncey découvrit avec horreur une touffe ou deux de poils écaille-de-tortue, coincées entre les griffes de sa patte arrière droite. Il eut tôt fait de les nettoyer en se léchant, s'étant préparé à dormir près du feu.

Méditant toujours sur le sens de ces événements inquiétants, Mlle Chauncey alla se promener comme à l'ordinaire dans son jardin. Les ibérides et les giroflées de Virginie fleurissaient le long du sentier bordé de coquillages, et des roses commençaient déjà à s'ouvrir sur le haut mur de briques qui séparait l'étroit jardin du vaste sein de la lande. Au bout du chemin, Mlle Chauncey alla un peu plus loin qu'à l'ordinaire, là où la pelouse était plus luxuriante et où les mauvaises herbes, impétueuses et sauvages, levaient leurs tiges derrière les quelques pommiers couverts de lichen. Encore un peu plus loin – le jardin de Mlle Chauncey, quoique étroit, était très long –, il poussait des fourrés de prunelliers et d'aubépine blanche. Ils avaient fleuri là, dans les printemps lugubres de la lande, bien avant que Post Houses eût dressé ses cheminées vers le ciel. Il y avait là aussi un amoncellement dense d'orties blanches dont l'odeur aigre flottait dans l'air.

Et ce fut en ce lieu désolé que, comme Robinson Crusoé avant elle, Mlle Chauncey fut soudain stoppée dans sa marche par la vue de ce qui n'était autre qu'une étrange empreinte dans la terre. À côté de l'empreinte, de surcroît, apparaissait ce qui eût bien pu être la trace d'une canne, ou peut-être de quelque chose de plus large et de plus lourd – une béquille. N'était-ce pas une autre illusion de ses sens ? L'empreinte, il est vrai, ne ressemblait guère à la plupart des autres empreintes humaines : le talon était profondément enfoncé, les orteils carrés. Était-ce pure coïncidence ? Était-ce bien une empreinte ?

Mlle Chauncey, des broussailles, jeta un coup d'œil à la maison. Elle était là, énorme et sinistre, lugubre et menaçante, sur la lande crépusculaire. Et elle se figura qu'elle voyait, encore que la lumière du soir pût bien la tromper, la forme blottie de Sam qui la regardait depuis la fenêtre de la cuisine. Épiée ! Elle était – oui, elle, Mlle Chauncey –, elle était épiée, espionnée !

Sam, bien sûr, l'espionnait constamment. Qu'y avait-il d'étonnant à cela ? D'où venaient ses sprats, sa crème fraîche, son lait, son bol d'eau bien froide tirée du puits ? Néanmoins Mlle Chauncey retourna à son salon très sérieusement troublée.

C'était une soirée inhabituellement tranquille et, en allant de pièce en pièce pour fermer les fenêtres, elle remarqua que la lune était déjà levée. Elle la considéra avec un mauvais pressentiment. Enfin vint l'heure du coucher et lorsque Sam, comme d'habitude, se fut, après un ou deux coups de langue, préparé à dormir dans son panier, Mlle Chauncey, tenant sa clef avec défi, presque, et bien en vue, ferma la porte de sa chambre.

Le lendemain matin, lorsqu'elle se réveilla, Sam dormait dans son panier, comme d'habitude, et le jour durant il ne s'éloigna guère de la maison. Il en fut de même le mercredi et le jeudi. Ce ne fut pas avant le vendredi qu'ayant l'occasion de se rendre dans une chambre des étages qui n'avait pas de cheminée, Mlle Chauncey, comme d'habitude suivie par Sam, perçut dans la pièce une odeur grasse et ténue de suie. Pas de cheminée, et une odeur de suie ! Elle se retourna promptement vers son compagnon ; il avait déjà quitté la pièce.

Et quand, cet après-midi-là, elle découvrit une tache noire de suie sur son propre couvre-pieds de patchwork, elle comprit non seulement que ses soupçons étaient fondés mais encore que pour la première fois de sa vie Sam s'était délibérément couché sur la couverture en l'absence de sa maîtresse. Cet acte de pur défi la blessait assurément : il la mettait surtout en colère. Il n'y avait plus de doute permis. Sam la défiait consciemment. Ils ne pouvaient plus partager le même toit sur ces bases. Il fallait donner une leçon à Sam.

Ce soir-là, sous les yeux de l'animal, après avoir fermé la porte de sa chambre, elle enfonça un gros bout de toile à matelas dans le conduit de la cheminée, et baissa la trappe. Sam observa ces préparatifs, se leva de son panier et d'un saut agile atterrit sur la coiffeuse. Derrière la fenêtre s'étendait la lande, presque aussi éclairée qu'à la lumière du jour. Ignorant Mlle Chauncey, l'animal s'assit là, calmement, et sans s'en cacher se mit à contempler les cieux vides, dont une bonne partie était visible de l'endroit où il se trouvait.

Mlle Chauncey commença sa toilette de nuit, en essayant vainement de feindre un désintérêt total pour le comportement de l'animal. Des sons faibles – pas vraiment des miaulements, ni des grognements, mais une sorte de gargouillis, de gémissement félin, bas, tout intérieur, presque inaudible – sortaient de sa gorge. Mais quelle que fût la signification de ces sons, il se pouvait fort que Sam lui-même en fût le seul auditeur. Il n'y avait à la fenêtre ou dans le monde du dehors ni signe, ni mouvement.

Alors Mlle Chauncey baissa rapidement la jalousie. Ce voyant, Sam, immédiatement, leva la patte, exactement comme s'il protestait. Puis, ayant apparemment réfléchi à deux fois, il essaya de lui faire croire que ce geste n'était que le prélude à sa toilette vespérale.

Bien après que la chandelle se fut éteinte, Mlle Chauncey resta couchée, aux aguets. Dans cette obscurité tranquille, l'on entendait très bien le moindre frémissement, le moindre mouvement. Il y eut d'abord un bruit de pas furtifs, puis un tapotement sur la trappe de la cheminée, qui faisaient si clairement comprendre ce qui était en train de se produire que Mlle Chauncey le voyait, avec les yeux de l'imagination : Sam sur la pierre du foyer, se dressant sur ses pattes arrière, essayant sans y parvenir de repousser l'obstacle...

Ce fut en vain : il sembla qu'il était retombé sur ses quatre pattes. Il y eut une pause. Avait-il renoncé à ses projets ? Non. Il était maintenant à la porte, la tapotait de la patte, la grattait doucement. Puis un saut vers la poignée de la porte – un seul : la porte était verrouillée. Il s'en écarta et sauta d'un bond léger sur la coiffeuse. À présent que faisait-il ? En levant légèrement, discrètement, la tête de l'oreiller, Mlle Chauncey le vit, patte tendue, lever doucement la jalousie de la fenêtre baignée de clair de lune. Et alors même qu'elle tendait l'œil et l'oreille, elle entendit de nouveau, à une ou deux reprises, ce *vffsh* ténu, comme celui d'un cygne sauvage fendant les airs ; puis ce qui aurait pu être le cri d'un oiseau, mais qui à l'oreille de Mlle Chauncey sonna comme un rire, un gloussement aigu. À ce bruit, Sam, hâtivement, se détourna de la fenêtre et, sans tenter aucunement de se dissimuler, vola de la coiffeuse au barreau inférieur du lit.

Ce grossier comportement ne pouvait plus rester impuni. La pauvre Mlle Chauncey se redressa sous ses draps, tira son bonnet de nuit sur ses oreilles et avança la main vers la chaise près du lit, pour gratter une allumette et allumer la chandelle. Ce fut avec un réel effort qu'elle tourna ensuite lentement la tête pour faire face à son nocturne compagnon. Il avait le poil hérissé tout autour du corps comme s'il avait reçu un choc électrique. Ses moustaches faisaient un angle droit avec ses mâchoires ; il semblait deux fois plus gros que d'habitude et ses yeux brûlaient dans leurs orbites : et détournant la tête sous le regard de sa maîtresse, il émit un miarou-rou-rou bas et soutenu.

« Je te dis qu'il n'en est pas question ! » cria Mlle Chauncey à l'animal. À ces mots, il se retourna lentement et lui fit face. Et il sembla alors que, jusqu'à ce jour, Mlle Chauncey n'avait jamais vu le vrai visage de Sam. Ce n'était pas tant cette grimace de fauve qu'il arborait que l'assurance morose qu'il exprimait : il savait ce qu'il voulait, et entendait l'obtenir à tout prix.

Le sommeil était à présent exclu. Mlle Chauncey, elle aussi, pouvait être têtue. L'animal semblait répandre dans les lieux mêmes une influence à laquelle elle pouvait à peine résister. Elle sortit du lit, enfila des pantoufles, alla à la fenêtre. Une fois de plus un cri singulier, étouffé, s'éleva du pied du lit. Elle leva la jalousie et la lumière de la lune inonda ses modestes appartements. Et lorsqu'elle se retourna vers son animal de compagnie pour le gronder de son ingratitude, de toutes ses inconvenances et de la fourberie de ses façons, il y avait quelque chose de si menaçant et de si impitoyable dans la physionomie de Sam que Mlle Chauncey n'hésita plus une seconde.

« Eh bien, écoute-moi bien !, s'écria-t-elle d'une voix tremblante. Sortir, pas question. Mais si tu aimes la suie, tu en auras ! »

Ce disant elle releva la trappe de la cheminée avec le tisonnier, et tira le paquet de toile à matelas avec les pincettes. Et avant que la crise de toux causée par l'enfumage conséquent eût cessé, la souple silhouette noire avait jailli des barreaux de lit, s'était ruée sur le foyer, puis les barreaux de grille, et avait filé à l'intérieur de la cheminée et... dehors.

Tremblant des pieds à la tête, Mlle Chauncey s'effondra sur un rocking-chair en rotin tout proche pour réfléchir à la suite des événements. *Vffsh* ! *Vffsh* ! À la fenêtre de nouveau ce bruissement mystérieux se faisait entendre ; mais c'était cette fois-ci le murmure effaré d'une fusée filant vers le ciel, avec sa traîne ardente d'étincelles s'amenuisant dans les airs, plutôt que le sifflement de sa tige redescendant sur terre. Puis dans le silence qui suivit résonna à nouveau, comme une voix venue du fond du jardin, une musique de chat perçante et suffisamment sonore pour réveiller les coqs endormis dans les poulaillers d'Haggurdsdon et de toute la contrée alentour. Dans le lointain leurs cocoricos éclatèrent, aigus, dans l'air nocturne, suivis un instant plus tard par la lente sonnerie de minuit au clocher de l'église. Puis de nouveau le silence, l'absolue tranquillité. Mlle Chauncey retourna se coucher, mais cette nuit-là elle ne put fermer l'œil.

Son esprit était submergé de pensées tristes. Elle avait perdu toute confiance en Sam. Pis encore, elle avait perdu confiance en son affection pour lui. Avoir gâché tout cela ! Tous les sprats, toute la friture des océans n'étaient rien en comparaison. Sam s'était lassé de sa compagnie : cela ne faisait plus l'ombre d'un doute. Elle avait honte de se rendre compte à quel point cela lui importait – un simple animal ! Elle savait ce qui s'était perdu ; elle savait à quel point le train-train du quotidien lui paraîtrait plus tard ennuyeux et sans vie – se lever, faire le ménage, les repas, mettre son petit col de lin tout blanc, – le long et lent après-midi, délaissée et sans compagnie ! Son thé solitaire, son chandelier, ses prières, son lit – jour après jour. En quelle sauvage compagnie se trouvait-il à présent, son chat Sam ? Lorsqu'elle prit conscience de son propre refus de traiter de front cette terrible question, ce fut comme si elle avait entendu le grand claquement creux d'une immense porte de fer.

Le matin suivant, ruminant encore ces étranges incidents, blessée jusqu'au cœur par ce gouffre effrayant qui la séparait de celui qui avait été son honnête compagnon pendant de si longues années ; honteuse, aussi, que Sam pût avoir le dessus sur elle alors qu'elle lui avait interdit de sortir la nuit – le matin suivant, donc, Mlle Chauncey, feignant de prendre un peu d'exercice, s'aventura à nouveau jusqu'au bout du jardin. La trace indistincte et vague (comme celle qu'elle avait vue la veille au soir) dans la terre noire de ce qui *pouvait* sembler une empreinte de pied n'était pas très significative...

Mais ce jour-là, dans le sentier mal entretenu, derrière les buissons d'aubépine blanche et de ronces, il ne faisait plus guère de doute qu'étaient apparues là de nombreuses empreintes de pied. Et elles n'avaient vraiment rien à voir avec des empreintes de pattes de chat ! Qu'eût pu faire un chat d'une béquille ou d'un bâton ? Bâton ou béquille qui, à en juger par la marque qu'il ou elle avait laissée dans la terre, devait avoir l'épaisseur d'un manche à balai.

Plus troublée, plus effrayée que jamais par ce mystère tout récent, Mlle Chauncey se retourna et leva les yeux vers les cheminées de la maison, qui se découpaient clairement, nettement, sur le ciel matinal, à l'orient. Et elle se rendit compte quels dangers Sam, bien qu'il eût la patte sûre, avait affrontés en filant tout en haut de la cheminée, dans ses efforts désespérés pour retrouver la nuit. Lorsqu'il avait pu atteindre de cette façon, fait incroyable, le rebord de la cheminée – avec au ciel les étoiles brûlantes, et tout autour de lui étalé sous ses yeux le désert de la lande –, il avait dû sauter, du haut de la cheminée, vers une étroite corniche qui n'avait pas même dix centimètres de large. De là sur l'arête du toit ; et puis sur le toit d'ardoise, le long de la pente raide et glissante, et de là jusqu'à une gouttière de plomb.

Et puis ? L'épais manteau de lierre qui recouvrait le haut de la maison en laissait nue la partie supérieure. Sam avait-il vraiment pu plonger de la gouttière au manteau de lierre ? La seule pensée de ce danger fit revenir Mlle Chauncey à la maison, en proie à l'anxiété la plus aiguë, pour s'assurer qu'il était bien encore du nombre des vivants. Et, ô merveille ! alors qu'elle n'était qu'à la moitié du chemin, elle entendit une suite de cris affolés et de miaulements dans les airs, au-dessus de la lande. Elle déposa en hâte un pot de fleurs près du mur, s'y percha sur la pointe des pieds et regarda par-dessus le mur. Et elle avisa alors son Sam, bien visible sur la pente la plus proche de la lande. Cette fois-ci, il ne poursuivait pas un visiteur imprudemment confiant, non : il était chassé par ce qui semblait être la racaille au grand complet des chats d'Haggurdsdon. Bien qu'il semblât fort épuisé, Sam gardait une bonne distance. Derrière lui, ne semblaient pouvoir le menacer que quelques matous de gouttière et ce qui avait l'air d'être un chat de Man gris et roux, à moins que ce ne fût là un chat ordinaire à qui l'on avait coupé la queue.

« Sam, Sam, cria Mlle Chauncey, et encore une fois : Sam ! »

Mais dans l'excitation et la peur, son pied glissa du pot de fleurs et en une seconde la chasse féline eut disparu de sa vue. Elle se releva, attrapa un long balai de jonc ou de jardin, appuyé contre le mur, et courut vers l'endroit où, selon ses calculs, Sam devait entrer dans le jardin. Elle ne se trompa ni pour l'endroit, ni pour le moment. En un bond, il fut passé par-dessus le mur ; trois secondes plus tard, la meute l'avait suivi en une course effrénée.

De ce qui se produisit ensuite, Mlle Chauncey ne se souvint jamais clairement. Plus tard, elle se rappela seulement avoir fait tournoyer son balai de toutes ses forces dans cette meute, cette mêlée d'animaux, tandis que Sam, qui n'était plus un fugitif, se retournait sur ses ennemis et les combattait de chat à chat. Malgré tout ce ne fut pas une victoire facile. Et si le roquet obèse du boucher d'Haggurdsdon – qui depuis longtemps poursuivait la congrégation de ses ennemis – ne l'avait pas enfin rattrapée, la lutte eût bien pu connaître une fin tragique. Mais en entendant les aboiements du chien, en voyant ses crocs claquer au-dessus du mur qu'il essayait vainement de franchir, les adversaires de Sam tournèrent casaque et s'enfuirent en tout sens.

Enfin Mlle Chauncey rouvrit les yeux.

« Eh bien, Sam, put-elle enfin marmonner, nous les avons battus, hein ? »

Mais à sa grande stupéfaction elle se rendit compte qu'elle adressait ces paroles amicales au vide le plus total. L'animal avait disparu. Sa crème fraîche fut cependant lapée dans la journée, et un bruit intermittent de râpe fit comprendre à Mlle Chauncey qu'il s'était encore caché dans son petit coin pas très propre, derrière le coffre à bois. Et elle n'alla pas l'y chercher.

Sam ne réapparut pas avant le lendemain, à l'heure du thé. Et ce fut seulement – après avoir léché ses plaies – pour se coucher devant le feu, léthargique et morose, et muet comme un chien. Mlle Chauncey n'était guère en « situation » de lui faire des avances, se dit-elle. Elle ne s'occupa absolument pas de Sam, sauf pour passer un peu de graisse de hérisson sur les parties à vif de ses blessures. Elle fut pourtant contente de voir qu'il resta constamment autour de Post Houses les jours suivants, encore que sa consternation fut ravivée lorsqu'elle entendit, la troisième nuit, des gémissements et des vagissements plus épouvantables encore que ceux qu'elle avait entendus dans les buissons : mais Sam lui-même était couché, immobile, près du feu. Ses oreilles se dressèrent, son poil sembla se hérisser ; il éternua ou cracha ; mais il resta là, bien tranquille.

Lorsque M. Cullings revint livrer, Sam immédiatement se cacha dans la cave à charbon ; mais jour après jour, ses manières avec Mlle Chauncey retrouvèrent leur suavité coutumière. Et quinze jours après la pleine lune, ils avaient tous deux presque retrouvé leur bon vieux compagnonnage. Sam était guéri, frais, de nouveau hardi et toujours à l'heure. Aucun intrus de sa féline espèce n'était revenu d'Haggurdsdon. Les bruits nocturnes avaient cessé ; Post Houses selon toutes les apparences – exception faite de sa singulière laideur – était redevenue aussi calme et aussi pacifique que n'importe quelle maison solitaire du Royaume-Uni.

Mais hélas, trois fois hélas. Avec la toute première apparition de la nouvelle lune, les humeurs et les habitudes de Sam changèrent à nouveau. Il traînait ça et là, l'œil furtif et rusé. Et lorsqu'il faisait des courbettes devant Mlle Chauncey, ronronnant et jouant des griffes, tout son être respirait le mensonge. Si Mlle Chauncey entrait par hasard dans la pièce où il se trouvait, il sautait immédiatement de la fenêtre où il s'était perché, comme pour essayer de la convaincre qu'il n'était pas du tout en train de regarder dehors. Une fois, en fin de journée, et bien qu'elle ne l'espionnât pas, elle ne put s'empêcher de s'arrêter à la porte du salon, laquelle était entrouverte. Mlle Chauncey y glissa un œil. Et là, sur le dos anguleux et dur d'un vieux prie-Dieu qui avait appartenu à la pieuse grand-tante Jemima, Sam était assis, sur ses pattes de derrière. Et sans le moindre doute possible, il était en train de converser par signes, à l'aide de ses pattes de devant, avec un personnage qui se tenait de l'autre côté de la fenêtre. Mlle Chauncey se détourna, le cœur navré.

À partir de ce moment, Sam, de plus en plus obstinément, se mit à ignorer sa maîtresse, et même à s'en moquer. Il se montra ouvertement insolent et affreusement audacieux. Quant à M. Cullings, il ne fut pas d'un grand secours.

« Moi, m'dame, si j'avions un chat qu'a des manières comme lui, après toute vot' gentillesse, l'poisson frais et tout l'reste, toutes les s'maines, et d'la crème, à c'que j'vois, et pas d'la peau de lait, je… je l'donnerais.

– À qui ? l'interrompit Mlle Chauncey.

– Ça, dit le commissionnaire, je n'sais pas si j'me soucie ben d'qui. Suffit d'un toit, m'dame.

– Il a l'air de n'avoir aucun ami au village, dit Mlle Chauncey du ton le plus léger dont elle fut capable.

– Ben quand y sont noirs comme ça, avec des yeux en soucoupe, on n'peut jamais dire, m'dame, dit M. Cullings. Y a ben l'vieux sac-à-chats qu'habite dans l'bas d'Haggurdsdon. Cette vieille-là, elle a un bestiau qui pourrait ben êt' le jumeau d'vot'Sam.

– Ah ! bien non, il a la gale », dit Mlle Chauncey, loyale jusqu'au bout. Le commissionnaire haussa les épaules, remonta dans sa carriole et s'en fut brinquebalant sur la lande. Et Mlle Chauncey, en retournant à la maison, posa l'assiette de sprats argentés sur la table, s'assit et éclata en sanglots.

Ce fut donc, en plus d'un sens, une bien bonne chose que l'arrivée, le lendemain matin – c'est-à-dire trois jours entiers avant la pleine lune – d'une lettre de la belle-sœur de Mlle Chauncey. Cette dame vivait à Shanklin, sur l'île de Wight, et l'invitait à séjourner là-bas quelque temps.

Ma chère Emma (disait la lettre) *tu dois te sentir parfois bien seule, cloîtrée dans cette grande maison si loin des autres voisins. Nous pensons souvent à toi, et particulièrement ces derniers temps. Que ton Sam te tienne compagnie, c'est une bonne chose, mais après tout, comme dit George, un animal familier, ce n'est qu'un animal familier. Et nous pensons tous qu'il est grand temps que tu viennes passer quelques vacances chez nous. En ce moment même, je regarde par la fenêtre. La mer est calme comme l'étang d'un moulin, et d'un beau bleu très solennel. Les bateaux de pêche s'en reviennent, avec leurs voiles brunes. Pour toi, c'est la saison la plus agréable ici, car comme ce ne sont pas encore les grands congés, nous n'avons pas tous ces affreux touristes dans les environs, pas de foules. George insiste pour que tu viennes. Il t'envoie toute son affection, et moi de même ; et Maria sûrement si elle n'était pas partie faire des courses. Il viendra te chercher à la gare avec le cabriolet. Emmie ne tousse plus, elle a juste encore un petit « houp » quand le souvenir de la maladie lui revient, mais elle n'a plus jamais de nausées. Nous t'attendons tous avec impatience d'ici quelques jours.*

Devant tant de gentillesse, et avec tous ses tracas, Mlle Chauncey faillit bien s'effondrer. Lorsque la carriole du boucher passa une ou deux heures plus tard, elle le chargea d'un télégramme à envoyer du village. Le lundi, sa malle fut prête, et tout ce qui lui restait à faire, c'était de mettre Sam dans son panier, en prévision du voyage. Mais je dois dire qu'il fallut bien plus que les persuasions de son vieil ange gardien pour y parvenir. De fait, M. Cullings dut bel et bien tenir l'animal, les mains gantées, et point trop doucement, pendant que Mlle Chauncey rabattait le couvercle et poussait le petit bâton d'osier pour le tenir fermé.

« Une bonne chose de faite, dit le commissionnaire en frottant un peu de terre sur ses estafilades. Mais c'que j'dis, c'est qu'une fois suffit. Notez ben ça, m'dame. »

Mlle Chauncey prit un shilling dans son vaste porte-monnaie de cuir, mais ne répondit pas.

Tous ces efforts s'avérèrent bientôt inutiles. À cinquante kilomètres d'Haggurdsdon, à Blackmoor Junction, Mlle Chauncey devait changer de train. Sa malle et le panier de Sam furent déposés sur le quai de la gare, à côté d'une demi-douzaine de bidons de lait vides et de quelques poules dans une caisse ; et Mlle Chauncey alla s'enquérir auprès du chef de gare du départ de son train.

Ce furent les caquètements effarés et furieux de ces poules qui la ramenèrent bien vite auprès de ses possessions : d'une façon ou d'une autre, Sam, elle ne put que le constater, s'était débrouillé pour pousser le fermoir du panier hors de ses anneaux d'osier. Le couvercle était béant – le panier était vide. Et une pauvre poule pantelante dont la vie s'échappait peu à peu du corps impuissant gisait là, preuve non seulement du haut fait de Sam, mais encore de sa lâcheté et de sa férocité.

Quelques jours plus tard, alors que Mlle Chauncey était assise dans cette même pièce à laquelle sa belle-sœur avait fait allusion dans sa lettre, et qu'elle contemplait la surface tranquille de la Manche, sous le ciel doucement ensoleillé, arriva une missive de M. Cullings. Elle était écrite au crayon sur le dos d'un petit sac de boulangerie.

Chére madame, je prens la libberté de vous ecrire en rappor a l'Animalle que jé édé a mettre dansson panié qui es rentré vide du trin Comme javé lokasion de porté quelleque bales de oublon dHag-

gurdsdon tar la nuits de Dimanche Je lé vu assi a la fenetre du salon a me grimassé a vous caillé le sangs dans lé vénes et sauté sur la fenetre du hauts et a hurlé et craché comme jnespere guerre entendre encore dens une ville de Chrétiens Cete veile toupi du Bas dHaggurdsdon été assi sous le porche mon avis etans que l'endrois né pas bon es que l'Animalle es ensorcelé M. Flint poissonié es daccors la desus es ausi que la mesure utile ces la derniere Come jé dis je suis prés de prendre la meson si le loyé es bas et modderé consideren la réputation quelle a ici dans le payis Je reste chére madame a attendre vos ordre et votre obligé sincerremens William Cullings

À voir Mlle Chauncey, on eût pu croire que c'était une femme à la volonté de fer. On eût pu croire également que cette allusion discourtoise à la mauvaise réputation que la maison de ses ancêtres avait acquise la mortifierait plus que les mots ne peuvent l'exprimer. Quoi qu'il en soit, elle ne montra pas cette lettre à sa belle-sœur, et n'y répondit même pas avant un certain temps. Sur l'Esplanade, en regardant la mer, elle méditait gravement dans l'air chaud et salé, et cependant balsamique. C'était un problème angoissant. Mais :

« Non, il doit vivre sa vie, se dit-elle enfin en soupirant. J'ai agi envers lui du mieux que je le pouvais. »

Et puis, aussi, Mlle Chauncey ne revint jamais à Post Houses. Elle finit par vendre la propriété, maison et jardin, à M. Cullings, pour une somme dérisoire. À cette époque-là Sam avait disparu déjà, et on ne l'avait plus jamais revu.

Mais la mémoire de Mlle Chauncey n'était pas infidèle. Chaque fois que le léger susurrement d'une aile de mouette traversait les airs, au-dessus de sa tête, ou que le crépitement d'une fusée lancée pour le plaisir des visiteurs troublait le silence des paradis tout proches, au-dessus des flots ; chaque fois qu'elle prenait conscience du frou-frou bruissant de sa robe du dimanche, en soie moirée, entre la petite villa proprette qu'elle louait à présent sur l'Esplanade et l'église – elle ne remarquait jamais ces bruits sans être sur-le-champ transportée en imagination jusqu'à sa chambre de Post Houses, où elle revoyait cet étrange animal frappé d'hallucinations, son

Sam de naguère, installé là sur la courtepointe de patchwork, bien dressé sur ses pattes arrière, et ses pattes avant semblant tricoter.

Traduit de l'anglais par Anne-Sylvie Homassel

La Disparition de Mme Macrecham

Richard Marsh

Dès que j'entrai dans le salon, je compris qu'il se passait quelque chose. L'agitation avec laquelle m'accueillit Hereward Waller n'avait rien de naturel.

« Avez-vous reçu mon message ? »

Je lui répondis par l'affirmative, précisant que le ton péremptoire, voire mystérieux dudit message m'avait poussé à le rejoindre sur-le-champ.

Tandis que je m'adressais à lui, il m'observa avec une étrange intensité, lissant de la main gauche son menton rasé de près. Puis il alla jusqu'à la porte, l'ouvrit comme pour s'assurer que personne ne nous écoutait. De retour dans le salon, il se mit à faire les cent pas, manifestant une fébrilité qui lui était si peu coutumière qu'elle me plongea dans l'étonnement.

« Avez-vous... avez-vous appris la nouvelle ?

– De quelle nouvelle parlez-vous ? »

Il poussa ce qui me sembla être un soupir de soulagement. J'étais de plus en plus étonné.

« Vous n'êtes donc pas au courant. Je l'aurais pourtant cru. Tout le monde doit être au courant à présent. Les journaux ont publié des annonces. Je sais que la police a été informée, et j'ai des raisons de croire qu'on a déjà collé des affiches sur les murs des commissariats.

– Mon cher Waller, je ne comprends strictement rien à ce que vous racontez. »

Il baissa la voix. Il alla même jusqu'à jeter autour de lui des regards furtifs.

« Mme Macrecham a disparu.

– Madame qui ?

– Mme Macrecham – ma logeuse.

– Vous voulez parler de cette vieille Écossaise grincheuse et butée qui a fait tout un cirque parce que vous aviez osé jouer aux échecs un dimanche dans sa maison ? »

À ma grande stupéfaction, la fébrilité de Waller se mit encore à croître.

« Chut ! Je préférerais que vous parliez sur un autre ton étant donné les... les circonstances bizarres. »

Je le fixai des yeux.

« Vous n'envisagez quand même pas de porter le deuil de cette vieille tigresse ? »

Je crois bien que Waller fit alors un petit bond.

« Taisez-vous, Durrant ! Je vous en conjure ! Vous... vous ne comprenez pas. J'allais vous expliquer. En fait, si je vous ai demandé de venir ici, c'est uniquement dans le but de vous expliquer la situation. Avec votre permission, je crois que je vais m'asseoir. »

Je ne voyais pas pourquoi il avait besoin de ma permission pour s'asseoir dans son logis, mais je m'abstins de tout commentaire. Il s'effondra sur un fauteuil. Il prit son mouchoir et s'épongea le front. Je ne l'avais jamais vu agir ainsi auparavant ; il s'était toujours vanté de sa froideur, qu'il allait jusqu'à qualifier d'arctique.

« Nous sommes mardi. Jeudi après-midi, je me trouvais seul dans la maison avec Mme Macrecham. » Il jeta un nouveau regard furtif sur la pièce. « Polly Macrecham, la nièce de Mme Macrecham, était allée faire une course chez un commerçant. Quand elle est rentrée, elle n'a trouvé sa tante nulle part. Après avoir fouillé toutes les pièces, elle est montée ici pour me demander si je l'avais vue. Je... je lui ai dit... (sa voix était tremblante)... je lui ai dit que non.

» Aux... aux environs de minuit... (la voix de Waller tremblait de plus en plus)... Mlle Macrecham est revenue me voir, et elle m'a dit que non seulement sa tante n'était toujours pas rentrée, mais qu'elle avait fait le tour de tous les voisins et que pas un seul de ceux-là ne l'avait aperçue ; en outre, Mme Smithers, qui demeure dans la maison d'en face, avait justement passé la journée devant sa fenêtre, elle avait vue Mlle Macrecham sortir, puis elle l'avait vue rentrer, et elle affirmait que la tante n'avait pas quitté la maison durant l'absence de la nièce. Et cependant, personne ne l'a revue à ce jour. Elle... elle a disparu.

– Et alors ? » demandai-je.

Car je ne voyais pas le rapport entre la disparition de Mme Macrecham et l'agitation sans cesse croissante de Hereward Waller.

« Eh bien, voyez-vous, je... je me trouve placé dans une situation plutôt déplaisante.

– Que diable voulez-vous dire ? On ne vous soupçonne quand même pas d'avoir profité du fait que vous étiez seul dans la maison avec elle pour l'avoir assassinée – encore que je serais enclin à vous pardonner si vous aviez vraiment agi de la sorte. Vieille sorcière butée !

– Chut ! Je préférerais que vous parliez d'elle en d'autres termes. Étant donné les circonstances plutôt... plutôt bizarres, je le préférerais vraiment. » Il s'épongea le front une nouvelle fois. « Je n'irais pas jusqu'à dire que je suis soupçonné de meurtre. Mais certaines personnes me soupçonnent de quelque chose. Et la police me surveille de près, me dit-on.

– Hereward !

– Voici... voici ce qui est arrivé : lorsque Mlle Macrecham m'a demandé si j'avais vu sa tante pendant son absence, je lui ai répondu par la négative. Et, plus tard, quand elle m'a reposé la même question, je lui ai donné la même réponse. Mais il semble que Mme Smithers, qui est fort observatrice surtout quand elle passe la journée à sa fenêtre, ait vu Mme Macrecham ouvrir la porte à un jeune livreur qui apportait un paquet. Elle a même reconnu dans ce livreur un employé de Thorpe, le papetier.

» Quand on l'a interrogé à ce propos, Thorpe a confirmé

que son livreur avait bien apporté un paquet, que ce paquet m'était destiné, qu'il contenait une demi-douzaine de jeux de cartes et que le livreur l'avait confié à Mme Macrecham, celle-là lui ayant assuré qu'elle le porterait chez M. Waller. Et il s'avère que Mlle Macrecham, lorsqu'elle est venue me demander si j'avais vu sa tante, a remarqué ledit paquet posé sur ma table. Plus tard, lorsqu'on m'a demandé qui avait pu apporter ce paquet chez moi sinon Mme Macrecham, je... j'ai bien peur d'avoir manifesté une certaine confusion.

– La vieille était-elle montée ici pendant que sa nièce était sortie ?

– Oui. En outre, elle est encore ici.

– Encore ici ? »

Ce fut d'une voix stupide que je répétais ces mots. Je n'avais aucune idée de ce qu'ils signifiaient.

« Oui, Durrant, je sais que c'est incroyable, et... et atroce, oui, atroce, mais pendant que sa nièce se ronge les sangs et que la police la cherche partout, ignorant même si elle est encore en vie, Mme Macrecham se trouve en ce moment même dans mon salon. Elle ne l'a pas quitté, ne serait-ce qu'une seconde, depuis qu'elle y est entrée jeudi après-midi. »

Des gouttes de sueur perlaient au front de Hereward Waller. Je commençais moi-même à ressentir un vague malaise. Que voulait-il dire ?

« Permettez-moi de vous expliquer. » Il se leva et je remarquai qu'il tremblait comme une feuille. « Elle se trouve dans cette armoire. » Il désigna un meuble occupant un coin du salon. « Venez – venez donc voir. »

Je le suivis, agité par des sentiments que j'aurais peine à décrire. Comme il sortait une clé de la poche de son gilet et, de ses mains tremblantes, la glissait dans la serrure de l'armoire, je le contemplai avec une soudaine répugnance. Étais-je sur le point de découvrir les conséquences de quelque hideuse tragédie ?

J'allais lui déclarer qu'il courrait un risque en me révélant le contenu de cette armoire, que notre vieille amitié ne m'empêcherait pas de collaborer avec la police, lorsque... il ouvrit la porte.

« Regardez ! » dit-il. À contrecœur, je braquai sur le meuble des yeux que je devinais terrifiés. Je ne vis rien d'extraordinaire, hormis que les bouteilles avaient été poussées sur le côté afin de faire de la place à un gros chat tigré, celui-ci dormant paisiblement sur un tas de sous-vêtements appartenant à Waller. « Voici Mme Macrecham. »

Je supposai qu'il y avait au fond de l'armoire quelque chose que je ne pouvais voir. Je me baissai donc encore un peu. Il n'y avait cependant rien à voir. Je me sentis un peu irrité.

« J'ai l'impression, Waller, que vous êtes en train de me faire une de ces farces stupides dont vous avez le secret.

– Une farce ! Si seulement c'était une farce ! »

Je me tournai vers lui. Jamais je n'aurais cru possible qu'un homme puisse présenter de tels signes d'agitation, mentale comme physique. La sueur coulait à grosses gouttes sur son front. Il désigna l'armoire ouverte. « C'est Mme Macrecham, vous dis-je.

– Où voyez-vous Mme Macrecham là-dedans ? Il n'y a qu'un chat, imbécile !

– Ce chat, c'est Mme Macrecham !

– Ce chat !... Waller ! »

Je le fixai avec des yeux horrifiés. Et je compris en un éclair la raison de son agitation – cela crevait les yeux. Mon ami d'enfance avait perdu son équilibre mental.

Il détecta tout de suite la pensée qui m'avait traversé l'esprit.

« Vous me croyez fou. Il m'arrive parfois de le croire, moi aussi ; je me crois devenu fou. Mais quelques instants de réflexion suffisent à me prouver le contraire. Les preuves de ma santé mentale sont irréfutables. Parfois, je serais presque tenté de regretter de ne pas être fou, à vrai dire. »

J'opérai un repli stratégique en direction de la porte – tout le monde connaît la logique des aliénés.

« Veuillez m'excuser quelques instants, je... »

Percevant mes intentions, il s'interposa d'un bond entre la porte et moi.

« Que faites-vous donc, Durrant ? Vous n'allez pas me déserter ! Pour l'amour de Dieu, ne faites pas ça ! Au cours de toute l'histoire du monde, si quelqu'un a eu besoin des conseils d'un ami fidèle, c'est bien moi. Je ne suis pas fou, je vous en donne ma parole d'honneur. Si... si vous me le permettez, je vais tout vous expliquer. »

Ce qu'il entreprit de faire.

« Durrant, je... je suis la victime d'une expérience sans précédent. Une expérience si extraordinaire que, si je ne disposais pas d'une centaine de preuves irréfutables, je serais convaincu d'être un rêveur en proie aux cauchemars de quelque songe fantastique. »

Il s'épongea le front avec son mouchoir de poche.

«Jeudi dernier, j'avais à faire dans le quartier de Fleet Street durant la matinée. J'ai flâné dans Bookseller's Row sur le chemin du retour. J'ai jeté un coup d'œil aux étals des bouquinistes. Dans les bacs à quatre pence, j'ai aperçu un livre format in-douze moisi et mangé aux mites. Je l'ai feuilleté. C'était un ouvrage dont le titre lui-même m'était totalement inconnu. *Art et Théorie de la magie.* Je l'ai acheté – je ne saurais vous dire pourquoi. J'ai eu mille fois l'occasion de regretter mon geste. »

Il marqua de nouveau une pause pour s'éponger le front. Son attitude était décidément fort singulière, même pour un dément. Je me surpris à le regarder avec une perplexité renouvelée.

« En rentrant chez moi, j'ai posé ce livre dans un coin. Je n'y ai plus pensé jusqu'à ce que j'aie achevé de déjeuner, lorsque je l'ai retrouvé par hasard dans l'armoire, à moitié dissimulé sous une pile de journaux. Je... je l'ai ouvert. »

Waller s'exprimait à présent comme si son palais était désespérément sec.

«J'ai... j'ai commencé à le lire. Ce livre était empli de... des galimatias les plus stupéfiants que j'aie jamais vus. Il se présentait sous la forme d'un livre de recettes, sauf qu'il ne s'agissait pas de simples recettes de cuisine mais bien de recettes de magie. Je... je n'avais jamais rien lu d'aussi absurde. L'une d'elle s'intitulait : “Comment transformer une femme en chat – Une méthode toute simple”. »

Je sursautai en entendant ces mots. Je jetai un coup d'œil instinctif vers l'armoire. Je vis que Waller sursautait, lui aussi, mais plus violemment que moi, et que son regard suivait le mien. Je me remis à avoir des doutes sur sa santé mentale.

Bien décidé à ne pas le contrarier, je dis : « Je vois – une méthode toute simple. Réflexion faite, si l'on souhaite accomplir un tel acte, il vaut mieux en effet que la méthode soit la plus simple possible.

– C'était... c'était la simplicité même. C'était si simple que ça en devenait absurde. Il suffisait de réciter quelques formules élémentaires, de proférer quelques mots de charabia, et, à en croire le livre, le tour était joué. J'ai lu et relu ce passage, et j'étais encore occupé à le lire lorsque la porte s'ouvrit et que Mme Macrecham entra chez moi. »

Waller s'épongea le front une énième fois.

« Elle portait le paquet contenant les cartes à jouer que j'avais commandées chez Thorpe, le papetier. Soit elle en avait deviné le contenu, soit elle avait cuisiné le jeune livreur. “Encore des gravures impies, monsieur Waller”, m'a-t-elle dit. Puis elle s'est lancée dans l'une de ses diatribes qui, comme vous le savez, m'ont plus d'une fois poussé à me demander pourquoi je supportais une logeuse comme elle. Elle... elle avait ses qualités, et certains de ses défauts étaient pour moi une source d'amusement, mais... mais je suppose que... que sur le moment, j'étais... j'étais dans... dans un état d'esprit particulier. Je sais que ses paroles m'ont plongé dans une colère peu coutumière chez moi. »

Sa voix se fit murmure – un murmure toutefois singulier, pénétrant.

« Je tenais ce... ce sinistre petit livre dans ma main. Les formules de... de cette grotesque recette dansaient devant mes yeux. Mme Macrecham était plantée devant moi. Et avant que je me rende compte de ce que je faisais, pendant que Mme Macrecham continuait de vitupérer, j'ai récité les formules telles qu'elles étaient données dans le livre. La réaction de Mme Macrecham a été extraordinaire. Elle a aussitôt cessé de parler et... et elle m'a jeté un regard ! Oh ! ce regard ! Quelque chose m'a encouragé à poursuivre. Ce que j'ai fait. J'ai récité le charabia figurant dans le livre. Durrant... »

Waller s'effondra dans un fauteuil. Sa tête retomba sur son torse. Son attitude était celle d'un homme bouleversé par un choc aussi violent que soudain.

« Durrant, à peine avais-je prononcé la dernière syllabe que Mme Macrecham a disparu, pour être remplacée par un chat tigré assis là où elle se trouvait. Jamais je n'avais vu une chose pareille – jamais ! La transformation fut si instantanée qu'il était impossible de la suivre de l'œil, et pourtant je l'ai vue se transformer en chat. Un monstrueux chat tigré ! Vous savez que les chats m'inspirent une aversion physique. Quand j'ai vu cette créature me fixer en ronronnant et en remuant la queue, j'ai été pris d'un dégoût indicible. Et c'est à ce moment-là que j'ai entendu quelqu'un monter l'escalier quatre à quatre. J'ai deviné que c'était Mlle Polly venant me demander des nouvelles de sa tante. J'ai envoyé le chat dans l'armoire d'un coup de pied, j'ai fermé la porte à clé et j'ai... j'ai menti à Mlle Macrecham. »

Il se tut – et il était grand temps ! Je le considérai un long moment, ne sachant s'il était fou ou sain d'esprit. Ses yeux semblaient fixés sur le néant.

« À supposer que la légende que vous venez de me conter est basée sur des faits, votre trésor à quatre pence contenait-il les instructions nécessaires pour retransformer un chat en femme ?

– Je n'en ai pas vu.

– Où est ce fabuleux opuscule ?

– Durrant, quand je me suis vu obligé de mentir à Mlle Macrecham, j'étais tellement horrifié par ce qui venait de se produire que j'ai déchiré le livre en mille morceaux, que j'ai ensuite jetés au feu un par un.

– Une initiative qui ne me paraît guère avisée.

– Je n'ai épargné que la moitié de la couverture. J'allais la jeter dans la cheminée, elle aussi, lorsque j'ai vu quelques mots griffonnés dessus.

– À savoir ?

– Voici cette moitié de couverture. Je l'ai conservée. Regardez vous-même ce qui est écrit dessus. Peut-être s'agit-il du secret de la transformation inverse, et peut-être pas. Après ce que j'ai vu, je n'ose plus rien dire. Mais vous constaterez sans peine que la marche à suivre est extrêmement dangereuse – le remède risque d'être pire que le mal, pour ainsi dire. »

Il sortit de la poche intérieure de sa veste l'ultime vestige de son « trésor à quatre pence ». Il s'agissait bien d'une moitié de couverture. Le livre, de format in-douze, avait été fabriqué à l'économie et relié à l'époque où les « marbrures » étaient à la mode. Ce qui restait des pages de garde consistait en une feuille de mauvais papier brunâtre. C'est là qu'étaient griffonnés les quelques mots mentionnés par Waller.

Rédigés d'une écriture vulgaire, avec une plume de mauvaise qualité, ils étaient l'œuvre d'une personne ayant visiblement reçu une éducation limitée.

« *Pour changé le chat en fame, coupé-lui la gorje.* »

Telle est l'inscription qui figurait sur le « trésor à quatre pence » de Hereward.

« Vous voyez bien, j'espère, ce que cette suggestion a de dangereux, dit-il.

– Je ne comprends pas très bien. À qui est-on censé couper la gorge – au chat ou à la femme ?

– Au chat, je présume. Couper la gorge d'un chat entraînerait sa mort immédiate, voyez-vous – du moins dans des circonstances ordinaires. »

Il semblait attendre une réponse de ma part, aussi marmonnai-je :

« Je vois. »

Il se leva et se remit à arpenter la pièce. Il s'exprimait comme s'il était déchiré par un millier d'horribles doutes.

« Vous comprenez donc, je pense, l'incroyable nature de la position qui est la mienne. Mme Macrecham a disparu. Sa nièce est folle d'inquiétude. Ses créanciers ont des soupçons. Ses voisines succombent à une curiosité morbide. La police remue ciel et terre pour la retrouver, morte ou vive. On évoque déjà la possibilité d'un crime. On commence déjà à me désigner du doigt. Ceux qui m'observent lisent la culpabilité sur mon visage. Si je décidais de fuir, je serais tout de suite arrêté. Tout se passe comme si les forces de la loi étaient déjà sur mes talons – je suis un homme marqué ! Et cela n'a rien d'étrange, car Mme Macrecham est séquestrée dans ma propre armoire. Et... et, Durrant... »

Waller s'approcha de moi. Il posa sur mon bras une main tremblante. Il me regarda avec des yeux fiévreux.

« Il y a autre chose. Je... je crains que Mme Macrecham ne soit souffrante. Je... je ne suis pas une autorité en matière de chats, mais je crains qu'elle n'ait eu du mal à digérer ce que je lui ai donné à manger, à moins que la séquestration ne soit nuisible à son organisme. Je n'ose pas la libérer ; pensez... pensez à tout ce qui pourrait se produire si Mme Macrecham décidait d'aller se promener sur les toits ! Quoi qu'il en soit, elle a l'air mal en point. Elle refuse toute nourriture et semble en proie à une constante lassitude. »

Il raffermit son étreinte sur mon bras. Ses yeux semblaient me brûler.

« Et si elle venait à mourir ! Que dois-je faire, Durrant ? Je vous le répète, j'ai besoin des conseils avisés d'un ami fidèle. Je vous en supplie, aidez-moi ! »

J'hésitai – dans une affaire de ce genre, l'hésitation paraissait une excellente politique. Quand je pris la parole, ce fut pour prononcer des mots qui ne semblèrent guère le réconforter.

« Waller, je ne sais pas si vous êtes dément ou sain d'esprit ; je ne sais pas si vous me faites une farce ou si vous êtes sérieux ; je ne sais pas si vous dites la vérité ou si vous mentez. Mais, quoi qu'il en soit, la présente situation me dépasse complètement. Je ne suis expert ni en matière de chats ni en matière de femmes. C'est vous-même qui vous êtes mis dans ce pétrin. Il me semble malheureusement que c'est à vous de vous en sortir tout seul, mon ami. »

Peut-être jugea-t-il que cette déclaration annonçait une retraite imminente. Il raffermit encore un peu plus son étreinte.

« Vous n'allez pas m'abandonner !... Durrant !... Chut !... Il y a quelqu'un dans l'escalier. »

Son ouïe devait être extrêmement aiguë, sans doute était-ce dû à la pression des circonstances. Je n'entendais strictement rien. Mais, au bout de quelques instants d'écoute, je m'aperçus qu'il avait raison.

On toqua à la porte. Puis, sans même attendre d'y être invité, quelqu'un entra dans le salon.

Ce quelqu'un était un homme. Un homme de haute taille, aux membres souples, au visage bovin, dont les cheveux, la moustache et même le nez – si je puis me permettre de préciser un tel détail – avaient la couleur du sable. Il referma la porte derrière lui et, son chapeau melon dans une main et sa canne dans l'autre, se planta devant nous d'une façon qui me sembla plutôt impertinente. J'ignore ce qui put me donner cette impression, car cet individu, en dépit de sa carrure, avait l'air relativement inoffensif et m'était en outre parfaitement inconnu ; mais il y avait quelque chose chez lui – son allure, son attitude, que sais-je ? – qui me fit regretter qu'il n'ait pas attendu mon départ pour se manifester. Tandis qu'il nous examinait sans rien dire, j'eus la conviction que notre comportement à tous deux lui semblait plutôt curieux. Il se tourna vers Hereward, puis vers moi, et me demanda : « Monsieur Waller ?

– Non. » Je désignai Hereward d'un geste. « Voici M. Waller.

– Ah ! »

Le ton de sa voix était significatif, mais je n'aurais su dire de quoi. Il fixa Hereward un long moment, puis déclara : « Je suis William Brooker.

– Ah ! bon, bafouilla Hereward.

– Peut-être avez-vous déjà entendu mon nom ? »

Hereward répondit qu'il n'en avait jamais eu le plaisir.

« C'est un nom que le public a appris à connaître, un nom associé à des affaires retentissantes. Je suis détective privé. »

En entendant ces mots, je détournai vivement les yeux, de sorte qu'il me fut impossible d'observer la réaction de Hereward ; je doute fort qu'il ait été ravi. Lorsque je me retournai, M. Brooker avait posé canne et chapeau sur un fauteuil. Il tenait à présent un crayon et un carnet de notes.

« M. Waller, je suis venu vous poser quelques questions à propos de la disparition de Mme Macrecham. »

Le regard qu'il jeta sur Hereward en faisant cette déclaration me sembla désagréablement inquisiteur. L'intéressé partagea sans doute cette impression. Il répéta les derniers mots prononcés par M. Brooker d'une voix acide :

« La disparition de Mme Macrecham.

– Je suis le cousin germain de Mme Macrecham, poursuivit M. Brooker, et bien que je sois en désaccord avec elle onze fois sur dix, il ne faudrait pas en conclure que je permettrais à quiconque de lui jouer un sale tour sans en subir les conséquences.

– Oui... oui, bredouilla Hereward. C'est... c'est tout à fait naturel. Voulez-vous...

– Un instant, monsieur Waller. En ce qui concerne la disparition de Mme Macrecham, certaines personnes – et, franchement, je ne vous cacherai pas que j'en fais partie – pensent que vous en savez davantage que ce que vous avez consenti à dire jusqu'ici. »

En entendant ces mots, Hereward eut une réaction identique à celle qui avait été la mienne un peu plus tôt : il détourna les yeux. Ce qui était stupide de sa part, soumis comme il l'était à l'examen inquisiteur du détective ; mais c'est pourtant ce qu'il fit. Je vis que son visage était livide et que ses muscles étaient agités de tressaillements.

« Voulez-vous, bredouilla-t-il, voulez-vous... boire quelque chose ? »

Les yeux de M. Brooker restaient rivés à la nuque de Hereward. Peut-être que cette nuque en disait long.

« Merci. Cela ne me déplairait pas. Oui, je vous en prie. »

Hereward se dirigea vers l'armoire. Aussi incroyable que cela paraisse, il semblait avoir oublié la présence du chat tigré. Car, lorsqu'il eut ouvert le meuble et aperçu le félin qui y était endormi, il eut un violent sursaut et fut frappé de mutisme. Le chat choisit ce moment-là pour se réveiller et, comme tous les chats du monde, s'étira et se cambra.

L'attention de M. Brooker, jusque-là tout entière concentrée sur Hereward, se divisa entre l'animal et lui.

« C'est un joli chat que vous avez là, monsieur Waller. »

Hereward sembla éprouver quelque difficulté à trouver sa voix.

« Ou... oui.

– Vous devez aimer les chats, je suppose, sinon vous ne lui auriez pas aménagé un lit dans votre armoire à liqueurs ? »

Hereward poussa un petit gémissement qui pouvait être interprété comme une réponse affirmative. M. Brooker le considérait avec un intérêt sans cesse croissant. Son attitude n'évoquait guère celle d'un amoureux de la gent féline. Il fixait le chat tigré comme si celui-là exerçait sur lui une hideuse fascination. Apparemment, il avait oublié la proposition qu'il avait faite à M. Brooker. Celui-ci s'enhardit à la lui rappeler. Il se passa une main en travers de la bouche.

« J'ai fait une longue route et, si je me souviens bien, monsieur Waller, vous avez eu l'amabilité de me proposer un rafraîchissement. »

M. Brooker, comme l'indiquait son nez, était un soiffard.

Hereward, rappelé à ses obligations, tendit la main pour attraper une bouteille sur l'étagère. À ce moment-là, le chat, comme le font souvent les créatures de son espèce lorsqu'elles sont de mauvaise humeur, feula dans sa direction et lui donna un coup de griffes. L'effet de ce comportement inamical sur Hereward se révéla carrément grotesque. Il recula d'un bond en poussant un cri de terreur et se mit à trembler de tous ses membres.

M. Brooker paraissait aussi étonné qu'amusé.

« Si vous aimez les chats, monsieur Waller, on dirait bien que les chats ne vous aiment pas. »

Hereward resta muet. Il avait les yeux fixés sur le chat. Le chat avait les yeux fixés sur lui. Et voilà qu'il sortait de l'armoire et s'avançait vers Hereward. Celui-ci battit en retraite. L'animal continua d'avancer. Hereward continua de reculer. C'était une scène aussi ridicule que pénible. La détresse de Waller était évidente. Pour autant que je puisse en juger, cependant, le comportement de l'animal n'avait rien de menaçant. Mais la révulsion qui se peignait sur les traits de Hereward vous donnait la chair de poule. Lorsqu'il se retrouva le dos au mur, incapable de reculer davantage, il détourna les yeux et, levant le bras comme pour se protéger les yeux, m'appela à l'aide.

« Durrant ! Durrant ! Emportez cette bête ! »

M. Brooker et moi considérâmes la scène avec des sentiments sans nul doute mitigés. Cet homme acculé, frissonnant de dégoût, ce chat qui le regardait d'un air étonné – voilà qui constituait un spectacle assez rare. M. Brooker se tourna vers moi et me demanda :

« Est-ce que... (il fit un geste éloquent)... est-ce qu'il a bu ? »

Cet homme suggérait que Hereward souffrait de delirium tremens. Je protestai avec indignation.

« Que voulez-vous dire, monsieur ? Mon ami est un quasi-adepte de la tempérance. »

Le détective se fendit d'un sourire. Je crois bien qu'il était plutôt sceptique.

« Quoi qu'il en soit, il ne semble guère aimer les chats, dit-il. Minou ! Minou ! »

Il appela le chat. Sans un instant d'hésitation, celui-ci se dirigea vers lui en courant. M. Brooker le prit dans ses bras. Puis il s'assit et plaça l'animal sur son genou.

« Ce chat n'a apparemment rien d'effrayant, monsieur Waller. J'irais même jusqu'à dire qu'il semble très affectueux. »

Tel semblait bien être le cas. M. Brooker dispensait ses caresses au chat, et celui-là les accueillait avec joie. Le détective cajolait et chatouillait l'animal. L'animal ronronnait et se frottait au gilet du détective. S'écartant du mur, Hereward contempla le spectacle en silence. M. Brooker lui adressa un sourire empreint de curiosité.

« Monsieur Waller, vous me rappelez un conte que j'ai lu il y a quelque temps. Son auteur était un homme qui se considérait comme une autorité en matière de détection. Je crois bien que ce conte s'appelait *Le Chat noir.* »

Hereward sursauta. Je pense que j'en fis autant. Brooker poursuivit son discours, supposant sans nul doute que ni l'un ni l'autre n'étions amateurs de Poe.

« Ce n'était pas un joli conte, mais il était fort étrange. Le personnage principal avait assassiné sa femme. Le seul témoin du crime était un chat. Un témoin qui n'avait rien de redoutable, pourrait-on croire. Et cependant, notre homme, tourmenté par sa conscience coupable, finissait par éprouver envers ce chat une horreur indicible – le même sentiment que semble vous inspirer ce chat, monsieur Waller. »

Hereward ne pipa mot. Il continuait de fixer le détective et le chat, tel un homme bien réveillé qui chercherait pourtant à se libérer de l'emprise d'un cauchemar.

Constatant qu'il demeurait muet, M. Brooker poursuivit :

« Comme le petit rafraîchissement promis ne semble pas venir, monsieur Waller, je pense que, si vous n'y voyez pas d'objection, nous allons retourner au sujet de Mme Macrecham. Je souhaiterais vous poser deux ou trois questions. »

Au prix d'un effort visible, Hereward retrouva sa voix. Son débit était en fait précipité. Il se montra aussi volubile qu'il avait été taciturne.

« Excusez-moi un instant, monsieur Brooker. Je vous prie de pardonner ma grossièreté, mais je... j'ai été mal en point ces derniers temps. Que puis-je vous offrir – du brandy ? du whisky ? du rhum ? À moins que vous ne préfériez une coupe de champagne ? »

Il se dirigea vers l'armoire d'un pas vif. Mais, comme il s'approchait de M. Brooker et du chat, il hésita et jeta un regard en coin à ce dernier. À moins que je ne me trompe, les yeux du détective s'étaient embrumés à la mention de ces divers alcools. Tel l'âne de Buridan, il ne savait apparemment pas lequel choisir.

« Eh bien, je... je crois que je vais prendre une coupe de champagne ; ce n'est pas si souvent que j'en ai l'occasion – merci. »

Une fois que la bouteille fut ouverte, M. Brooker remarqua qu'il n'y avait qu'une seule coupe.

« Vous n'en buvez pas, monsieur ? »

Hereward secoua la tête. « Je... je crois que je vais prendre un peu de brandy », dit-il.

M. Brooker porta sa coupe à ses lèvres. Il nous salua d'un signe de tête, Hereward d'abord et moi ensuite.

« À votre santé, monsieur Waller, et à la vôtre, monsieur. » M. Brooker avala une gorgée de champagne – ou plutôt une goulée. « Il est excellent, monsieur Waller. »

Hereward était retourné près de l'armoire. Il y attrapa une bouteille de brandy et un verre. Il se servit une dose respectable et l'avala d'un trait. M. Brooker me lança un clin d'œil.

« Presque un adepte de la tempérance », murmura-t-il.

Ayant à nouveau rempli et vidé sa coupe, le détective revint au sujet qui était pour lui à l'ordre du jour.

« Bien, reparlons un peu de la disparition de Mme Macrecham. D'après les déclarations de Polly Macrecham, vous n'avez pas vu sa tante durant son absence, jeudi après-midi. Puis-je vous demander, monsieur Waller, en toute confidence, et pour ainsi dire d'homme à homme, si telle est bien la vérité ? »

Hereward, planté au centre du tapis, avait retrouvé la contenance qui lui était habituelle – celle d'un être froid et obstiné. Je vis que le brandy avait fait son petit effet, mais je ne me doutais pas à quel point cet effet était décisif.

« Monsieur Brooker, je souhaiterais vous faire une remarque.

– Je serais enchanté d'entendre ce que vous avez à me dire, monsieur Waller. En fait, c'est dans ce but que je me suis rendu ici. »

M. Brooker remplit une nouvelle fois sa coupe.

« La remarque que je souhaite vous faire est la suivante : monsieur Brooker, vous êtes un impertinent personnage. »

J'imagine que ce n'était pas le genre de déclaration que M. Brooker s'était attendu à entendre. Il leva les yeux d'un air surpris.

« Monsieur ?

– J'ai dit et je répète, monsieur Brooker, que vous êtes un impertinent personnage – impertinent, grossier, outrecuidant, mal élevé. Je suis prêt à poursuivre dans ce registre si vous le souhaitez. Je ne manquerai pas de le faire, si vous n'y prenez garde. Vous vous êtes introduit dans ma demeure sans y avoir été invité, sous le fallacieux prétexte de me poser des questions insolentes sur un sujet qui ne m'inspire pas le moindre intérêt. De sorte que si vous voulez bien avoir l'amabilité de m'écouter, je vous prierais instamment de prendre congé sur-le-champ. »

La coupe de champagne avait interrompu sa course avant de parvenir aux lèvres du détective. De toute évidence, il était stupéfait. Rien jusque-là dans l'attitude de Hereward ne lui avait permis de le supposer capable d'une telle réaction.

« Dois-je comprendre que vous refusez de me donner des informations à propos de Mme Macrecham ?

– Ce que vous devez comprendre, c'est que vous devez quitter ce salon sans tarder. Vous êtes plus grand et plus fort que moi, monsieur Brooker, mais on a déjà vu des hommes ordinaires pousser des colosses dans les escaliers. »

Hereward s'avança vers M. Brooker.

« Voulez-vous bien sortir, monsieur ? »

Si M. Brooker hésita, ce ne fut pas plus d'une seconde. Lorsqu'il vit l'expression de Hereward, jaugea l'humeur qui devait être la sienne, il décida que la meilleure solution était d'opter pour un repli stratégique.

« Je m'en vais, monsieur – oh, oui, je m'en vais. » Il se leva et alla ramasser sa canne et son chapeau. Puis, estimant se trouver hors de portée de Hereward, il décocha à celui-ci la flèche du Parthe.

« Vous entendrez encore parler de moi, monsieur, comptez-y. Je suis persuadé que ce pauvre chat, s'il était doué de la parole, pourrait nous raconter des horreurs à nous glacer les sangs. Mais la vérité finira par éclater, monsieur, et j'y veillerai personnellement ! » M. Brooker posa son melon sur sa tête. « Je ne vous dis pas adieu, monsieur Waller, mais... *au revoir**. »

Et il s'en fut.

Hereward resta immobile quelques instants après le départ du détective. Je compris qu'il tendait l'oreille pour s'assurer que ce dernier descendait bien l'escalier. Puis il se tourna vers moi. Sa voix était empreinte d'agitation.

* En français dans le texte. *(N.d.T.)*

« Vous avez entendu ce qu'il a dit ? Même cet imbécile me soupçonne ! Même ce crétin a compris que la clé de l'énigme résidait dans cet animal – dans ce satané chat !

» Ma décision est prise, poursuivit-il. La première recette était efficace – oh combien ! Pourquoi la seconde ne le serait-elle pas ? Je vais l'appliquer !

– Que voulez-vous dire ? demandai-je d'une voix apaisante.

– Je vais couper la gorge de Mme Macrecham d'une oreille à l'autre ! Si je ne fais pas ça, Durrant, je crois bien que je vais devenir fou ! Il y a un boucher dans la rue ! »

Je fus incapable de percevoir le lien entre son état mental et la présence d'un boucher dans le voisinage, mais lorsqu'il regarda par la fenêtre, j'en fis autant. Un garçon boucher était planté sur le trottoir d'en face, sifflotant et jonglant avec un plateau vide. Hereward ouvrit la fenêtre. Il héla le garçon.

« Boucher ! Boucher ! » Le garçon leva les yeux. « Venez ici, j'ai besoin de vous ! » Le garçon boucher traversa la rue. Hereward se tourna vers moi. « Attendez-moi – je n'en ai que pour quelques instants ! Je vais lui ouvrir la porte. Veillez... veillez à ce que Mme Macrecham ne sorte pas d'ici. »

Il revint presque aussitôt, suivi par le garçon boucher qui le regardait d'un air étonné. Il entra tout de suite dans le vif du sujet.

« Boucher, que diriez-vous de gagner un demi-souverain ? »

Le garçon se fendit d'un large sourire.

« Ça ne me déplairait pas, m'sieur.

– Coupez la gorge de ce chat et je vous donnerai un demi-souverain. »

Hereward désigna l'innocent félin, qui se léchait les pattes dans un coin du salon.

« Si je pouvais l'emporter chez moi, je pourrais le tuer d'une autre façon, m'sieur. »

Hereward sembla quelque peu contrarié par cette suggestion.

« Soit vous lui coupez la gorge, soit vous ne faites rien. »

Le garçon boucher semblait avoir des difficultés à interpréter l'attitude de Hereward.

« C'est votre chat, m'sieur ?

– Bien sûr que c'est mon chat. Que voulez-vous dire ?

– Eh bien, m'sieur, l'autre jour y a un type qui m'a donné un chat et une demi-couronne pour le trucider ; et quand je l'ai tué, j'ai appris que ce chat n'était pas au type mais à sa voisine de palier, une vieille dame. Et elle a fait un sacré foin quand elle a su que je l'avais trucidé ! Elle est venue se plaindre à mon patron – c'est une de ses clientes – et il a failli me renvoyer, alors que ce n'était pas ma faute. Je ne savais pas à qui il était, ce chat.

– Ce chat est à moi, je vous l'assure. Emportez-le dans la cour, coupez-lui la gorge, et je vous donnerai un souverain.

– Un souverain ! » Une lueur d'avidité éclaira les yeux du garçon. « D'accord. J'ai un couteau bien affûté dans ma poche. »

Il produisit ledit couteau. C'était un instrument des plus sinistres, presque une arme. Puis le perfide boucher, tout sucre et tout miel, entreprit de séduire le chat. Il tendit vers lui une main amicale.

« Minou ! Minou ! » s'écria-t-il.

L'animal trottina vers lui sans méfiance. Sans doute avait-il reniflé sur lui une odeur de viande. Si seulement il avait su qu'il était sur le point d'être transformé en viande ! Le garçon boucher le prit dans ses bras.

« Descendez au rez-de-chaussée, et vous trouverez la cour sans problème. Quand vous aurez fini, remontez ici et je vous donnerai votre souverain. »

Le garçon boucher sortit avec son fardeau ronronnant. Dès qu'il eut pris congé, Hereward retourna à sa carafe et à son verre. Je crus bon d'intervenir.

« À votre place, Hereward, je ne toucherai pas à ce brandy. Il me semble que vous en avez suffisamment bu comme ça. »

Ignorant mes paroles, il avala d'un trait la moitié de son verre.

« Il le faut ! Il le faut ! déclara-t-il. Durrant, et... et s'il le tuait ! »

Il me semblait extrêmement probable qu'il allait le tuer – à condition que Hereward parle bien du garçon et du chat. Je ne voyais pas comment il pourrait en être autrement. Couper la gorge d'un chat n'est pas le meilleur moyen de prolonger son existence. Je me gardai cependant de tout commentaire, cette affaire était du seul ressort de Hereward et du garçon boucher.

Le salon de Waller était adjacent à sa chambre. Les deux pièces communiquaient par une porte en accordéon. La fenêtre de la chambre donnait sur la cour où allait se dérouler la tragédie à présent imminente. Hereward ouvrit la porte et passa dans la chambre, de toute évidence bien décidé à assister à la suite des événements. Je décidai de rester où je me trouvais.

Depuis son poste d'observation, Hereward réussit néanmoins à me donner une idée suffisamment précise du déroulement des opérations.

« Le voilà ! Il tient toujours le chat ! Il saisit son couteau ! Il... il va lui couper la gorge ! » En entendant la voix haletante, excitée, presque frénétique de Hereward, j'eus l'impression d'être le témoin – voire le complice – d'une tentative de meurtre. « Il lui a coupé la gorge ! Oh ! oh ! oh ! » Hereward se mit à pousser des glapissements suraigus comme je n'en avais jamais entendu dans sa bouche – et comme je ne devais plus jamais en entendre. « Mme Macrecham !... Mme Macrecham ! »

À ce moment-là, j'ignorais totalement comment interpréter sa réaction, mais celle-là me semblait néanmoins des plus pénibles. On entendit un bruit de pas précipités, comme si quelqu'un pénétrait dans la maison par la porte de derrière. Puis la porte de la cour s'ouvrit à grand bruit. Je vis le garçon boucher foncer vers le perron, puis le dévaler et s'enfuir dans la rue, la tête nue et les poches vides de tout souverain, comme s'il avait le diable à ses trousses.

Et, l'instant d'après, j'entendis une voix – une voix familière.

C'était la voix de Mme Macrecham. Elle s'adressait à M. Brooker, qui semblait avoir retardé son départ afin de poursuivre son enquête dans la maison. À en juger par le ton de la logeuse, elle était en désaccord avec son cousin germain, ce qui leur arrivait onze fois sur dix ainsi que celui-là nous l'avait confié.

Traduit de l'anglais par Jean-Daniel Brèque

Tobermory

Saki

C'était un frais et pluvieux après-midi de fin août, en cette saison mal définie où les perdrix sont encore en sécurité ou en chambres froides, et où il n'y a rien à chasser, à moins qu'on ne se trouve au bord du canal de Bristol, auquel cas on a tout le loisir d'aller courir le cerf. Lady Blemley ne recevait pas au bord du canal de Bristol, aussi en cet après-midi-là ses hôtes se trouvaient-ils tous réunis autour de la table à thé. Et, malgré le peu de ressources qu'offraient la saison et la banalité de l'occasion, on ne décelait dans l'assistance aucune trace de cette lassitude qui fait planer sur les invités la menace d'un numéro de piano et la sourde nostalgie d'un bridge-plafond. L'attention était unanimement fixée sur M. Cornelius Appin. De tous les invités de lady Blemley, c'était celui qui était arrivé avec la réputation la plus vague. Quelqu'un avait dit qu'il n'était « pas bête », et son hôtesse l'avait invité dans le modeste espoir qu'il voudrait bien consacrer une partie de ses dons intellectuels à la distraction de tous. Mais jusqu'à l'heure du thé ce jour-là, elle n'avait pu encore découvrir dans quelle direction ces dons, s'ils existaient vraiment, se déployaient. Il n'était ni un bel esprit ni un champion de croquet, il n'était pas un hypnotiseur hors pair pas plus qu'un acteur de théâtre amateur. Son apparence extérieure ne laissait pas davantage deviner le genre d'homme à qui les femmes sont prêtes à pardonner dans une large mesure leurs déficiences mentales. Il n'était plus que M. Appin, et son prénom de Cornelius semblait le souvenir d'un bluff perpétré devant les fonts baptismaux. Et voilà maintenant qu'il prétendait avoir apporté au monde une découverte auprès de laquelle l'invention de la poudre à canon, celles de l'imprimerie et de la machine à vapeur n'étaient que broutilles sans intérêt. La science a fait des pas de géant dans bien des directions au cours des dernières décennies, mais cette découverte semblait relever du domaine du miracle plutôt que du progrès scientifique.

« Et vous nous demandez vraiment de croire, disait sir Wilfrid, que vous avez trouvé un moyen d'inculquer aux animaux le don de la parole, et que ce cher vieux Tobermory s'est révélé votre premier et brillant élève ?

– C'est un problème sur lequel je travaille depuis ces dix-sept dernières années, dit M. Appin, mais voilà seulement huit ou neuf mois que la perspective d'un proche succès est venue m'encourager. J'ai fait bien sûr des expériences sur des milliers d'animaux, mais ces derniers temps seulement sur des chats, ces étonnantes créatures qui se sont si merveilleusement assimilé notre civilisation tout en conservant au plus haut point leurs instincts de fauves. Çà et là, parmi les chats, on rencontre un intellect supérieur, tout comme cela arrive chez les humains, et, lorsque j'ai fait la connaissance de Tobermory il y a une semaine, j'ai tout de suite vu que j'étais en présence d'un "Surchat" d'une extraordinaire intelligence. J'étais allé fort avant sur la route de la réussite avec mes dernières expériences ; avec Tobermory, comme vous l'appelez, je suis arrivé au but. »

M. Appin conclut sa remarquable déclaration d'une voix dont il s'efforçait de bannir tout accent de triomphe. Personne n'exprima la moindre incrédulité, seules les lèvres de Clovis parurent silencieusement articuler quelques syllabes hautement dubitatives.

« Et que voulez-vous dire, demanda Mlle Resker après un bref silence, que vous avez appris à Tobermory à prononcer et à comprendre des phrases simples d'une syllabe ?

– Ma chère mademoiselle Resker, reprit patiemment le faiseur de miracles, c'est ainsi qu'on enseigne aux petits enfants, aux sauvages et aux adultes retardés ; quand on a résolu le problème de commencer avec un animal d'une brillante intelligence, il n'est pas besoin de ces méthodes trop lentes. Tobermory est capable de parler notre langue avec une parfaite correction. »

Cette fois Clovis murmura fort distinctement « Boufre ! » Sir Wilfrid se montra plus poli, mais tout aussi sceptique.

« Est-ce que nous ne ferions pas mieux d'amener le chat pour juger nous-mêmes ? » proposa lady Blemley.

Sir Wilfrid s'en fut à la recherche de l'animal, et l'on s'installa en attendant sans entrain d'assister à quelque numéro plus ou moins habile de ventriloquisme de salon.

Une minute plus tard, sir Wilfrid revint, pâle sous son hâle, et les yeux ronds de stupéfaction.

« Bon sang, c'est vrai ! »

Son agitation était incontestablement sincère, et ses auditeurs se penchèrent en avant, leur intérêt brusquement éveillé.

S'effondrant dans un fauteuil, il continua sans reprendre haleine : « Je l'ai trouvé qui sommeillait dans le fumoir, et je lui ai demandé de venir prendre son thé. Il m'a regardé en clignant des yeux comme de coutume, et j'ai dit : "Allons, Toby, ne nous fais pas languir" ; et, figurez-vous qu'il m'a répondu du ton le plus affreusement naturel qu'il viendrait quand bon lui semblerait ! J'ai failli m'en évanouir de saisissement ! »

Appin avait prêché devant un auditoire rigoureusement incrédule, la déclaration de sir Wilfrid emporta aussitôt la conviction. Des exclamations jaillirent de toute part, tandis que le savant restait assis sans mot dire, savourant les premiers fruits de sa prodigieuse découverte.

Au milieu de ce brouhaha, Tobermory entra dans la pièce et passa d'un pas feutré et avec une nonchalance étudiée parmi les invités assis autour de la table.

Un silence fait de gêne et de contrainte tomba aussitôt sur l'assistance. Chacun semblait trouver gênant au fond de s'adresser sur un pied d'égalité à un chat domestique dont les capacités mentales ne faisaient plus de doute.

« Veux-tu un peu de lait, Tobermory ? demanda lady Blemley d'une voix un peu crispée.

– Volontiers », répondit le chat, d'un ton teinté de la plus parfaite indifférence. Un frisson d'excitation mal réprimé parcourut l'auditoire, et l'on comprend que lady Blemley fit tomber un peu de lait en emplissant la soucoupe d'une main légèrement tremblante.

« Je crois bien que j'en ai renversé la plus grande partie, fit-elle d'un ton d'excuse.

– Bah, fit Tobermory, ce n'est pas mon tapis de haute laine. »

Le silence s'appesantit de nouveau sur l'assistance, puis Mlle Resker demanda de son ton le plus convaincu d'assistante sociale si le langage humain avait été difficile à apprendre. Tobermory la regarda un moment droit dans les yeux, puis son regard se perdit dans le lointain tandis que son visage arborait une expression d'absolue sérénité. De toute évidence, il n'était pas disposé à répondre aux questions oiseuses.

« Que pensez-vous de l'intelligence humaine ? demanda lamentablement Mavis Pellington.

– De quelle intelligence en particulier ? demanda Tobermory, glacial.

– Oh, de la mienne, par exemple, fit Mavis, avec un petit rire.

– Vous me mettez dans une situation embarrassante, dit Tobermory, dont le ton, pas plus que l'attitude, ne trahissait le moindre embarras. Quand il a été question de vous inviter pour ce week-end, sir Wilfrid a protesté en disant que vous étiez la femme la plus écervelée qu'il connût ; il a dit qu'une distinction s'imposait entre l'hospitalité et l'assistance aux faibles d'esprit. Lady Blemley a répliqué que votre manque d'intelligence était justement la raison qui motivait cette invitation, car vous étiez la seule personne qui lui parût assez idiote pour acheter leur vieille voiture. Vous savez, celle qu'ils appellent "le Rêve de Sisyphe", parce qu'elle monte gentiment les côtes si on la pousse. »

Les protestations de lady Blemley auraient eu un accent

plus convaincant si elle n'avait pas négligemment laissé entendre à Mavis le matin même que la voiture en question serait exactement ce qui lui conviendrait pour sa maison du Devonshire.

Le major Barfield se lança, afin de tenter une diversion.

« Comment marche votre aventure avec la petite chatte tigrée de l'écurie, hein ? »

Dès l'instant où il eut posé cette question, tout le monde se rendit compte qu'il avait gaffé.

« On ne discute généralement pas ces questions en public, déclara Tobermory, glacial. D'après le peu que j'ai pu observer de vos façons depuis que vous êtes dans cette maison, j'imagine que vous trouveriez fort gênant de m'entendre évoquer vos propres ébats. »

La panique qui s'ensuivit ne frappa pas que le major.

« Voudrais-tu aller voir si la cuisinière a préparé ton dîner ? suggéra lady Blemley précipitamment, en affectant d'ignorer que deux bonnes heures devaient encore s'écouler avant le dîner de Tobermory.

– Merci, dit Tobermory, il est encore un peu tôt après mon thé. Je ne veux pas mourir d'indigestion.

– Les chats disposent de neuf vies, tu sais, dit sir Wilfrid avec entrain.

– Peut-être, rétorqua Tobermory, mais ils n'ont qu'un foie.

– Adélaïde ! intervint Mme Cornett, comptez-vous encourager ce chat à aller cancaner avec les domestiques ? »

La panique était maintenant générale. Un étroit balcon courait devant les fenêtres de la plupart des chambres du château, et l'on se souvint avec consternation que ç'avait toujours été la promenade favorite de Tobermory ; il pouvait de là observer les pigeons, et Dieu sait quoi encore. S'il entendait évoquer ses souvenirs, dans la crise de franchise qu'il traversait, cela pourrait avoir des effets plus que décourageants. Mme Cornett, qui passait fort longtemps devant sa coiffeuse à réparer artistement les caprices d'un temps qu'on disait fantasque, parut aussi mal à l'aise que le major. Mlle Scrawen, qui écrivait des vers d'une farouche sensualité et menait une vie sans tache, se contenta de manifester une certaine irritation ; si l'on est méthodique et vertueux dans sa vie privée, on ne tient pas nécessairement à ce que tout le monde le sache. Bertie van Tahn, qui à dix-sept ans était déjà si dépravé qu'il avait depuis longtemps renoncé à descendre plus bas, devint d'une pâleur de gardénia, mais il ne commit pas l'erreur de sortir du salon en courant, comme Odo Finsberry, un jeune homme qui, pensait-on, se destinait à la carrière ecclésiastique, et qui peut-être était troublé à l'idée des scandales qu'il risquait d'apprendre concernant autrui. Clovis eut la présence d'esprit de garder un aspect impassible ; il calculait dans son for intérieur combien de temps cela lui prendrait de se procurer par petites annonces des souris bien dodues pour offrir en pot-de-vin à Tobermory.

Même dans une situation aussi délicate que celle-là, Agnès Resker ne pouvait supporter de rester trop longtemps à l'arrière-plan.

« Pourquoi suis-je venue ici ? » demanda-t-elle d'un ton dramatique.

Tobermory ne voulut pas la laisser dans cette cruelle incertitude.

« À en juger d'après ce que vous avez dit à Mme Cornett hier sur la pelouse de croquet, vous cherchiez un endroit où vous auriez le gîte et le couvert. Vous décriviez les Blemley comme les gens les plus ennuyeux chez qui séjourner, mais vous avez ajouté qu'ils avaient l'intelligence d'avoir une cuisinière de premier ordre ; sans cela, ils auraient du mal à trouver des invités pour accepter de faire chez eux un second séjour.

– Il n'y a pas un mot de vrai là-dedans ! J'en appelle à Mme Cornett... s'exclama la malheureuse Agnès.

– Mme Cornett a répété vos propos à Bertie van Tahn, poursuivit Tobermory, et elle a dit : “Cette femme est une véritable boulimique : elle irait n'importe où pour quatre repas par jour.” Et Bertie van Tahn a répondu... »

Cette chronique, par bonheur, s'interrompit brusquement là. Tobermory avait aperçu le gros chat jaune du pasteur en train de se glisser à travers la haie en direction des écuries. En un instant il disparut par la porte-fenêtre ouverte.

À peine son trop brillant élève avait-il disparu que Cornelius Appin se trouva en proie à une tempête de sanglants reproches, de questions angoissées et de pressantes supplications. C'était lui le responsable de cette situation, et il devait donc prendre des mesures pour l'empêcher de s'aggraver. Tobermory pouvait-il faire partager à d'autres chats ce redoutable don ? Telle fut la première question à laquelle il dut répondre. Peut-être, expliqua-t-il, avait-il pu commencer l'initiation de sa tendre amie, la chatte de l'écurie, mais il était peu probable que son enseignement se fût encore étendu bien loin.

« Dans ce cas, déclara Mme Cornett, Tobermory est peut-être un chat précieux et un charmant animal domestique ; mais, et je suis sûre, Adélaïde, que vous serez de mon avis, il faut se débarrasser sans délai de lui comme de cette chatte de l'écurie.

– Vous ne croyez pas que le quart d'heure qui vient de s'écouler m'a fait plaisir, non ? fit lady Blemley d'un ton amer. Mon mari et moi sommes très attachés à Tobermory... du moins l'étions-nous avant qu'il ait fait l'objet de cette affreuse expérience ; mais aujourd'hui, bien sûr, la seule solution est de le faire disparaître le plus tôt possible.

– Nous pouvons mettre un peu de strychnine sur les restes du dîner qu'on lui réserve toujours, dit sir Wilfrid, et je vais de ce pas aller noyer moi-même la chatte de l'écurie. Le palefrenier va être navré, mais je lui expliquerai que les deux bêtes sont atteintes d'une forme de teigne extrêmement contagieuse, et que nous craignons de voir cette maladie gagner le chenil.

– Mais ma grande découverte ! s'écria M. Appin, après toutes ces années de recherches et d'expériences...

– Vous pouvez aller vous livrer à des expériences sur les bouvillons de la ferme, qui sont tenus comme il faut, dit Mme Cornett, ou sur les éléphants du zoo. Il paraît qu'ils sont extrêmement intelligents et ils ont l'avantage de ne pas venir traîner du côté de nos chambres ni autour de nos fauteuils. »

Un archange proclamant dans l'extase le millenium pour

constater qu'il se heurtait à l'opposition de l'*Osservatore Romano* n'aurait guère pu sembler plus dépité que Cornelius quand il vit l'accueil que l'on réservait à ses étonnants travaux. Mais l'opinion publique s'était prononcée contre lui ; en fait, si l'on avait procédé à une consultation sur ce sujet, sans doute la majorité aurait-elle décidé de lui appliquer également le régime de la strychnine.

Faute d'horaires de trains commodes, et par désir aussi de voir les choses dûment réglées, le week-end ne se termina pas sur une débandade générale, mais le dîner ce soir-là ne fut guère une réussite sur le plan mondain. Sir Wilfrid avait eu quelques difficultés avec la chatte de l'écurie, et ensuite avec le palefrenier. Agnès Resker se borna ostensiblement à ne manger qu'une bouchée de toast sans beurre, qu'elle mordit comme s'il s'agissait d'un ennemi personnel ; tandis que Mavis Pellington observait tout au long du repas un silence vengeur. Lady Blemley s'efforça d'entretenir ce qu'elle croyait être la conversation, mais elle ne quittait pas des yeux la porte. Une pleine assiette de déchets de poisson savamment empoisonnés attendait sur le buffet, mais entremets et dessert furent servis sans que Tobermory eût fait la moindre apparition, que ce fût dans la salle à manger ou dans la cuisine.

Ce dîner sépulcral fut joyeux auprès de la veillée qui suivit dans le fumoir. Le fait de manger et de boire avait du moins apporté une diversion et distrait les esprits de la gêne qui pesait sur eux. Dans l'état de tension où chacun se trouvait, il n'était pas question de jouer au bridge, et quand Odo Finsberry eut donné une lugubre interprétation de *Mélisande au Bois* devant un public glacé, on évita d'un accord tacite la musique. À onze heures, les domestiques allèrent se coucher, en annonçant qu'on avait comme de coutume laissé ouverte la petite fenêtre de l'office pour permettre à Tobermory de rentrer. Les invités dévorèrent le stock de magazines qui se trouvaient là, en arrivèrent bientôt à l'édition des « Classiques pour Tous » et à la collection reliée du *Punch*. Lady Blemley se rendait régulièrement dans l'office d'où elle revenait chaque fois avec une expression de désespoir qui prévenait toute question.

À deux heures du matin, Clovis rompit le silence.

« Il ne rentrera pas ce soir. Il doit être actuellement au bureau du journal local en train de dicter le premier chapitre de ses mémoires. Ça va être l'événement du jour. »

Ayant ainsi contribué à l'allégresse générale, Clovis monta se coucher. À de longs intervalles, les divers invités imitèrent son exemple.

Les domestiques qui venaient servir la tasse de thé matinale firent la même réponse à la même question que chacun leur posait. Tobermory n'était pas rentré.

Le petit déjeuner fut, si possible, plus pénible encore que le dîner, mais on n'avait pas fini de le prendre que la situation s'était brusquement éclaircie. Un jardinier rapporta le corps de Tobermory qu'il venait de découvrir dans la haie. D'après les traces de morsure qu'il portait à la gorge et les poils jaunes qu'il avait encore aux griffes, on devina sans peine qu'il avait succombé lors d'une lutte inégale avec le gros chat du presbytère.

Vers midi, la plupart des invités avaient quitté le château, et après le déjeuner, lady Blemley avait suffisamment recouvré ses esprits pour écrire au pasteur une lettre extrêmement désagréable à propos de la perte de son cher matou.

Tobermory avait été le premier élève d'Appin à connaître le succès, et il devait demeurer le seul. Quelques semaines plus tard, un éléphant du Jardin zoologique de Dresde, qui n'avait jusqu'alors manifesté aucun signe d'irritabilité, se mit soudain en colère et tua un Anglais qui semblait l'avoir taquiné. Selon les journaux, le nom de la victime était orthographié Oppin ou Eppelin, mais le prénom était immanquablement Cornelius.

« S'il essayait d'enseigner les verbes irréguliers à cette pauvre bête, déclara Clovis, il n'a eu que ce qu'il méritait. »

Traduit de l'anglais par Jean Rosenthal

Le Chat Blanc de Drumgunniol

Sheridan Le Fanu

Il existe une célèbre histoire de chat blanc que nous connaissons tous depuis notre plus tendre enfance. Je vais vous rapporter, pour ma part, l'histoire d'un tout autre chat blanc qui n'a pas grand rapport avec cette aimable princesse ensorcelée qui, pour une saison, se métamorphosa. Le chat blanc dont je vais vous entretenir est autrement plus sinistre.

Le voyageur qui chemine de Limerick à Dublin, après avoir dépassé sur sa gauche les monts de Killaloe, aperçoit bien en vue la haute stature de la montagne du Gardien et se retrouve peu à peu cerné par une chaîne de collines plus basses. Il rencontre une plaine accidentée qui, graduellement, descend jusqu'à un niveau inférieur à sa route et seules quelques haies disséminées çà et là atténuent l'aspect sauvage et déprimant du paysage.

Il y a peu d'installations humaines qui élèvent vers le ciel leur ruban de fumée au-dessus de la plaine solitaire. On rencontre seulement parfois une habitation de torchis, coiffée d'un mauvais chaume, qui appartient à un « gros fermier », ainsi que l'on nomme les plus fortunés parmi les tenanciers dans la région de Munster. L'une d'elles se dresse dans un petit bosquet d'arbres, sur les bords d'un ruisseau vagabond, environ à mi-chemin entre les montagnes et la route qui va à Dublin. Des générations durant, elle a été occupée par des gens nommés Donovan.

Il m'était parvenu entre les mains quelques anciens documents irlandais que je désirais beaucoup étudier et comme je recherchais un professeur susceptible de m'initier à la langue locale, on me recommanda, très loin de là, mais à cette fin, un certain M. Donovan, homme rêveur, inoffensif et particulièrement lettré.

Je découvris qu'il avait fait ses classes comme boursier au Trinity College à Dublin. Pour l'instant, il vivait de son enseignement. Je suppose que le caractère spécifique de mes recherches flatta son nationalisme. Car il s'épancha très volontiers en ma compagnie des nombreuses pensées qu'il avait longuement mûries. Il me livra, de plus, des souvenirs sur sa contrée et sur les premières années de sa jeunesse. C'est lui qui m'enseigna cette histoire et il entre dans mes intentions de la rapporter dans les propres termes qu'il employa. Du moins ferai-je de mon mieux !

J'ai vu de mes propres yeux la vieille maison de ferme et son verger d'énormes pommiers moussus. J'ai parcouru du regard ce paysage caractéristique ; la tour, privée de son toit et ensevelie sous le lierre, proposait deux cents ans auparavant le refuge de ses murs contre pillages et rapines, et le « liss » envahi par les buissons, à peine cinquante pas plus loin, raconte les peines et les travaux d'un peuple disparu.

L'étendue solitaire des collines habillées d'ajoncs et de bruyères constitue une barrière très rapprochée, avec ses amoncellements de rochers gris et ses bouquets de chênes nains ou de bouleaux. La solitude de ces lieux les rend hautement propices au déroulement de quelque histoire surnaturelle. Je puis d'ailleurs m'imaginer sans peine cette région perçue au travers de la grisaille d'un matin d'hiver, voilée dans toute son immensité par les neiges, ou dans la mélancolie glorieuse d'un coucher de soleil en automne. Je la vois encore dans la glaciale splendeur d'un clair de lune et, dans tous les cas, il me semble qu'elle ne pouvait que suggérer à un être fait pour le rêve, tel que ce bon Dan Donovan, de multiples superstitions et l'entraîner dans les illusions les plus fantastiques. Mais je dois cependant signaler que jamais je n'ai rencontré de personnage plus candide et dont on pût moins mettre en doute la bonne foi.

Quand j'étais enfant, me raconta-t-il, et que je vivais à la maison à Drumgunniol, j'avais coutume de prendre avec moi mon *Histoire romaine* de Goldsmith et de me rendre à mon coin favori, la pierre plate, un lieu bien protégé par un buisson d'aubépine tout près d'un étang profond.

Cette pierre plate se trouvait dans un petit champ surplombé au nord par le vieux verger. Cet endroit tranquille et désert était propice à ma studieuse oisiveté.

Je lisais donc là, un beau jour, tout comme à l'ordinaire, et quand je commençai à me lasser, je me pris à regarder autour de moi et à rêver aux scènes héroïques que mon ouvrage me décrivait. J'étais tout aussi éveillé que je le suis en ce moment lorsque je vis une femme apparaître au coin du verger et descendre la pente. Elle portait une robe d'un gris lumineux, si longue qu'elle semblait balayer l'herbe derrière elle. Son maintien était d'une singularité telle, dans cette partie du monde où l'habillement féminin est précisément réglé par la coutume, que je ne pouvais détacher d'elle mes yeux. Son chemin la menait en diagonale d'un coin à l'autre du champ qui était de vaste superficie. Elle le suivit sans faire le moindre détour.

Lorsqu'elle se rapprocha, je pus remarquer qu'elle avait les pieds nus et qu'elle semblait regarder obstinément vers un point éloigné qui lui servait de guide. Si le petit lac ne s'était trouvé là, sa route m'aurait croisé à environ dix ou douze yards de l'endroit où j'étais assis. Mais au lieu d'arrêter sa marche sur la rive du lac, ainsi que je m'y attendais, elle poursuivit son chemin comme si elle ne concevait pas la présence de l'eau et je la vis, oui ! comme je vous vois, monsieur ! marcher à la surface de l'étang, et passer sans me voir à peu près à la distance que j'avais calculée.

Je faillis m'évanouir de terreur. J'avais seulement treize ans à l'époque, et je me souviens pourtant de chaque détail comme si cela s'était passé il y a seulement une heure.

La personne s'engagea dans une trouée de la haie au coin le plus éloigné du champ et je cessai de la voir. Il me restait à peine assez de force pour regagner la maison à la hâte. J'étais dans un tel état de nervosité, qui par la suite se transforma en maladie virulente, que durant trois semaines je ne quittai pas nos murs et que je ne pus supporter de rester seul durant un seul instant. Je ne pénétrai plus jamais dans ce champ tant était grande l'horreur que je prêtais depuis ce moment à chaque détail de son aspect. Même avec le temps, je crois bien qu'aujourd'hui je ne le traverserais pas.

Je reliais cette apparition à un événement mystérieux qui a singularisé notre famille durant huit ans avec une persistance toute particulière. Ce n'est point là un fantasme. Personne dans cette partie de la région ne l'ignore. Et tout le monde rapproche cet événement de ce que j'ai vu. Je vais vous raconter cela aussi exactement que je le pourrai et sans rien omettre.

Alors que j'avais dans les quatorze ans – c'était environ un an après que j'ai vu cette chose dans le champ près du lac –, nous attendions un soir mon père qui s'était rendu à la foire de Killaloe. Ma mère était restée debout pour l'accueillir et moi avec elle, car je n'aimais rien tant que les veilles de cette sorte. Mes frères et mes sœurs, de même que les domestiques de la ferme, étaient endormis dans leurs lits, exceptés ceux qui ramenaient le bétail à la maison depuis la foire. Ma mère et moi, nous étions assis au coin de la cheminée et nous bavardions tout en surveillant le repas de mon père, maintenu au chaud sur le feu. Nous savions qu'il serait de retour avant les hommes qui ramenaient le bétail car il était à cheval et il nous avait dit qu'il attendrait seulement que tout le monde soit bien en route et qu'ensuite il rentrerait directement.

Nous entendîmes enfin sa voix et le coup qu'il frappa contre la porte avec le manche plombé de son fouet. Ma mère le fit entrer. Je ne crois pas avoir jamais vu mon père ivre, ce qui est plus que n'en peuvent dire beaucoup d'hommes de la région. Mais il savait aussi bien qu'un autre boire son petit verre de whisky après le marché ou la foire, il rentrait d'ordinaire à la maison quelque peu joyeux ou pour le moins vaguement jovial, avec une belle couleur pourpre sur les joues.

Il était, ce soir-là, blême, triste et renfrogné. Il entra avec la selle et la bride à la main et il les jeta contre le mur, pas très loin de la porte. Puis il mit ses bras autour du cou de son épouse et l'embrassa avec tendresse.

« Bienvenu à la maison, Meehal, lui dit-elle en lui rendant affectueusement son baiser.

– Dieu te bénisse, ma chérie », répondit-il.

Après l'avoir embrassée encore une fois, il se tourna vers moi qui éprouvais une certaine jalousie pour cette préférence et le tirai par la main. J'étais petit et pas très lourd pour mon âge. Il me souleva, m'embrassa et tandis que j'avais encore les bras autour de son cou, il dit à ma mère :

« Mets le loquet, femme. »

Elle fit ce qu'il lui demandait. Il me reposa sur le sol avec tristesse et marcha vers le feu. Là, il s'installa sur un tabouret, tendit les pieds vers les braises de tourbe et se pencha, les mains sur les genoux.

« Allons, Mick chéri, dit ma mère dont l'inquiétude allait croissant, dites-moi comment s'est vendu le bétail. Avez-vous eu de la chance à cette foire ou bien est-ce donc qu'il y a quelque chose qui ne va pas ? Avec le propriétaire ? Qu'est-ce qui vous tourmente, Mick, mon amour ?

– Il n'y a rien, Molly. Le bétail s'est vendu au mieux et il n'y a rien de changé entre le propriétaire et moi. Tout est dans l'ordre habituel. Aucun mal à trouver nulle part, non, rien.

– Bon, eh bien ! alors, Mick, puisqu'il en est ainsi, mettez-vous à votre soupe chaude, mangez-la et dites-nous s'il y a du nouveau.

– J'ai mangé en chemin, Molly, et je n'ai plus faim, répondit-il.

– Vous avez pris votre repas en chemin, alors que votre femme le tenait au chaud à la maison et vous attendait ! s'écria ma mère sur un ton de reproche.

– Vous prenez en mauvaise part ce que je vous dis, lui répondit mon père. Il m'est arrivé quelque chose qui me rend incapable d'avaler une seule bouchée et je n'ai nullement envie de vous déplaire, Molly, parce que je n'ai peut-être pas beaucoup de temps à passer encore avec vous. Je vais vous dire ce que j'ai vu. Ce que j'ai vu... c'est le Chat Blanc.

– Dieu nous garde de ce malheur ! » s'écria ma mère qui en un instant devint aussi pâle et aussi déprimée que mon père ; elle tâcha par la suite de se reprendre et dit en plaisantant : « Allons donc, vous êtes tout simplement en train de me faire marcher ! C'était certainement un lapin qui se prenait un peu de bon temps à travers le bois de Grady. Hier, Teigue a aperçu un énorme rat blanc dans la lande.

– Ce n'était ni un rat, ni un lapin que, moi, j'ai aperçu. Croyez-vous que j'aurais confondu un rat ou un lapin avec un gros chat blanc, doté de grands yeux verts qui avaient bien la taille d'un demi-penny ? Il avait le dos arqué et trottait à mes côtés. Si je m'étais arrêté, il se serait sûrement frotté les flancs contre mes mollets. Peut-être aurait-il bondi et m'aurait-il pris à la gorge, si c'est bien un chat et non pas quelque chose de pire ! »

Il termina son histoire sur un ton très bas en regardant fixement les flammes. Puis il éleva sa grosse main à deux reprises vers son front, car son visage était tout baigné de cette sueur que provoque la peur. Il soupira ou plutôt grogna sourdement.

La panique s'était à nouveau emparée de ma mère et parce qu'elle avait peur elle aussi, elle s'était mise à prier. Mon propre effroi était aussi terrible et j'étais sur le point de pleurer, car je n'ignorais rien de ce fameux Chat Blanc.

Ma mère tapota l'épaule de mon père afin de lui rendre courage. Elle se pencha sur lui, l'embrassa et à la fin éclata en sanglots. Il serrait ses mains dans les siennes et son affliction semblait extrêmement grande.

« Rien n'est entré avec moi dans la maison ? dit-il en se tournant vers moi et avec une voix très grave.

– Rien n'est entré, père, lui répondis-je, sinon la bride et la selle que vous aviez avec vous.

– Et rien ne s'est présenté devant la porte avec moi ? répéta-t-il.

– Rien du tout, répondis-je.

– Ça vaut mieux comme ça », dit mon père. Il fit le signe

de croix et se mit à marmonner pour lui-même. Je compris qu'il récitait ses prières.

Ma mère attendit un peu qu'il ait terminé ses oraisons et lui demanda alors où il avait rencontré pour la première fois le Chat Blanc.

« Quand je chevauchais sur la *bohereen*. (Ce terme irlandais désigne la petite route qui conduit jusqu'aux bâtiments de ferme.) J'étais en train de me dire en moi-même que les domestiques étaient en route avec le bétail et qu'il n'y avait personne pour soigner le cheval qui me transportait. Je pensais que je pouvais tout aussi bien le laisser dans le champ en courbe en dessous. Et c'est là donc que je le laissai. Il était calme, sans un poil dressé. Il est vrai que je ne l'avais pas mené trop vivement en route. Je le laissai aller et je pris en main la selle et la bride. C'est au moment où je me retournai que je vis l'animal émerger des hautes herbes qui poussent sur le bord du sentier. Il le traversa en face de moi et ensuite, il se remit à aller d'un côté à l'autre, me fixant toujours avec ses yeux de braise. Je l'entendis miauler lorsqu'il m'accompagna, de plus près que vous pouvez vous imaginer, jusqu'à la porte où j'appelai et frappai pour que vous veniez m'ouvrir. »

Mais que pouvait-il donc bien y avoir dans un incident aussi bénin que mon père, ma mère, moi-même et, somme toute, chaque membre de notre petite communauté campagnarde assortissent d'un aussi funeste présage ? C'était que chacun d'entre nous était persuadé que mon père avait reçu, du fait de cette rencontre du Chat Blanc, l'avertissement de sa mort prochaine.

Dans le passé, l'augure n'avait jamais menti. Et il ne mentit pas davantage cette fois. Une semaine plus tard, mon père contracta une fièvre qui sévissait dans la région et avant un mois il était mort.

Mon bon ami, Dan Donovan, s'arrêta en ce point de son récit. Je m'aperçus qu'il était en train de prier car ses lèvres continuaient de se mouvoir et j'en conclus que c'était pour le repos de cette âme défunte.

Il reprit après quelques instants.

Il y a maintenant quatre-vingts ans que ce présage s'est attaché à ma famille. Quatre-vingts ? Non, ce n'est pas exact. Quatre-vingt-dix ans seraient certainement plus proches de la vérité. Au cours des premières années de ma jeunesse, j'en ai parlé à beaucoup de vieilles personnes qui avaient encore des souvenirs très précis de tout ce qui pouvait s'y rapporter. Cela s'était passé ainsi.

En ce temps-là, mon grand-oncle était propriétaire de la ferme de Drumgunniol. Il était beaucoup plus riche que mon père ou mon grand-père ne le furent après lui. En effet, il avait pris un bail à court terme sur Balraghan et il en avait tiré beaucoup d'argent. Mais la fortune n'a jamais rien fait pour adoucir un cœur qui est déjà dur et j'ai bien peur que mon grand-oncle ne fût un personnage cruel. De toute manière, il ne fait aucun doute que c'était un débauché et ce vice rend cruel. De plus, il buvait bien son compte, jurait et blasphémait lorsque quelque chose n'allait pas comme il le voulait et cela beaucoup trop, à mon avis, pour le salut de son âme. À cette époque, il y avait, dans la famille des Coleman, qui vivaient dans la montagne pas très loin de Capper Cullen, une très jolie fille. On m'a dit que maintenant les Coleman avaient complètement disparu, que la famille s'était éteinte. Les années de disette ont déterminé bien des changements.

Elle s'appelait Ellen Coleman. Ce n'était pas une famille bien riche. Mais, avec une pareille beauté, elle pouvait espérer un beau mariage. Et la pauvre, ce qui lui échut pourtant était bien le pire de ce qui pouvait lui arriver !

Con Donovan, mon grand-oncle – Dieu prenne son âme en pitié – l'avait aperçue au cours de ses randonnées dans les foires ou quelque part ailleurs. Il tomba amoureux d'elle. Qui n'en eût fait autant ?

Il l'abusa d'une façon éhontée. Il lui promit le mariage et la persuada de s'enfuir avec lui. Mais cela fait, il ne tint point sa parole. À la longue il se lassa d'elle et l'abandonna, puis se mit en tête de s'installer. Il épousa une fille de la famille des Collopy qui avait du bien : vingt-quatre vaches, soixante-dix moutons et quelque cent vingts chèvres.

Il se mit donc en ménage avec cette Mary Collopy et devint plus riche que jamais. Ellen Coleman mourut de chagrin, mais cela ne troubla pas davantage notre gros fermier.

Il aurait bien aimé avoir des enfants, mais il n'en eut pas et ce fut bien le seul mal qu'il supportât car n'importe quoi d'autre lui venait comme il le désirait.

Il revenait un soir de la foire de Nenagh. En ce temps-là, un cours d'eau sans profondeur traversait le chemin. On m'a appris que, depuis, on avait jeté un pont par-dessus. En été, le lit du ruisseau était bien souvent à sec, comme il passait devant la ferme de Drumgunniol sans trop se perdre en détours, cela faisait une sorte de chemin que l'on utilisait comme raccourci pour gagner la maison lorsqu'il n'y avait pas d'eau. Mon grand-oncle fit donc tourner son cheval dans le lit desséché. Lorsqu'il fut à la hauteur des deux frênes qui se trouvent près de la ferme, il fit à nouveau obliquer son cheval dans le champ qui borde le ruisseau avec l'intention de passer par la trouée qui se trouve à l'autre bout, sous le chêne. Il arriverait ainsi, pensait-il, à quelques centaines de pas de sa porte.

Comme il approchait de ce passage, il aperçut, ou peut-être crut-il apercevoir, quelque chose de blanc, pas plus haut que son chapeau, qui se glissa le long du sol d'un mouvement lent et dans la même direction, avec de temps à autre un bond léger. Sans qu'il sût de quoi il s'agissait, cela suivit le long de la haie et disparut à l'endroit que lui-même avait l'intention de rejoindre. Il rapporta que son cheval s'arrêta net lorsqu'il atteignit le passage. Il le talonna, le frappa, mais rien n'y fit. Il descendit donc pour le conduire par la bride, mais l'animal recula, rechigna et fut prit d'un fort tremblement. Le cavalier remonta alors en selle. Mais la peur de la bête ne cessa pas pour autant et elle résista aux caresses aussi bien qu'à la cravache.

Il faisait un brillant clair de lune et la résistance de son cheval irritait mon grand-oncle. Ne pouvant découvrir ce qui pouvait la motiver et exaspéré par le fait qu'il ne se trouvait qu'à quelques pas de sa maison, il perdit pour de bon le peu de patience qui lui restait. Il se mit à jouer du fouet et des éperons comme un forcené et accompagna ses coups de jurons et de blasphèmes.

C'est alors que, soudainement, le cheval partit de l'avant et Con Donovan, en passant sous la grosse branche du chêne, vit, sans pouvoir en douter, une femme qui se tenait près de lui sur son chemin. Elle étendait un bras et lorsqu'il passa tout près d'elle, elle lui donna de la main un coup sur les épaules. Cela le projeta vers l'avant sur l'encolure de sa monture. Cette dernière, prise d'un affolement sauvage, gagna la porte d'un seul galop et ne s'arrêta que là, tremblante et écumante.

Plus mort que vif, mon grand-oncle entra chez lui. Il choisit, après réflexion, de tout raconter de son histoire. Sa femme ne savait trop qu'en penser. Mais elle ne pouvait avoir aucun doute : quelque chose d'extrêmement funeste venait de se produire. Son mari s'affaiblit et tomba malade et il demanda bientôt que l'on aille quérir le prêtre. Lorsqu'on le conduisit à son lit, ce soir-là, on remarqua distinctement les marques de cinq doigts sur la chair de son épaule, à l'endroit où la main du fantôme l'avait atteint. Ces traces singulières qui avaient, selon ce qui a été rapporté, la couleur d'une peau atteinte de brûlures, étaient indélébiles et furent enterrées avec lui.

Quand il fut suffisamment remis du choc qu'il avait subi pour parler aux gens qui l'entouraient, il s'exprima comme un homme qui se trouve à sa dernière heure, dont le cœur est lourd et la conscience chargée. Il raconta l'histoire qui lui était arrivée, mais assura qu'il n'avait pas vu, ou tout au moins qu'il n'avait pas reconnu le visage de la personne qui se tenait dans le passage. Nul ne le crut. Il dit à ce sujet davantage de choses au prêtre qu'aux autres. Il avait certainement un secret à révéler, et aurait pu tout aussi bien le divulguer franchement, car tous les voisins savaient bien que le visage qu'il avait aperçu était celui de la défunte Ellen Coleman.

À partir de ce moment, mon oncle ne se remit jamais.

Quelque chose l'avait marqué. Il était désormais silencieux et brisé. Cette année-là, l'été fut précoce et, avec la chute de la première feuille, il mourut.

Il y eut évidemment une veillée funèbre tant était grande la notoriété d'un fermier qui possédait de telles richesses. Pour on ne sait trop quelle raison, les arrangements de cette cérémonie furent un peu différents de ce qu'ils sont habituellement.

La pratique ordinaire est de placer le corps dans la plus grande salle de la maison, la cuisine. Cette fois, il y eut, ainsi que je l'ai déjà dit, une particularité. Le corps fut placé dans une petite salle qui donnait sur la grande. Et durant la veillée, on laissa la porte de communication ouverte. Autour du lit, on avait dressé des candélabres et on avait préparé sur la table des pipes et des tabourets, pour qui voudrait bien entrer puisque la porte était ouverte à tout le monde. Une fois préparé, on laissa le corps seul dans la petite pièce pour vaquer aux préparations de la veillée. Après que la nuit fut tombée, l'une des femmes s'approcha du lit pour prendre une chaise qu'elle avait oubliée là. Elle ressortit de la pièce avec un hurlement et ne retrouva l'usage de la parole qu'à l'autre extrémité de la cuisine. Un auditoire rempli de curiosité l'entoura sur-le-champ.

« Que Dieu retienne mes fautes contre moi, dit-elle enfin, si sa tête n'est pas dressée contre le dos du lit et s'il n'est pas en train de regarder dans la direction de la porte, avec des yeux aussi gros que des assiettes qui brilleraient à la lune !

– Allons, femme ! Vous avez perdu la boule ! lui dit l'un des garçons de ferme.

– Ah ! Molly, taisez-vous, ma bonne ! Il vous a semblé voir cela parce que vous êtes entrée dans une pièce sans lumière, un trou sombre. Pourquoi n'avez-vous donc pas pris une chandelle avec vous ? dit une de ses compagnes.

– Chandelle ou pas chandelle, c'est bel et bien ce que j'ai vu ! insista Molly. Et il y a encore quelque chose de plus. Je pourrais presque jurer que j'ai vu son bras qui s'étirait du lit vers le plancher. Et il était bien trois fois long comme il devrait être et il voulait, sûr, me prendre par un pied !

– Idiote ! vous êtes complètement folle ! dit quelqu'un avec mépris.

– Qu'un d'entre vous me donne une chandelle, à moi ! Par le saint nom de Dieu ! dit la vieille Sal Doolan, une femme maigre et droite qui pouvait prier presque aussi bien qu'un prêtre.

– Donnez-lui une chandelle », dirent-ils tous d'accord.

Mais quels que soient leurs propos, il n'en était pas un seul, parmi eux qui ne semblât pâle et effrayé lorsqu'ils suivirent Mlle Doolan. Elle priait aussi rapidement que ses lèvres pouvaient formuler les oraisons et elle conduisit l'avant-garde du groupe vers la chambre en tenant une chandelle entre ses doigts comme un cierge à l'église.

La porte était demeurée à demi ouverte lorsque la fille terrorisée s'était précipitée hors de la chambre. La vieille demoiselle fit un pas à l'intérieur en tenant haut sa lumière afin de mieux examiner les lieux.

Si tout à l'heure, la main de mon grand-oncle avait vraiment glissé vers le sol dans la position anormale décrite plus haut, il l'avait maintenant ramenée sous le drap qui le couvrait ; et la grande Mlle Doolan ne risquait guère de buter sur un bras en entrant. Mais elle n'avait fait qu'un pas ou deux avec sa chandelle en avant lorsqu'elle s'arrêta court, le visage congestionné et les yeux sur le lit que l'on discernait maintenant dans son entier.

« Mon Dieu, bénissez-nous ! Arrière, mademoiselle Doolan ! » dit la femme qui était la plus proche d'elle. Elle l'avait saisie par la robe et la tirait frénétiquement en arrière tant elle était effrayée. Une reculade générale gagna tous ceux qui se trouvaient derrière et auxquels son hésitation avait fait concevoir une grande crainte.

« Assez, voulez-vous ! dit-elle sur un ton péremptoire, vous faites tant de boucan que je n'entends même pas mes propres oreilles ! Qui a bien pu laisser ce chat rentrer ici et à qui appartient-il d'abord ? »

Elle posa cette question en regardant attentivement et d'un air soupçonneux un grand chat qui était assis sur la poitrine du défunt.

« Sors de là ! Hein ! Il y a plus d'un mort à qui j'ai fermé les yeux et que j'ai signé et c'est bien la première fois qu'il me sera donné de voir une pareille affaire. Le maître de maison avec un bâtard semblable monté sur lui comme le démon en personne ! Le bon Dieu me pardonne de parler comme ça dans cette chambre. Sortez-moi ça de là, l'un d'entre vous ! À la minute, allons, je l'ordonne ! »

Tout le monde transmit son ordre, mais personne n'était disposé à l'exécuter. On se signait, on essayait à mi-voix de savoir d'où venait cet animal de mauvais augure qui n'était pas un chat de la maison ou que l'on ait pu apercevoir dans les environs. Soudain, la bête se déplaça d'elle-même jusqu'à l'oreiller, au-dessus de la tête du cadavre. De cet endroit, elle regarda durant quelques instants les assistants, puis se glissa vers eux le long du défunt. Plus elle approchait, plus son grognement devenait vindicatif et sourd.

Dans une confusion apeurée, ils quittèrent en hâte la chambre et refermèrent la porte derrière eux. Pendant de longs moments, il n'y eut personne d'assez hardi pour risquer un coup d'œil à l'intérieur.

Le chat était toujours assis à la même place, sur la poitrine du mort. Mais par la suite, il se coula paresseusement le long du lit et disparut sous ce dernier. On avait étendu un drap sur la couche mortuaire en laissant pendre les bords, ce qui cacha l'animal à la vue de tous.

Avec force prières et signes de croix, on aspergea un peu d'eau bénite et l'on jeta un premier regard. Puis, avec des bêches, des fourches, des bâtons, avec tout ce qui leur tomba sous la main, ils cherchèrent à tâtons sous le lit. Mais le chat demeura introuvable. Ils conclurent qu'il avait dû prendre la fuite entre leurs jambes pendant qu'ils se tenaient sur le seuil. Alors, utilisant moraillon et cadenas, ils fermèrent la porte avec le plus grand soin.

Mais lorsqu'on ouvrit à nouveau, le matin suivant, on retrouva le chat dans sa position première, comme s'il n'avait jamais été dérangé, sur la poitrine du défunt.

La même scène se répéta avec de semblables résultats. Quelques-uns, cependant, prétendirent qu'ils avaient aperçu le chat, par la suite, tapi sous le gros coffre au coin de la cuisine. Mon grand-oncle y rangeait ses papiers, ses baux, son livre de prières et son chapelet.

Mlle Doolan, où qu'elle se rendit, l'entendait qui grognait sur ses talons. Sans parvenir à le voir, elle le sentait aussi bondir sur le dos de son siège à chaque fois qu'elle s'asseyait. Il crachait dans son oreille et elle bondissait alors en avant avec un cri et une prière, car elle s'imaginait qu'il voulait la prendre à la gorge.

L'enfant de chœur, musardant autour de la maison, sous les arbres du vieux verger, vit un chat blanc qui se tenait sous la petite fenêtre de la pièce où reposait le corps de mon grand-oncle. Il regardait vers les quatre panneaux de vitre comme s'il avait été aux aguets pour quelque oiseau.

Toutes les fois que l'on retournait dans la pièce, on retrouvait le chat sur le cadavre. Quoi que l'on fasse, à quelque moment que l'on vienne, pour peu que l'on abandonne quelques instants mon grand-oncle, l'animal revenait à proximité du corps et ce n'était guère de bon augure. Au grand scandale du voisinage, d'ailleurs terrorisé, les choses demeurèrent ainsi, jusqu'à ce que la porte soit enfin ouverte pour l'inhumation.

Mon grand-oncle mort et enterré avec toutes les solennités qui lui étaient dues, je ne songeai plus à lui. Il n'en fut pas de même avec le Chat Blanc. Nul *banshee** ne fut plus inaliénablement attaché à une famille que cette apparition de mauvais aloi ne le fut à la mienne. Mais je dois cependant signaler cette différence. Un *banshee* ordinaire aurait plutôt tendance à manifester de la sympathie à l'endroit de la famille qu'il hante de génération en génération alors que cette chose traîne à sa suite le malheur et la méchanceté. C'est tout simplement le messager de la mort. Et le fait qu'il prenne la forme du chat, dont on dit qu'il est le plus insensible et le plus malfaisant des animaux, indique trop bien dans quel but il se manifeste.

À quelque temps de la mort de mon grand-père, alors qu'il se trouvait encore en excellente santé, on aperçut le même

* En Irlande et en Écosse, fée dont l'apparition sous les fenêtres d'une maison présage la mort d'un de ses habitants. *(N.d.T.)*

chat, pas exactement dans les circonstances que j'ai rapportées pour le décès de mon père, mais peu s'en faut.

Un jour avant que mon oncle Teigue soit tué par l'explosion de son fusil, il lui apparut dans la soirée, au crépuscule, dans le champ qui borde l'étang à l'endroit où, comme je vous l'ai dit, j'ai vu cette femme qui marchait sur les eaux. Mon oncle était en train de laver le canon de son fusil dans le lac. L'herbe est très basse dans ce coin et il n'y a pas de possibilité de cachette dans les environs immédiats. Il ignorait comment il était venu, mais, au moment où il l'aperçut, le chat se trouvait tout près de lui, dans la clarté incertaine du soir. Il tordait sa queue de colère et il avait une mauvaise lueur verte au fond des yeux. Mon oncle eut beau faire, il se mit à tourner autour de lui. Lorsqu'il parvint au verger, mon oncle le perdit de vue.

Ma pauvre tante Peg avait épousé un O'Brian du côté d'Oolah. Elle vint à Drumgunniol pour les funérailles d'un cousin qui était mort, à quelque chose comme un mille d'ici. Et elle mourut, la pauvre, un mois seulement après.

Il devait être environ deux ou trois heures du matin et elle revenait de la veillée funèbre. Comme elle passait l'échalas pour se rendre à la ferme de Drumgunniol, elle vit à côté d'elle, le Chat Blanc, tout près. Elle manqua s'évanouir tout le long du chemin qu'elle dut parcourir pour atteindre la porte. Arrivé à cet endroit, l'animal fit un bond dans l'aubépine qui pousse là et disparut.

Mon petit frère Jim l'a vu de même, seulement trois semaines avant de mourir. Ainsi, chaque membre de notre famille qui trépasse ou qui contracte le mal de mort, ici, à Drumgunniol, est certain de voir le Chat Blanc et nul ne saurait plus espérer vivre bien longtemps lorsqu'il l'a aperçu.

Traduit de l'anglais par Jean-Louis Degaudenzi

Le Chat gris

A.C. Benson

Le chevalier sir James Leigh vivait dans une vallée reculée des collines galloises. Le manoir, en pierre grise et rugueuse, doté de murs épais et de fenêtres à meneaux, se dressait sur un terrain escarpé ; à ses pieds, entre de gros rochers, courait une petite rivière. Tout autour il y avait des bois, et, au-delà des bois, s'élevaient en pente douce des collines vertes et nues, si hautes que, l'hiver, le soleil se montrait à peine une heure ou deux au-dessus de leur crête ; derrière la maison, la vallée s'enfonçait en serpentant au cœur des collines, au fond desquelles dominait un pic noir. Il y avait peu d'habitants. Au milieu d'une enceinte d'ifs vénérables se dressaient une petite église en pierre et un presbytère enfoui sous le lierre, où vivait un vieux prêtre, cousin du chevalier. Trois fermes seulement occupaient la vallée, une piste cahoteuse menait dans les collines, utilisée presque exclusivement par les conducteurs de bestiaux. Au sommet du col s'érigeait une croix en pierre, de là, sur la gauche, on pouvait contempler la face sombre et balafrée du pic, zébrée de traînées de neige qui ne fondait qu'une fois l'été bien avancé.

Sir James était un homme taciturne à la santé précaire ; il parlait peu et ses soucis le rendaient amer ; très appauvri, par sa propre négligence, et désormais de constitution fragile, il avait peu d'espoir de restaurer sa fortune perdue. Sa femme était une personne sage et aimante, qui, si elle avait du mal à trouver le bonheur dans un lieu aussi solitaire avec un mari maladif, affrontait l'adversité avec bonne humeur, visitait ses voisins plus pauvres, et brillait comme un rayon de soleil dans la vallée lugubre. Ils avaient un fils, Roderick, âgé de quinze ans ; c'était un enfant intelligent et passionné, relativement heureux, acceptant la vie telle qu'elle était – il n'en connaissait pas d'autre. Il prenait quelques leçons auprès du vieux prêtre, mais sa scolarisation s'arrêtait là, sir James ne dépensant de l'argent que s'il y était vraiment obligé. Roderick n'avait pas de camarades, mais ne trouvait jamais le temps de s'ennuyer ; marcheur alerte et résistant, il aimait les longues randonnées solitaires sur les collines.

Un jour qu'il était allé pêcher dans la rivière, et que le temps était trop calme et ensoleillé pour attraper le moindre poisson, il cala sa canne dans une anfractuosité de la berge et partit se promener sans but précis le long de la rivière. Il s'engagea ainsi de plus en plus haut, jusqu'au moment où, après un coup d'œil circulaire, il vit qu'il était à la hauteur du col ; l'idée lui vint alors de remonter la rivière à sa source. Le manoir était maintenant hors de vue, et Roderick n'était plus cerné que par les hautes collines vertes où, ici et là, broutait un mouton. Un milan apparut et se mit à tourner lentement en rond dans le soleil, avant de plonger à pic dans le vallon ; Roderick poursuivit son chemin jusqu'au sommet des collines inférieures. Désormais seul le pic le dominait. Il s'aperçut alors que la rivière naissait d'un petit plan d'eau calme et noire, situé un peu plus loin, sous l'ombre du ténébreux sommet, et alimenté par la fonte des neiges plaquées sur sa face. Le plan d'eau était entouré de rochers entassés pêle-mêle. Il émanait du site une atmosphère plus que désolée ; le pic avait un aspect cruel, et il régnait un silence intense, seulement rompu, Roderick s'en rendit compte, par le bruit des pierres qui se détachaient du flanc de la montagne et dégringolaient avec un fracas de tonnerre. Le soleil l'avertit qu'il était allé suffisamment loin, et il décida de rentrer, à la fois ravi de sa découverte et soulagé de quitter un lieu tellement solitaire et sinistre.

Le soir, attablé avec son père et sa mère devant un repas frugal, il entreprit de raconter sa promenade. Son père l'écoutait d'une oreille distraite, mais en entendant Roderick décrire le petit lac noir et la face escarpée du pic, il lui demanda d'un ton brusque à quelle distance il s'en était approché. Roderick répondit qu'il l'avait seulement aperçu, et sir James le somma avec rudesse de ne pas s'aventurer aussi loin et de ne jamais retourner là-bas. Cela étonna Roderick car son père avait pour règle de se mêler très peu de ses faits et gestes, mais l'intonation bourrue, presque brutale de sa voix, le retint de lui demander des explications. Plus tard, lorsque Roderick et sa mère sortirent, laissant le chevalier à ses mornes pensées, selon son inclination et son habitude, elle dit d'une voix pressante : « Roderick, promets-moi de ne pas y retourner. Cet endroit a mauvaise réputation. Mieux vaut ne pas s'en approcher. » Roderick brûlait de connaître les histoires qui couraient sur le lac mais sa mère refusa de les lui raconter – elle exigeait simplement sa promesse. Il promit donc, mais ajouta en maugréant qu'il eût préféré avoir une raison de le faire, ce à quoi sa mère répondit avec un sourire, en lui prenant la main, qu'il devrait lui suffire de la contenter en lui obéissant. Roderick réitéra sa promesse, mais en resta insatisfait.

Le lendemain, alors qu'il se promenait dans la vallée, Roderick rencontra un des fermiers, un jeune homme enjoué qui lui avait toujours témoigné de l'amitié et l'accompagnait souvent à la pêche. Ils marchèrent côte à côte et, comme Roderick lui contait comment il avait suivi le cours d'eau presque jusqu'au lac, le jeune fermier lui demanda, avec gravité, à quelle distance il s'en était approché. Roderick, surpris de l'entendre poser la même question que son père, répondit qu'il avait aperçu le plan d'eau depuis le sommet d'une colline voisine, et ajouta : « Qu'y a-t-il de mal avec ce lac pour que mon père et ma mère me fassent promettre de ne pas y retourner ? »

Le jeune fermier ne dit rien pendant un moment, mais parut réfléchir. Puis il expliqua qu'on racontait des histoires sur le lac, des histoires peut-être idiotes, mais mieux valait rester prudent, les lieux avaient une funeste renommée. Avec une fougue toute juvénile, Roderick insista pour connaître ces histoires, et, peu à peu, le jeune fermier les lui dévoila. À

proximité du lac, ou en son sein, vivait une créature – de quelle sorte, on l'ignorait – hostile à l'homme. Par deux fois depuis son enfance, un événement étrange y était survenu. Un jeune berger avait péri là-bas, et l'on avait retrouvé son corps dans l'eau, bizarrement meurtri. Cela remontait bien avant la naissance de Roderick. « Tu as connu Richard, le berger ? » demanda le fermier. « Le vieux bonhomme qui marmonnait entre ses dents et à qui les enfants jetaient des cailloux ? » s'exclama Roderick. « Oui, celui-là. Figure-toi qu'il n'a pas toujours été ainsi. Avant, je m'en souviens, c'était un homme solide et gai. Mais un jour, des moutons se sont égarés, et malgré nos supplications il est monté au lac parce qu'il croyait les avoir entendu bêler. Oh, il est revenu, pour sûr, mais sans mouton, et complètement transformé, brisé. C'est ensuite qu'il est devenu tel que tu l'as connu. Il disait qu'il avait vu quelque chose, mais il était incapable d'expliquer ce que c'était. Et il avait bataillé dur pour s'enfuir.
– Mais, dit Roderick, quelle sorte de chose a-t-il vue ? Un animal, un homme ?

– Ni l'un ni l'autre, répondit le fermier d'un air grave. Tu les as entendus, à l'église, parler des esprits du mal qui rôdent près des hommes, pénètrent dans leur corps, et dont le Christ lui-même a bien du tourment à se débarrasser. Je crois que c'est un de ces esprits qui erre là-bas. On dit qu'il ne s'éloigne pas de la mare parce que la vue de la croix du col lui est pénible, et qu'il souffre en entendant la cloche de l'église. » Le fermier regarda Roderick et ajouta : « Tu sais qu'ils la font sonner toute la nuit, à la fête des Morts ? » « Oui, répondit Roderick, je l'ai entendue carillonner. » « Il paraît que cette nuit-là, seulement cette nuit-là, les esprits ont un pouvoir sur les hommes et sortent pour leur faire du mal. On sonne les cloches parce que les esprits ne les supportent pas. Mais, tu sais, jeune maître, c'est mauvais de parler de ces choses. Les chrétiens ne devraient même jamais y penser. Bien que Satan ait très peu de pouvoir sur les âmes baptisées, le prêtre dit qu'il peut quand même y pénétrer si l'âme le lui permet. Alors je te conseille d'éviter cet endroit ! Ce sont peut-être des histoires stupides pour effrayer les gens, mais mieux vaut ne pas tenter le diable. Approcher du lac, et peut-être du démon, ne peut rien apporter de bon. Voilà, je crois que je t'en ai assez dit, plus qu'assez même. » En effet, Roderick le regardait, pâle et les yeux écarquillés.

Est-ce surprenant si, dès lors, le plus cher désir de Roderick fut de voir de près le lac et ce qui s'y cachait ? Je ne pense pas. Chez un cœur jeune, sur lequel n'a encore pesé aucun chagrin, les rigueurs et les cruautés de la vie, les blessures, les malheurs, les angoisses, les terreurs, entrevus seulement à travers le miroir des autres, ne sont rien de plus qu'un spectacle curieux et frappant, qui nourrit l'esprit d'interrogations. Les récits, entendus à l'église, d'hommes hantés par des démons, apparaissaient à Roderick comme de vagues et lointaines expériences sur lesquelles il se serait volontiers penché ; et plus faiblissait le souvenir de sa promesse, plus grandissait son désir d'aller juger par lui-même.

Au mois de juin, quand le cœur est léger et les senteurs des bois fraîches et vives, les parents de Roderick durent entreprendre un voyage afin de rendre visite à un vieil ami que l'on disait mourant. La nuit précédant leur départ, Roderick fit un rêve étrange. Il se promenait sur les flancs dénudés des collines et arrivait au lac ; le pic se dressait, effilé et net, au-dessus de l'eau noire et immobile ; puis, alors qu'il l'observait, la surface paraissait se troubler ; l'eau commençait à tournoyer, à tourbillonner, des vagues bouillonnantes se soulevaient ; soudain, une main émergeait, puis une tête, brillante et sèche, comme si l'eau n'avait pas le pouvoir de la toucher. C'était un homme, l'allure juvénile, l'air imposant ; il gagnait la berge en pataugeant et restait là un moment à observer les alentours ; puis, le regard empreint de gentillesse, il faisait signe à Roderick d'approcher et, d'une voix douce, disait qu'il l'avait attendu très longtemps. Ils marchaient ensemble jusqu'à la face escarpée du pic et là, sans que Roderick pût distinguer de quelle manière, l'homme ouvrait une porte dans la montagne, dévoilant un couloir étincelant. L'air qui en sortait était chargé d'une fragrance riche et puissante, et l'on percevait l'écho lointain d'une musique. L'homme se retournait vers Roderick comme pour l'inviter à entrer, mais Roderick refusait d'un signe de la tête, disant qu'il n'était pas prêt, sur quoi l'homme franchissait le seuil avec un sourire un peu apitoyé, et la porte se refermait sur lui.

Roderick s'éveilla en sursaut, avec le regret de n'avoir pas eu le courage de passer cette porte. Le jour pénétrait paisiblement par la fenêtre, et lui parvenait le chant flûté des oiseaux qui s'éveillaient dans les arbres humides de rosée. Incapable de se rendormir, il s'habilla et descendit. Bientôt toute la maisonnée s'anima car le chevalier devait partir de bonne heure ; Roderick s'attabla avec ses parents devant le déjeuner matinal. Son père, soucieux à la perspective du voyage pénible qui l'attendait, s'enquit à maintes reprises des bagages ; Roderick parlait peu, mais il sentait s'attarder sur lui le regard affectueux de sa mère. Ils partirent bientôt. Roderick les accompagna sur le seuil, et il y avait tant d'impatience et d'éclat dans son expression que sa mère en fut troublée et faillit le rappeler pour lui faire répéter sa promesse, mais elle craignit qu'il ne vît là un manque de confiance et y renonça ; l'attelage s'éloigna et sa mère agita la main jusqu'à ce qu'ils eussent disparu de sa vue, au coin du bois.

Roderick commença alors à réfléchir à la façon dont il allait employer sa journée, un projet encore imprécis dans la tête. Tout à coup, la tentation d'aller voir le lac le submergea avec une violence telle qu'il n'eut ni la force ni l'envie de résister. Il prit sa canne à pêche, qui pouvait apparaître comme une excuse, et remonta très vite le cours d'eau. Il s'étonna de voir combien les collines s'élevaient rapidement tout autour de lui, et avec quelle facilité il avançait. Il atteignit sans tarder le sommet ; le petit lac s'étalait sous ses yeux, reflétant l'ombre du pic qui se dressait en arrière plan, net et aiguisé. Il n'hésita plus, descendit la pente en courant, et arriva sur la berge. L'eau était claire et pure, d'un bleu profond, pareil à un saphir. Roderick en fit le tour. On n'y décelait aucun signe de vie. À l'endroit le plus proche de la face du pic, il découvrit un ruisseau d'eau fraîche qui se jetait en bouillonnant dans le lac, venant des hauteurs. L'herbe ne poussait pas autour, et on y voyait les pierres qui avaient dévalé la pente, plus belles à mesure qu'elles étaient plus profondes, grâce à la teinte pure de l'eau.

Roderick regarda autour de lui : la lande frémissait dans l'air chaud, les collines étaient posées au loin comme sur une carte géographique, avec des montagnes bleues pour horizon et des petites vallées vertes où vivaient les hommes. Il s'assit près de l'eau et songea à s'y baigner, mais le courage lui manqua, car il lui semblait encore que les profondeurs recelaient une chose qui ne se montrerait pas, mais qui pouvait l'entraîner ; il resta donc au bord, et ne tarda pas à s'endormir.

En s'éveillant, il sentit la fraîcheur ; l'ombre du pic avait tourné et s'allongeait sur l'eau. Il régnait le même silence, mais en regardant au-dessus du lac, il eut la vague sensation d'être observé fixement. La chaleur lui donnait soif, il puisa un peu d'eau, fraîche et douce, entre ses mains jointes. La somnolence le gagna à nouveau et il se rendormit.

À son réveil il éprouva un délicieux bien-être, et l'impression qu'une personne affectionnée lui effleurait la main. Il leva les yeux. Là, à son côté, tranquille, il vit une chose qui lui causa un choc. Un grand chat gris, à la fourrure douce et abondante, l'observait paresseusement de ses yeux jaunes en ronronnant, et lui léchait la main. Il caressa le chat, qui arrondit le dos, apparemment enchanté de sa compagnie, et finit par lui sauter sur les genoux. La tiédeur souple du pelage et les caresses amicales de cette confiante créature sauvage procurèrent à Roderick un plaisir intense, et il demeura ainsi un long moment silencieux, prenant soin de ne pas déranger le chat qui, chaque fois qu'il retirait sa main, se frottait contre lui pour lui témoigner la félicité qu'il éprouvait à son contact. Mais le soleil déclinait à l'ouest, et Roderick se dit qu'il devait songer au retour. Il écarta le chat de ses genoux et s'engagea en direction du col, car il était plus facile de suivre la route. Le chat l'escorta pendant un moment, tantôt se frottant contre sa jambe, tantôt trottinant devant lui et se retournant de temps à autre comme pour s'assurer de son bien-être.

Roderick se prit à espérer que le chat l'accompagnerait jusqu'à la maison, mais à un certain endroit il s'arrêta, refusant d'aller plus loin. Roderick le souleva dans ses bras mais le chat lui échappa, apparemment contrarié, et Roderick poursuivit son chemin à regret. Il aperçut bientôt la croix, au sommet de la colline, indiquant que la route était proche. Il se retournait fréquemment vers le chat, qui paraissait désolé de le voir partir, jusqu'à ce que, enfin, il le perdit de vue.

Il rentra chez lui, content, la tête pleine de pensées heureuses ; il s'était plus ou moins attendu à voir une chose terrible, mais n'avait rencontré qu'une créature qui semblait l'aimer.

Le lendemain, Roderick retourna au lac. Cette fois il trouva le chat assis près de l'eau. Dès que l'animal l'aperçut, il accourut avec un petit miaulement joyeux et impatient, comme s'il avait craint de ne plus le revoir. Il paraissait plus luisant, plus grand. Et lorsque Roderick revint cette fois par la rivière, il fut ravi de voir le chat l'accompagner beaucoup plus loin, sautant d'un bond léger d'une pierre à l'autre. Mais à l'endroit où la vallée commençait à obliquer vers l'est, juste avant que n'apparaisse la petite église, il s'assit, comme la veille, et prit congé.

Le troisième jour, Roderick remonta à nouveau la vallée ; alors qu'il se reposait dans un petit bois qui descendait jusqu'au cours d'eau, il eut la surprise et la joie de voir le chat jaillir d'un buisson, manifestement plus heureux que jamais de sa présence. Roderick s'assit pour le caresser, et il entendit alors un bruit de pas qui remontaient le sentier. Le chat l'entendit aussi, et comme Roderick se levait pour voir qui approchait, l'animal sauta dans un arbre et disparut. C'était le vieux prêtre, revenant d'une ferme des plateaux. Il salua amicalement Roderick et demanda des nouvelles de ses parents. Roderick lui apprit qu'ils devaient rentrer le soir même, ajoutant qu'il faisait trop beau pour rester enfermé mais trop beau aussi pour pêcher. Le prêtre acquiesça et, après une brève conversation, il se leva pour repartir ; tenant la main de Roderick, selon son habitude, il le bénit et le félicita d'être un si grand jeune homme. Sitôt le prêtre parti, Roderick – honteux d'avoir si fort espéré son départ – appela le chat à voix basse. Le chat ne vint pas. Roderick eut beau monter dans l'arbre pour le chercher, il ne vit aucune trace de lui et supposa qu'il s'était esquivé dans le bois.

Ce soir-là les voyageurs rentrèrent au manoir, le chevalier apparemment ravi que l'ennuyeuse expédition fût terminée. Roderick, lui, se sentait un peu coupable, car son nouveau compagnon de jeu lui avait tellement absorbé l'esprit qu'il n'éprouvait qu'une joie mitigée à retrouver ses parents. « Tu sembles très heureux, mon cher enfant », remarqua sa mère, ce à quoi Roderick, conscient de sa déloyauté, répondit qu'il était ravi de leur retour. Sa mère sourit et s'enquit de ce qu'il avait fait. Il dit qu'il s'était promené dans les collines, car le temps était trop lumineux pour pêcher. Sa mère l'examina un instant. En son for intérieur, Roderick sut qu'elle se demandait s'il avait tenu sa promesse, il pensa très fort à son secret et la regarda si ouvertement et si droit dans les yeux qu'elle ne lui posa pas d'autres questions.

Le lendemain, à son réveil, Roderick fut saisi de tristesse à la pensée qu'il ne pourrait pas se rendre au lac. Il accompagna sa mère dans ses allées et venues, car elle avait toutes sortes de menues tâches à accomplir. « À quoi songes-tu, Roderick ? Tu es bien silencieux », observa-t-elle en riant. Roderick se sentit coupable ; il dit qu'il réfléchissait, tout simplement, et se força à converser. Un peu plus tard dans la journée, il alla se promener seul dans le bois ; arrivé de l'autre côté, il leva les yeux vers le sommet de la colline et envoya un baiser en direction du lac, à l'adresse de son ami. Au moment où il se retournait, le chat surgit du bois et accourut tendrement vers lui. Roderick le prit dans ses bras, l'étreignit, et le chat resta là, content.

Roderick envisagea de le ramener à la maison, sans dire où il l'avait trouvé, mais à peine avait-il fait un pas que le chat sauta hors de ses bras, comme s'il était en colère. Roderick se convainquit alors que le chat était son ami secret et que leur amitié devait demeurer ignorée. Mais il ne l'en aima que davantage.

Au cours des semaines suivantes, le chevalier tomba malade et sa femme ne quitta guère son chevet. De temps à autre, Roderick voyait le chat. Il ne pouvait jamais prévoir ses visites, le chat survenait à l'improviste, et toujours dans des endroits isolés et secrets. Peu à peu, Roderick ne se préoccupa plus de rien d'autre ; oubliées la pêche et les randonnées, il cherchait uniquement le moyen d'être seul afin que le chat pût le rejoindre. En son absence il était sombre, déprimé, et il en arriva à détester les heures où ils étaient séparés. À chaque nouvelle rencontre, le chat semblait plus vigoureux, son poil plus luisant. La mère ne tarda pas à remarquer que son fils dépérissait ; il perdait du poids et devenait indolent, tandis que ses yeux étaient de plus en plus grands, plus brillants. Quand elle lui demandait comment il se sentait, il répondait par un rire. Un jour, Roderick eut une frayeur. Il s'était assoupi sous une aubépine, dans le vallon, par une chaude journée de juillet, et en rouvrant les yeux il vit le chat qui l'observait fixement de son regard jaune, comme s'il s'apprêtait à sauter sur lui. Mais en le voyant éveillé, l'animal redevint enjôleur et caressant comme auparavant. Néanmoins Roderick ne put oublier l'expression de ses yeux, et il en éprouva de l'inquiétude et de la tristesse.

Ensuite des rêves commencèrent à l'assaillir. L'homme qu'il avait vu en songe émerger du lac revenait souvent lui tenir compagnie – parfois il le conduisait dans des lieux agréables. Mais, dans un autre de ses rêves, Roderick se baignait dans le lac, son pied se coinçait entre des rochers et il n'arrivait pas à le dégager. Il entendait alors un bruit de précipitation et, levant les yeux, il voyait un grand flot cascader lourdement dans le lac, dont le niveau s'élevait aussitôt, jusqu'à lui affleurer le menton. L'homme s'asseyait sur le bord et le regardait avec un sourire glacé, sans lui offrir son aide. Puis, au moment où l'eau atteignait la bouche de Roderick, l'homme se levait et lui tendait la main ; alors le flot cessait de couler, Roderick libérait aisément son pied et regagnait la berge à la nage, maintenant déserte.

L'automne arriva, les jours devinrent plus froids, plus

courts, les occasions de promenades moins nombreuses; d'ailleurs Roderick était de moins en moins disposé à sortir, et il pensait de plus en plus à sa promesse trahie. Pendant toute une semaine il n'aperçut pas une fois le chat gris, malgré son impatience de le voir. Une nuit, alors qu'il allait se coucher et avait éteint la lumière, il remarqua l'éclat de la lune et ouvrit la fenêtre pour regarder dehors; il vit la rivière étincelante et la vallée grise. Il allait se détourner lorsqu'il entendit un léger raclement de griffes, puis le chat bondit sur le rebord de la fenêtre et entra dans la chambre. Il faisait froid, Roderick se glissa dans son lit et le chat sauta sur l'oreiller. Il était si heureux de le retrouver que, tout en le caressant, il lui parla à voix basse. Soudain il y eut un bruit de pas derrière la porte, une lumière filtra dessous, et sa mère entra dans la chambre avec une bougie. Elle l'observa pendant un moment, et Roderick prit conscience que le chat était parti. Quand sa mère approcha, le croyant endormi, il se redressa et s'assit. « Mon cher petit, lui dit-elle, j'ai entendu ta voix et j'ai cru que tu rêvais. » Elle le scrutait d'un regard anxieux. « Je parlais, mère ? J'ai dû marmonner en dormant. » Elle ajouta : « Roderick, tu es encore trop jeune pour avoir un sommeil agité. Est-ce que tout va bien, cher enfant ? » Roderick, qui détestait duper sa mère, répondit : « Pourquoi tout n'irait-il pas bien ? » Alors elle l'embrassa et s'en fut sans un mot, mais Roderick l'entendit soupirer.

Arriva le jour des Morts. Le soir, au moment de se coucher, Roderick fut pris d'un étrange étourdissement et poussa un cri; la chambre tournoyait autour de lui. Il se mit au lit, persuadé d'être malade, et s'endormit aussitôt. Mais il fit un cauchemar effrayant. Il se croyait allongé près du lac, et pourtant il était hors de son corps, car en même temps il se voyait étendu. L'eau était très noire, un vent froid ébouriffait la surface. Puis à nouveau l'onde se troublait et le même homme en émergeait, mais derrière lui venait un deuxième homme, bossu, le teint basané, avec de longs bras minces, dégageant une impression de force et de malfaisance à la fois. Le premier homme désignait l'endroit où gisait Roderick et disait au second : « Désormais tu peux le prendre, car il m'appartient et j'ai besoin de lui. » Et il ajoutait : « Qui eût cru que ce serait aussi facile ? », avant d'esquisser un sourire cruel. Voyant le bossu s'approcher, Roderick essayait de crier à l'aide et il bataillait pour se réveiller. Dans l'aube froide, il vit le chat assis dans sa chambre, mais très différent de son aspect habituel. Décharné, affamé, le pelage taché ; ses yeux jaunes luisaient d'un éclat horrible et Roderick s'aperçut, bien qu'il ne comprît pas pourquoi, que le chat le haïssait. Sa peur fut telle qu'il poussa un cri. Le chat se dressa, furieux, la queue agitée de secousses, la gueule ouverte. Roderick entendit des pas dehors, il cria de nouveau, sa mère entra en hâte, et aussitôt le chat disparut. Roderick tendit les bras vers sa mère, qui l'apaisa, le tranquillisa. Alors, sanglotant, Roderick commença à lui conter toute l'histoire.

Sa peur était si violente qu'elle ne lui fit aucun reproche, ne dit pas un mot de sa désobéissance. Pendant un instant, elle voulut croire qu'il s'agissait seulement de l'image d'un animal réel s'attardant dans un esprit travaillé par la maladie, mais ce n'était pas une époque où les hommes aimaient attribuer des noms raisonnables aux afflictions étranges du corps et de l'esprit, aux tristes cicatrices qui souillent le bel ouvrage de Dieu. La mère de Roderick ne doutait pas que, par quelque hasard épouvantable, nul ne savait comment, son enfant se fût introduit dans le cercle des ténèbres, et elle ne pensait qu'au moyen de lui porter secours et de le sauver. Son seul espoir était qu'il ait des regrets et ne s'abandonne pas totalement.

Elle l'embrassa, le calma, lui dit qu'elle allait bientôt revenir et qu'il devait se reposer ; mais comme Roderick refusait qu'elle s'éloigne, elle alla à la porte et appela un domestique à voix basse. Sir James était couché depuis longtemps car il s'était senti souffrant, et elle donna l'ordre qu'on aille sur-le-champ quérir le prêtre et le prévenir que son fils était malade et qu'elle était inquiète. Puis elle revint vers le lit et, prenant la main de Roderick, l'encouragea à dormir. « Mère, dites-moi que vous me pardonnez », implora Roderick. Ce à quoi elle répondit : « Mon enfant chéri, je t'aime plus que tout au monde. Ne pense pas à moi, demande l'aide de Dieu. » Elle s'assit, sa main entre les siennes, et Roderick ne tarda pas à s'assoupir ; cependant, elle voyait que des rêves troublaient son sommeil car il gémissait et criait souvent. Par la fenêtre lui parvint la sonnerie douce de la cloche de l'église, et elle comprit qu'un combat allait se livrer cette nuit-là autour de son enfant. Après le premier moment de chagrin, après les cruelles interrogations sur les raisons qui poussaient un être aussi jeune à nouer des liens aussi funestes, elle trouva la force de laisser au prêtre le soin de résoudre cette question, et pria avec un ardent espoir.

Mais le temps passait, péniblement, et le prêtre n'arrivait pas, et son fils était la proie d'une telle terreur spectrale qu'elle ne put le supporter davantage et le réveilla. À mots hachés, Roderick lui confia les choses terribles qui l'avaient oppressé, les duels et les combats douloureux, et cette voix dans son oreille qui lui soufflait qu'il était trop tard, qu'il s'était lui-même abandonné au diable. Enfin un pas tranquille résonna dans l'escalier, et le vieux prêtre entra dans la chambre, le visage anxieux et pourtant calme, semblant apporter avec lui une sainte paix.

La dame invita le prêtre à s'asseoir, et tous deux prirent place près du lit, éclairés par l'unique chandelle. Elle aurait souhaité que Roderick racontât lui-même son histoire, mais il se couvrit le visage de ses mains, incapable de parler. Alors elle le fit à sa place, disant à Roderick : « Corrige-moi si je me trompe », et il la reprit une ou deux fois, ajouta quelques mots pour éclairer le récit. Ensuite ils demeurèrent silencieux, les regards terrifiés de la mère et du fils fixés sur le visage profondément ridé du vieux prêtre, dont le sourire leur procura quelque réconfort.

« Chère madame, cher Roderick, dit-il enfin, le cas est assez clair. L'enfant s'est abandonné lui-même à quelque puissance maléfique, mais pas trop avant me semble-t-il. Nous devons maintenant combattre l'ennemi de toutes nos forces. Je vais rester ici. Quant à vous, chère dame, vous seriez mieux dans votre chambre, car nous ignorons ce qu'il va advenir. En cas de besoin je vous appellerai.

– Je suivrai vos directives, mon père, mais je préférerais rester.

– Non. Il est des choses qu'un chrétien ne devrait pas regarder, de crainte qu'elles ne découragent sa foi. Éloignez-vous, et aidez-nous par vos prières.

– Je serai en bas. Frappez le sol trois fois et j'accourrai. Roderick, je serai tout près. Sois fort et tout ira bien. » Et elle s'en fut à pas feutrés.

Le prêtre dit à Roderick : « Maintenant, mon cher enfant, confesse tes péchés et laisse-moi t'absoudre. » Roderick se confessa, le prêtre le bénit. Or, pendant qu'il le bénissait, s'éleva dans la chambre le miaulement furieux d'un chat, et Roderick frissonna dans son lit. Le prêtre tira de sa soutane un petit livre saint et, s'inclinant, le plaça sous la main de Roderick. Lui-même prit son livre de prières et dit : « Dors, mon enfant, ne crains point. » Roderick ferma les yeux, cédant à une immense lassitude, et s'endormit. À voix basse, le prêtre récita les psaumes sacrés. Minuit approchait. Le passage que lisait le prêtre disait ceci *Tu ne craindras point la terreur nocturne, ni la flèche qui darde le jour, ni le mal qui rôde dans les ténèbres, ni la maladie qui tue au milieu du jour.* Soudain, cela courut comme un frisson à travers ses os, et il sut que l'heure était venue. Il regarda Roderick qui dormait, et il lui sembla qu'une forme petite et imprécise, pareille à un oiseau, jaillissait de la bouche du garçon et sautait sur le lit. Cela ressemblait à un roitelet, mais blanc et tacheté. Le prêtre retint son souffle. Désormais il savait que l'âme avait quitté le corps et, à moins qu'elle ne réintégrât intacte le garçon, rien ne pourrait l'aider. Alors, au fond de son cœur, le prêtre dit à Dieu que s'Il le voulait ainsi Il pouvait prendre la vie du garçon, du moment que son âme était sauve.

Le prêtre prit conscience d'un fait étrange et terrible : un grand chat gris, très maigre et courroucé, sauta souplement sur le lit et y resta, prêt à bondir sur l'oiseau qui sautillait deci de-là avec insouciance. Le prêtre jeta un regard au garçon, rigide et pâle, les yeux fermés, qui respirait à peine et paraissait mort, prêt à être enterré. Le prêtre se signa et dit le *In Nomine.* Et tandis que les paroles sacrées flottaient dans l'air, le chat surveillait l'oiseau d'un air féroce, mais il paraissait se recroqueviller sur lui-même. Ensuite il s'esquiva.

Le prêtre craignait que l'oiseau ne continuât de s'égarer hors de sa protection, mais il n'osait éveiller le garçon car il savait, si l'âme restait séparée du corps et s'il rompait la chaîne qui les reliait, que ce serait sa mort. Il attendit donc et pria. L'oiseau sautilla sur le sol. Bientôt le chat s'en approcha à nouveau, à pas furtifs. Le prêtre commençait lui-même à succomber à la fatigue, il avait l'impression de lutter par l'esprit contre un adversaire puissant et fortement armé. Pourtant il refit le signe de croix en murmurant *In Nomine*, et le chat à nouveau battit en retraite.

Une redoutable somnolence s'abattit sur le prêtre et il se dit qu'il devait dormir. Quelque chose de lourd, plombé, puissant, semblait s'activer dans son cerveau. Pendant ce temps, l'oiseau sautilla sur l'appui de fenêtre, comme s'il préparait ses ailes à voler. Alors le prêtre frappa trois coups sur le sol avec son pied, car il ne pouvait plus lutter. Lady Leigh arriva très vite, l'apparence calme et tranquille de ce duel pourtant féroce parut l'effrayer. Comme elle allait parler, le prêtre lui intima de se taire et désigna l'enfant et l'oiseau : elle comprit. Ils gardèrent le silence, cependant l'esprit du prêtre s'engourdissait de plus en plus, bien que conscient de l'obscurité rampante qui s'apprêtait à engloutir l'oiseau, obscurité au centre de laquelle étincelaient deux yeux luisants. Dans un effort subit, il fit de nouveau le signe de la croix et dit le *In Nomine*. À la seconde même, la mère de Roderick tendit la main. Le prêtre s'affaissa sur le sol, mais il vit l'oiseau déployer ses ailes pour s'envoler et, juste à l'instant où la chose obscure se dressait, la gueule béante, l'oiseau s'éleva doucement, effleura la main de la dame, puis, avec un petit battement d'ailes, alla se poser sur le lit, et enfin sur le visage du garçon, où il disparut. Les cloches de l'église cessèrent à l'instant de sonner, laissant place à un doux silence. La forme noire se recroquevilla, recula, parut s'affaisser ; dehors retentit un cri aigu et glacé qui résonna horriblement ; le garçon ouvrit les yeux et sourit, sa mère tomba sur sa poitrine et l'embrassa. Le prêtre s'exclama : « Rendons gloire à Dieu ! » et il bénit Roderick ; puis il s'en alla, si discrètement qu'ils ne s'en aperçurent pas, car il lui restait une tâche à accomplir. La mère et le fils se réjouirent ensemble.

Le prêtre traversa le bois d'un pas vif et décidé, et entra dans l'église. Là il plongea un récipient dans le bénitier et, détournant les yeux, l'enveloppa dans un voile de lin. Ensuite, muni d'une lanterne, le visage grave et figé, il remonta la vallée d'un pas affligé, posant un pied devant l'autre, tel un homme forcé d'avancer contre son gré. Des bruits étranges s'élevaient du flanc de la colline, des cris d'oiseaux tristes, des battements d'ailes, et parfois un grognement profond qui semblait descendre la rivière. Le prêtre n'y prêta pas attention, il continua sa route jusqu'à la croix de pierre, où le vent sifflait dans les herbes. Puis il s'engagea à travers la lande. Il arriva bientôt à un monticule, et là, malgré l'obscurité, il discerna une noirceur plus ténébreuse encore à l'emplacement du pic.

Mais derrière le pic il vit une chose curieuse ; le lac était éclairé par une faible lueur blanche qui dessinait les rochers alentour. Sans jamais tourner les yeux, la tête inclinée, le prêtre continua de marcher, tout en marmonnant des mots dont il avait à peine conscience.

Enfin il atteignit la berge, et là il vit une chose effroyable. De gros vers lumineux grouillaient dans l'eau, remontaient par instants à la surface, comme pour respirer, puis s'immergeaient à nouveau. Le prêtre ne savait que trop bien qu'il s'agissait d'une ruse de Satan pour l'effrayer, aussi ne s'attarda-t-il pas. Il posa la lanterne à terre. Très vite la lanterne fut masquée par un battement d'ailes précipité, pareil à celui des chauves-souris. Le prêtre ôta le voile du récipient et, le tenant bien haut, laissa l'eau bénite couler dans le lac en prononçant ces mots : « Seigneur, qu'ils soient liés ! »

Quand l'eau bénite toucha l'eau du lac, il se produisit un phénomène étrange ; les vers se mirent à trembler et sombrèrent au fond, puis un frémissement glissa à la surface, et la lueur s'éteignit comme une bougie vacillante. Alors jaillit des pierres un cri obscène, et, avec un grondement de tonnerre, des rochers se détachèrent du flanc de la montagne. Enfin le silence retomba.

Le prêtre s'assit et se couvrit le visage de ses mains, car il était cruellement épuisé ; il parvint cependant à se relever, redescendit dans la vallée, lentement, péniblement, et regagna le presbytère.

Roderick resta longtemps entre la vie et la mort, mais la jeunesse et la paix de son esprit l'emportèrent.

De nombreuses années se sont écoulées depuis lors, tous ceux que j'ai cités sont redevenus poussière. Mais à la fenêtre de la vieille église, il y a un vitrail représentant le Christ, debout et, gisant à ses pieds, un homme qu'il a délivré du démon ; dessous, sur un rouleau de parchemin, sont inscrits ces mots : *DE ABYSSIS TERRAE ITERUM REDUXISTI ME*, que l'on pourrait traduire par *Tu m'as arraché des profondeurs de la terre.*

Traduit de l'anglais par Annick Le Goyat

Le Chat jaune

Elinor Mordaunt

Ce fut Mme Tillet la première qui attira l'attention de Leila sur le chat jaune : il avait plongé entre ses jambes tandis qu'elle se balançait, oisive, bras écartés, les paumes de ses mains appuyées de chaque côté aux murs de King's Way Alley.

C'était par un soir brumeux, à la fin du mois d'avril. Mordant sur le quai de Wapping, qui faisait une épingle à cheveux de l'autre côté de la rue, le long de l'allée, l'air frisquet, humide, était âcre du goût salé, piquant, de la marée montante ; l'odeur graisseuse de la boue de Londres se mêlait aux senteurs de l'entrepôt aux épices et aux fruits, bordant le fleuve : orange et muscade, café et poivre de Jamaïque.

Elle était là à causer avec Leila Fitch, juste sous cette arche avec le bateau sculpté – vous voyez où ça se trouve ? – quand le chat jaune passa devant elles en courant, sa vilaine queue dressée, propulsé en avant par son propre élan. Puis il s'arrêta, se retourna et vint, le dos en arc-de-cercle, se frotter contre les jambes de la jeune fille.

Leila se baissa pour caresser sa fourrure rêche : elle aimait beaucoup les animaux, et s'en excusait presque.

« Font un raffut du diable, y'a pas à s'tromper. M'empêchent de dormir, faut'l'dire, mais c'est la nature, j'pense !

– Çui-là, vrai, y fait pas d'bruit. »

Mme Tillet envoya un coup de pied à l'animal, manqua sa cible, et abandonna la partie.

« *Çui-là* n'fait pas d'bruit, pour sûr, pas lui ! Bien trop malin pour ça, c'… c'démon ! L'a rien d'normal, ce chat. Regarde-moi ça ! Bonté divine ! T'as déjà vu ça, toi ? » s'écria-t-elle, car le matou venait délibérément de lui « cracher » dessus ; puis il marcha autour des jambes de Leila, tout en frôlements appuyés et ronronnements, avec quelque chose de lascif dans tous ses mouvements.

Depuis ce jour-là, l'animal fut toujours après elle ; dès que la nuit tombait, en fait ; car lorsqu'il faisait jour Leila ne l'aperçut pas une seule fois.

Le chat lui donnait la chair de poule ; mais en même temps, s'il ne venait pas, il manquait quelque chose à Leila ; car s'il y avait sur terre une fille qui aimait qu'on l'aime, c'était bien Leila Fitch.

Pour Leila Fitch l'univers se bornait à trois personnes. Un microcosme de l'immense et vaste monde de Londres : ignorés du monde extérieur, ces trois-là – elle-même et deux hommes –, absurdes et insignifiants aux yeux de tous les autres, étaient cependant tout l'univers à eux-mêmes. Et cela alors même que, des trois, deux n'étaient liés par rien d'autre que la haine qu'ils se vouaient, et le désir passionné qu'ils avaient de Leila. Et même si Leila pouvait bien parfois les adorer ou les haïr, tous deux, tour à tour ou faire bruyamment gloire à d'autres hommes, à leurs belles vertus et à leurs beaux sentiments, elle les avait vraiment, ces deux autres, dans la peau.

Elle n'arrivait pas même à les chasser de son esprit, pour dire la vérité : de façon que, par une sorte de pression extraordinaire, de succion, ils étaient tous trois liés comme trois martyrs au même poteau, dévorés par le même feu. Leila pouvait bien parfois leur préférer d'autres hommes ; mais elle ne pouvait jamais vraiment aller bien loin avec ceux-là ; et elle les plantait là, avec leurs regards vicieux et leurs coups de coude ; car ce qui la liait aux deux autres était plus fort que la préférence ; et elle était incapable de ne pas y céder.

Ils étaient donc trois : Leila Fitch, Yanatoff et M. Yen. Quant au chat – bah, comptez-le ou non, celui-là, comme il vous plaira : ils n'étaient toujours que trois. Tous les autres étaient à l'extérieur de ce lien, d'une certaine importance; parfois même d'une certaine utilité, mais de la même importance, de la même utilité que ceux qui regardent et nourrissent des poissons rouges dans leur bocal – c'était tout.

Leila Fitch travaillait chez *Ewart et Ayres*, un entrepôt de fruits, sur l'un de ces chargeurs roulants, qui, chargé de caisses et de ballots, courait comme un large et souple bandeau d'acier, des navires alignés contre les quais du fleuve jusqu'à une demi-douzaine d'entrepôts. Les caisses destinées à *Ewart et Ayres* étaient marquées d'un grand triangle bleu, et Leila devait les repérer et les agripper avec un crochet d'acier tandis que le serpent aux anneaux luisants fait de crémaillères et de chaînes glissait le long de la plate-forme sur laquelle elle travaillait. Si une caisse particulièrement lourde s'était déséquilibrée et avait entraîné Leila vers le chargeur, ç'aurait été la fin, ou pire que la fin. Mais bien qu'elle ait vu des bras et des jambes arrachés, des crânes horriblement écrasés, elle n'avait jamais pensé une seule fois qu'un accident de ce genre puisse lui arriver; car elle avait les pieds sur terre, était fière, courageuse, n'avait peur de rien ni de personne – ces deux autres exceptés. Son expression de plus grand enthousiasme : «Pas si mal»; son «oui» le plus franc : «J'm'en fiche»; une grande fille à la forte poitrine, aux yeux noirs comme les prunelles et aux joues rouges, apparemment – et en bien des choses réellement – si hardie... et pourtant, hardie, non, pas toujours : il y avait dans son rire frémissant, incertain, quelque chose qui la trahissait et qui disait que certaines choses dans l'existence faisaient bel et bien trembler Leila Fitch – des choses que les autres gens ne craignent guère.

Quant aux deux autres : Joseph Yanatoff était tailleur, et M. Yen garçon de cuisine dans un restaurant de Soho. Le père de Yanatoff était polonais et sa mère une Juive de Russie. Le père de M. Yen était chinois; sa mère mi-malaise, mi-irlandaise. Leila Fitch, elle, était cent pour cent pur cockney – entre Paddington Green et l'île aux Chiens. Quant au chat jaune, on y reviendra.

Ces trois-là menaient leur existence dans un mélange de

nations variées : nul besoin d'un navire pour aller d'une terre à l'autre. De Little Italy à Limehouse, de Limehouse à Shoreditch, la promenade n'est pas bien longue ; et pourtant, en une heure, vous traversez trois mondes qui n'ont rien à voir. Quant à Billingsgate, c'était autre chose encore. Là vivaient des hommes et des femmes aussi anglais que possible, et pourtant radicalement différents – leurs vêtements, ces drôles de chapeaux de cuir, et ces manières, cette façon de parler...

M. Yen et Yanatoff étaient tous deux amoureux de Leila Fitch. Ce qu'elle vous aurait dit, c'est qu'elle se fichait de l'un et de l'autre comme d'une guigne ; mais au fond de son cœur, de fait, elle aimait mieux Yanatoff, tourmentée comme elle l'était par l'autre ; et, parce qu'elle éprouvait une espèce de tendresse pour le Polonais, par amour-propre elle démontrait à Yen un intense intérêt.

Yanatoff était autant musicien que tailleur. Il avait un petit violon avec lequel il pouvait vous embobeliner l'âme au corps. Et c'était quand il en jouait que Leila Fitch se sentait le plus intensément sienne, et qu'elle se fondait en lui comme en un père, un époux.

Un soir, à la fin de l'été, ces deux-là, Leila et Yanatoff, étaient assis sur les Wapping Old Stairs, cinq mois après cette première apparition du chat jaune ; silencieux, car entre deux mélodies le Polonais s'était mis à rêver.

Le fleuve, déployant un bleu d'ancienne estampe chinoise, était perlé de lumières ; une nuée d'immeubles séparaient les eaux du ciel, et il y avait dans les airs un tout jeune croissant de lune.

L'air était lourd de l'odeur des oranges, car une barge n'avait cessé, de la journée, de faire des allers et retours entre le quai et les docks du Surrey.

La péniche avait maintenant le nez sur Wapping Old Stairs. Il y avait encore quelques caisses à bord quand les dockers avaient cessé le travail ; l'une était à demi défoncée, son contenu épars. Les enfants s'y seraient précipités, c'est certain, si le veilleur n'avait pas été là avec sa lanterne, accroupi, à fumer, sur la poupe ; suffisamment réveillé pour repérer les maraudeurs du fleuve, en un lieu où non seulement quelques fruits tombés, quelques caisses même, mais encore les garnitures de la péniche, et même tout son fourbi, pouvaient bien être volés. Il était bien peu probable pourtant qu'il puisse remarquer quelque chose d'aussi anodin qu'un chat jaune. L'animal se glissa le long de la péniche, escalada la petite rambarde du quai, bondit enfin sur la poitrine de Yanatoff, et lui déchira le visage de ses griffes.

Ce fut Leila qui arracha le chat à sa proie, et le jeta à l'eau, où le précieux violon de Yanatoff était déjà tombé. Elle vit la bête se rattraper à une chaîne et ramper le long des bossoirs de la péniche, incroyablement maigre, luisant dans la lumière pâle ; elle appela le veilleur pour qu'il arrête le chat et le remette à l'eau ; elle l'appela désespérément, comme si sa vie même dépendait de la mort du chat. Mais le veilleur devait s'être assoupi, car il ne prêta aucune attention à ses cris, ni à la longue lamentation de Yanatoff sur son cher violon – son amour, sa vie, son enfant.

Leila le réconforta, le materna – du reste, c'était bien ce besoin évident de se montrer maternelle qui l'avait d'abord poussée vers ce fragile bonhomme – et l'aida à repêcher son crincrin, tout cela l'esprit en partie ailleurs. Car le chat au corps maigre et trempé s'était retourné sur le couronnement de la péniche, les pupilles, même dans la pénombre, malfaisantes et sinistres. Avoir peur d'un chat – quelle bêtise ! Mais malgré tout elle sentit un frisson lui courir le long de l'échine. Et penser qu'il l'avait regardée avec les yeux bridés de Yen, c'était ridicule – et pourtant c'était bien ainsi qu'il l'avait regardée.

Yanatoff était élancé, le visage pâle comme un troène, avec de grands yeux sombres. Il gagnait bien sa vie, il n'avait aucun vice, il adorait jusqu'au sol que Leila foulait ; et ce quelque chose qui tremblait de peur au fond des yeux noirs et brillants de Leila, ses sourcils arqués et fournis, son apparence de hardiesse s'accrochaient à lui, avaient besoin de lui. A-t-on jamais pu dire d'un être humain qu'il se baigne, qu'il se lave dans les eaux bienfaisantes d'un autre être humain ? Pour ces deux-là, c'était la vérité. Elle le maternait, oui, mais elle s'étayait à lui. Il y avait en chacun d'eux quelque chose qui faisait écho à l'autre.

Malgré tout cela, elle était trop fière pour l'épouser, parce que toutes les autres filles se moquaient de lui – oui, riaient sur son passage, à cause de son violon et de la déférence et de la chevaleresque politesse qu'il avait toujours à leur égard. Quand il s'était installé à Wapping, il ôtait encore son chapeau pour les saluer, jusqu'au jour où une vertueuse matrone lui avait collé son poing dans la figure pour s'être « permis des privautés ».

Patrick Yen – ce prénom chrétien lui venait de sa grand-mère maternelle, et personne ne s'en émouvait, car n'était-il pas né dans un tumulte de nationalités – était grand et puissamment bâti ; toute sa personne, tous ses mouvements témoignaient de l'élégante retenue d'un fils de l'Empire céleste.

« Y s'déplace exactement comme un de ces sacrés matous, Dieu m'pardonne, y s'déplace vraiment comme ça ! » déclara Mme Tillet, et nombreux furent ceux qui le remarquèrent. Car au bord du fleuve, on a l'esprit vif quand il s'agit de décrire les personnalités ; et peu de choses y passent inaperçues, même si beaucoup ne font guère jaser. Ceci dit, des gens bizarres, dans King's Way Alley, il y en avait bien avant ces jours-là – et l'un même les dépassa tous en bizarrerie ; mais c'est une autre histoire – et c'est du passé, même si elle n'a jamais été contée.

Le jour durant, M. Yen ne sortait presque jamais de sa chambre. Elle donnait sur un puits de lumière carré, et l'immeuble avait deux sorties : l'une King's Way Alley, par l'une de ces grilles de fer, en retrait de la rue ; l'autre menait à un tout petit escalier tournicotant, puis à une porte, puis au palier du dernier étage de l'un de ces grands vieux immeubles surpeuplés, aux rampes d'escalier sculptées et aux cheminées Adam, où logeaient autrefois, au temps des derniers George, les princes des marchands. Puis l'on descendait un autre escalier pour se trouver enfin Pierce Place.

Ni M. Yen ni ses amis n'utilisaient très souvent la sortie qui donnait sur King's Way Alley. La plupart montaient le vaste escalier infesté de gamins du 11, Pierce Place, sachant bien que le meilleur moyen de passer inaperçu est encore de se mêler toujours à la foule de ses semblables ; puis ils passaient par la porte du palier du dernier étage et redescendaient par les petites marches tortueuses de l'escalier du numéro 5, bien que cela leur fasse prendre deux escaliers au lieu d'un.

Et pourtant, aussi rares que fussent les rencontres entre les habitants du 5 et les amis de M. Yen, il était inévitable qu'elles se produisent de temps à autre. Une fois vus, ils ne pouvaient qu'être remarqués. Il y en avait de toutes sortes, et cependant il y avait quelque chose de curieusement commun à tous ces hommes, une sorte de qualité unique : des marins – et j'ai entendu dire que la plupart des vrais cambrioleurs, des experts, sont d'anciens marins –, des parieurs en costume pied-de-poule plutôt voyant ; puis une troisième sorte encore, des gars plutôt minces, assez jeunes, vêtus de gris fer, avec de longs visages grisâtres rasés de près, des lèvres grises et minces – des types qui ressemblaient à de fins becs de plume. Ceux-là portaient leur col de veston boutonné jusqu'au menton, et des foulards blancs ou à pois autour du cou ; des bottines très pointues, en cuir verni et dessus toile, et des casquettes avec des visières extra-larges, inclinées de façon très élaborée. Ces hommes allaient et venaient sur la pointe des pattes, comme des chats, avec des paquets sous le manteau, ou la main bien serrée dans la poche du pantalon.

Le mot n'était pas prononcé – mais le sentiment, l'idée, la certitude surgirent alors –, Patrick Yen était à lui seul un « fourgue », un receleur et l'ami des « indics »

En ce mois d'août il avait quitté son emploi de Soho quelques jours auparavant. C'était une drôle d'histoire, d'ailleurs...

« Et franchement, ce genre d'affaire, moi, je ne m'embête pas avec » : voilà ce que Yen en disait.

La femme du patron s'était endormie un soir dans sa petite loge ; elle avait compté sa caisse, vérifié les bordereaux des serveurs, et envoyé son mari se coucher tout seul ; et elle dormait encore – c'est en tout cas ce qu'il paraissait – quand il se réveilla, lui, vers cinq heures du matin, et qu'il ne la vit pas à son côté. Il descendit l'escalier en chemise de nuit, assez hébété, et furieux. Il la trouva assise au bureau, la tête reposant sur ses bras croisés, dans une pose qui semblait si confortable que ce fut une sorte de grand retour au calme après sa bouillante colère ; puis il comprit qu'elle était morte, en fait : morte empoisonnée, à en juger par le sédiment épais qui s'était déposé dans le fond du verre à vin qu'elle avait près d'elle.

C'était l'un des serveurs qui lui avait apporté le verre, juste après que le restaurant eut fermé pour la nuit. Bien sûr, n'importe lequel des garçons aurait pu le droguer. Mais il était impossible que quiconque se soit introduit dans le bâtiment pour y dérober le paquet de billets de banque que son mari lui avait vu compter quand il était monté : verrous et barres étaient intacts et tous bien en place. On ne pouvait passer que par une ouverture pratiquée dans une plaque de zinc, au-dessus du soupirail de la cave, à peine suffisante pour laisser passer un chat. Cela fut découvert pendant l'enquête : une poignée de messieurs solennels qui scrutaient la seule ouverture dans toute la maison, dans une atmosphère alourdie par les odeurs mêlées de toutes les savoureuses nourritures du restaurant.

« À peine assez large pour laisser passer le chat !

– Et un chat fichtrement maigre, avec ça ! » ajouta l'un d'entre eux entre ses dents, moins solennel.

Quand on parle des chats, ou que l'on écrit à leur sujet (et tout cela parut dans *The People*)... chose curieuse, alors que Patrick Yen lui-même était si... non pas gros, mais bien enveloppé, bien rond, son chat, au corps si étonnamment allongé, à l'apparence si furtive, était aussi efflanqué que les autres chats du bord du fleuve.

Car le chat jaune était la propriété de Patrick Yen. Les locataires du 5 l'avaient vu se faufiler par la porte de Yen, tard le soir ; ils avaient trébuché sur l'animal et l'avaient injurié. Un matin, à l'aube, partant pour Covent Garden, Irene Tripp l'avait trouvé devant chez Yen, dont elle avait entendu claquer la porte dans la nuit.

Elle frappa, elle cria pour qu'il l'entende à travers la porte : « Y'a vot'sale chat qui veut rentrer ! »

Et comme personne ne répondait, elle l'entrouvrit et laissa le bestiau se faufiler dans la chambre ; puis elle jeta un coup d'œil à l'intérieur, aperçut les vêtements qu'elle voyait tous les jours sur le dos de l'ex-marmiton en tas sur le plancher : exactement comme s'il venait tout juste de les enlever – les bretelles et tout le toutim, comme elle disait. Et pourtant le lit était vide.

Voilà qui était déjà assez étrange : dans cette partie de Londres, l'on n'avait guère coutume de changer tout son vestiaire d'un coup, comme ça.

Elle aurait bien continué son inspection, si ce n'était que le chat, d'un bond, lui sauta à la poitrine, ce qui la contraignit à une retraite hâtive.

« Après tout c'temps qu'j'ai perdu à l'faire entrer ! Dieu du ciel, si j'croise c't'affreux diable jaune un jour que j'ai l'tisonnier à la main ! »

Elle reconnut que le chat n'avait pas miaulé, ni gratté à la porte pour qu'on le laisse entrer.

« Y savait qu'y avait personne là-d'dans, que j'perde la vue si j'comprends comment ! »

Mais tout cela se passa quelque temps déjà après la nuit où Mme Fasoli mourut.

Cette nuit-là, Yen était rentré à minuit, car Mme Ryan, la locataire du 5, deuxième étage au fond, l'avait vu s'introduire dans sa chambre au moment même où les horloges en ville sonnaient minuit ; et c'était vraiment l'heure la moins tardive à laquelle un homme qui quitte Soho à onze heures et demie peut espérer atteindre King's Way Alley.

Ceci, Mme Ryan en témoigna devant le jury d'enquête ; elle avait emprunté un chapeau spécialement pour l'occasion, crêpe noir et calotte d'autruche écarlate ; sur le chemin du retour, elle se soûla copieusement et se fit arracher son chapeau par une autre « dème » : ce qui souleva la controverse suivante, qui occupa les résidentes femelles de la ruelle des jours entiers (un torrent fertile de discussions et de débats qui fit complètement oublier la chère disparue) : qui était responsable des dommages causés audit chapeau et qui devait les rembourser, le chapeau ayant été non seulement arraché mais encore jeté dans le caniveau et piétiné ?

Cette même nuit où l'on avait vu M. Yen rentrant chez lui

au 5 de King's Way Alley, on le vit également monter les marches du 11, Pierce Place, et passer par le palier du dernier étage, où la porte de séparation était comme toujours restée ouverte : car Mme Weilen, que son mari avait mise à la porte, était assise en haut de l'escalier, les bras croisés, massant son œil au beurre noir et sa poitrine contusionnée. Il était minuit, et dix minutes ne s'étaient pas écoulées depuis le passage de Yen, lorsqu'elle remarqua le chat jaune qui se faufilait en biais sur le palier, puis le long des marches.

Vers deux heures à peu près – elle n'en était pas sûre, elle avait dû s'assoupir – le chat revint, ventre à terre, par l'escalier, avec quelque chose dans la gueule, « un genre d'paquet » – c'est en tout cas ce qu'elle déclara ; et s'en tint à ces termes, bien que personne alors n'ait voulu la croire, même lorsqu'on retrouva sur les marches, tôt le lendemain matin, un billet d'une livre percé de petits trous acérés.

Mme Weilen avait fermé la porte entre les deux immeubles à cause du courant d'air, et la bête se jeta contre le panneau ; et lorsqu'elle comprit que le bois ne cédait pas, elle n'eut pas recours aux manœuvres habituelles et vaines des autres chats, miaulements et grattements. Non, elle rebroussa chemin par l'escalier comme pour aller chercher un autre moyen d'entrer.

Alors que le chat arrivait au premier étage, le chien de Yanatoff, un bâtard au poil noir et râpeux, à la longue queue onduleuse, surgit de la chambre du Polonais.

En bas des marches l'on entendit le fracas d'une bagarre, chocs sourds et bousculades dans l'escalier ; du chien, un hurlement de temps à autre, mais nulle manifestation de son adversaire, alors que la plupart des chats feulent quand ils se battent.

Les deux animaux se bagarrèrent sur le palier un bon moment, puis ils roulèrent, étroitement enlacés, dans l'escalier raide du sous-sol et contre la porte de la chambre de la vieille Mme Fitch, qu'ils enfoncèrent violemment.

La grand-mère de Leila, chez laquelle vivait sa petite-fille, avait la manie des cruches à fleurs ; sur les trente-cinq de sa collection, onze furent réduites en miettes – c'est vous dire.

Le vacarme était épouvantable – hurlements de la vieille Mme Fitch, bris de porcelaine, aboiements et grondements ; encore que le chat, dans cette extrémité, devait toujours garder la gueule fermée, car il n'en provenait aucun son. Et cette opiniâtreté donne quelque consistance à l'histoire de Mme Weilen, qui lui avait vu porter ce petit paquet.

Avant que Leila ait pu mettre la main sur les allumettes, le chat s'était enfui par un carreau cassé de la fenêtre, tandis que le chien, gémissant, sanglotant, remontait à la chambre de son maître.

Le lendemain, à l'heure du déjeuner, Leila Fitch monta l'escalier, franchit la porte de séparation, et donna un coup de pied dans celle de Yen pour l'ouvrir. Elle le trouva encore au lit et lui dit ce qu'elle pensait de lui et de son chat.

Lorsqu'il lui demanda comment elle pouvait être sûre que c'était bien son chat à lui qui avait, la nuit d'avant, envahi leur intimité, elle fut stupéfaite (elle avait insisté sur l'obscurité qui régnait dans la chambre de sa grand-mère), et jura d'abondance.

Elle le *savait*, c'était tout ; elle le sentait jusque dans la moelle de ses os, comme elle sentait toujours la présence proche de l'un ou l'autre des deux hommes.

Elle ne fut pas aussi sévère avec Yanatoff car, après tout, le chien avait été attaqué sur son territoire. De surcroît, le petit Yanatoff ne s'était jamais bien remis de la soirée où le chat jaune l'avait griffé. Il n'avait pas repris le travail et restait toute la journée au lit, pour s'éclipser le soir – « s'éclipser », oui, c'est le mot – exactement comme le chat jaune lui-même.

Ce matin-là, il avait l'air si mal en point, avec les marques que les griffes du chat avaient laissées sur son visage, comme un gril mal dessiné, que Leila lui fit avaler une dose du médicament pour la bronchite que le docteur avait apporté à la grand-mère, et que la vieille dame refusait de prendre parce qu'il avait un goût de « machin sans alcool ».

Cela lui fit peut-être du bien, car le soir même elle le rencontra dans Gravel Lane ; il avait presque retrouvé son apparence habituelle, et le roquet, une oreille déchirée, allait sur ses talons.

Elle fut heureuse de le voir. D'une façon ou d'une autre Yen, le matin, l'avait terrifiée ; assis bien droit sur son lit, dans cette chambre impeccable d'une propreté immaculée, il avait offert à Leila un billet d'une livre qu'il avait tiré d'une liasse sous son matelas, en remboursement des cruches brisées.

« Si seulement ce fichu matou était là ! » s'était-elle écriée ; et depuis le sourire de Yen la hantait – aimable, rusé ; et la façon, aussi, dont il l'avait regardée : à lui donner l'impression pour le reste de la journée qu'elle n'avait « rien su'l'dos », comme elle disait.

« Je gagne pas mal d'argent, avait-il dit. Une livre ! C'est quoi, une livre, pour moi ? Et plus vite tu te décideras à m'épouser et à prendre ta part de tout ça, mieux ça vaudra. Tu finiras bien par y venir, c'est fatal – car je compte bien t'avoir. Et ce que je veux, je l'ai toujours. »

Voilà ce qu'il avait dit ; et quand Leila lui avait répondu par une bordée d'insultes, elle avait eu, mi-excitée, mi-terrifiée, le pressentiment qu'il disait vrai. Il était horriblement séduisant, et ne ressemblait à personne d'autre. Il y avait un lys orange dans un vase bleu sur la tablette de la fenêtre de sa chambre. Vous vous rendez compte, un vase et des fleurs chez un homme seul ! – et par-dessus le marché, un homme qui ne faisait pas loin d'un mètre quatre-vingt-cinq en chaussettes, un homme d'une telle force que personne ou presque sur les quais n'aurait osé l'affronter.

Quelque temps auparavant, on avait trouvé le corps d'un homme dans la boue noire, au pied des Wapping Old Stairs, où l'avait laissé la marée descendante. Étranglé ! C'est-à-dire que sa nuque était aussi tire-bouchonnée qu'une branche de saule. On ne sut jamais qui avait fait le coup. Toutes sortes de conjectures furent évoquées, mais personne – en paroles, du moins – n'associa jamais aucune sorte de crime avec qui que ce soit en particulier – simplement, l'affaire attira l'attention – et aurait bien pu attirer celle des enquêteurs sur le mode de vie d'une certaine personne...

Et pourtant, comme cette odeur inexplicable et subtile qui flotte dans les vieilles maisons, il y avait bel et bien une sorte de sentiment dans l'air, qui reliait ce meurtre à M. Yen, dont les mains étaient comme de l'acier souple.

Ce soupçon, cependant, ne reposait que sur le seul Yen – Yen et personne ou rien d'autre : une affaire somme toute assez simple et banale. Mais d'autres événements, qui survinrent après l'étrange mort de Mme Fasoli, lièrent intimement, inexplicablement, Yen et son chat jaune dans l'esprit de Leila Fitch : comme la pluie et le brouillard, que l'on ne peut plus distinguer l'un de l'autre.

Par exemple, l'épisode de cette riche femme du West End, retrouvée morte dans son lit.

Elle était rentrée d'une soirée assez tard, avait ôté ses nombreux bijoux et les avait laissés sur sa coiffeuse. N'y manquaient que trois bagues d'une immense valeur – et rien de plus.

La porte était verrouillée, la fenêtre entrouverte d'une quinzaine de centimètres, et maintenue dans cette position par une espagnolette.

La morte avait l'habitude de prendre des somnifères, mais elle n'en avait pas absorbé une dose excessive cette nuit-là, l'autopsie le confirma.

On trouva sur son oreiller et sur le devant de sa chemise de nuit des cheveux roux et courts. Ce fut ce détail-là qui donna à Leila Fitch l'impression que quelqu'un versait de l'eau glacée, goutte par goutte, sur son épine dorsale.

C'était assez clairement un cas d'étouffement.

« Un oreiller, vous voyez, une histoire à la Othello. »

Mais qui ? C'était là la question : et personne ne fit seulement allusion à l'un de ces vieux contes de nourrice où un chat étouffait des enfants – et pourquoi pas des adultes ? – en s'asseyant sur leur visage.

Il y eut aussi des cambriolages dans des joailleries fermées à double tour et bien surveillées, où les voleurs n'emportaient que des petites pièces d'une très grande valeur. Les journaux étaient remplis de ces mystères. Il n'y avait guère que les gens de King's Way Alley pour ne jamais en parler. Si les richards du West End voulaient en faire des gorges chaudes et des conjectures sans fin, à leur aise : mais sur le fleuve on se tenait à l'écart de ce genre d'affaire.

Et pour Leila Fitch, bien plus que pour les autres, se dégageait de tout ce qu'elle lisait cet arôme de Patrick Yen, aussi entêtant que celui des entrepôts d'épices du bord du fleuve. Elle se levait tôt le dimanche pour le petit déjeuner de sa grand-mère, puis se recouchait, restait au lit à lire *The People*, la tête hérissée d'innombrables bigoudis, son sens dominical d'un luxe infini complètement gâché par ce quelque chose qui était bien trop imprécis pour être appelé doute ; cependant une nuit elle rêva vraiment qu'elle était étouffée par le chat jaune de Patrick Yen, assis sur son visage.

Le ciel était d'un indigo froid ; les étoiles y étaient disséminées comme des éclats de glace le soir où elle croisa Yanatoff dans Gravel Lane ; elle passa devant lui avec un mouvement des épaules et des coudes qui était sa façon de saluer, et un bref « Bonjour » ; et lui, il souleva son chapeau, comme il n'osait plus le faire qu'avec elle, qui malgré sa splendeur ne l'avait jamais humilié ; et il la suivit.

Leurs mains se joignirent tandis qu'il allait près d'elle, Leila haussant les épaules toujours. Car, malgré tout, elle sentait bien qu'ils étaient amoureux, et qu'elle s'était libérée de la tyrannie, de l'avidité de M. Yen ; alors que la fragilité même du petit Yanatoff la faisait se sentir forte et sûre d'elle-même.

Ils tournèrent dans High Street et se dirigèrent vers Tower Bridge, jusqu'à une allée étroite qui descendait, entre deux grands entrepôts, vers le fleuve. Puis descendant le chemin d'un noir d'encre, ils parvinrent à un embarcadère exigu, bordé sur le côté d'une balustrade, qui plongeait doucement dans le fleuve, clair et sans brouillard, d'un bleu plus vert que le ciel.

Bateaux et péniches gisaient de chaque côté du large ruban d'eau ; les lumières sur les navires, l'usine brillamment illuminée à l'autre bout n'altérant pas plus la solennelle tranquillité du paysage que la croix de diamant sur la poitrine de quelque haut dignitaire de l'Église catholique.

Leila appuya le creux de son dos puissant contre la rambarde, et écarta les bras de chaque côté. Yanatoff se pencha vers elle ; il était si petit – en vérité, bien plus petit qu'elle – que le haut de sa tête logeait à son aise sous le menton relevé de Leila.

Un peu plus tard elle leva les bras, et l'enlaça. C'était extraordinaire, cette impression de sécurité qu'il lui donnait – flétrie comme elle l'avait été par l'oppressante force de Yen.

Elle baissa la tête vers Yanatoff et leurs lèvres se touchèrent.

« Mon Dieu ! Comme je t'aime ! »

Yanatoff prononçait le nom de Dieu avec les consonnes dures de l'allemand, et les voyelles traînantes du cockney. Son accent avait toujours plu à Leila Fitch ; lui avait plu, et l'avait amusée. Tandis qu'ils se séparaient un moment, pour se regarder avec l'abstinence délibérée des amants – cette pause qui rend chaque baiser plus doux que le précédent –, elle se rendit compte que les beaux yeux de Yanatoff brillaient curieusement dans la lueur des étoiles, les pupilles élargies à l'extrême ; elle vit aussi les coutures gonflées laissées par les griffes du chat, plus profondes que des estafilades ordinaires ; elle le serra à nouveau dans ses bras avec un sentiment d'infinie tendresse, le sentiment aussi d'être lavée, délivrée de Yen – pour le moment présent.

Le chien noir, qui avait exploré tous les recoins de l'entrepôt, recula soudain dans les jupes de Leila et gronda – avec dans la colère quelque chose d'un gémissement.

Deux éclats de lumière étincelante, séparés d'à peu près trois centimètres, assez près du sol, descendaient sur l'allée qui sinuait comme un rideau étroit entre les entrepôts.

Tout à coup le roquet – vil roquet, certes, et cependant, pour le maître qu'il adorait, assez courageux – bondit, et une fois de plus se trouva inextricablement imbriqué au chat jaune.

Les deux bêtes roulèrent ensemble sur le passage étroit, d'avant en arrière, parfois surplombant plus qu'à demi le rebord de l'embarcadère, en dépit des cris et des coups de pied.

Le chien poussa un aboiement suraigu, et Yanatoff, craignant pour les yeux de son compagnon, essaya de les séparer, finit par arracher le matou à la mêlée.

Alors Leila vit la bête, ayant presque doublé de volume, se retourner et s'enrouler sur la main de l'homme, et lui enfoncer les canines dans l'épaisseur de la paume, juste en dessous du pouce.

L'instant d'après, la bête s'était détachée de Yanatoff et filait vers le haut de l'allée.

La blessure ne semblait pas grave. Leila Fitch arracha de son jupon un lambeau de tissu presque détaché déjà, et banda la main de Yanatoff.

Puis elle conduisit son amoureux à la chambre du sous-sol et lui fit du thé, informant au passage sa grand-mère – assise toute droite dans son lit, aussi chauve qu'un œuf et incroyablement ridée – qu'elle allait épouser « ce gars-là ».

« Mooon Dieu ! V'là aut'chose ! Ou-ou-ouh, c'est qu'y aura pus d'place pour moi ! Et qu'est-ce que j'vais dev'nir ? »

La vieille Mme Fitch commença à se lamenter, et Leila lui tapota l'épaule.

« Dieu m'pardonne, mais dans z'un lit comme çui-là, si n'y a pas d'place pour... un troisième... pis un qui passe entre les gouttes, faut dire... Oh ! C'est qu'ça m'plaît bien », s'écria-t-elle, puis elle rit, bruyamment, avec pourtant ce curieux tremblement nerveux dans son rire.

Tout son bonheur s'était évanoui à l'arrivée du chat jaune : l'idée de Patrick Yen était de nouveau là, aussi lourde, aussi étouffante que si l'homme lui-même pesait de tout son poids sur Leila.

Avant de partir au travail, le lendemain matin, elle monta chez Yanatoff avec une tasse de thé, pour prendre des nouvelles de sa blessure : à demi penaude, sachant bien que ce n'était qu'un prétexte assez piètre, car quel mal une morsure de chat peut bien causer, quelle qu'elle soit ?

Comme personne ni rien ne répondait à son toc-toc – si ce n'est un flot de paroles ininterrompues, presque des cris, et le gémissement d'un chien –, elle ouvrit la porte et entra.

Joseph Yanatoff était assis dans son lit, et débitait les plus incroyables absurdités d'une voix aiguë et sonore, comme celle d'un somnambule ; des taches rouges enflammaient ses pommettes ; ses yeux étaient écarquillés et brillants. Ses deux mains reposaient sur la couverture rayée, l'une affreusement gonflée et presque noire, et les bras aussi maigres que d'habitude, comme des bâtons de chaise.

Le désordre le plus total régnait dans la chambre, et ce n'était en aucun cas le résultat d'une nuit de délire.

S'il y avait un homme en ce monde incapable de prendre soin de lui-même, c'était bien Joseph Yanatoff.

Leila Fitch en prit conscience avec un sentiment fait de profonde pitié, de joie plus profonde encore, et de triomphe mêlés.

Et malgré tout, lorsque Yanatoff, pâle ainsi que tous les fantômes – et cette qualité, il l'avait contractée en partie dans sa proximité, son combat avec la mort, qui dura près de huit semaines – lorsque Yanatoff fort péniblement sortit de l'hôpital, toutes ces semaines plus tard, Leila Fitch n'était plus Leila Fitch.

Patrick Yen l'avait bien dit : il l'aurait ; et il l'eut – ou ce qui en restait, car elle était aussi amaigrie et blême que Yanatoff, ne parlait plus guère, mais riait beaucoup, de ce rire cassé, plus frémissant que jamais, maintenant que l'avait désertée sa généreuse, sa joyeuse crânerie.

La première fois qu'elle revit le petit Polonais, cependant, elle parut retrouver ses forces. Et assez curieusement, en dépit du fait qu'elle l'avait abandonné pendant sa terrible maladie, et épousé un autre que lui, ce fut son air de désolation absolue et d'hébétude qui poussa Leila Fitch à mettre fin à une situation qui n'était pas seulement *en train* de devenir insupportable, mais en vérité, l'avait toujours *été*.

L'apparence de Yanatoff suffit à épouvanter Leila. Sa peau avait jauni, ses sombres yeux étaient immenses. En descendant Pierce Place, il marchait si près du mur que de la manche il l'effleurait ; il allait sur la pointe des pieds ou des pattes, plutôt, comme... eh bien, comme un homme mortellement conquis par la nature même du chat.

La porte d'entrée du 11 était grande ouverte, mais il n'y entra pas.

Ce qu'il fit alors fut, de l'avis de Leila, absolument extraordinaire. Il escalada la petite barrière de fer forgé en mauvais état, se faufila le long du terrain, puis se glissa par la fenêtre ouverte d'une chambre vide du sous-sol, juste à côté de celle où habitait toujours Mme Fitch.

Un instant plus tard, elle le vit surgir de l'escalier du sous-sol, ramper le long du couloir et de l'escalier qui conduisaient à sa propre chambre. Ça alors ! Un homme qui rentrait sur son propre territoire comme s'il n'était qu'un... un... ma foi, plus un homme du tout !

La jeune Mme Yen avait vu et subi d'étranges choses durant les quelques semaines de son mariage, et pourtant celle-là était bien la plus étrange et la plus choquante. Un homme mordu par un chat pouvait-il donc être contaminé par sa nature, tout comme certains autres étaient déjà... eh bien, mi-chat, mi-homme ? C'étaient là les questions qu'elle se posait.

Quant à Patrick Yen, il était de sortie du crépuscule jusqu'à l'aube, sans exception. Il était resté avec elle les trois nuits après leurs noces, voilà tout. C'était un soulagement sans borne que d'être débarrassée de lui. Mais cela n'ôtait rien à l'étrangeté de sa conduite. Et puis, même si une femme ne goûte pas la compagnie d'un homme, elle n'apprécie pas forcément qu'il la quitte toutes les nuits. Étrange, de même, que de l'aube au crépuscule, elle n'ait jamais vu ne serait-ce qu'une seconde le chat jaune. Le jour, il n'était jamais dans leur chambre – tout le temps en fait que le maître de maison était là – dormant près de la cheminée, comme les autres chats. Ce fut cela qui commença à la faire réfléchir.

Parfois, le soir, quand elle rentrait, le chat la frôlait en courant dans le crépuscule ; ou bien – et c'était pire –, il s'attardait, se frottait à ses jambes et ronronnait. Mais quoi qu'il en soit, *elle ne le rencontra jamais en sortant* ; alors qu'elle trouvait toujours, absolument toujours, quand elle rentrait avec le bock de bière de son dîner – que son mari lui demandait toujours d'aller chercher à peu près à la même heure, encore qu'un peu plus tard tous les soirs – elle trouvait toujours, donc, les vêtements de Yen sur le plancher, alors que lui-même était déjà sorti.

Parfois, mais c'était très rare, le chat entrait dans la chambre la nuit. Une fois, elle se réveilla avec une sensation d'oppression, et le trouva couché sur sa poitrine. Elle en fit part à Yen le lendemain matin, et de ce jour elle se mit à dormir d'un sommeil écrasant, qui ne la reposait pas. Si bien qu'il était au moins sept heures, ou même plus tard, lorsqu'elle se réveillait... pour trouver son mari à côté d'elle dans le lit.

Le jour, il sortait à peine ; il ne travaillait pas, et pourtant il avait de l'argent en abondance. Tout cela la troublait et l'effrayait. Patrick Yen l'effrayait mais le chat jaune la terrifiait, et lorsqu'elle vit Yanatoff se mettre à lui ressembler et se conduire de façon si pareillement féline, elle en fut malade. Mais ce fut cela, en même temps, qui lui donna le courage d'agir.

Vous pouvez bien faire le tour du monde : vous ne découvrirez rien d'insolite dont le pendant ne se trouve à Londres, avec un peu de persévérance et d'estomac.

Le *Times* du mercredi 18 août 1920 publiait par exemple un récit des difficultés qu'avaient les autorités du canton de Marly-le-Roi à juguler l'influence dévastatrice d'une femme qui avait le Mauvais Œil – et c'est peut-être toujours le cas aujourd'hui, pour ce que j'en sais. Moi, je pourrais vous raconter quelques méfaits du Mauvais Œil dans West Kensington – eh oui, West Kensington, tout simplement – mais ça aussi c'est une autre histoire.

S'il y a à Londres des gens qui ont le Mauvais Œil – et il y en a, c'est certain, comme il y a toutes sortes de mauvaises choses, imaginables ou non – il y a aussi des gens qui peuvent lutter contre ce genre de situation. Ainsi, tout près de Bethnal Green, il y a un homme de l'art qui peut vous raconter tout ce que vous avez jamais voulu savoir ; et assez souvent... bien davantage ; on l'appelle le Sage.

Nul ne connaît la nationalité, l'origine ou l'âge de cet homme. Personne ne sait rien de lui – mais lui, c'est évident, sait tout ce que l'on peut savoir de tout le monde. À ceux qui ont voyagé dans le Caucase, il rappellera peut-être ces hommes presque incroyablement âgés qu'ils ont rencontrés là-bas : son type est assez similaire. Il n'est pas anglais, c'est certain, bien qu'il parle cette langue avec une pureté et une netteté inconnues dans l'est de Londres.

Lorsqu'il l'a décidé, il n'y a rien qu'il ne puisse vous dire. Il sait tout de certains animaux que nous n'avons, nous, vu qu'à travers les barreaux d'une ménagerie ou d'un jardin zoologique ; il en parle comme s'ils lui étaient intimes, comme s'ils étaient humains – comme si les *humains, eux, étaient ces animaux*. Ma syntaxe n'est peut-être pas très bonne, mais ce que je veux dire, c'est que dans l'esprit du Sage, chacun d'entre nous, homme ou femme, est en grande partie un animal d'une espèce ou d'une autre : pas seulement dans ses désirs ou son apparence, mais aussi dans son être le plus intime, dans son essence même.

Quand Leila Yen vint consulter le Sage, elle le trouva dans une minuscule pièce surchauffée, courbé sur l'un de ces réchauds à l'odeur infecte et puante qui porte le nom incongru de « bruyère blanche ». Il y réchauffait ses mains griffues. Il ne lui restait que deux dents à la mâchoire supérieure, et celles-là, les canines, étaient enfoncées dans sa lèvre inférieure, étroitement contractée. Il était si maigre que sa tête chauve ressemblait à un crâne gravé de lignes profondes, et ses yeux semblaient des cavernes sombres creusées dans l'os.

Lorsque Leila commença à raconter son histoire, elle eut quelques petits gloussements, craignant qu'il ne se moque d'elle. Mais avant qu'elle soit arrivée à la fin du premier quart, elle se rendit compte qu'il comprenait très bien la gravité de la situation, aussi bien qu'elle – et mieux qu'elle, parce que ses connaissances étaient plus vastes.

Tout cela avait une explication aussi vieille, ou presque, que l'histoire des hommes.

Bien avant que le Sage ait fini de parler, la cervelle de Leila lui parut sur le point d'éclater, entre la chaleur du lieu et le caractère merveilleux de l'histoire. Elle avait les yeux écarquillés, le visage aussi blême que la pleine lune, la bouche bée, haletant comme un poisson à l'air. La pièce minuscule semblait flotter et tanguer comme la cabine d'un navire, à des milliers de kilomètres de Bethnal Green et de tout ce que l'homme avait jusqu'à ce jour exploré.

Le Sage lui expliqua tout ce qui concernait Yen et le chat ; il expliqua l'insolite manège de Yanatoff. La bête immonde l'avait mordu, lui avait tiré du sang, et il était imprégné par le poison de sa nature. Yen lui-même, au tout début, n'avait pas agi autrement – mais dans son cas, c'était pour un but précis, et pour servir ses propres fins.

Bien sûr, en Angleterre, et même en Écosse et au pays de Galles, tout le monde a entendu parler des loups-garous. Vous vous injectez un peu du sang du loup, instillez une goutte de votre sang dans celui de la créature, et vous voilà interchangeables à volonté. Maintenant les gens parlent de tout cela comme si c'était fini, une bonne fois pour toutes, mais il n'en est rien.

Pourvu qu'on ait la connaissance, on peut faire la même chose avec n'importe quel animal – le plus commodément possible. Impossible de traverser Londres dans la peau d'un loup sans être vu ! Mais quel animal au monde est aussi peu susceptible d'attirer l'attention qu'un chat dans une cité de chats ? Personne ne sait à quel point ils sont nombreux à Londres, avant d'avoir suivi, ne serait-ce qu'une demi-journée, la tournée d'un seul livreur de viande à chat. C'était une des preuves de la sagesse de Yen que de s'être amalgamé à un chat – pas même noir, notez-le bien, car ils sont dès le premier abord suspects –, à un banal chat jaune.

Leila Yen eut l'impression que la petite cabine du Sage tanguait de plus en plus violemment, d'un bord à l'autre, tandis qu'elle comprenait peu à peu la signification de tout ce qu'elle entendait. Tout chavirait autour d'elle ; elle avait l'estomac si retourné qu'elle avait du mal à réprimer sa nausée. Elle était baignée d'une sueur qui coulait en gouttes froides le long de son dos – elle venait de penser à la façon dont elle avait été réveillée, la nuit où elle avait trouvé le chat jaune couché, pattes bien serrées, sur sa poitrine, et à ce qu'elle avait lu dans *The People* sur les courts cheveux roussâtres que l'on avait retrouvés sur la poitrine et sur l'oreiller de cette femme qui avait été étouffée.

Le Sage lui donna des poudres toutes simples pour Yanatoff, et un conseil, un seul, quant au chat jaune :

« Qu'une seule goutte de son sang vous éclabousse, et votre

cas sera bien plus grave que celui du Polonais – attention à ce point. Malgré tout, gardez votre distance, et frappez uniquement pour tuer. Ou abstenez-vous. Une hachette. Oui, ce serait l'idéal – une hachette. Pourquoi pas ?

– Mais... un meurtre ! » haleta Leila.

Le réchaud puant, la petite lampe à la mèche flottante, deux lumières vacillantes et sourdes, projetaient des ombres étranges sur son visage blanc et lunaire. Dans sa terrible hésitation, elle se tordit les mains, jusqu'à ce que ses articulations paraissent aussi jaunes, aussi luisantes que les tempes du Sage.

« Tuer un chat, qu'est-ce donc ? Tuer un chat ! Il y a deux vies humaines en balance – la vôtre et celle du Polonais. Tuer un chat ! Bah ! »

Le Sage parlait avec un air de très grand mépris. Aucun grand médecin de Harley Street n'aurait semblé moins soucieux de ses cinq guinées de consultation que le Sage de la demi-couronne que Leila Yen déposa d'un geste humble sur le bord de la petite table encombrée d'objets qu'il avait à son côté.

Pendant trois jours, elle vécut dans un état de grande incertitude, comme quelqu'un qui va la corde au cou. Elle était si perturbée que la drogue dont Yen saupoudrait ses plats et ses boissons cessa d'agir ; elle perdit le sommeil, en dépit de ses efforts. Son cerveau était comme la navette d'une machine à coudre, filant d'avant en arrière, sans fil à guider, et pourtant l'engourdissant de son activité incessante.

Dans son état d'insomnie, elle fut témoin de choses étranges. Tout ce que le Sage lui avait dit était vrai, jusqu'au dernier mot ; et cependant elle fut incapable d'agir jusqu'à ce que, assez tard une nuit de lune, elle voie une foule rassemblée Pierce Place, regardant, bouche bée, la silhouette d'un homme qu'elle savait être Joseph Yanatoff, marchant, comme un chat, le long du faîte du toit de l'un des grands et vieux immeubles ; elle le vit atteindre le bout du toit, puis prendre son élan et sauter par-dessus le gouffre de la petite rue entre les deux immeubles, atterrir tout juste de l'autre côté, du bout des doigts, se rétablir et s'enfuir, furtif, entre les cheminées.

« Comme un diab' de chat, tout comme ! Seigneur, aide-moi ! »

Pendant qu'elle regardait, le chat jaune lui passa entre les jambes. Elle se força à le saisir, et il ronronna, la pelota doucement, horriblement, de ses pattes, la reluqua des fentes lascives de ses yeux. Elle le reposa et quitta Pierce Place, remonta un moment High Street. Elle n'osait pas en faire plus, de peur d'avoir l'air de vouloir attirer la créature – pas moyen en effet de savoir ce que la bête comprenait. Elle prit le petit passage qui menait sur les Wapping Old Stairs, ne se risquant même pas à regarder derrière elle. Mais elle avait toujours été si parcimonieuse de ses caresses que la créature, enchantée par cette attention, la suivit en marchant de côté, la queue dressée, le pas précieux.

La marée était basse. Elle alla au bas des marches et resta là un moment, à piétiner distraitement la frange de galets, de bouts de bois et d'ordures qui bordait la boue luisante comme du plomb fondu dans la lumière de la lune ; et regardant droit devant elle, elle défaisait le cordon de son tablier de toile de jute, un de ses vieux tabliers d'entrepôt, très épais et très lourd, de sorte qu'il ne risquerait guère de se prendre dans les rouages du pont tournant.

Tout le sang de son corps lui battait aux tempes, martelait l'intérieur de ses yeux et de son crâne, tandis qu'elle ôtait en quatrième vitesse son tablier, d'un mouvement brusque et soudain, et fondait sur le chat jaune qui ronronnait, le dos arqué, tout contre son genou.

Elle dut lui poser le pied dessus ; car en aucun cas il ne devait griffer son bras nu, ni répandre son sang. Mais jusqu'à la fin de ses jours, elle se rappellerait la torsion de ce corps, la sensation d'épouvante. Malgré tout, cela lui laissait les mains libres. Elle fit un nœud avec le gros cordon puis défit son jupon, enveloppa l'un des plus gros galets qu'elle put trouver dans l'ourlet, y attacha l'autre bout du cordon et, les pieds dans la boue, lança ce projectile de toutes ses forces et le vit s'abîmer dans le fleuve.

En rentrant à la maison, elle titubait comme une ivrogne, affaiblie, affreusement nauséeuse.

La foule avait déserté Pierce Place et elle monta à la chambre de Yanatoff en se tenant à la rampe. La boue gluante collait, épaisse, à ses chaussures ; elle frappa à la porte et entra.

Joseph Yanatoff était assis sur le bord de son petit lit bas ; il avait les coudes sur les genoux, la tête dans les mains, et il pleurait à chaudes larmes, comme un enfant, ou comme une femme, délivré de quelque peur profonde, de quelque chagrin, de quelque terrible fardeau.

Leila s'agenouilla à ses pieds et essuya ses larmes du poignet de sa manche défaite. Puis elle blottit son visage sur les genoux de Yanatoff, secouée de sanglots déchirants, que ne venait soulager encore nulle larme, tandis qu'il se penchait pour lui caresser les cheveux, et lui murmurer quelque chose.

Un peu plus tard, elle leva la tête.

« Monte donc à ma chambre, mon chéri ; y a un bon feu là-haut, et y a de l'huile d'paraffine dans l'armoire, et tout un tas d'vêtements par terre, comme si quelqu'un v'nait juste d'les laisser là. Mets-y d'l'huile, pis prends-les avec les pincettes et brûle-les. Brûle-les, brûle-les tous ! Et ne m'demande jamais d'mettre les pieds là-haut, jamais ! Ne m'demande jamais rien, jamais – mêm' pas la plus p'tite question.

– Mais, et Yen ?

– Y a plus d'Yen – y en a jamais eu – enfin – mon doux, mon bon ! – Seigneur, Seigneur – enfin pas à proprement parler – y avait pas d'chat jaune non plus – d'une certaine façon – pas à proprement parler – pasque ces deux-là, c'étaient qu'un : ce chat, c'était Yen le jour – et lui – Yen – le chat jaune des nuits. »

Traduit de l'anglais par Anne-Sylvie Homassel

Bagnell Terrace

E. F. Benson

J'habitais Bagnell Terrace depuis dix ans, et, comme tous ceux qui ont eu la chance de s'y établir, j'avais la conviction que cet endroit, tant pour l'agrément, la commodité et le calme, n'a pas son égal dans tout Londres. Les maisons sont petites ; personne ne peut donner une réception ou une soirée dansante, mais nous qui vivons à Bagnell Terrace n'éprouvons aucun désir de la sorte. Nous n'apprécions guère le bruit des festivités nocturnes, pas plus d'ailleurs que diurnes, car si nous sommes venus à Bagnell Terrace c'est pour nous ancrer dans des eaux paisibles. Il n'y passe aucune circulation puisque c'est un cul-de-sac, fermé à son extrémité par un haut mur de briques, le long duquel, les nuits d'été, des chats trottinent d'un pas léger pour rendre visite à leurs amis. Les chats de Bagnell Terrace eux-mêmes ont pris un peu de sa discrétion et de sa tranquillité : ils ne se hèlent pas par d'interminables cris d'agonie, comme leurs cousins de quartiers moins bien tenus, mais s'asseyent pour tenir de petites réunions silencieuses, à l'image des propriétaires des maisons dans lesquelles ils condescendent à être logés et nourris.

Toutefois, si je me réjouissais plus que de toute autre chose d'habiter Bagnell Terrace, je ne possédais pas, et je commençais à désespérer de la posséder un jour, la maison que je convoitais entre toutes. Elle était la dernière de la rangée, adjacente au mur qui clôturait la rue, et par un certain côté se distinguait de ses voisines, tellement semblables. Les autres possèdent en façade de petits jardins carrés, où s'épanouissent au printemps nos fleurs à bulbes, et qui revêtent alors une apparence très gaie, mais ces jardins sont trop petits, et Londres trop peu ensoleillé, pour autoriser une véritable horticulture. Or la maison vers laquelle se tournaient depuis si longtemps mes regards envieux n'avait pas de jardin en façade ; l'espace avait été utilisé pour construire une grande pièce carrée (un jardin petit fait une pièce de belles proportions), reliée à la maison par un passage couvert. Bien que claires et agréables, les pièces de Bagnell Terrace sont peu spacieuses, et une pièce vaste, me semblait-il, apportait la touche de perfection finale à ces ravissantes petites résidences.

Les occupants de cette demeure si désirable à mes yeux étaient une sorte de mystère pour notre petit cercle de voisins ; certes nous savions qu'un homme y habitait (on l'apercevait de temps à autre entrer ou sortir), mais nous ne le connaissions pas personnellement. Chose curieuse, bien que chacun d'entre nous l'eût (rarement) croisé sur le trottoir, il y avait des divergences considérables dans l'impression qu'il nous avait laissée. Il marchait d'un bon pas, apparemment plein de vigueur, mais tandis que je voyais en lui un jeune homme, Hugh Abbot, son voisin direct, le jugeait, en dépit de sa démarche alerte, non seulement vieux mais très vieux. Hugh et moi, célibataires et amis de toujours, discutions souvent à son sujet, au fil de nos conversations, lorsque Hugh venait fumer une pipe chez moi après souper, ou lorsque j'allais chez lui faire une partie d'échecs. Le nom de notre voisin nous étant inconnu, et inspirés par mon désir pour sa maison, nous l'appelâmes Naboth. Nous lui trouvions l'un et l'autre quelque chose de bizarre, de déroutant, d'insaisissable.

J'avais passé plusieurs mois d'hiver en Égypte. Le lendemain soir de mon retour, Hugh dîna avec moi et, notre repas terminé, je déployai devant lui les trophées que l'esprit le plus endurci ne peut se retenir d'acheter, quand ils sont proposés par un voyou en burnou à la mine engageante, dans la Vallée des Rois. Il y avait quelques perles (pas tout à fait aussi bleues qu'elles m'étaient apparues là-bas), un ou deux scarabées, et une pièce dont j'étais vraiment fier, à savoir une petite statuette en lapis-lazuli d'une dizaine de centimètres, représentant un chat. Celui-ci était assis bien droit sur son arrière-train, les pattes antérieures tendues et, malgré sa petitesse, les proportions en étaient si parfaites et l'observation de l'artiste si fidèle qu'il donnait l'impression d'être beaucoup plus grand. Dans la paume de Hugh il était petit, mais si l'on ne regardait pas la main, il apparaissait nettement plus haut qu'il n'était en réalité.

« Ce qui est étrange, fis-je remarquer, c'est que je suis incapable de me rappeler où je l'ai acheté, alors que c'est de très loin le plus bel objet que j'aie trouvé. Je ne sais pourquoi, j'ai l'impression de l'avoir toujours eu. »

Hugh m'avait écouté avec attention. Il se leva d'un mouvement vif et reposa la statuette sur le dessus de cheminée.

« Je ne l'aime pas beaucoup, dit-il. Et je ne saurais t'expliquer pourquoi. Oh, bien sûr, c'est une jolie pièce ; ce n'est pas ce que je veux dire. Tu ne te souviens pas de l'endroit où tu l'as achetée, dis-tu ? C'est bizarre... Bon, que penserais-tu d'une petite partie d'échecs ? »

Nous fîmes deux parties de suite, sans trop de concentration ni d'ardeur, et je vis plus d'une fois Hugh jeter un coup d'œil intrigué à la petite statuette sur la cheminée. Mais il n'ajouta aucun autre commentaire et, une fois le jeu terminé, me livra des nouvelles décousues de Bagnell Terrace. Une maison s'était libérée, pour être aussitôt reprise d'assaut.

« Pas celle de Naboth ?

– Non. Celle de Naboth est encore occupée. Plus que jamais.

– Du nouveau ?

– Oh, des broutilles. J'ai aperçu Naboth assez souvent, ces derniers temps, et pourtant je n'arrive toujours pas à me faire une idée claire à son sujet. Je l'ai croisé il y a trois jours, alors que je sortais de chez moi. Je l'ai bien regardé et, un instant, je me suis rallié à tes vues et l'ai pris pour un jeune homme. Puis il s'est retourné et m'a regardé en face pendant une seconde, et j'ai songé alors que je n'avais jamais vu un être aussi vieux. Affreusement vivant, plutôt que vieux. Antique, primitif.

– Et ensuite ?

– Il a passé son chemin et je me suis trouvé, comme si souvent, dans l'incapacité totale de me rappeler à quoi ressemblait son visage. Était-il jeune ou âgé ? Je ne savais plus. Comment était son nez ? Sa bouche ? Mais le plus déconcertant était la question de son âge. »

Hugh étira ses jambes devant le feu et s'enfonça dans son fauteuil, avec un regard sombre en direction du chat en lapis-lazuli.

« Mais, après tout, qu'est-ce que l'âge ? reprit-il. Nous le mesurons par le temps, nous parlons en nombre d'années, et nous oublions que nous sommes dans l'éternité, de la même manière que nous disons que nous sommes dans telle pièce ou bien à Bagnell Terrace, alors qu'en vérité nous sommes davantage dans l'infini.

– Quel rapport avec Naboth ? » demandai-je.

Hugh tapota sa pipe contre la grille du foyer avant de répondre.

« Cela te paraîtra sans doute complètement toqué, à moins que l'Égypte, terre des anciens mystères, ait adouci ta couenne de matérialiste, mais il m'a semblé que Naboth appartenait à l'éternité de façon beaucoup plus évidente que nous. Nous y appartenons aussi bien sûr, impossible de l'éviter, mais Naboth est moins impliqué que nous dans cette erreur ou illusion temporelle. Mon Dieu, quand je formule cela en mots ça me paraît absurde. »

Je m'esclaffai.

« Je crains que ma couenne de matérialiste ne soit pas encore assez attendrie. Ce que tu dis implique que Naboth soit une sorte d'apparition, un fantôme, l'esprit d'un mort qui se manifeste sous l'apparence d'un être humain bien qu'il ne le soit pas ! »

Hugh replia ses jambes.

« Oui, c'est sans doute absurde, admit-il. En outre il s'est beaucoup montré ces temps-ci, et nous ne pouvons pas tous voir un fantôme. Ces choses-là n'arrivent pas. Et puis il y a eu des bruits venant de la maison, des bruits sonores et joyeux, comme je n'en avais jamais entendu auparavant. Quelqu'un joue d'un instrument qui ressemble à une flûte, dans cette grande pièce carrée que tu envies tant, et un autre instrument, une sorte de tambour rythme l'accompagnement. C'est une curieuse musique. On l'entend souvent, la nuit... Bien, il est l'heure d'aller de se coucher. »

À nouveau Hugh leva les yeux sur le dessus de cheminée.

« C'est vraiment un tout petit chat. »

Sa remarque m'intéressa, car je ne lui avais rien dit de l'impression que j'avais de voir la statuette plus grande qu'elle n'était.

« Il a toujours la même taille, dis-je.

– Naturellement. Mais, je ne sais pourquoi, je l'ai imaginé grandeur nature. »

J'accompagnai Hugh à la porte et sortis avec lui dans l'obscurité d'une nuit très dense. Alors que nous approchions de sa maison, je vis de larges taches de lumière projetées sur la chaussée depuis les fenêtres de la grande pièce carrée mitoyenne. Tout à coup, Hugh posa une main sur mon bras.

« Écoute ! On entend les flûtes et les tambours. »

La nuit était très silencieuse, pourtant j'avais beau tendre l'oreille, je ne percevais que le ronronnement de la circulation dans la rue adjacente.

« Je n'entends rien. »

Juste comme je disais cela, je l'entendis, et le son plaintif me transporta brusquement en Égypte. Le bourdonnement de la circulation se mua pour moi en martèlement de tambour, par-dessus lequel flottait cette lamentation, ce cri aigu des pipeaux qui accompagne les danses arabes, dissonant et arythmique, aussi ancien que les temples du Nil.

« Cela ressemble à la musique arabe que l'on entend en Égypte. »

Mais alors que nous écoutions, le son disparut aux oreilles de Hugh et aux miennes, aussi soudainement qu'il avait commencé, et, simultanément, les lumières des fenêtres de la pièce carrée s'éteignirent.

Nous attendîmes un moment sur la chaussée en face de

chez Hugh, mais aucun bruit ne filtrait de la maison voisine, aucune lumière des fenêtres...

Je me détournai. Il faisait plutôt frais pour quelqu'un débarquant du sud.

« Bonne nuit, dis-je à Hugh. Nous nous verrons demain. »

Je rentrai tout droit me coucher, m'endormis aussitôt, et m'éveillai avec dans l'esprit l'empreinte d'un rêve très précis. Il y avait de la musique dans ce rêve, une musique arabe familière, et, quelque part, un chat immense. Mais l'image s'estompa quand je tentai de la fixer, et j'eus à peine le temps d'y reconnaître un réchauffé des événements de la soirée avant de me rendormir.

Les habitudes reprirent très vite leur cours. J'avais du travail à faire, des amis à voir ; les moindres péripéties de chaque jour se brodent dans la tapisserie de la vie. Or un nouveau fil commença à s'y tisser, dont je n'eus pas conscience tout d'abord. Il me semblait insignifiant et banal d'entendre quelques mesures de cette étrange musique venant de la maison de Naboth, ou qu'elle se tût dès que mon attention se portait sur elle, comme si je l'avais imaginée et non réellement entendue. Et il me semblait tout aussi insignifiant de voir souvent Naboth sortir ou rentrer. Mais, un beau jour, j'eus de lui une vision comme jamais je n'en avais eu.

Un matin, je me trouvais à la fenêtre du salon donnant sur la rue. J'avais négligemment pris mon chat en lapis-lazuli et le tenais dans la gerbe de soleil qui entrait à flot, admirant sa texture qui, bien qu'en pierre dure, évoquait étrangement la fourrure. Par pur hasard, je levai les yeux et là, à quelques mètres devant moi, appuyé sur la grille de mon jardin, je vis Naboth qui observait avec une grande attention, non pas moi mais ce que j'avais dans les mains. Son regard fixe clignotait dans le soleil d'avril avec une sorte de contentement sensuel et ronronnant. Hugh avait raison quant à son âge : Naboth n'était ni jeune ni vieux, mais éternel.

La vision s'évanouit, elle s'alluma et s'éteignit dans mon esprit comme le faisceau tournant d'un phare éloigné. Ce n'était qu'une illumination, qui s'effaça instantanément, au point qu'elle apparut à ma conscience comme une hallucination. Naboth sembla soudain se rendre compte de ma présence et, tournant les talons, il s'éloigna d'un pas vif sur le trottoir.

Je me souviens être resté assez abasourdi, mais bientôt l'effet s'estompa et l'incident devint à mes yeux une de ces petites choses anodines qui produisent une réaction momentanée puis s'évanouissent. Autre détail curieux, mais en aucun cas remarquable, je vis plus d'une fois un de ces chats fort discrets dont j'ai parlé, assis sur le petit balcon de mon salon, qui regardait à l'intérieur d'un air grave. Fervent admirateur des chats, je me levai à plusieurs reprises pour lui ouvrir la fenêtre et l'inviter à entrer ; mais chaque fois, à mon approche, il sautait du balcon et s'éclipsait. Mai succéda à avril.

Un soir où je revenais d'un dîner en ville, je trouvai un message téléphonique de Hugh me priant de le rappeler dès mon retour. Il me répondit d'une voix passablement excitée.

« Je pensais que tu voudrais le savoir très vite. Il y a une heure, une pancarte a été apposée sur la maison de Naboth indiquant qu'elle était à vendre. L'agence immobilière est *Martin & Smith*. Bonne nuit. Je suis déjà au lit.

– Tu es un véritable ami. »

De bonne heure le lendemain matin, je me présentai à l'agence. Le prix demandé était modique, les droits convenables. Je pouvais avoir la clef tout de suite car la maison était vide, et j'avais deux jours pour prendre ma décision, durant lesquels je jouissais d'un droit de priorité pour l'achat, si j'étais disposé à payer le prix exigé. Si, en revanche, je faisais seulement une offre, on ne pouvait me garantir que l'administrateur de biens l'accepterait... La clef dans ma poche, je revins à toutes jambes à Bagnell Terrace.

Je trouvai la maison totalement vide, non seulement d'habitants, mais de tout. De la cave au grenier, pas un rideau, pas un morceau de thibaude, pas une tringle. Tant mieux, pensai-je, je n'aurai à reprendre aucune installation du propriétaire précédent. Il n'y avait pas non plus le moindre détritus de déménagement, ni paille ni vieux papier ; la maison semblait préparée pour recevoir un occupant et non en avoir vu partir un. Tout était parfaitement en ordre, les carreaux propres, les sols balayés, la peinture et les lambris brillants ; c'était une coquille propre et pimpante, prête pour ses nouveaux habitants. Ma première inspection fut bien entendu pour la grande pièce ajoutée, qui était son principal attrait, et mon cœur bondit à la vue de ses belles dimensions. D'un côté se dressait une cheminée, de l'autre un entrelacs de tuyaux pour le chauffage central et, au fond, entre les fenêtres, une niche était creusée dans le mur, comme pour y accueillir une statue ; on aurait pu la croire dessinée pour mon Persée en bronze. Le reste de la maison ne présentait aucune singularité ; elle avait la même disposition que la mienne, et mon maçon, qui vint l'examiner l'après-midi, la décréta en excellent état.

« On dirait qu'elle vient d'être remise à neuf et n'a jamais été habitée. Et à ce prix-là, c'est une bonne affaire. »

Le même constat frappa Hugh, à son retour du bureau, lorsque je le traînai pour la visiter.

« Tout a l'air neuf, dit-il. Pourtant nous savons que Naboth a vécu là des années, et y vivait encore il y a une semaine. Autre chose m'intrigue. Quand a-t-il enlevé le mobilier ? Je n'ai vu aucun camion devant la maison. »

J'étais trop heureux de voir mes désirs enfin comblés pour m'intéresser à toute autre considération.

« Je ne vais pas me tracasser pour des détails de ce genre, répondis-je. Regarde plutôt ma magnifique grande pièce. Le piano ici, les bibliothèques le long du mur, le sofa devant la cheminée, Persée dans la niche. Elle est faite pour moi. »

Dans les deux jours spécifiés, la maison était mienne ; un mois plus tard, le tapissage des murs et la peinture, les installations électriques, les volets et les tringles à rideaux furent terminés, et le déménagement commença. Deux jours suffirent pour transporter mes biens, et à la fin du second jour ma vieille maison était démantelée, à l'exception de la chambre à coucher dont le mobilier devait être emporté le lendemain. Mes domestiques étaient installés dans mon nouveau logis, et, ce soir-là, après un dîner hâtif avec Hugh, j'y retournai travailler encore une heure ou deux, afin de traîner, de pousser, de ranger les livres dans le grand salon, dont je comptais achever l'aménagement en premier. Il faisait frais pour une soirée de mai, et j'avais fait allumer une flambée dans la cheminée ; je l'alimentais de temps à autre, entre deux dépoussiérages et rangements de livres. Finalement, les deux heures prévues en devinrent trois, et je décidai de m'en tenir là ; rompu de fatigue, je m'assis pour une petite pause de récupération sur le bord du sofa, et contemplai avec satisfaction le résultat de mon labeur. C'est alors que je pris conscience d'une odeur de renfermé, mais parfumée à la fois, qui me rappelait l'étrange senteur qui plane dans les temples égyptiens. Je l'attribuai à la poussière de mes livres et à la consomption des bûches.

Le lendemain, le déménagement était terminé, et une semaine après j'étais aussi solidement installé que si j'habitais là depuis des années. Mai s'écoula, juin arriva. Ma nouvelle demeure ne cessait de me combler de plaisir ; c'était toujours une joie d'y revenir. Puis, un après-midi, survint une chose étrange.

Après une journée pluvieuse, le ciel s'éclaircit ; les trottoirs séchèrent vite, seule la chaussée resta humide et bourbeuse. J'approchais de chez moi lorsque, à quelques mètres devant moi, je vis se former sur les pavés du trottoir l'empreinte d'une chaussure mouillée, comme si une personne invisible, quittant la chaussée, venait à l'instant d'y monter. Une autre marque, puis encore une autre s'y imprimèrent rapidement, dans la direction de ma maison. Un moment je restai pétrifié, puis, le cœur battant, je suivis les empreintes. Les traces de ces étranges pas me précédèrent jusqu'à ma porte ; il y en avait une légèrement visible sur le seuil même.

J'entrai et, très vite je l'avoue, refermai la porte derrière moi. Là, venant du salon, j'entendis un fracas qui, si je puis dire, saisit ma peur de frayeur et la chassa ; je m'élançai dans le petit passage et fis irruption dans le salon. Au fond de la pièce, gisait mon Persée en bronze tombé de sa niche. Et je sus, par quel sixième sens je l'ignore, que je n'étais pas seul dans la pièce et que la présence qui se trouvait là n'était pas humaine.

La peur est une chose bien curieuse ; à moins qu'elle ne

vous submerge, elle produit toujours sa réaction propre. Quel que soit votre courage, il se dresse au devant d'elle et, avec le courage vient la colère d'avoir laissé pénétrer cet intrus troublant qu'est la peur. En tout cas c'est ce qui m'arriva alors, et j'opposai une solide résistance émotionnelle. Mon domestique accourut pour voir d'où venait le bruit, et, après avoir remis Persée debout, nous examinâmes la cause de sa chute. Elle était assez évidente ; un gros morceau de plâtre s'était détaché de la niche, et il faudrait la réparer et la consolider avant de le réinstaller. Simultanément, ma peur et la sensation d'une présence inexplicable dans la pièce me quittèrent. Les traces de pas dehors demeuraient une énigme, mais je me dis que si je devais frissonner devant tout ce que je ne comprenais pas, la sérénité de mon existence serait à jamais compromise.

Ce soir-là, je dînais avec Hugh ; rentré le jour même après une absence d'une semaine, il était venu m'annoncer son retour et m'inviter à dîner juste avant que ne surviennent ces incidents quelque peu troublants. Il était resté pour bavarder quelques minutes, et j'avais remarqué qu'il avait humé l'air une ou deux fois, mais sans faire de commentaire, et sans que je lui demande s'il décelait l'étrange et imperceptible odeur qui se manifestait à moi par instants. Son retour, je m'en rendais compte, était un grand soulagement pour une pièce secrètement branlante de mon cerveau, car j'étais convaincu qu'une perturbation psychique était en train de s'opérer, soit phénomène subjectif à l'intérieur de mon esprit, soit invasion réelle de l'extérieur. Dans les deux cas, la présence de Hugh était réconfortante, non qu'il soit de cette race robuste qui ne croit pas à ce qui dépasse les faits purement matériels de la vie et dédaigne les forces mystérieuses qui environnent et pénètrent notre existence, mais parce que, tout en y croyant fermement, il a la solide conviction que l'on n'a rien à craindre des puissances du mal qui parfois s'immiscent dans l'apparente sécurité de la vie, car elles sont tenues en échec par des forces plus puissantes encore, prêtes à assister quiconque a conscience de leur bienveillante protection. Mais, allais-je lui raconter les incidents de la journée, je n'en étais pas certain.

Le sujet ne vint dans la conversation qu'après dîner, toutefois j'avais noté que quelque chose trottait dans la tête de Hugh dont il n'avait pas encore parlé.

« Et ta nouvelle maison ? demanda-t-il enfin. Est-elle toujours à ton goût ?

– Je m'étonne que tu poses cette question. »

Il me jeta un regard rapide.

« Ne puis-je m'intéresser à ton bien-être ? »

Je savais que la suite viendrait, pour peu que je l'eusse encouragée.

« Je pense que, dès le début, tu n'as pas aimé ma maison. Je crois que tu lui trouves quelque chose de louche. Je t'accorde que la façon dont elle s'est totalement vidée est bizarre.

– Plutôt, oui. Mais tant qu'elle reste vide, hormis de tes propres affaires, tout va bien. »

Maintenant je voulais le forcer à poursuivre.

« Qu'as-tu senti, cet après-midi, dans le grand salon ? Je t'ai vu renifler et plisser le nez. Moi aussi j'ai senti une odeur. Voyons si c'était la même.

– C'était une odeur singulière, répondit Hugh. Une odeur de poussière et de renfermé, et en même temps parfumée.

– Qu'as-tu remarqué d'autre ? »

Il se tut un instant.

« Je crois que je vais te le dire, reprit-il. Ce soir-là, de ma fenêtre, je t'ai vu arriver sur le trottoir, et en même temps j'ai vu, du moins ai-je cru voir, Naboth qui traversait la rue et marchait juste devant toi. Je me suis demandé si tu l'avais vu, toi aussi, car tu t'es arrêté à l'instant où il montait sur le trottoir devant ton nez. Ensuite tu l'as suivi. »

Subitement je sentis mes mains se refroidir, comme si le flux chaud de mon sang s'était glacé.

« Non, je ne l'ai pas vu. Mais j'ai vu ses pas.

– Que veux-tu dire ?

– Exactement ce que je dis. J'ai vu des traces de pas devant moi qui menaient jusqu'à ma porte.

– Et ensuite ?

– Je suis entré, et un fracas épouvantable m'a cloué sur

place. Mon bronze de Persée était tombé de sa niche. Et il y avait quelque chose dans la pièce. »

On entendit un grattement à la fenêtre. Sans rien dire, Hugh se leva d'un bond et écarta le rideau. Sur le rebord de la fenêtre était assis un grand chat gris, qui cligna des yeux à cause de la lumière. Hugh se pencha vers la fenêtre et le chat sauta dans le jardin. La lumière du salon éclairait la rue et nous vîmes, debout sur le trottoir, juste devant, la silhouette d'un homme. Il tourna la tête, me regarda, puis se dirigea vers ma maison, juste à côté.

« C'est lui », dit Hugh.

Il ouvrit la fenêtre et se pencha dehors pour voir ce qu'il advenait de l'homme. Il n'y avait pas le moindre signe de lui, mais je vis la lumière luire derrière les rideaux de ma grande pièce.

« Viens, dis-je. Allons voir ce qui se passe. Pourquoi mon séjour est-il allumé ? »

J'ouvris la porte d'entrée avec ma clef et, suivi de Hugh, je m'engageai dans le couloir qui menait à la grande pièce. Elle était plongée dans le noir. Et quand j'actionnai l'interrupteur, nous constatâmes qu'elle était vide. Je tirai la sonnette mais n'obtins aucune réponse, car il était déjà tard et les domestiques étaient couchés.

« Pourtant j'ai bien vu de la lumière venant de la fenêtre il y a deux minutes, et depuis personne n'est venu. »

Hugh était debout à côté de moi au milieu de la pièce. Soudain il agita le bras comme s'il frappait quelque chose. Cela m'alarma terriblement.

« Que se passe-t-il ? Que frappes-tu ? »

Il secoua la tête.

« Je ne sais pas. Je pensais avoir vu... mais je n'en suis pas sûr. Il va se passer quelque chose, si nous restons là. Quelque chose arrive, mais j'ignore quoi. »

La lumière parut faiblir ; les ombres commencèrent à se replier dans l'angle de la pièce, et bien que la nuit fût claire, l'air s'épaissit d'une condensation brumeuse, qui dégageait une odeur de poussière, de renfermé, d'arômes. De façon d'abord imperceptible, puis de plus en plus fort, s'élevèrent le martèlement des tambours et la plainte des flûtes. Je ne percevais pas encore d'autres présences que la nôtre, mais, dans la pénombre croissante, je savais que quelque chose approchait. Juste devant moi il y avait la niche d'où le bronze était tombé, et en l'observant je vis que ça bougeait. Une forme se dessina peu à peu, deux points de lumière verte en jaillirent. Encore un instant et je m'aperçus que c'étaient des yeux, d'une malfaisance infinie et ancienne.

La voix de Hugh me parvint en un chuchotement rauque.

« Regarde ! Là ! Ça vient ! Oh, mon Dieu, ça vient ! »

Soudain, comme un coup de foudre qui surgit du cœur de la nuit, la chose arriva. Mais elle ne vint pas avec des torrents ni des éclairs de lumière, non, elle vint avec un coup d'obscurité aveuglante, qui frappait non pas les yeux, ni aucun des sens, mais l'esprit, et je me recroquevillai sous elle dans une sorte d'abandon à la terreur. Elle venait des yeux qui luisaient dans la niche, et dont je sais maintenant qu'ils appartenaient au corps qui se tenait là. Ce corps, nu à l'exception d'un pagne, était celui d'un homme, dont la tête semblait tantôt humaine, tantôt celle d'un chat monstrueux. Et, tout en la contemplant, je savais que si je continuais à la regarder je serais submergé et noyé dans le flot malfaisant qui s'en déversait. Comme dans une sorte de catalepsie de cauchemar, je m'efforçais d'en arracher mes yeux, mais on les aurait crus rivés dessus, fixés sur cette incarnation de la haine.

De nouveau me parvint le murmure de Hugh.

« Défie-le. Ne cède pas d'un pouce. »

Une nuée d'images tumultueuses et infernales bourdonnaient dans ma tête, et désormais je savais, aussi sûrement que si l'on s'était adressé à nous avec des mots, que la présence qui se tenait là m'intimait d'approcher.

« Je dois y aller, dis-je. Elle m'y force. »

La main de Hugh se resserra sur mon bras.

« N'avance pas. Je suis plus fort qu'elle. Elle va bientôt l'apprendre. Prie... prie. »

Soudain son bras jaillit devant moi, pointé sur la présence.

« Par la puissance de Dieu ! hurla Hugh. Par la puissance de Dieu ! »

Suivit un silence mortel. La lumière des yeux faiblit, puis l'aube tomba sur l'obscurité de la pièce. Tout était tranquille et en ordre. La niche était vide et Hugh assis à côté de moi sur le sofa, le visage livide et ruisselant de sueur.

« C'est fini », dit-il. Et il s'endormit aussitôt.

Depuis, nous avons souvent causé ensemble de ce qui s'est produit cette nuit-là. Ce qui a paru se produire, je l'ai déjà raconté, qu'on le croie ou non, c'est au gré de chacun. Hugh, tout comme moi, a senti une présence totalement maléfique, et il me dit que tout le temps où les yeux ont brillé dans la niche, il a essayé de prendre conscience de ce en quoi il croyait, à savoir qu'il existe une seule force au monde qui soit omnipotente, et que dans l'instant même où il est parvenu à cette prise de conscience, la présence s'est évanouie. Qu'était-elle exactement, impossible de le savoir. On dirait l'essence ou l'esprit d'une de ces mystérieuses divinités égyptiennes, dont le pouvoir a survécu, et qui s'est manifestée dans notre paisible Bagnell Terrace. Qu'elle se soit incarnée en Naboth paraît (parmi toutes ces invraisemblances) possible, et Naboth n'a en tout cas jamais reparu. Tout esprit porté sur la mythologie verra un lien avec l'adoration et le culte du chat, et il vaut peut-être la peine de noter que, le lendemain matin, j'ai découvert ma petite figurine en lapis-lazuli, tombée de la cheminée et brisée en mille morceaux. Elle était trop endommagée pour être réparée et, de toute façon, je ne suis pas certain que j'aurais tenté de la faire restaurer.

Finalement, il n'y a pas de salon plus tranquille et de plus agréable à vivre dans tout Londres que cette pièce construite devant ma maison de Bagnell Terrace.

Traduit de l'anglais par Annick Le Goyat

L'Homme à la table voisine

Robert Chambers

I

Midi sonnait dans la ville d'Anvers. Des flèches élancées montait la douce musique des cloches flamandes et, dans le beffroi de la grande cathédrale, à l'autre bout de la place, les carillons fêlés produisaient un vacarme discordant qui m'écorchait les oreilles.

Lorsque ce maudit carillonneur eut arraché à ses cloches un ultime couac métallique, je me débouchai les oreilles et m'assis à l'une des tables en fer forgé disposées dans la cour. Un garçon aux joues bleuies par la barbe m'apporta une bouteille de vin du Rhin, un seau à glace et un siphon.

« Monsieur désire-t-il autre chose ? s'enquit-il.

– Oui : la tête du sonneur de la cathédrale, à la sauce au vinaigre et sur un lit de pommes de terre », dis-je avec un rictus. Puis je considérai le problème de ma grand-tante et du Diamant écarlate.

Les murs blancs de l'hôtel *Saint-Antoine* se dressaient autour du rectangle ensoleillé de la cour, projetant de longues ombres sur le bassin de la fontaine. La portion de ciel qu'ils encadraient était d'un bleu sans nuages. Les moineaux pépiaient sous l'avant-toit, les marquises jaunes frémissaient, les fleurs ondoyaient sous la brise d'été et le jet de la fontaine arrosait les plantes aquatiques. Du côté de la cour exposé au soleil, toutes les tables étaient vacantes ; confortablement assis à l'ombre, j'avais vaguement conscience des personnes qui m'entouraient, mais elles ne m'inspiraient aucun intérêt, en partie parce que j'évitais de fréquenter les touristes, en partie parce que je pensais à ma grand-tante.

La plupart des vieilles dames sont excentriques, mais il y a des limites à tout et ma grand-tante les avait largement franchies. Je la croyais riche – elle était morte ruinée. Mais je savais qu'elle possédait un certain objet, à savoir le célèbre Diamant écarlate. Vous avez sûrement deviné qui était ma tante.

Exception faite du Koh-i-nor et du Régent, ce joyau unique et gigantesque était, comme tout le monde le sait, le plus précieux au monde. Le commun des mortels se serait empressé de le mettre en sécurité dans un coffre. Ma grand-tante avait procédé tout autrement. Elle le conservait dans une petit bourse de velours qui pendait à son cou. Elle ne s'en défaisait jamais, l'exposant au yeux de tous sur l'écrin de sa lourde robe de soie.

Cette bourse contenait également de la valériane séchée, une herbe pour laquelle elle avait un goût immodéré. J'étais son seul parent, et moi seul savais que le Diamant écarlate se trouvait dans cette bourse, niché parmi les feuilles d'herbe à chat.

« Me prenez-vous pour une idiote, Harold ? me demandait-elle. Si je laissais le Diamant écarlate dans un coffre-fort new-yorkais, on finirait tôt ou tard par me le voler. » Puis elle grignotait une feuille de valériane et me lançait un regard matois. Je détestais l'odeur de l'herbe à chat, et elle le savait bien. Je détestais également les chats. Elle le savait également et, bien entendu, elle vivait entourée d'une douzaine de félins. Pauvre vieille dame ! Un jour, on la retrouva morte dans son appartement du *Waldorf*. D'après le médecin, son décès était dû à des causes naturelles. Le seul autre occupant de sa chambre était un chat. Celui-ci s'enfuit lorsque nous enfonçâmes la porte et, me dit-on, fut ensuite adopté par des excentriques demeurant dans un appartement voisin.

Bien que le décès de ma grand-tante ne fût en rien suspect, il présentait néanmoins un problème aussi surprenant que contrariant. La bourse de velours contenant le Diamant écarlate avait disparu. L'appartement fut fouillé pouce par pouce, ses parquets démontés, ses murs défoncés, mais le Diamant écarlate resta introuvable. Conlon, le chef de la police, confia l'enquête à quatre de ses meilleurs éléments et, comme je n'avais rien de mieux à faire, je me portai volontaire pour les assister. En outre, j'offris une récompense de vingt-cinq mille dollars à qui retrouverait le joyau. New York tout entier en fut saisi d'étonnement.

L'affaire semblait bien mal engagée, bien que cinq limiers se soient lancés sur la piste. McFarlane se trouvait à Londres, où il était arrivé un mois plus tôt, mais Scotland Yard ne lui était d'aucun soutien et, aux dernières nouvelles, il fouillait le Surrey à la recherche d'un homme pourvu d'une mèche de cheveux blancs. Harrison était à Paris. Il me répétait dans ses lettres que les indices étaient nombreux et la piste toute chaude, mais, comme Dennet et Clancy, qui se trouvaient respectivement à Berlin et à Vienne, me tenaient le même langage, je commençais à mettre en doute les capacités de ces gentlemen.

« *Vous dites que le voleur est un Français,* écrivis-je à Harrison, *et qu'il se cache présentement à Paris ; mais Dennet m'écrit le même jour que vous pour me dire qu'il s'agit indubitablement d'un Allemand et qu'on l'a aperçu hier à Berlin. Quant à Clancy, j'ai reçu de lui un message où il m'assure que le coupable se cache à Vienne et qu'il s'agit d'un Autrichien né à Trieste. Alors, pour l'amour du ciel, laissez-moi en paix et ne m'écrivez que lorsque vous aurez quelque chose à me dire.* »

Le veilleur de nuit du *Waldorf* nous avait fourni notre premier indice. La nuit où ma grand-tante était décédée, il avait vu un homme de haute taille, au visage grave, quitter l'hôtel d'un pas pressé. Alors qu'il passait devant la réception, cet homme avait ôté son chapeau pour s'éponger le front, et le veilleur de nuit avait remarqué au centre de son crâne une mèche de cheveux blancs comme neige.

Nous exploitâmes cet indice comme il le méritait et, un mois plus tard, je reçus un câble de Paris m'apprenant qu'un homme répondant au signalement du suspect du *Waldorf* avait tenté de vendre un gros diamant écarlate à un joaillier du Palais-Royal. Malheureusement, ledit homme avait pris peur et s'était éclipsé avant que le joaillier n'ait pu appeler la police, et depuis lors, McFarlane à Londres, Harrison à Paris, Dennet à Berlin et Clancy à Vienne avaient traqué les hommes aux cheveux peu ou prou blanchis jusqu'à ce que plus un seul patriarche d'Europe ne soit à l'abri du soupçon. J'avais moi-même sillonné l'Angleterre, la France, la Hollande et la Belgique, pour atterrir à l'hôtel *Saint-Antoine* d'Anvers, sans le moindre indice susceptible de me conduire autre part qu'à la porte d'un respectable citoyen aux cheveux blancs. L'affaire resterait au point mort tant que le voleur ne tenterait pas à nouveau de vendre le joyau. C'était notre seul espoir car, à moins qu'il ne décide de casser le diamant pour obtenir des joyaux plus petits, il n'avait pas plus d'espoir de le vendre qu'un écumeur de musées tentant de fourguer la Vénus de Milo dans la rue de Seine. Et même s'il se résignait à casser le joyau, aucun collectionneur ou joaillier honnête n'achèterait un diamant rouge sans me consulter au préalable ; car bien qu'il existât quelques pierres rouges bien connues des collectionneurs, la couleur du Diamant écarlate était absolument unique, et aucune erreur n'était possible sauf de la part d'un acheteur malhonnête.

Je réfléchissais à tout cela tout en sirotant mon vin du Rhin à l'ombre de la marquise jaune. Une grosse chatte blanche s'approcha en sautillant, puis s'arrêta devant moi pour procéder à sa toilette, et je lui ordonnai mentalement de disparaître. Au bout d'un temps, elle se redressa, se lécha les moustaches et bâilla une ou deux fois, et elle était sur le point de s'éloigner quand elle se figea et me regarda droit dans les yeux. Je lui répondis par un rictus, souhaitant vivement décourager tout désir d'intimité qu'elle aurait pu entretenir ; mais à la longue, la fixité de ses yeux finit par me troubler, et je concentrai mon attention sur mon verre. Quelques minutes plus tard, je relevai les yeux. La chatte continuait de me dévisager.

« Quelle mouche a piqué cet animal ? marmonnai-je. Est-ce qu'il me prend pour un de ses proches ?

– Peut-être, remarqua un homme assis à la table voisine.

– Que voulez-vous dire par là ? lui demandai-je.

– Ce que j'ai dit », répliqua l'homme à la table voisine.

Je me tournai vers lui pour l'examiner. Il était vieux, chauve et apparemment sénile. Son grand âge m'empêchait de lui reprocher son impudence. Je lui tournai le dos. Puis mes yeux retombèrent sur la chatte. Elle persistait à me toiser.

Dégoûté d'être ainsi l'objet de son attention, et dans un lieu public qui plus est, je me demandai si d'autres personnes avaient remarqué sa présence ; je me demandai s'il y avait quelque chose d'incongru dans mon apparence. Comme ce regard était fixe ! Cela en devenait gênant.

Qu'est-ce qui passe par la tête de cet animal ? me demandai-je. Quelle impudence ! Je ne supporterai pas cette intrusion ! La chatte ne bougea pas d'un pouce. Je tentai de lui faire baisser les yeux par la seule force de mon regard. En vain. Une curiosité agressive se lisait dans ses iris jaunes. Une sensation de malaise s'empara peu à peu de moi – un mélange d'embarras et de stupéfaction. À mes yeux, tous les chats se ressemblent, mais il y avait chez celui-ci quelque chose qui me troublait – quelque chose que j'étais incapable de m'expliquer mais qui commençait néanmoins à m'inquiéter.

Elle me semblait familière... cette chatte anversoise. J'acquis peu à peu la sensation de l'avoir déjà vue, de l'avoir bien connue par le passé, et bien que, du plus loin que je m'en souvienne, j'aie toujours détesté les chats, je devins presque convaincu que j'avais jadis eu avec cette chatte anversoise des relations intimes, sinon cordiales. Je l'examinai avec plus d'attention. Puis une idée me frappa – une idée qui refusait de disparaître, qui gagnait malgré moi en forme et en substance. Je m'efforçai de la chasser de mon esprit, de la rejeter, de l'étouffer ; s'ensuivit un conflit intérieur qui amena sur mes joues des gouttes de sueur – un conflit bref, aigu, décisif. C'était inutile... inutile de refouler cette idée si bizarre, si grotesque, si fantastique, si insane... inutile de nier que cette chatte ressemblait de façon frappante à ma grand-tante !

Je posai sur elle un regard horrifié. Comme elle avait de grands yeux !

« La voix du sang est toujours la plus forte, dit l'homme à la table voisine.

– Que veut-il dire par là ? » marmonnai-je vivement, avalant un verre de vin du Rhin coupé d'eau de Seltz. Mais je ne me retournai pas. À quoi bon ?

« Vieux crétin bavard », ajoutai-je pour moi-même, et je craquai une allumette, car mon cigare s'était éteint ; mais alors que j'allais le rallumer, je croisai à nouveau le regard de la chatte. Il m'aurait été impossible de savourer mon cigare avec ces yeux fixés sur moi, mais j'étais maintenant en proie à l'indignation, et je n'avais pas l'intention de m'en laisser conter. « M'en aller à cause d'un chat ! Quelle idée ! m'exclamai-je. Nous allons voir qui de nous deux va partir ! » Je m'emparai du siphon et tentai d'arroser l'animal, mais il ne restait pas assez de liquide pour que je l'atteigne. Puis j'essayai de l'attirer vers moi, l'appelant en français, en allemand et en anglais, mais elle ne daigna pas bouger. J'ignorais comment on disait « chat » en néerlandais.

Elle a un nom et elle ne veut pas venir, me dis-je. Comment diable pourrais-je l'appeler ?

« Tantine », suggéra l'homme à la table voisine.

Je me raidis sur mon siège. Cet homme était-il capable de lire dans mes pensées ? Je n'avais pas parlé à voix haute. Bien sûr que non... ce n'était qu'une coïncidence... mais cela me dégoûtait.

« Tantine, répétai-je machinalement, tantine, tantine... grand Dieu, mais ce chat a l'air horriblement humain ! » Puis, pour une raison indéterminée, je me rappelai les vers de Shakespeare et me surpris à réciter : « *L'âme de ma grande dame pourrait avec joie habiter un oiseau** ; l'âme de... fichaises ! grommelai-je. Il doit s'agir d'une coquille ! Il est possible d'affirmer, sous couvert de licence poétique, que l'âme d'un oiseau pourrait avec joie habiter une grande dame... » Je me sentis rougir et laissai ma phrase inachevée. « Billevesées ! » murmurai-je, et j'allumai un nouveau cigare. La chatte me fixait tou-

* *La Nuit des rois*, acte IV, scène II. *(N.d.T.)*

jours ; le cigare s'éteignit. J'étais de plus en plus agité. « Billevesées ! répétai-je. Pythagore était peut-être un âne, mais on ne manque pas d'ânes de nos jours qui avalent ce genre de fariboles.

– Qui sait ? » soupira l'homme à la table voisine, et je me levai d'un bond pour me tourner vers lui. Mais je n'aperçus que les pans de son manteau élimé et son crâne dégarni qui disparaissaient dans la salle à manger. Je me rassis, frémissant d'indignation. Quelques instants plus tard, la chatte se leva et s'en fut.

II

Le soir tombait sur la ville d'Anvers. Le soleil sombrait dans la mer, bariolant le vaste horizon de traînées écarlates et parant de nuances d'un rouge profond les eaux agitées de l'Escaut. Sa lueur tombait comme un manteau rose sur les prés et les tuiles des toits ; les flèches de vingt églises perçaient l'air vibrant telles des flammes vives et enluminées. À l'ouest et au sud, les plaines verdoyantes jadis foulées par les armées espagnoles partaient à la rencontre de l'horizon ; cette lumière enchanteresse transformait le vieil Anvers en cité de conte de fées ; la mer, le ciel, la plaine étaient aussi vagues, aussi flous que la brume nocturne flottant dans les douves.

Les Anversois franchissaient en masse la porte Rubens pour se rendre sur la digue, où ils se promenaient, bavardaient, flirtaient, sirotaient du vin des Flandres dans des verres délicats ou papotaient en levant des chopes de bière moussue.

De l'Escaut montaient les cris des marins, les craquements des cordages et le *pouf-pouf* des ferry-boats. Sur l'autre rive, un sonneur de trompe se dressait sur le chemin de ronde de la forteresse. La mélodie harmonieuse de sa trompe résonna à deux reprises au-dessus des eaux, un canon tonna sur les remparts, et le drapeau belge descendit doucement le long de sa hampe.

Accoudé à la rambarde de la digue, je contemplais l'Escaut

en contrebas. On se préparait à transporter des armes et des munitions vers la forteresse. La barge ballottée par les eaux sifflait et grognait, et j'entendais distinctement les fers des chevaux claquant sur le pavé, le cliquetis des fusils dans leurs caisses et les ordres abrupts des officiers.

Lorsque le dernier caisson fut arrimé, lorsque le dernier soldat fut monté sur le pont, la barge largua les amarres et, me frayant un chemin dans la foule de promeneurs, je me trouvai une table à la terrasse d'un café des plus avenants. Comme je m'asseyais, j'aperçus une jeune fille à la table voisine – une jeune fille tout de blanc vêtue –, la plus ravissante, la plus affriolante jeune fille que j'aie jamais vue. Dans l'agitation de l'instant, j'en oubliai mon nom, ma fortune, ma grand-tante et le Diamant écarlate... j'oubliai tout cela tant je souhaitais y voir clair, une impulsion purement humaine ; à cette fin, je retirai le monocle placé sur mon œil gauche. Quelques instants plus tard, je repris mes esprits et le remis en place. Trop tard, le mal était fait. Je ne pris pas tout de suite conscience de la nature précise de mes sentiments – car je n'avais pas été amoureux plus de trois ou quatre fois durant toute ma vie –, mais je savais que, si cette jeune fille me l'avait demandé, j'aurais été ravi de faire le piquet ou de plonger la tête la première dans l'Escaut.

Je ne gardais pas les yeux fixés sur elle mais parvenais à la regarder lorsqu'elle tournait la tête dans une autre direction que la mienne. Je me rendis compte que je buvais un verre qu'un garçon m'avait apporté, sans doute suite à une commande que je ne me rappelais pas avoir faite. Plus tard, je m'aperçus qu'il s'agissait de cette infâme concoction que les Belges appellent un « grog américain », mais je l'engloutis quand même et allumai une cigarette. Alors qu'un nuage de fumée odorante montait dans les airs, une voix que je reconnus avec un frisson vint briser mon rêve enchanteur. Se pouvait-il qu'*il* ait été là depuis le début – assis à côté de cette vision immaculée ? Il avait ôté son chapeau, et la brise marine effleurait en murmurant son crâne chauve. Les pans de son manteau élimé étaient soigneusement repliés sur ses genoux et il tenait entre le pouce et l'index de sa main gauche un cigare de mauvaise qualité. Il me regarda d'un air vaguement enjoué et me dit : « Maintenant, je sais.

– Que savez-vous ? » lui demandai-je. Comme j'étais convaincu qu'il était fou à lier, je résolus de le contrarier le moins possible.

« Je sais pourquoi les chats mordent. »

Voilà qui était surprenant. Je ne voyais vraiment pas quoi répondre.

« Maintenant, je sais, répéta-t-il. Pouvez-vous le deviner ? » Sa voix exprimait un triomphe discret, et il m'encouragea d'un sourire. « Allez, essayez donc de deviner », insista-t-il.

Je lui dis que je n'étais guère doué pour résoudre les problèmes.

« Écoutez-moi, jeune homme, poursuivit-il en serrant les pans de son manteau autour de ses jambes. Essayez donc de réfléchir : pourquoi les chats mordraient-ils ? Le savez-vous ? Moi, je le sais. »

Il me regarda d'un air anxieux.

« Ce problème ne vous intéresse pas ? demanda-t-il.

– Bien sûr que si.

– Alors pourquoi ne me posez-vous pas de questions ? dit-il d'un air vaguement déçu.

– Eh bien, dis-je en désespoir de cause, pourquoi les chats mordent-ils ? » Un instant ! pensai-je. Il se croit au cirque, avec moi dans le rôle de l'Auguste et lui dans celui du Clown blanc.

Il se fendit d'un sourire affable. « Jeune homme, les chats mordent parce qu'ils se nourrissent de valériane. Telle est la conclusion à laquelle m'a conduit mon raisonnement. »

Je le considérai avec étonnement. Ce vieil homme à l'air bienveillant se moquait-il de moi ? Me faisait-il payer mon attitude de ce matin ? Était-il un roquentin malicieux et rancunier, ou bien était-il tout simplement sénile ? Et qui était-il ? Que faisait-il à Anvers... et que faisait-il tout court ? Voilà que ce vieillard dégarni se tournait en souriant vers la belle jeune fille de blanc vêtue.

« Wilhelmina, est-ce que tu as froid ? » lui demanda-t-il.

Elle fit non de la tête. « Pas du tout, papa. »

Son père ! me dis-je. *Son père !* Dieu merci, elle ne l'avait pas appelé « pépère » !

« Aujourd'hui, je suis allé au zoo, annonça le vieil homme en se tournant vers moi.

– Ah ! bon, rétorquai-je. Euh... j'espère que cela vous a plu.

– J'ai contemplé les singes, poursuivit-il d'un air rêveur. Oui, j'ai contemplé les singes. »

Je m'efforçai de paraître intéressé.

« Oui, les singes », répéta-t-il en posant sur moi ses yeux aimables. Puis il se pencha vers moi comme pour me faire une confidence et murmura : « Êtes-vous capable de me dire ce que pense un singe ?

– Non, répondis-je sèchement.

– Ah... » Poussant un soupir, il se redressa sur son siège et tapota la main fine de la jeune fille assise près de lui. « Ah, qui pourrait dire ce que pense un singe ? » La vision de son visage bonhomme dissipa en partie mes soupçons, et je répondis d'un air grave :

« Qui pourrait dire si un singe pense ?

– Exact, exact ! Qui pourrait dire s'il pense vraiment ; et dans ce cas... ah ! qui pourrait dire ce qu'il pense ?

– Mais si vous ne pouvez affirmer qu'un singe pense, à quoi vous sert-il de vous demander ce qu'il *penserait* s'il *pouvait* penser ? »

Il leva la main comme pour me contredire. « Ah, mais c'est ce qui fait tout l'intérêt de la question – tout son intérêt ! C'est le caractère abstrus de cette proposition qui stimule la volonté de recherche – laquelle agite en profondeur le cerveau du penseur. Cette question est d'une importance et d'une actualité également vitales. Peut-être vous êtes-vous déjà forgé une opinion. »

Je dus lui confesser que ce sujet ne m'avait guère inspiré de réflexions.

« Je pense, poursuivit-il en entortillant les pans de son manteau autour de ses jambes, je pense que vous n'avez guère prêté attention au dernier sujet abordé par la Société de recherche pythagoricienne dodo de Boston.

– Je ne suis pas sûr de me rappeler le sujet en question, dis-je avec politesse. Pourriez-vous me rafraîchir la mémoire ?

– Ce sujet n'était autre que le *Felis domesticus.*

– Ah ! ce devait être fort intéressant ! Et... euh... qu'est-ce que le *Felis do... do...*

– *Domesticus,* pas dodo. Le *Felis domesticus,* autrement dit le chat domestique.

– Tiens donc, murmurai-je.

– Vous ne m'écoutez pas », protesta-t-il.

Je ne l'entendis qu'à moitié. Je ne pouvais détacher mes yeux du visage de sa fille.

« Chat ! hurla le vieil homme, et je faillis choir de ma chaise. Êtes-vous sourd ? me demanda-t-il d'un air compatissant.

– Non, non ! répliquai-je en rougissant. Vous... excusez-moi... vous parliez... euh... vous parliez du dodo. Un oiseau des plus étonnants...

– Je ne parlais pas du dodo, soupira-t-il. Je parlais du chat.

– Bien sûr.

– La question, dit-il en tressant les pans de son manteau, la question est de savoir comment améliorer la condition présente et le statut social de nos chats domestiques.

– En les nourrissant ? » suggérai-je.

Il leva les bras au ciel. Un geste plein d'éloquence. « Je veux parler de leur condition spirituelle », annonça-t-il.

J'opinai du chef, mais mes yeux ne quittaient pas l'exquis visage de sa fille. Muette, celle-ci contemplait les taches de couleur qui s'estompaient au couchant.

« Oui, reprit le vieil homme, le bien-être spirituel de nos chats domestiques.

– Les minous et les matous ? murmurai-je.

– Exactement ! dit-il en nouant les deux pas de son manteau.

– Vous allez abîmer vos vêtements, remarquai-je.

– Papa ! » s'exclama la jeune fille d'un air consterné, et le vieux gentleman sursauta comme si on l'avait pris en faute. « Arrête ça tout de suite ! »

Il se fendit d'un sourire penaud et tenta de dissimuler le corps du délit.

« Ma chérie, dit-il d'une voix douce, tu sais combien je suis distrait – je fais toujours ça quand je suis pris par mon sujet. »

La jeune fille se leva et, se penchant sur son géniteur négligent, dénoua les pans de son manteau non sans habileté. Cela fait, elle se rassit et, une esquisse de sourire aux lèvres, déclara : « Il est si distrait.

– Votre père est de toute évidence un homme de science », lui dis-je d'une voix enjouée. Comme je la plaignais d'être encombrée de ce vieux fou !

« Oui, c'est exact, dit-elle à voix basse.

– Oui, oui, murmura le vieil homme, c'est pour cela que je suis distrait. J'oublie souvent de m'endormir quand je vais me coucher. » Puis il se tourna vers moi et me demanda comment je m'appelais, déclarant quant à lui se nommer P. Royal Wyeth, professeur de recherches pythagoriciennes et de paradoxes abstrus.

« Mon premier prénom est Penny... en hommage au Pr Penny, de Harvard, précisa-t-il. Mais je ne l'utilise que rarement car, accolé à mon second, il suggère un produit domestique à l'odeur pénétrante.

– Je m'appelle Kensett. Harold Kensett, de New York.

– Vous étudiez ?

– Euh... un peu.

– Vous étudiez les diamants ? »

Je souris. « Oh, je vois que vous avez entendu parler de ma grand-tante.

– Je la connais, dit-il.

– Euh... peut-être ignorez-vous que ma grand-tante n'est plus de ce monde.

– Je la connais », répéta-t-il d'un air buté.

Je m'inclinai. Quel vieux détraqué !

« Qu'étudiez-vous donc ? Vous n'êtes quand même pas un oisif, n'est-ce pas ? » demanda-t-il

En fait, c'est bien ce que j'étais, mais je ne tenais guère à ce que Mlle Wyeth l'apprenne. Bien que je passe le plus clair de mon temps à tuer le temps, j'avais naguère réussi, empli d'une subite énergie, à composer un poème intitulé *À une mésange bleue*, de sorte que je m'épargnai une humiliation publique en déclarant que j'avais fait un peu d'ornithologie.

« Bien ! s'écria le professeur avec un sourire radieux. Je savais que vous étiez un homme de science comme moi. Sans doute êtes-vous également un membre de la Société de recherche pythagoricienne dodo de Boston. Êtes-vous un dodo ? »

Je secouai la tête. « Non, je ne suis pas un dodo.

– Un geai, alors ?

– Un... quoi ? m'emportai-je.

– Un geai. Les membres de la Société des jeunes ornithologues de New York sont appelés des geais, tout comme nous-mêmes sommes appelés des dodos. Vous n'êtes même pas un geai ?

– Non, dis-je en le regardant d'un œil soupçonneux.

– Il m'appartient alors de vous convertir, dit le professeur en souriant.

– J'ai bien peur de ne pas être un partisan de la recherche pythagoricienne », commençai-je, mais la belle Mlle Wyeth se tourna vers moi d'un air grave et, me regardant au fond des yeux, me dit :

« J'espère que vous avez quand même l'esprit ouvert. »

Grand Dieu ! me dis-je. Est-elle aussi lunatique que son père ? Je la regardai sans broncher. Comme elle était belle ! Ainsi, elle aussi était une pythagoricienne – une secte que je méprisais. Tout le monde a entendu parler de la lubie pythagoricienne, de son succès à Boston, de son expansion et des accords commerciaux qu'elle a conclus avec la Science chrétienne, l'hygiène mentale, la théosophie, l'hypnotisme, l'Armée du salut, les shakers, les dunkards et les tenants de la méthode Coué. Jusqu'ici, les pythagoriciens m'avaient inspiré la même indifférence teintée de mépris que les prétendus guérisseurs ; n'étant affilié à aucune Église, je n'étais pas disposé à les prendre au sérieux. Mais ces accords commerciaux m'inquiétaient, et je n'éprouvais que méfiance pour la *Scientific and Religious Trust Company*, entreprise dûment déclarée et plus connue sous l'appellation de trust pythagoricien, ce ramassis de pseudo-guérisseurs promettant le salut tantôt par la foi et tantôt par la science qui, non content de s'être introduit parmi les sociétés ordinaires, prétendait contrôler l'avenir de l'homme. Non, il n'était pas question que j'écoute ces galimatias – l'idée même d'envisager une telle possibilité m'emplissait de honte, et je secouai la tête.

« Non, mademoiselle Wyeth, j'ai bien peur de n'être nullement disposé à écouter tout argument relatif à ce sujet.

– Vous ne croyez pas en Pythagore ? » demanda le professeur. Il maîtrisait son excitation avec difficulté et recommençait à nouer les pans de son manteau.

« Non, dis-je. Je n'y crois pas.

– Comment le savez-vous ? s'enquit le professeur.

– Parce qu'il est ridicule d'affirmer qu'une poule puisse abriter l'âme d'un être humain ! dis-je d'un ton ferme.

– Examinons les choses plus simplement ! insista le professeur. Croyez-vous qu'un être humain puisse abriter l'âme d'une poule ?

– Non !

– Avez-vous jamais entendu l'expression "cervelle d'oiseau" ? » s'écria le professeur d'une voix de crécelle.

Je hochai la tête, de plus en plus agacé.

« Vous ne voulez donc pas entendre raison ? poursuivit-il avec enthousiasme.

– Non... » commençai-je, mais je vis alors les yeux bleus de Mlle Wyeth qui se posaient sur moi, empreints d'une telle tristesse et d'une telle séduction que je sentis ma résolution chanceler.

« Oui, je vous écoute, dis-je d'une voix éteinte.

– Voulez-vous devenir mon disciple ? » demanda le professeur.

Non seulement je ne refusai pas de but en blanc, ce qui n'allait déjà pas sans me surprendre, mais en outre je me laissai attendrir par les doux yeux qui me regardaient. Plus je les fixais, plus j'étais disposé à céder. Et lorsque je me rendis compte que j'allais bel et bien rendre les armes, ma conscience ne s'en offusqua pas le moins du monde. Je sentis monter en moi une légère griserie. Pour la première fois de ma vie, je me montrais audacieux... et j'en étais même fier.

« Oui, oui ! m'écriai-je en me penchant au-dessus de la table. J'en serais ravi, enchanté ! Voulez-vous m'accepter comme disciple ? » Mon monocle tomba de son perchoir. « Prenez-moi ! Oh ! voulez-vous me prendre ? » Au lieu de me répondre, le professeur me fixa un long moment en battant des paupières. Je crus voir ses yeux s'agrandir, se parer d'une nuance verdâtre. Ses lèvres se mirent à frémir, sa bouche à émettre d'étranges petits bruits caressants, et il fit plusieurs nœuds aux pans de son manteau. Soudain, il se pencha au-dessus de la table jusqu'à ce que son nez vienne frôler le mien. Les pupilles de ses yeux se dilatèrent, leurs iris prenant une couleur mouvante et mordorée, et les pans de son manteau tressaillirent. Puis il se mit à miauler.

Je tentai de m'arracher à ma paralysie – je tentai de reculer, car je sentais le bout glacé de son nez toucher le mien. J'étais incapable de bouger. Mon cri de terreur mourut au fond de ma gorge, mes mains furent prises de convulsions ; je ne pouvais ni parler ni bouger. En même temps, mon cerveau devenait merveilleusement clair. Je me souvenais de tout ce qui m'était jamais arrivé – de tout ce que j'avais pu dire ou faire. Je me rappelais même des choses que je n'avais ni dites ni faites ; j'avais un souvenir détaillé de choses qui n'étaient jamais arrivées. Quelle mémoire puissante que la mienne ! Le passé était semblable à un miroir, clair comme le cristal, et voilà que, parées de couleurs glorieuses, les scènes de mon enfance m'apparaissaient dans tout leur éclat, puis s'estompaient pour laisser la place à des scènes plus récentes et plus splendides encore. L'espace d'un instant, l'incident du chat de l'hôtel *Saint-Antoine* me traversa l'esprit. Lorsqu'il en disparut, une stupeur glacée embruma peu à peu mon cerveau ; ces scènes, ces souvenirs, ces couleurs éclatantes le désertaient, me laissant enveloppé dans une vapeur grise, à travers laquelle les yeux démesurés du professeur étincelaient d'une lueur turbide. Un étrange sentiment s'empara de moi – le désir bizarre d'un objet indéfini – mais, oh ! que ce sentiment était fort, que ce désir était ardent ! Peu à peu, cette sensation incompréhensible devint une douleur bien vivante. Ah ! comme je souffrais, comme les vapeurs autour de moi se faisaient étouffantes ! Puis j'entendis dans le lointain une voix féminine, une voix douce et impérative :

« Miaou », fit-elle.

L'espace d'un instant, je crus voir l'intérieur de mon propre crâne, éclairé comme par un brasier ardent ; les globes oculaires veinés d'écarlate, les muscles luisants frémissant le long des mâchoires, la masse humide des circonvolutions cérébrales ; puis je vis d'horribles ténèbres... des ténèbres presque tangibles... une noirceur absolue où semblait ramper un mince filet d'argent, telle une rivière courant sur la terre... telle une pensée s'insinuant dans le cerveau... telle une chanson, une petite chanson que chantait au loin une voix de fausset – ma propre voix.

Et je compris que je miaulais !

Arc-bouté sur mon siège, la tête levée vers le ciel, je miaulais de tout mon cœur. Oh ! qu'il était lourd, le fardeau dont j'étais ainsi libéré ! Qu'il était bon, qu'il était satisfaisant de miauler ! Et comme je miaulais, comme je hurlais !

Je me donnais corps et âme à ce miaulement ; mon être tout entier frissonnait sous le coup de ce cri passionné poussé par un esprit libéré. Ma voix entonnait la mélodie suraiguë des amours félines, tremblotait, se faisait plus grave, affirmait avec force que je n'avais aucun rival, puis achevait son chant dans un sublime crescendo.

Me sentant un peu penaud, je jetai un regard en coin vers le professeur et sa fille, mais celui-là dénouait nonchalamment les pans de son manteau tandis que celle-ci semblait abîmée dans la contemplation de l'horizon. De toute évidence, ils ne me jugeaient pas ridicule. Sentant le rouge me monter aux joues, je me retournai pour évaluer l'effet de mon sinistre solo sur ceux qui m'entouraient. Personne ne m'accorda l'aumône d'un regard. Je ne me sentis pas rassuré pour autant car, alors que je prenais conscience de mes actes, je fus gagné par un mélange de fureur et de mortification. J'étais quasi mort de honte. Pourquoi diable m'étais-je ainsi mis à miauler ? Je cherchai une issue du regard – j'étais prêt à bondir, à filer dans ma chambre pour enfouir mon visage dans un oreiller, puis à me réfugier dans la cabine amicale d'un steamer à destination de l'Amérique. Non, j'allais m'envoler – et tout de suite encore ! Malheur à celui qui me barrerait le passage ! Je fis mine de me lever mais, à cet instant précis, je surpris les yeux de Mlle Wyeth posés sur moi.

« Ne partez pas », dit-elle

Au nom du ciel, que pouvaient donc cacher ces yeux bleus ? Je me tassai lentement sur ma chaise.

Puis le professeur prit la parole : « Wilhelmina, je viens juste de recevoir un message.

– D'où vient-il, papa ?

– De l'Inde. Je pars sur-le-champ. »

Elle hocha la tête sans quitter la mer du regard. « Est-ce important, papa ?

– Il le semble bien. Le caissier de la branche locale a compromis un corps astral et dilapidé tous nos fonds pour ses beaux yeux, y compris un bon nombre de mensualités sur le nirvana. Je suppose qu'il a spéculé sur les avenirs et s'est retrouvé à cours de fonds. Je n'en aurai pas pour longtemps.

– Alors, bonsoir, papa, dit-elle en l'embrassant. Essaie d'être rentré pour onze heures. » Je les regardai d'un œil stupide.

« Oh, je ne vais qu'à Bombay – inutile que je me rende au Tibet cette nuit. Bonsoir, ma chère. »

Puis il se passa quelque chose de singulier. Le professeur, qui avait réussi à dénouer les pans de son manteau, vissa son chapeau sur son crâne et, agitant les bras à la façon d'une chauve-souris, grimpa sur sa chaise et lança : « Presto ! » Je retrouvai enfin ma voix.

« Arrêtez-le ! m'écriai-je, terrifié.

– Presto ! Presto ! » En équilibre instable sur le bord de sa chaise, le professeur agita majestueusement les bras, comme pour se préparer à franchir l'Escaut à tire-d'aile ; quant à moi, fermement convaincu que telle était bien son intention et qu'en outre il était parfaitement capable d'un tel acte, je me couvris les yeux des deux mains.

« Vous sentez-vous mal, monsieur Kensett ? » demanda doucement la jeune fille.

Indigné, je relevai la tête. « Pas le moins du monde, mademoiselle Wyeth, mais je me vois contraint de vous dire bonsoir, car nous sommes au XIXe siècle et je suis un bon chrétien.

– Moi aussi, répliqua-t-elle. Et mon père également. »

Du diable s'il est chrétien, pensai-je.

Les mots qu'elle prononça alors me firent sursauter.

« Je vous en prie, ne jurez pas comme cela, monsieur Kensett. »

Comment savait-elle que j'avais juré ? Je n'avais pas dit un seul mot ! Se pouvait-il qu'elle soit capable de lire dans mes pensées ? C'en était trop pour moi, et je me levai.

« J'ai l'honneur de vous souhaiter le bonsoir », commençai-je, et je me tournai à contrecœur pour saluer également le professeur, m'attendant à voir ce gentleman encore juché sur sa chaise. Mais ladite chaise était vide.

« Oh ! fit la jeune fille en souriant. Mon père est parti.

– Parti ! Où cela ?

– En Inde, je crois bien. »

Je m'effondrai sur ma propre chaise, totalement impuissant.

« Je ne pense pas qu'il y restera très longtemps – il a promis d'être rentré pour onze heures », dit-elle timidement.

Je tentai de comprendre la situation. « Parti en Inde ? Parti ! Comment ? Sur un manche à balai ? Dieu du ciel, murmurai-je, serais-je fou à lier ?

– Parfaitement, dit-elle, et je suis fatiguée. Vous pouvez me raccompagner à l'hôtel. »

Ce fut à peine si je l'entendis ; je m'efforçais toujours de rassembler mes pauvres esprits. Peu à peu, je parvins à évaluer la situation, à passer en revue les événements aussi surprenants qu'humiliants de la journée. À midi, dans la cour de l'hôtel *Saint-Antoine*, j'avais été en butte à un homme et une chatte également agaçants. Je m'étais retiré dans ma chambre et j'avais dormi jusqu'à l'heure du dîner. Le soir venu, j'avais rencontré deux touristes en me promenant sur la digue. Ces deux touristes avaient engagé la conversation avec moi... et m'avaient attiré dans leur intimité ! J'avais eu l'intention de me convertir à la foi pythagoricienne ! Puis j'avais miaulé comme un chat, miaulé à pleins poumons. Et voilà que le touriste de sexe masculin disparaît... me laissant la responsabilité du touriste de sexe féminin, qui se retrouve tout seul le soir dans une ville inconnue ! Et voilà que ledit touriste de sexe féminin me propose de le raccompagner à son hôtel !

Mobilisant ce qui me restait de contenance, je cherchai mon monocle à tâtons, le vissai fermement dans mon orbite et gratifiai la jeune fille d'un regard pénétrant. Lorsque mes yeux se posèrent sur elle, mon regard s'adoucit, mon monocle chuta et j'oubliai tout le reste devant la beauté et la pureté de son visage. Mon cœur se mit à tambouriner contre mon plastron blanc et raide. Comment avais-je pu... oui, comment avais-je pu considérer cette merveilleuse beauté comme un touriste de sexe féminin ? Son visage doux et pâle, tourné vers la mer, semblait jeter un charme sur la nuit. Comme mon cœur battait fort ! La lune jaune flottait, à moitié engloutie dans la mer, inondant la terre et les eaux d'une lueur enchanteresse. L'onde comme le vent semblèrent tomber sous l'effet de son charme, car la brise s'estompait, les eaux de l'Escaut s'agitaient en silence et les navires hollandais oscillaient doucement sur les vagues, toutes voiles baissées.

Un soudain silence tomba sur la terre et sur les eaux, les voix se turent sur la digue ; peu à peu, la foule mouvante, la terrasse, la mer elle-même s'évanouirent, et je ne vis plus que son visage, découpé en ombre chinoise devant la lune.

J'eus l'impression de m'être élevé dans les hauteurs, traversant l'espace et l'éternité, jusqu'à ce que plus rien ne me sépare du paradis hormis ce visage si délicat. Ah ! comme je l'aimais ! Je le savais – je n'en avais jamais douté. Combien d'années d'adoration passionnée me faudrait-il pour toucher son cœur – son petit cœur qui battait si sereinement, sans qu'une once d'amour le fasse tressaillir et battre plus fort contre son sein si doux ? Ses mains se crispèrent sur son giron

– ses paupières frémirent comme sous l'effet d'une pensée aussi fugace qu'agréable. Je vis ses tempes rosir, je vis ses yeux bleus se tourner vers les miens, légèrement effarouchés, je vis... et je sus qu'elle avait lu dans mes pensées. Puis nous nous levâmes ensemble, côte à côte, et elle se mit à sangloter doucement, et moi, je n'osais rien dire. Elle se détourna, s'essuya les yeux avec un mouchoir en dentelle, et je m'approchai d'elle d'un bond pour lui offrir mon bras.

« Vous ne pouvez pas rentrer toute seule », lui dis-je.

Elle ne daigna pas me prendre le bras.

« Est-ce que vous me détestez, mademoiselle Wyeth ?

– Je suis très fatiguée. Je dois rentrer.

– Vous ne pouvez pas rentrer toute seule.

– Je ne souhaite pas que vous m'escortiez.

– Alors... vous me chassez ?

– Non, dit-elle sèchement. Vous pouvez venir si vous voulez. » Et c'est ainsi que je la reconduisis humblement à l'hôtel *Saint-Antoine.*

III

Alors que, arrivés sur la place Verte, nous entrions dans la cour de l'hôtel, les cloches de la ville firent retentir les douze coups de minuit et le dernier omnibus pour la gare passa en tintinnabulant.

Nous passâmes devant la fontaine, dont les eaux bouillonnantes étaient illuminées par le clair de lune, et entrâmes dans l'aile sud de l'hôtel après avoir traversé la cour. Arrivée au pied de l'escalier, elle s'accouda quelques instants à la rampe.

« Nous avons marché trop vite, j'en ai peur », dis-je.

Elle m'accorda un regard froid. « Non – il faut respecter les convenances. Vous avez eu tout à fait raison de vous presser.

– Mais je vous assure que... »

Elle agita la main en signe d'impatience. « Silence. Votre

conversation me fatigue – les convenances me fatiguent. Rassurez-vous : personne ne vous a vu.

– Vous êtes cruelle, dis-je à voix basse. Qu'est-ce qui vous permet de croire que je me soucie des convenances ?

– Vous vous souciez de tout – notamment de ce que pensent les gens –, et c'est pour cela que vous vous conduisez conformément à leurs préceptes. C'est la première fois de votre vie que vous faites quelque chose d'aussi original.

– Vous lisez dans mes pensées, répliquai-je avec amertume. Ce n'est pas juste...

– Juste ou non, je sais quelle opinion vous avez de moi : vous me considérez comme une personne mal élevée, vulgaire, en quête d'attentions. Oh ! pourquoi accepterais-je de vous consacrer un seul mot – une seule pensée ?

– Mademoiselle Wyeth... » Elle ne me laissa pas le temps de poursuivre.

« Oseriez-vous me dire ce que vous pensez de moi ? Oseriez-vous me dire ce que vous pensez de mon père ? »

Je demeurai muet. Elle me tourna le dos, monta deux marches, puis me fit face à nouveau.

« Pensez-vous que c'est pour mon plaisir que je me suis autorisée à rester seule avec vous ? Imaginez-vous que je suis flattée par l'attention que vous me témoignez ?... allez-vous jusqu'à m'en croire capable ? Comment avez-vous osé penser ce que vous avez pensé tout à l'heure, sur la digue ?

– Je ne peux pas m'empêcher de penser ! m'exclamai-je.

– Quand vous êtes sorti de votre transe, vous m'avez regardée comme un tigre regarde sa proie. Pensez-vous vraiment que vous avez miaulé ? N'avez-vous pas compris que mon père vous a hypnotisé ?

– Non... je l'ignorai. » Un afflux de sang provoqua des fourmillements dans mes doigts, et je lançai un regard furibond à la jeune fille.

« Pourquoi est-ce que je perds mon temps avec vous, à votre avis ? reprit-elle. Votre vanité a déjà formulé une réponse à cette question – à présent, laissez travailler un peu votre intelligence. Je suis pythagoricienne ; j'ai été choisie pour effectuer une conversion, et c'est vous qui avez été sélectionné par les mahatmas de la *Consolidated Trust Company*. Je vous ai suivi de New York à Anvers, comme on me l'avait ordonné, mais à présent que j'ai vu quel type d'homme vous étiez, le courage me manque et je n'ai plus le cœur à accomplir ma mission. Si seulement je pouvais renoncer... si seulement je pouvais fuir... fuir et ne plus jamais vous revoir ! Mais je n'en aurai pas le droit, j'en ai peur !... pas avant d'avoir accompli ma mission. Pourquoi m'a-t-on choisie... moi, qui ai un cœur de femme et une fierté de femme. Je... je vous déteste !

– Je vous aime », dis-je lentement.

Elle pâlit et détourna les yeux.

« Répondez-moi », dis-je.

Ses grands yeux bleus se posèrent bientôt sur moi, et je les fixai de toutes mes forces. Finalement, elle attrapa l'une des roses à longue tige passées à sa ceinture, tourna les talons et gravit l'escalier plongé dans l'ombre. L'espace d'un instant, je crus la voir s'arrêter sur le palier du premier étage, mais le clair de lune était trop faible pour que j'en sois sûr. Après une longue et vaine attente, je m'éloignai et voulus porter une main à mon visage, mais je me figeai et mon cœur cessa de battre. Je tenais dans ma main une rose à longue tige.

L'esprit en déroute, je traversai la cour en silence et montai jusqu'à ma chambre. Je passai les heures suivantes à y faire les cent pas, de plus en plus agité à mesure que le temps s'écoulait, mais le tumulte de mes pensées ne s'en trouva nullement apaisé et je m'effondrai dans un fauteuil devant la cheminée vide, la tête entre les mains.

Secoué par le doute et l'épuisement, je tentai néanmoins de réfléchir – de remettre de l'ordre dans mon cerveau chaotique, mais je ne pouvais détacher mes yeux de cette rose. Bientôt, son parfum entêtant m'apporta quelque plaisir, et je broyai l'un de ses pétales entre mes doigts, aspirant ensuite à pleins poumons la fragrance qui les imprégnait.

Ma lampe s'éteignit à deux reprises, et à deux reprises je traversai la chambre à pas de loup pour la rallumer. À deux reprises j'ouvris la porte, ayant cru entendre du bruit dans le couloir. Comme l'atmosphère était lourde !... comme elle était étouffante ! Et quel était ce subtil et étrange parfum qui avait insidieusement envahi la chambre ? Il se faisait sans cesse plus fort, plus pénétrant, et comme il commençait à me déplaire, j'enfouis mes narines dans la rose à demi éclose. Horreur ! Cette odeur venait de la rose... et cette rose n'en était plus une... ce n'était même plus une fleur... ce n'était qu'une touffe de valériane ; et je la jetai à terre pour la piétiner rageusement.

« Charlatanisme ! » m'écriai-je. Pris d'une colère froide, je frissonnai et m'approchai de la fenêtre aux rideaux tirés. Il y avait quelque chose dehors. Je ne pouvais l'entendre, cela ne faisait aucun bruit, mais je savais que l'on m'observait. Qu'était-ce ? Mes cheveux se dressèrent sur ma tête. Je posai une main sur les rideaux. La créature qui me guettait, quelle qu'elle soit, se redressa d'un bond, griffa la vitre puis disparut.

De plus en plus secoué, j'ouvris la fenêtre et me penchai au-dehors. La nuit était calme. Je n'entendais que les gargouillis de la fontaine et le souffle de la brise marine. Je refermai la fenêtre et me retournai ; et à ce moment-là, un vent violent me gifla, un vent qui ne pouvait venir du dehors, éteignant la chandelle et faisant gonfler les rideaux ainsi que des voiles. La lampe posée sur la table crachota un petit panache de fumée et s'éteignit ; la chambre était jonchée de feuilles de papier et de brins de valériane. Puis ce vent étrange se mourut et, quelque part dans la nuit, un chat feula.

Animé par l'énergie du désespoir, je fonçai vers ma malle et l'ouvris. J'y fourrai pêle-mêle toutes mes possessions, la refermai, la verrouillai et, attrapant mon mackintosh et mon sac de voyage, je descendis l'escalier quatre à quatre, traversai la cour et gagnai la réception de l'hôtel. Je sonnai le veilleur de nuit ensommeillé, réglai ma note et envoyai un porteur à la recherche d'un fiacre.

« Bien, dis-je, à quelle heure part le prochain train ?

– Pour quelle destination ?

– N'importe laquelle ! »

Le veilleur de nuit referma le coffre-fort et, veillant à ce que son bureau s'interpose entre nous deux, fit signe à un chasseur de consulter les horaires des trains.

« Prochain départ à deux heures dix. Destination Paris *via* Bruxelles. »

À ce moment-là, un fiacre s'immobilisa devant l'entrée de l'hôtel, et je m'y engouffrai pendant que le portier chargeait mes bagages sur le toit. Puis nous filâmes à vive allure sur les pavés, longeant les rues chichement éclairées par les réverbères et les venelles sordides où brillaient les lumières des cafés-concerts crapuleux, jusqu'à ce que, après avoir dépassé le Circus et l'Eldorado, nous ayons atteint la gare.

Je n'avais pas une minute à perdre. « Paris ! m'écriai-je. Première classe ! » Empochant le carnet de tickets qu'on me tendait, je courus vers le quai où attendait le train de Bruxelles. Un contrôleur me vint en aide, m'ouvrant la porte d'une voiture de première classe et la refermant derrière moi, et le train se mit en branle, émergeant de la gare aux lignes élégantes pour foncer dans la nuit étoilée.

J'étais seul dans le compartiment. Le plafonnier ne dispensait qu'une lumière des plus avares, laissant dans la pénombre la cabine étouffante. Comme il m'était impossible de consulter mes horaires, je m'enveloppai les jambes dans une couverture, m'allongeai sur le siège et attendis la venue de l'aurore. Derrière la vitre tressautante, que venait régulièrement souiller la fumée de la locomotive, défilaient des arbres, des murs et des poteaux télégraphiques. Je dormis par bribes, toujours d'un sommeil agité, et à un moment donné, je me réveillai en sursaut pour fixer longuement le siège qui me faisait face, persuadé que quelqu'un y avait pris place.

Je dormais comme un loir lorsque le train arriva à Bruxelles, et le contrôleur eut toutes les peines du monde à me réveiller.

« Désirez-vous prendre un petit déjeuner, monsieur ?

– Si vous voulez », soupirai-je, et je descendis sur le quai en massant mes jambes glacées. Les autres passagers s'étaient déjà installés au buffet de la gare ; je les rejoignis et réussis à avaler un café et un beignet.

Le ciel matinal était gris et lourd, et je m'enveloppai dans mon mackintosh pour faire les cent pas sur le quai. Je ne cessai d'aller et venir, les mains dans les poches et un cigare aux lèvres, pendant que les autres passagers se blottissaient dans les wagons ou assistaient au chargement du fourgon postal. Ce fut une longue attente ; quand l'horloge de la gare sonna six heures, le train n'avait toujours pas bougé du quai. J'abordai un contrôleur pour lui demander quelle était la raison de ce retard.

« Un accident sur la voie, répondit-il. Monsieur ferait mieux de regagner son compartiment et de dormir un peu, car nous risquons de ne pas partir avant midi. »

Suivant son conseil, je me réfugiai dans ma cabine, m'enveloppant dans ma couverture et contemplant les gouttes de pluie qui s'écrasaient sur la vitre. À midi, le train n'était toujours pas parti, et je déjeunai dans le compartiment. À quatre heures de l'après-midi, le chef de gare se mit à courir le long du quai en criant : « *Montez ! montez ! messieurs, s'il vous plaît...** » et le train sortit enfin de la gare à toute vapeur, filant à travers les plaines désolées de la Belgique. Je somnolais de temps à autre, mais les secousses finissaient toujours par me réveiller, et je contemplai alors d'un œil hébété l'infinie platitude de la plaine jusqu'à ce qu'une soudaine averse vienne occulter mon champ de vision. Finalement, un coup de sifflet strident, une secousse plus violente et l'apparition de baïonnettes et de pantalons rouges m'apprirent que nous atteignions la frontière française. Je suivis les autres passagers sur le quai, ouvris ma valise pour la soumettre à l'inspection des gabelous, mais ceux-ci se contentèrent de la marquer à la craie sans la fouiller, et je regagnai mon compartiment en hâte dans une cacophonie de cris et de carillons. Constatant que j'étais toujours seul dans mon compartiment, j'allumai une cigarette, rendis grâce au ciel et sombrai dans un sommeil sans rêves.

J'ignore combien de temps j'étais resté endormi, mais lorsque je rouvris les yeux, le train se trouvait dans un tunnel. Dès qu'il en fut sorti, j'examinai le paysage à moitié dissimulé

* En français dans le texte. *(N.d.T.)*

par la vitre crasseuse et vis que la tempête était passée et que le ciel était criblé d'étoiles. Je m'étirai, bâillai, relevai ma casquette sur mon front et, vacillant sur mes jambes lourdes, fis les cent pas dans le compartiment pour soulager mes muscles. Puis je me rassis, allumai un cigare et regardai les ronds de fumée flotter au-dessus de l'allée.

Le train fonçait dans la nuit; les voitures étaient secouées dans tous les sens, les vitres et les lambris tressautaient de plus belle. La lueur du plafonnier disparaissait derrière la fumée de mon cigare, et le siège placé en face du mien devenait peu à peu invisible. Je vis un nuage de fumée frissonner sur les bords, puis s'étirer dans le sens de la hauteur, puis flotter dans l'allée comme un voile! Quelles étranges formes il prenait! Comme il devenait épais!... comme il devenait lumineux! Il semblait à présent emplir tout le compartiment, alimenté par chacune de mes bouffées, s'élever vers le plafond, ondoyer, chatoyer, me dissimuler et les vitres et la lampe. C'était extrêmement intéressant. Jamais je n'avais fumé un tel cigare. Quelle marque extraordinaire! Je le tapotai pour mieux en examiner les braises. Le cigare était éteint. Comme je cherchais une allumette pour le rallumer, mes yeux se posèrent sur le rideau de fumée qui frémissait dans un coin. Il semblait presque tangible. Comme un rideau de tissu d'un gris impénétrable! Un homme aurait pu se cacher derrière lui. Puis une idée me vint à l'esprit, s'y ancra jusqu'à transformer mon trouble en une vague terreur. Je tentai de lutter – de résister – mais j'acquis bientôt la certitude que quelque chose se dissimulait derrière ce rideau de fumée – quelque chose qui avait profité de mon sommeil pour entrer dans le compartiment.

« Ce n'est pas possible, murmurai-je sans quitter des yeux le rideau de brume. Le train ne s'est pas arrêté. »

La voiture tressauta en grinçant. Je me levai d'un bond et écartai le rideau de fumée d'un geste vif. Puis mes cheveux se dressèrent sur ma tête. Car ma main venait de frôler une autre main, mon regard de croiser un autre regard.

J'entendis dans la pénombre une douce voix qui prononçait mon nom ; je revis ces yeux, si bleus et si tendres ; des doigts se posèrent doucement sur les miens.

« Avez-vous peur ? » dit-elle.

Mon cœur se remit à battre, le sang se remit à irriguer mon visage.

« Ce n'est que moi », dit-elle d'une voix douce.

Lorsque j'entendis ma propre voix, elle me sembla infiniment lointaine. « Vous, ici... seule ?

– Comme vous êtes cruel ! s'emporta-t-elle. Je ne suis pas seule. »

Au même instant, j'aperçus le professeur, tranquillement assis près de la fenêtre du fond. Ses mains étaient enfouies dans les plis d'une robe de chambre à la ceinture ornée de pompons, sous laquelle pointaient deux pieds gigantesques chaussés de mules. Un bonnet de nuit jaune trônait sur sa tête. Il ne nous accordait aucune attention, pas plus à sa fille qu'à moi-même, et, n'eût été le cigare qu'il promenait entre ses lèvres, on aurait pu le prendre pour un mannequin de cire.

Lorsque je pris la parole, ce fut d'une voix faible, hésitante, une voix d'enfant apeuré.

« Comment êtes-vous entrés dans ce compartiment ? Vous... vous n'avez pas d'ailes, je suppose ? Vous n'êtes sûrement pas là depuis le départ. Voulez-vous m'expliquer... m'expliquer comment vous avez fait ? C'est le plus humblement du monde que je vous le demande, car je ne comprends pas. Nous sommes au XIXe siècle, et ces choses-là y sont déplacées. Je porte un chapeau Dunlap... mon sac contient un exemplaire du *New York Herald*... Theodore Roosevelt occupe la Maison-Blanche, et plus rien dans ce monde ne peut être qualifié de romantique ! Est-ce de la magie ? Peut-être suis-je victime d'une hallucination. Peut-être suis-je en train de dormir, en train de rêver. Peut-être que vous n'êtes pas vraiment ici... ni moi non plus... ni rien, ni personne ! »

Le train s'engouffra dans un tunnel, et lorsqu'il en ressortit, une bise glaciale pénétra par la fenêtre du fond pour venir me gifler. Cette fenêtre était grande ouverte, le professeur avait disparu.

« Papa a changé de compartiment, dit-elle tout doucement. Je crois bien que vous commenciez à le lasser. »

Son regard croisa le mien et elle sourit.

« Êtes-vous vraiment désemparé ? »

Je la considérai en silence. Elle semblait sereine, avec ses mains croisées sur son genou, ses cheveux bouclés descendant en cascade jusqu'à sa ceinture. Une longue robe, parée d'argent par le crépuscule, soulignait les contours gracieux de sa silhouette juvénile, et ses pieds nus étaient glissés dans des babouches scintillantes.

« Je dormais quand vous vous êtes enfui, soupira-t-elle, et nous n'avions pas une minute à perdre. J'ai à peine eu le temps d'aller chercher papa à Bombay avant de vous rejoindre. Ce costume est indien. »

Je demeurais silencieux.

« Êtes-vous choqué ? demanda-t-elle.

– Non, répliquai-je d'une voix atone. Je n'en suis plus là.

– Vous êtes grossier », dit-elle, et je vis des larmes perler à ses paupières.

« Telle n'était pas mon intention. Je n'ai qu'une envie : partir loin d'ici et me rappeler mon nom.

– Vous vous appelez Harold Kensett.

– En êtes-vous sûre ? demandai-je en frissonnant d'espoir.

– Oui... mais qu'est-ce qui vous prend ?

– Tout est donc limpide à vos yeux ? Seriez-vous un genre de prophète ou de médium ? On ne peut donc rien vous dissimuler ?

– Rien », répondit-elle d'une voix hésitante. Une violente migraine me saisit, et je plaquai une main sur mon front.

Elle sembla soudain changer. « Je suis un être humain – croyez-moi ! dit-elle avec une insistance pitoyable. En fait, je n'ai rien d'étrange aux yeux de ceux qui comprennent. Si vous vous posez de telles questions, c'est parce que vous m'avez laissée à Anvers alors que sonnait minuit pour me retrouver ici à votre réveil. J'ai été réincarnée, je suis douée de sens et de pouvoirs que peu de gens possèdent encore... si je suis ainsi faite, pourquoi cela serait-il étrange ? C'est tout à fait naturel pour moi. Si je vous apparais...

– Apparais ?

– Oui...

– Wilhelmina ! m'écriai-je. Êtes-vous capable de disparaître ?

– Oui, murmura-t-elle. Cela vous semble-t-il inconvenant chez une jeune fille ?

– Dieu du ciel !

– Non ! sanglota-t-elle. Oh ! je vous en supplie, non ! Aidez-moi à supporter mon sort ! Si vous saviez comme je souffre d'être différente des autres jeunes filles – à quel point il est mortifiant pour moi d'avoir le pouvoir de disparaître –, oh ! je déteste ça !

– Ne pleurez pas, lui dis-je en sentant mon cœur se serrer.

– Oh ! pauvre de moi ! Ma seule vue vous emplit de dégoût, et tout ça parce que je suis capable de disparaître.

– C'est faux ! protestai-je.

– Ne prétendez pas le contraire ! Vous m'abhorrez – je vous répugne ! Oh ! pourquoi ai-je posé les yeux sur vous ?... pourquoi êtes-vous entré dans ma vie ?... quel crime ai-je pu accomplir durant les âges passés pour souffrir aussi cruellement dans ma nouvelle existence ?

– Que voulez-vous dire ? murmurai-je d'une voix tremblante de bonheur.

– Moi ?... rien. Mais vous me considérez comme un monstre, une créature fabuleuse.

– Wilhelmina... ma douce Wilhelmina, je ne vois pas en vous un monstre sorti d'une fable. Je vous aime. Regardez-moi... je suis à vos pieds. Écoutez-moi, ma chérie... »

Elle posa ses yeux bleus sur moi. Je vis des larmes briller sur ses cils finement dessinés.

« Wilhelmina, je vous aime », répétai-je.

Lentement, elle leva les mains vers moi, les posa sur mes tempes et me fixa d'un air étrange. Puis son visage s'approcha du mien, ses cheveux étincelants churent sur mes épaules, ses lèvres se posèrent sur les miennes.

Durant ce long, ce doux baiser, les battements de son cœur répondirent à ceux du mien, et j'appris un millier de vérités merveilleuses, mystérieuses et splendides ; mais lorsque nos lèvres se séparèrent, le souvenir de ce que j'avais appris s'enfuit avec les siennes.

« C'était si simple, si beau, soupira-t-elle, et je... je ne l'avais pas vu. Mais les mahatmas le savaient... ah ! ils savaient que seul l'amour me permettrait d'accomplir ma mission.

– Et votre mission est accomplie, murmurai-je, car je vais recevoir votre enseignement – moi, votre époux.

– Et... et vous vous montrerez patient ? Vous vous efforcerez de croire ?

– Je croirai tout ce que vous me direz, mon amour.

– Même... même à propos des chats ? »

Avant que je puisse répondre, la fenêtre du fond se rouvrit et il y apparut un bonnet de nuit jaune, suivi par le professeur. Wilhelmina s'effondra sur son siège, mais il était inutile de dire quoi que ce soit à son père, car celui-ci s'affairait déjà à lire dans nos pensées.

Le silence régna durant un long moment – assez long pour que le professeur appréhende la signification de ce qui venait de se passer. Puis il poussa une exclamation toute simple : « Oh ! »

Au bout d'un temps, cependant, il se tourna vers moi pour la première fois de la soirée, me déclara : « Je pense que je dois vous féliciter, monsieur Kensett », noua à plusieurs reprises la ceinture de sa robe de chambre, alluma un cigare et cessa de nous prêter attention. Quelques instants plus tard, il rouvrit la fenêtre et s'en fut. Je me tournai vers Wilhelmina, qui n'avait pas quitté sa place.

« Vous pouvez venir vous asseoir près de moi », dit-elle timidement.

IV

Il était presque dix heures et notre train approchait de Paris. Nous traversions une succession de villages envahis par la brume, de gares décorées de lanternes rouges, bleues et jaunes, reprenant de la vitesse tandis que résonnaient derrière nous les cloches signalant notre passage.

Lorsque le train finit par ralentir et s'arrêter, j'ouvris la fenêtre et découvris un long quai luisant d'humidité, où se reflétait la lueur crue des lampes électriques.

Un contrôleur arriva en courant, ouvrit les portes des compartiments et annonça : « Paris, terminus ! Billets, s'il vous plaît. »

Je lui tendis le carnet que l'on m'avait donné à Anvers, qu'il me rendit après en avoir arraché plusieurs tickets. Puis il leva sa lanterne et scruta l'intérieur du compartiment. « Monsieur a voyagé seul ? »

Je me tournai vers Wilhelmina.

« Il veut votre billet – donnez-le-moi.

– Pardon ? » fit le contrôleur.

Je jetai un regard inquiet à Wilhelmina.

« Si c'est votre père qui a les billets... » commençai-je, mais le contrôleur dit sèchement :

« Je prie monsieur de se rappeler que je ne comprends pas l'anglais.

– Taisez-vous ! lui répondis-je en français. Ce n'est pas à vous que je parle. »

L'homme me gratifia d'un regard bovin, puis examina mes bagages, monta dans la voiture, se mit à genoux et regarda sous les sièges. Cela fait, il se releva, le visage cramoisi, et ressortit en claquant la porte. Il n'avait pas accordé la moindre attention à Wilhelmina, mais je l'entendis dire : « Il n'y a que les Anglais et les imbéciles pour parler tout seuls. »

« Wilhelmina, demandai-je d'une voix tremblante, voulez-vous dire que ce contrôleur ne pouvait pas vous voir ? »

Elle prit un air si sérieux que je m'empressai d'ajouter :

« Peu importe, il m'est indifférent de savoir que vous êtes invisible, mon amour.

– Je ne suis pas invisible à vos yeux, répliqua-t-elle. Pourquoi cela vous serait-il indifférent ? »

Il y eut soudain une cacophonie de cloches et de sifflets qui étouffa nos voix, quelqu'un beugla : « Paris ! Tout le monde descend ! », et le train entra en gare dans un nuage de vapeur.

Ce fut le professeur qui ouvrit la porte de notre voiture. Il était planté sur le quai, occupé à ajuster son bonnet de nuit jaune sur son crâne et à renouer la ceinture de sa robe de chambre.

« Où étiez-vous ? lui demandai-je.

– Sur la locomotive.

– *Dans* la locomotive, vous voulez dire.

– Pas le moins du monde. J'étais *sur* la locomotive – sur le chasse-buffles. C'était fort rafraîchissant. Où allons-nous maintenant ?

– Connaissez-vous Paris ? me demanda Wilhelmina.

– Oui. Je pense que votre père ferait mieux de vous conduire à l'hôtel *Normandie*, rue de l'Échelle...

– Mais vous devez nous accompagner !

– Bien sûr... si vous le souhaitez... »

Elle eut un rire nerveux.

« Dans l'état où nous sommes, mon père et moi serions incapables de louer une chambre, vous ne comprenez pas ? Vous devez réserver trois chambres pour nous tous.

– Pourquoi donc ? demandai-je, crétin que j'étais.

– Oh !... mais parce que nous sommes invisibles. »

Je tentai de réprimer un frisson. Le professeur donna le bras à Wilhelmina et, comme j'examinais sa vêture, je remerciai le ciel qu'il soit invisible.

En sortant de la gare, je hélai un fiacre à quatre places, et nous filâmes sur les rues pavées à la lueur des réverbères, traversant bientôt l'avenue de l'Opéra pour nous engager dans la rue de l'Échelle, notre destination. Un jeune chasseur à l'œil vif et au costume couvert de boutons vint prendre mes bagages et nous précéda dans le hall.

Je me dirigeai vers la réception, flanqué de Wilhelmina qui me tenait par le bras et du professeur qui suivait en traînant les pieds.

« Monsieur désire une chambre ? demanda le réceptionniste. Je puis vous en proposer une au deuxième étage, avec vue sur la rue Saint-Honoré...

– Mais nous... je veux dire : je désire trois chambres – trois chambres séparées ! »

Le réceptionniste se gratta le menton. « Monsieur attend des amis ?

– Dites oui, chuchota Wilhelmina en étouffant un rire.

– Oui, répétai-je d'une voix éteinte.

– D'autres gentlemen, bien entendu ? dit l'homme en me jetant un regard soupçonneux.

– Une dame.

– Mariée, bien entendu ?

– Qu'est-ce que ça peut vous faire ? répliquai-je sèchement. Comment osez-vous nous parler sur ce...

– Nous ?

– Je veux dire : me parler, repris-je. Donnez-moi mes chambres et laissez-moi me reposer, voulez-vous ?

– Je prie monsieur de se rappeler qu'il se trouve dans un hôtel prisé et respectable, dit le réceptionniste d'une voix glaciale.

– Je sais », répondis-je en refoulant ma colère.

Il me fixait d'un œil méfiant.

« Chasseur ! lança-t-il avec morgue. Veuillez montrer l'appartement numéro dix à ce gentleman.

– Combien de pièces y a-t-il dans cet appartement ?

– Trois chambres et un parloir.

– Je le prends, dis-je avec assurance.

– Sous condition », répliqua l'employé insolent.

Ravalant mon humiliation, je suivis le chasseur dans l'escalier, m'interposant entre Wilhelmina et lui car je redoutais de le voir passer à travers son corps comme si elle avait été aussi impalpable qu'invisible. Une femme de chambre quitta sa chaise en nous voyant et nous conduisit dans un vaste appartement. Elle ouvrit les portes des trois chambres et dit : « Monsieur aurait-il la bonté de faire son choix ?

– Laquelle prendrez-vous ? dis-je en me tournant vers Wilhelmina.

– Moi ? Monsieur ! » s'écria la femme de chambre scandalisée.

Voilà qui acheva de me troubler. « Tenez, marmonnai-je en lui glissant quelques pièces dans la main. Maintenant, pour l'amour du ciel, allez-vous-en ! »

Lorsqu'elle eut pris congé après m'avoir lancé un « *Merci, Monsieur** » dubitatif, je donnai les clefs au professeur et le priai de s'arranger avec Wilhelmina.

Celle-ci prit la chambre du coin, son père sélectionna la chambre adjacente, et je leur souhaitai le bonsoir et gagnai péniblement la chambre qui m'avait été allouée. Je m'assis et tentai de réfléchir. Mon esprit ployait sous le fardeau d'une immense fatigue.

« Je réfléchirai mieux en tenue légère », dis-je, et j'ôtai illico mon manteau. Comme j'étais fatigué ! « Je réfléchirai mieux une fois couché », marmonnai-je, et je lançai ma cravate sur la coiffeuse, envoyant mes boutons de manchettes les y rejoindre. J'étais bel et bien épuisé. « À présent, bâillai-je en calant l'oreiller sous ma tête, à présent je peux réfléchir un peu. » Mais je m'endormis avant même d'avoir posé ma tête sur l'oreiller.

Je me mis aussitôt à rêver. On aurait dit que mes yeux étaient grands ouverts et que le professeur se tenait près de mon lit.

« Jeune homme, déclara-t-il, vous avez conquis ma fille mais vous devez à présent payer le joueur de flûte.

– De quel joueur de flûte parlez-vous ?

– Pas de celui de Hamelin, je crois bien », répliqua le professeur et, avant que j'aie eu le temps de me rendre compte de ce qu'il faisait, il sortit un pipeau des plis de sa robe de chambre et se mit à jouer un air des plus agaçants. Puis il se passa quelque chose d'horrible. La chambre se retrouva enva-

* En français dans le texte. *(N.d.T.)*

hie par des armées de chats – des matous et des minous, des chats jaunes ou tigrés, maltais, persans ou anoures – des chats qui ronronnaient et tournaient dans tous les sens, qui se frottaient aux meubles, au professeur et même à moi. Je me débattis pour échapper à ce cauchemar.

« Emportez-les ! hoquetai-je.

– Ridicule ! dit-il. Voici une vieille connaissance. »

Je vis la chatte blanche de l'hôtel *Saint-Antoine.*

« Une vieille connaissance », répéta-t-il, et son pipeau entonna une mélodie discordante.

Je vis Wilhelmina entrer dans ma chambre, prendre la chatte blanche dans ses bras et me l'apporter.

« Serrez-lui la main », ordonna-t-elle.

L'animal tendit une patte vers mes doigts et les tapota doucement, ce qui me plongea dans l'horreur.

« Oh ! m'exclamai-je. Quel épouvantable rêve ! Pourquoi, oh !... pourquoi ne puis-je me réveiller ?

– Oui, dit-elle en lâchant la chatte, c'est en partie un rêve, et en partie la réalité. Écoutez-moi bien, mon chéri : demain, vous vous rendrez gare du Nord pour y attendre le train de midi en provenance d'Anvers. Papa et moi serons à son bord. Aviez-vous oublié que nous n'étions pas vraiment ici, espèce de grand dadais ? Bonne nuit. Je serai ravie de vous revoir. »

Je la vis sortir de sa démarche gracieuse, suivie par le professeur qui faisait danser les chats au son de son pipeau.

« Bonne nuit, monsieur », disait chaque chat en passant devant mon lit ; et le rêve s'arrêta là.

Lorsque je me réveillai, le lit et la chambre avaient disparu ; je marchais dans la rue d'un pas vif ; le soleil inondait de sa lumière les larges trottoirs de Paris, et une foule pressée m'entourait de toutes parts. Comme je marchais vite ! Où diable me rendais-je ainsi ? Sans doute qu'une affaire des plus urgentes requérait mon attention. Je tentai de me rappeler à quelle heure je m'étais réveillé, mais cela me fut impossible. Je me demandai où je m'étais habillé ; apparemment, je souhaitais être sur mon trente et un, car je portais non seulement un monocle mais aussi une rose à la boutonnière. Comme je connaissais bien Paris, je reconnus les rues que je parcourais au pas de course. Où pouvais-je aller ainsi ? Pourquoi étais-je si pressé ? Je jetai un coup d'œil à ma montre et constatai que je n'avais pas une minute à perdre. Puis, alors que les cloches de la ville sonnaient midi, je m'engouffrai dans la gare de la rue Lafayette et me précipitai vers le quai. Comme je me tournais vers la voie ferrée, une locomotive apparut dans le lointain, suivie par une longue enfilade de voitures. Elle s'approchait sans cesse de moi, et j'entendais résonner la cloche de la gare, qui répondait au tintement des sonneries d'aiguillage.

« Express d'Anvers ! » cria le *sous-chef de gare** et, alors que le train ralentissait devant le quai pavé, je sautai sur le marchepied d'une voiture de première classe et en ouvris la porte.

« Comment allez-vous, monsieur Kensett ? dit Wilhelmina Wyeth en descendant sur le quai avec souplesse. C'est fort aimable à vous d'être venu nous attendre. » Au même moment, un gentleman chauve aux yeux doux émergea des profondeurs du compartiment, un grand panier d'osier dans les mains.

« Comment ça va, Kensett ? dit-il. Ravi de vous revoir. Quelle chaleur dans ce compartiment – non, il n'est pas question de confier ce panier à un porteur. Donnez le bras à Wilhelmina et je vous suis. Nous allons au *Normandie*, je présume ? »

J'eus Wilhelmina à ma disposition durant tout l'après-midi, et je m'assis à ses côtés pour le dîner, le professeur prenant place en face de moi. Il faillit d'ailleurs me gâcher le plaisir, car l'odeur de valériane qui émanait de lui manqua de me couper l'appétit. Après le dessert, il se mit à s'agiter nerveusement sur son siège, de sorte que nous montâmes dans le parloir de notre appartement après qu'on nous eut servi le café. Comme son agitation semblait encore s'accroître, je m'aventurai à lui demander s'il se sentait bien.

« C'est à cause de ce panier – ce panier que j'ai rangé dans la chambre voisine, dit-il.

– Quel est le problème de ce panier ? m'enquis-je.

* En français dans le texte. *(N.d.T.)*

– Il n'en a aucun – c'est son contenu qui m'inquiète.
– Pourrais-je savoir ce qu'il contient ? »

Le professeur se leva.

« Oui, demandez-le à ma fille. » Il sortit du parloir, y refaisant son apparition quelques instants plus tard avec une soucoupe pleine de lait.

Il n'avait pas lâché cette soucoupe quand il entra dans ma chambre.

« Pourquoi diable emporte-t-il cela dans ma chambre ? demandai-je à Wilhelmina. Je n'ai pas de chat.
– Mais vous en aurez, déclara-t-elle.
– Moi ? Jamais !
– Vous en aurez si je vous le demande.
– Mais... mais vous ne me le demanderez pas.
– Je vous le demande en ce moment même.
– Wilhelmina !
– Harold !
– Je déteste les chats.
– C'est un tort.
– Je ne peux pas m'en empêcher.
– Vous le pourrez si je vous le demande. Ne me suis-je pas donnée à vous ? Ne ferez-vous pas ce petit sacrifice pour moi ?
– Je ne comprends...
– Oseriez-vous refuser ma première requête ?
– Non, dis-je d'une voix misérable. J'aurai des douzaines de chats...
– Ce n'est pas ce que je vous demande. Je souhaite seulement que vous en ayez un.
– Était-ce donc là le contenu de ce fameux panier ? demandai-je d'un air soupçonneux.
– Oui, ce panier vient d'Anvers.
– Quoi ! La chatte blanche d'Anvers !
– Oui.
– Et vous me demandez de la garder ? Oh, Wilhelmina !
– Écoutez-moi ! J'ai une longue histoire à vous raconter. Rapprochez-vous, venez près de moi. Vous m'aimez, dites-vous ? »

Je me penchai sur elle et l'embrassai.

« Alors je vais vous demander une preuve d'amour, soupira-t-elle.

– Une preuve !

– Écoutez-moi. C'est cette même chatte qui s'est enfuie de l'appartement du *Waldorf* quand votre grand-tante a cessé d'exister... du moins sous forme humaine. Mon père et moi-même, ayant reçu des instructions des mahatmas de la *Trust Company*, nous avons recueilli et chéri cette chatte. Les mahatmas nous ont ordonné de vous convertir. C'était là une tâche répugnante... mais un tel ordre ne se refuse pas, et nous avons dressé nos plans. L'homme à la mèche de cheveux blancs n'était autre que mon père...

– Quoi ! Mais votre père est chauve !

– Il portait une perruque. Cette mèche blanche y est apparue à cause d'un produit chimique qu'il a renversé alors qu'il se livrait à des expériences sur une substance dont vous ne pourriez comprendre la nature.

– Alors... alors cet indice était sans aucune valeur. Mais qui diable a pu s'emparer du Diamant écarlate ? Et qui était cet homme à la mèche blanche qui a tenté de le revendre à Paris ?

– C'était toujours mon père.

– C'est... c'est lui qui... qui a volé le Diamant écarlate ! m'écriai-je, horrifié.

– Oui et non. La pierre qu'il a montrée au joaillier parisien était un faux. Nous cherchions seulement à vous attirer ici. Mais il était également en possession du Diamant écarlate.

– Votre père ?

– Oui. Le diamant se trouve en ce moment dans la chambre voisine. Vous n'avez toujours pas compris comment il a disparu, Harold ? Eh bien, c'est la chatte qui l'a avalé !

– Vous voulez dire que cette chatte blanche a gobé le Diamant écarlate ?

– Par erreur. Elle a tenté de le sortir de la bourse de velours, et comme cette bourse contenait aussi de la valériane, elle n'a pas résisté à l'envie d'en manger une bouchée, et malheureusement, quand vous avez enfoncé la porte, vous l'avez tellement surprise qu'elle a avalé le Diamant écarlate. »

Il y eut une pause pénible. Puis je déclarai :

« Wilhelmina, je sais que vous êtes capable de disparaître, et je suppose que vous êtes également capable de converser avec les chats.

– Oui, répondit-elle en refoulant des larmes de mortification.

– C'est donc la chatte blanche qui vous a raconté tout cela ?

– Oui.

– Et mon Diamant écarlate se trouve dans le ventre de cette chatte ?

– Oui.

– Dans ce cas, dis-je fermement, je vais chloroformer cette chatte.

– Harold ! s'écria-t-elle, terrifiée. Cette chatte, c'est votre grand-tante ! »

Aujourd'hui encore, j'ignore comment j'ai survécu au choc de cette révélation, comment j'ai réussi à écouter les explications que me donnait Wilhelmina, moi pour qui la transmigration des âmes relevait de l'hébreu. Je ne savais qu'une chose : j'étais apparenté à un chat et cette idée me rendait fou.

« Je vous en supplie, mon chéri, efforcez-vous de l'aimer, murmura Wilhelmina. C'est un être qui vous est précieux...

– Oui, tant qu'elle a mon diamant dans le ventre, répliquai-je d'une voix éteinte.

– Vous ne devez pas la négliger.

– Oh, non, j'aurai toujours l'œil sur elle... je veux dire, je l'entourerai de luxe et de confort... euh... je lui donnerai du lait, des os, de la valériane, des livres... euh... est-ce qu'elle sait lire ?

– Pas dans les livres que lisent les êtres humains. Maintenant, Harold, allez parler à votre grand-tante.

– Hein ! Comment diable...

– Allez-y. Et, je vous en prie, tâchez d'être aimable. »

Elle se leva et me conduisit à la porte de ma chambre sans que j'aie l'idée de lui résister.

« Grand Dieu ! m'exclamai-je. C'est épouvantable.

– Soyez courageux, mon chéri ! murmura-t-elle. Au nom de l'amour que je vous inspire. »

Je l'attirai contre moi et l'embrassai. Des gouttelettes de sueur perlèrent à mes tempes, mais je serrai les dents et pénétrai seul dans la chambre. Celle-ci était plongée dans l'ombre et je me figeai, ne sachant où me tourner, redoutant de marcher sur ma grand-tante ! Puis je rompis ce sinistre silence et appelai : « Tantine ! »

Un bruit ténu parvint à mes oreilles et mon cœur se serra, mais j'avançai dans les ténèbres et appelai d'une voix rauque :

« Tante Minette ! C'est moi, votre neveu ! »

Encore ce bruit ténu. Quelque chose se mouvait parmi les ombres – une forme qui rasait les murs en silence, se coulait près de moi, s'arrêtait, hésitait, puis fonçait sous le lit. Profondément ému, je me jetai à terre, implorant ma tante de me rejoindre.

« Tantine ! Tantine ! murmurai-je. Votre neveu vous attend pour vous serrer contre son cœur ! »

Et je vis enfin les yeux de ma grand-tante qui luisaient dans le noir.

Mais fermez la porte. Ces retrouvailles doivent être cachées aux yeux du monde. Fermez la porte sur cette scène sacrée qui voit enfin la réunion de la grand-tante et de son neveu !

Traduit de l'anglais par Jean-Daniel Brèque

La Chatte de Chypre

Dorothy Sayers

Harringay, c'est vraiment très chic de votre part de venir me voir comme ça. Croyez-moi, c'est un geste que j'apprécie vraiment. Il n'y a pas beaucoup d'avocats du barreau qui en feraient autant, alors que le cas est aussi désespéré. J'aimerais vraiment être en mesure de vous servir une histoire que vous puissiez mieux exploiter, mais franchement, je ne peux que vous répéter ce que j'ai déjà raconté à Peabody, mot pour mot. Bien sûr, je vois bien qu'il n'en croit pas un mot ; je ne lui en veux pas. Il se dit que je pourrais tout de même essayer d'imaginer quelque chose d'un peu plus plausible ; effectivement, je crois que je le pourrais, oui : mais pour quelle raison ? Quand on essaye de raconter des bobards, on est toujours amené à se couper, sur un point ou sur un autre. Ce que je vais vous raconter, c'est la vérité vraie. J'ai tiré une fois, une seule : et c'est sur la chatte que j'ai tiré. La corde pour avoir tiré un coup de feu sur un chat, ça fait tout de même drôle.

Merridew et moi, nous avons toujours été les meilleurs amis du monde : au lycée, à l'université, etc. Après la guerre nous nous sommes un peu perdus de vue : il habitait à l'autre bout du pays. Mais de temps en temps, nous nous voyions, à Londres, et nous nous écrivions. Lui et moi, nous savions que l'autre était toujours là, dans le paysage, pour ainsi dire. Il y a deux ans, il m'a écrit pour m'annoncer son mariage. Il venait d'avoir quarante ans, la fille avait quinze ans de moins que lui, et il était éperdument amoureux. Ça m'a donné une espèce de choc : vous savez ce que c'est, quand les vieux amis se marient. Vous vous dites que ça ne sera plus jamais vraiment la même chose : et je m'étais fait à cette idée que Merridew et moi, nous étions taillés dans le bois dont on fait les vieux garçons. Mais bien sûr, je l'ai félicité, je lui ai envoyé un cadeau de mariage et tous mes vœux de bonheur. Visiblement, il était fou d'elle ; et je me disais que tout compte fait, ça pouvait même devenir dangereux. Encore qu'à part la différence d'âge, le couple paraissait assez assorti. Merridew m'a expliqué qu'il avait rencontré la jeune fille – devinez où – dans une garden-party de presbytère, dans le Norfolk ; c'était une fille qui n'était jamais sortie de son village natal. Je veux dire, jamais, vraiment jamais, même pas pour un petit voyage dans la ville du coin. Je ne suis pas en train de vous dire qu'elle n'était pas convenable ou quoi que ce soit de ce genre, non. Son père était une sorte d'ermite, un type bizarre – un spécialiste du Moyen Âge ou je ne sais quoi – pauvre comme Job. Il est mort peu de temps après leur mariage.

La première année, ou tout comme, je ne les ai pas vus. Merridew est ingénieur, vous savez, et après leur lune de miel, il avait emmené sa femme à Liverpool, où il avait un poste plus ou moins lié aux activités maritimes. J'étais à Birmingham à cette époque, et je travaillais comme un galérien, de sorte que pendant ce temps-là nous avons juste échangé quelques lettres. Les siennes étaient follement joyeuses, je ne peux pas employer d'autre mot, surtout au début. Après, il a commencé à s'inquiéter un peu de la santé de sa femme. Elle était agitée ; la ville ne lui convenait pas ; il avait vraiment envie d'en finir au plus tôt avec ce boulot de Liverpool, pour pouvoir repartir avec elle à la campagne. Comprenez-moi bien, leur bonheur ne faisait aucun doute – il était à elle corps et âme, comme on dit, et pour autant que je puisse m'en faire une idée, c'était réciproque. Je veux que cela soit très clair pour vous.

Bon, en deux mots, au début du mois dernier, Merridew m'a écrit pour me dire qu'il venait de commencer un nouveau travail – un projet d'extension d'usine de distribution des eaux, dans le Somerset ; et il me demandait de me libérer de mon travail, si possible, et de venir passer quelques jours avec eux. Il avait des tas de choses à me raconter, et Felice avait hâte de faire ma connaissance. Ils avaient pris des chambres à l'hôtel du village. C'était un coin plutôt isolé, mais on pouvait pêcher, admirer le paysage, tout ça ; et je pourrais donc tenir compagnie à Felice pendant qu'il était, lui, au barrage. Entre la chaleur et les autres inconvénients, j'en avais assez de Birmingham, et cela me semblait bien tentant, et de toute façon j'avais des congés à prendre : donc je me suis arrangé pour y aller. J'avais quelques affaires à régler à Londres, et j'ai calculé qu'elles me prendraient sans doute une petite semaine ; j'ai donc dit à Merridew que je serais à Little Hexham le 20 juin.

Ce qui s'est passé, en fait, c'est que mes affaires à Londres se sont réglées beaucoup plus vite que ce à quoi je m'attendais ; et le 16 je me suis retrouvé complètement libre et coincé dans un hôtel avec des marteaux-piqueurs juste sous mes fenêtres et une goudronneuse, pour ajouter un peu à l'ambiance. Vous vous souvenez de la chaleur que nous avons eue – un mois de juin flambant, pas d'erreur. Je ne voyais vraiment pas l'intérêt d'attendre le 20 dans ce genre d'endroit ; j'ai donc télégraphié à Merridew, fait ma valise et pris le train pour le Somerset le soir même. Je n'ai pas pu prendre un compartiment pour moi tout seul, mais j'ai trouvé une place en première classe fumeurs où trois sièges seulement étaient occupés, alors je me suis niché avec reconnaissance dans le dernier coin. Il y avait un vieux gars à l'allure militaire, une femme d'un certain âge avec des tas de sacs et de paniers, et une jeune fille. Je me suis dis que le voyage serait plutôt agréable et tranquille.

Et c'est bien ce qui aurait dû se passer, si ce n'est le défaut malencontreux dont je suis affecté. Au début, aucun problème – de fait, je crois que je me suis assoupi ; et je n'ai commencé à émerger que vers sept heures, quand le garçon est venu annoncer que le dîner était servi. Les autres ne dînaient pas, et quand je suis revenu du wagon-restaurant, j'ai vu que le vieux militaire était parti, et que seules restaient les deux femmes. Je me suis réinstallé dans mon coin et peu à peu, tandis que le train roulait, j'ai été envahi par une sensation effroyable. Il y avait un chat quelque part dans le compartiment. Je fais partie de ces malheureux qui ne peuvent pas souffrir les chats. Je ne veux pas dire par là que j'aime mieux les chiens que les chats : non, je veux dire que la présence d'un chat dans la même pièce que moi me donne une impression vraiment terrible. C'est une sensation indescriptible, mais je crois que le problème est assez courant. Une histoire d'électricité... en tout cas, c'est ce qu'on m'a dit. J'ai lu que, la plupart du temps, ce dégoût est réciproque ; en ce qui me concerne, ce n'est pas exact. Ces petites bêtes semblent me trouver horriblement fascinant – elles font même la queue pour se frotter à mes jambes, pour tout vous dire. C'est un cas vraiment singulier, et cela ne contribue pas vraiment à améliorer ma popularité auprès des vieilles dames.

Quoi qu'il en soit, j'ai commencé à me sentir de plus en plus mal ; et j'ai fini par comprendre que la vieille dame, à l'autre bout du compartiment, devait avoir un chat enfermé dans l'un de ses nombreux paniers. Je me suis dit que j'allais lui demander de bien vouloir le mettre dans le couloir, ou que j'allais prier le contrôleur de s'en charger, mais je savais bien que j'aurais l'air tellement idiot que j'ai décidé d'essayer de tenir le coup. Je ne pouvais même pas dire que l'animal se conduisait mal, ou quelque chose de ce genre ; et la vieille dame avait l'air vraiment charmant : ça n'était pas de sa faute si j'étais un peu taré. J'ai essayé de me changer les idées en regardant la jeune femme.

Elle en valait la peine, je dois dire – très mince, et brune, avec une de ces peaux d'une blancheur de mort qui font penser aux fleurs du magnolia. Elle avait les yeux les plus extraordinaires qui soient – je n'en ai jamais vu de semblables ; d'un marron très clair, ambre, presque, très écartés, et légèrement en amande ; et ils paraissaient avoir une lumière à eux, si vous voyez ce que je veux dire. Je ne sais pas si ça ne me donne pas l'air... je ne voudrais pas que vous vous mettiez à penser que j'étais bouleversé, ou quelque chose dans ce goût-là. En fait, pour moi, elle n'avait aucune espèce d'attrait ; mais je pouvais très bien me figurer qu'un autre genre d'homme puisse vraiment s'en enticher. Moi, je la trouvais singulière, voilà tout. Mais même si je me forçais vraiment à penser à autre chose, je n'arrivais toujours pas à me défaire de cette impression de malaise. J'ai fini par y céder et je me suis installé dans le couloir. Si je vous parle de tout cela, c'est seulement pour vous aider à comprendre le reste de l'histoire. Si vous pouviez seulement réaliser à quel point je me sens mal quand il y a un chat dans les parages – même s'il est enfermé dans un panier – vous comprendriez peut-être pourquoi j'en suis venu à acheter le revolver.

Bon. Nous sommes arrivés à Hexham Junction, qui est la gare la plus proche de Little Hexham, et sur le quai il y avait ce bon vieux Merridew. La fille descendait aussi (mais pas la vieille dame au chat, Dieu merci) et j'étais juste en train de lui passer ses paquets quand Merridew est arrivé en courant, pour nous saluer.

« Hello, mais c'est merveilleux ! a-t-il dit. Vous avez donc fait connaissance ? »

Alors j'ai deviné : la jeune femme était Mme Merridew, qui rentrait de Londres où elle était partie faire des courses. Je lui ai expliqué que j'avais changé mes plans ; et elle a dit que c'était vraiment chic que j'aie pu venir, etc., et tout ce qu'on dit dans ce genre de circonstances. J'ai remarqué qu'elle avait une voix grave et très charmante, et une façon de se mouvoir très gracieuse, et j'ai compris – sans le partager, notez-le bien – l'engouement de Merridew.

Nous sommes montés dans sa voiture – Mme Merridew sur la banquette arrière et moi devant, à côté de Merridew ; et j'étais bien content de sentir le grand air et d'être débarrassé de cette sensation électrique, oppressante, que j'avais eue dans le train. Merridew m'a dit que l'endroit leur convenait à merveille, et que cela avait donné à Felice un regain de vie, pour ainsi dire. Il a ajouté qu'il se trouvait en pleine forme, lui aussi, mais pour ma part je l'ai trouvé plutôt nerveux et vanné.

Vous auriez adoré ce petit hôtel, Harringay. De l'ancien, du vrai, aussi joliment désuet que possible, et que de l'authentique, hein, rien à voir avec les antiquités de Tottenham Court Road. Nous avions tous dîné, et Mme Merridew a dit qu'elle était fatiguée ; elle est montée se coucher assez tôt. J'ai pris un verre avec Merridew, et nous sommes allés faire un petit tour dans le village. C'est un minuscule hameau, et c'est vraiment le bout du monde : à dix heures, plus une seule lumière, des petites chaumières avec des lucarnes retroussées, comme des oreilles toutes velues... le village ronronnait dans son sommeil. L'équipe de Merridew ne couchait pas là, bien sûr. On leur avait monté des baraquements près des travaux, à deux kilomètres du village.

Le patron de l'hôtel était en train de fermer le bar quand nous sommes rentrés – un type tout d'un bloc, avec un visage absolument dénué d'expression. Sa femme était maigre, elle avait les cheveux blond-roux, et l'air trop tyrannisé pour même ouvrir la bouche. Mais j'ai compris plus tard que c'était une erreur de jugement, car un soir qu'il avait bu un coup de trop, et montrait quelques velléités de vouloir passer la nuit à faire la noce, sa femme l'a envoyé se coucher avec un geste et un regard qui l'ont complètement abattu. Cette première nuit, elle était assise sous le porche, et quand nous sommes passés près d'elle, elle nous a à peine regardés. Ce genre de femme m'a toujours mis mal à l'aise, mais ce qui est certain, c'est qu'elle tenait impeccablement sa maison.

J'avais une chambre imposante juste sous les avances du toit, avec une fenêtre à deux battants, longue et basse, qui donnait sur le jardin. Les draps sentaient la lavande ; je m'y suis glissé, et en moins de temps qu'il n'en faut pour dire bonsoir, je me suis endormi. J'étais très fatigué, vous comprenez ? Mais plus tard dans la nuit, je me suis réveillé. J'avais trop chaud. J'ai retiré une de mes couvertures, et je suis allé à la fenêtre, respirer un peu d'air frais. Le jardin était baigné par le clair de lune et, sur la pelouse, j'ai vu quelque chose qui se tortillait et tournoyait de curieuse façon. Je l'ai observé un moment avant de comprendre que c'étaient deux chats. À cette distance-là, ils ne me faisaient aucun effet, et je les ai regardés un moment avant de retourner me coucher. Ils roulaient l'un par-dessus l'autre, et se séparaient d'un bond, et chassaient leurs ombres dans la pelouse, tout entiers à leurs affaires mystérieuses – ils se prenaient au sérieux, comme tous les chats. On aurait dit une sorte de danse rituelle. Puis quelque chose les a surpris, je pense, et ils ont décampé.

Je me suis recouché, mais je n'arrivais plus à dormir. Il me semblait que j'avais les nerfs complètement à vif. De mon lit je regardais la fenêtre quand j'ai entendu une sorte de bruissement doux, semblant venir de la grande glycine qui grimpait de ce côté-ci de la maison. Puis quelque chose a atterri avec un bruit sourd et doux sur l'appui de la fenêtre – une gigantesque chatte de Chypre.

Vous dites ? Eh bien, une chatte de Chypre, vous savez, avec la robe rayée, noir et gris. Un chat tigré, voilà. Chez moi, on les appelle chats de Chypre, ou chats chypriotes. Mais je n'avais jamais vu un tel monstre. Elle se tenait, la tête penchée de côté, scrutant l'intérieur de la chambre et frottant ses oreilles, très doucement, contre la barre verticale du battant.

C'était pour moi une situation insupportable, bien évidemment. J'ai fait filer la bête et elle est partie sans un bruit. Chaleur ou pas, j'ai fermé la fenêtre, et je l'ai bien verrouillée. Loin, dans le petit bois, j'ai entendu un miaulement faible, puis le silence. Après quoi je suis allé tout droit me recoucher et j'ai dormi comme une souche jusqu'à ce que la servante vienne me réveiller.

Le lendemain, Merridew nous a embarqués dans la voiture pour nous montrer l'endroit où ils construisaient le barrage ; et c'est là, pour la première fois, que je me suis rendu compte que Felice n'était pas complètement guérie de sa nervosité.

Merridew nous montra l'endroit où ils avaient détourné une partie de la rivière, et creusé un petit ruisseau aux eaux rapides, qui irait bientôt alimenter la turbine d'une centrale électrique. Il y avait deux planches posées par-dessus le ruisseau, et il voulait nous les faire franchir pour nous montrer le générateur. Le passage n'était ni très large, ni très dangereux, mais Mme Merridew a catégoriquement refusé de traverser. Quand son mari a insisté, elle a même piqué une crise d'hystérie. Pour finir, nous y sommes allés tous les deux, Merridew et moi, et nous avons inspecté les moteurs. Quand nous sommes revenus, elle avait retrouvé son calme et nous a demandé de bien vouloir excuser sa sottise. Merridew bien sûr s'est complètement aplati et j'ai commencé à me sentir légèrement *de trop**. Plus tard, elle m'a raconté qu'enfant elle était tombée dans une rivière, et qu'elle avait failli se noyer, ce qui lui avait laissé un... comment appelle-t-on ça, une phobie, une phobie des cours d'eau. Et hormis ce seul et minuscule incident, je n'ai jamais entendu un seul échange de propos vifs entre eux deux tout le temps que j'ai passé là-bas ; et toute cette semaine, je n'ai jamais remarqué quoi que ce soit d'autre qui puisse suggérer qu'il y avait une faille dans la santé radieuse de Mme Merridew. De fait, au fur et à mesure que l'on approchait du solstice d'été, et que la chaleur devenait de plus en plus forte, tout son corps semblait rayonner d'une vitalité croissante. On aurait dit qu'elle était éclairée de l'intérieur.

Merridew était dehors toute la journée, il travaillait assez dur. Je me disais même qu'il en faisait trop ; et je lui ai demandé s'il n'avait pas de problèmes pour dormir. Il m'a répondu que, au contraire, il s'endormait tous les soirs au moment où sa tête touchait l'oreiller et, chose tout à fait inhabituelle dans son cas, n'avait plus aucun rêve d'aucune sorte. Quant à moi, je me sentais assez bien, mais la chaleur me rendait languide, et ne me donnait guère l'envie de me remuer. Mme Merridew m'emmenait faire de longues promenades en voiture. Je restais assis des heures, bercé en un demi-sommeil par l'afflux d'air chaud et le ronronnement du moteur, à contempler mon chauffeur, bien droit au volant, les yeux constamment fixés sur les tournants de la route. Nous avons exploré toute la région au sud et à l'est de Little Hexham, et une fois ou deux nous sommes allés au nord, jusqu'à Bath. Une fois, j'ai suggéré d'aller faire un tour après le pont, vers l'est, visiter ce qui me paraissait être une assez belle contrée boisée, mais Mme Merridew

* En français dans le texte. *(N.d.T.)*

n'était pas très partante. Elle m'a dit que la route était mauvaise, et que le paysage n'était pas aussi joli qu'il y paraissait.

L'un dans l'autre, j'ai passé une semaine agréable à Little Hexham et, sans les chats, j'aurais été parfaitement tranquille. Toutes les nuits, il leur fallait venir hanter le jardin – cette chatte de Chypre que j'avais vue la première nuit de mon séjour, et une petite chatte rousse, et un horrible matou noir et puant. Ces trois-là étaient les plus énervants; et une nuit, un chaton blanc, terrifié, a miaulé une heure sous ma fenêtre. Ces visiteurs, je leur ai jeté des chaussures, des livres, et je commençais à en avoir jusque-là; mais ils semblaient bien décidés à faire du jardin de l'auberge leur lieu de rendez-vous. Nuit après nuit, le fléau n'a fait qu'empirer; un soir, même, j'en ai compté quinze, assis sur leurs pattes de derrière dans la pelouse, en cercle, pendant que la chatte de Chypre dansait parmi eux sa danse d'ombre, se faufilant entre eux comme une navette de tisserand. Je devais garder ma fenêtre fermée, car de toute évidence la chatte avait pris pour habitude de monter par la glycine. Et aussi fermer la porte : car un soir que j'étais descendu chercher quelque chose au salon, à mon retour je l'ai trouvée sur le lit, qui pétrissait le couvre-lit avec ses pattes – *pr'rp, pr'rp, pr'rp, pr'rp* – les yeux fermés, prise d'une extase sensuelle. Je l'ai jetée hors du lit; et elle a «craché» dans ma direction, avant de s'enfuir par le couloir sombre.

J'ai parlé de la chatte à la femme du patron, mais elle m'a répondu assez sèchement qu'ils n'avaient pas de chats à l'hôtel. Ce qui était d'ailleurs exact : je n'ai jamais vu un seul de ces bestiaux dans le coin lorsqu'il faisait jour. Mais un soir, alors que le crépuscule tombait, j'ai surpris l'hôtelier dans un de ses appentis. Il avait le chat roux sur l'épaule, et lui donnait à manger quelque chose qui ressemblait à du foie cru en petits morceaux. Je lui ai reproché d'encourager les chats à se réunir dans le jardin, et lui ai demandé de me changer de chambre : les miaulements nocturnes me perturbaient trop. Il a entrouvert les fentes qui lui servaient d'yeux, et a marmonné qu'il en parlerait à sa femme ; mais rien n'a été fait, et je crois bien qu'il n'y avait pas d'autres chambres dans cet hôtel.

Et tous ces jours-là, le temps est devenu de plus en plus chaud, de plus en plus lourd, évoluant vers l'orage ; le ciel était de cuivre et la terre comme fer, et l'air tremblait au-dessus d'elle, si bien qu'à le regarder, les yeux vous piquaient.

Oui, Harringay – j'essaie de ne pas dévier de mon histoire. Et je ne vous cache absolument rien. Je vous répète que mes relations avec Mme Merridew étaient des plus banales. Bien sûr, je la voyais très souvent, parce que, comme je vous l'ai dit déjà, Merridew était dehors toute la journée. Le matin, nous montions avec lui au barrage et ramenions la voiture, et naturellement il fallait bien après que nous puissions nous tenir compagnie aussi agréablement que possible, elle et moi, jusqu'au soir. Elle avait l'air d'apprécier ma présence et je ne pouvais pas ne pas l'apprécier, moi non plus. Je ne peux pas vous dire de quoi nous parlions – rien de spécial. Ce n'était pas une femme très bavarde. Elle restait couchée des heures à prendre le soleil, sans dire un mot ou presque – elle se contentait de s'étirer dans les rayons du soleil, dans la chaleur. Parfois elle passait l'après-midi à jouer avec une brindille ou un galet, et je restais assis à côté d'elle, à fumer. Paisible ! Non. Non, je ne pourrais pas dire que c'était une personne paisible, pas vraiment. Enfin, à mon avis, en tout cas, non. Le soir, elle s'animait un peu, et parlait davantage, mais en général elle se couchait tôt et nous laissait, Merridew et moi, à bavarder tous les deux dans le jardin.

Ah ! Le revolver. Oui. Je l'ai acheté à Bath, alors que j'étais à Little Hexham depuis exactement une semaine. Nous y sommes allés en voiture le matin, et pendant que Mme Merridew achetait des bricoles pour son mari, j'ai traîné dans les brocantes. Je voulais acheter un pistolet à air comprimé ou une petite sarbacane, enfin quelque chose de ce genre, quand j'ai vu celui-là. Vous aussi, vous l'avez vu, bien sûr. Il est vraiment tout petit... dans les livres on dit toujours « à peine plus gros qu'un joujou », mais il peut être tout à fait mortel. Le vieux bonhomme qui me l'a vendu n'avait pas l'air de connaître grand-chose aux armes à feu. Quelqu'un le lui avait déposé en garantie d'un prêt depuis un bon moment, m'a-t-il dit, et il y avait dix rouleaux de munitions avec. Il ne m'a pas fait d'histoires avec le permis ou quoi que ce soit de ce genre. Il était trop content de vendre quelque chose, il faut croire, pour me mettre des bâtons dans les roues. Je lui ai dit que je savais comment m'en servir, et j'ai plaisanté sur le fait que je voulais faire quelques cartons sur les chats. Ça a paru le réveiller un peu. C'était un petit bonhomme tout sec, avec une barbe grise toute rabougrie et un cou tout noueux. Il m'a demandé où j'habitais. À Little Hexham, ai-je répondu.

« Soyez prudent, monsieur, a-t-il dit. Ils sont très attachés à leurs chats dans ce coin-là, et l'on dit que cela porte malheur de les tuer. »

Puis il a ajouté quelque chose que je n'ai pas bien compris, concernant une balle d'argent. C'était un vieux bonhomme un peu branlant, et il semblait maintenant avoir quelques scrupules à me laisser mon petit paquet ; mais je lui ai assuré que j'étais tout à fait capable d'en prendre soin, ainsi que de moi-même. Quand je suis parti, il était à la porte de sa boutique, tirant sur sa barbe et regardant fixement dans ma direction.

Cette nuit-là, il y a eu de l'orage. Le ciel avait viré au plomb avant le soir, mais cette chaleur lourde était plus étouffante que les rayons du soleil. Les deux Merridew paraissaient être dans un état de grande agitation nerveuse – lui morose, grommelant contre le temps et les mouches, et elle bouillonnant d'une étrange et très vive excitation. L'orage produit ce genre d'effet sur certaines personnes. Je n'étais guère plus brillant et, pour aggraver le tout, j'avais l'impression que la maison était pleine de chats. Je ne les voyais pas, mais je savais où les trouver : ils rôdaient derrière les armoires, ils allaient et venaient sans bruit dans les couloirs. J'avais de la peine à rester dans le salon, et j'ai été plutôt soulagé de pouvoir enfin courir à ma chambre. Chats ou pas chats, il fallait que j'ouvre la fenêtre ; et je suis resté là avec ma veste de pyjama ouverte, à essayer de respirer un peu d'air frais. Mais c'était chaud comme à l'intérieur d'un fourneau, et d'un noir d'encre. De ma fenêtre, je pouvais à peine distinguer la séparation entre les buissons et la pelouse. Quant aux chats : je les entendais, je les sentais. Il y avait des petits grattements dans la glycine et des bousculades dans les feuilles, et vers onze heures l'un d'eux a ouvert le concert d'un long et hideux gémissement. Puis un deuxième – puis un troisième – ils étaient cinquante, j'en jurerais. Et à présent j'avais cette ignoble sensation de nausée, et la chair de poule ; et j'ai compris que l'un d'eux, dans l'obscurité, s'approchait furtivement de moi. Vite, j'ai regardé dans la chambre – et elle était là, la grande chatte de Chypre, tout contre mon épaule, les yeux luisants comme des lampes vertes. J'ai hurlé, et je l'ai frappée ; elle a grondé et sauté par la fenêtre. Je l'ai entendue qui atterrissait sur le gravier, et le hululement s'est déchaîné dans le jardin avec une véhémence redoublée. Puis soudain, d'un seul coup, le silence le plus total est revenu, et au lointain un éclair vacillant, bleu, a crépité, puis un autre. Au premier, j'ai vu le mur d'enceinte du jardin couronné de chats sur toute sa longueur, comme une frise de chambre d'enfant. Au deuxième éclair le mur était vide.

À deux heures, la pluie est venue. Trois heures durant, j'étais resté assis là, à regarder les éclairs crachotant dans le ciel, exultant dans les grondements du tonnerre. Il m'a semblé que l'orage me lavait de toute la perturbation électrique qui m'avait saisi le corps ; j'aurais volontiers hurlé d'excitation et de soulagement. Puis les premières grosses gouttes sont tombées – une bonne averse ensuite, puis un déluge. La pluie frappait le jardin clôturé comme si les gouttes avaient été des tiges de fer. L'odeur de la terre montait, enivrante, et le vent s'est levé, et m'a projeté le rideau de pluie sur le visage. À l'autre bout du couloir, j'ai entendu quelqu'un qui baissait la fenêtre, et qui la verrouillait ; mais je me suis penché sur le tumulte de l'orage pour que l'eau baigne ma tête et mes épaules. Le tonnerre grondait encore, par intermittence, mais moins bruyamment, et à plus grande distance ; et dans un des rares éclairs qui aient encore illuminé le ciel, j'ai vu la grille blanche du déluge de pluie tirée entre le jardin et moi.

C'est après l'un de ces roulements de tonnerre que je me suis rendu compte que l'on frappait à ma porte. Je l'ai ouverte :

c'était Merridew. Il tenait une bougie à la main et son visage respirait la terreur.

« Felice, a-t-il dit brusquement. Elle est malade. Je n'arrive pas à la réveiller. Pour l'amour de Dieu, viens, aide-moi ! »

Je l'ai suivi en courant dans le couloir. Il y avait deux lits dans sa chambre – un grand machin à baldaquin, tendu de damas cramoisi, et un petit lit de camp près de la fenêtre. Le petit lit était vide, les draps rejetés de côté ; de toute évidence il venait tout juste d'en sortir. Sur l'autre lit, Mme Merridew gisait nue, avec juste un drap sur le corps. Elle était couchée sur le dos, ses longs cheveux noirs pendant en deux tresses sur ses épaules. Son visage était cireux et contracté, comme celui d'un cadavre, et son pouls, quand je l'ai tâté, était si faible qu'au début, je pensais même que je ne le trouverais pas. Je l'ai secouée, en vain. J'ai soulevé ses paupières, et j'ai remarqué que ses globes oculaires étaient révulsés sous ses paupières supérieures, de sorte que l'on n'en voyait que le blanc. Le contact de mon doigt sur la cornée pourtant sensible n'a provoqué aucune réaction. Je me suis immédiatement demandé si elle ne se droguait pas.

Merridew s'est senti obligé de me donner quelques explications. Il était là à me bavasser je ne sais quoi sur la chaleur... elle ne pouvait même plus souffrir une chemise de nuit en soie... elle lui avait suggéré d'aller dormir dans l'autre lit... ce qu'il avait fait, d'un sommeil lourd, tout le temps de l'orage. La pluie entrant par la fenêtre et tombant sur son visage l'avait réveillé. Il s'était levé et avait fermé la fenêtre. Puis il avait appelé Felice, pour savoir si elle se sentait mieux – il se disait que l'orage l'avait peut-être effrayée. Pas de réponse. Il avait allumé une lumière. Son état l'avait alarmé. Et ainsi de suite.

Je lui ai demandé de retrouver son calme. En frictionnant les pieds et les mains de sa femme, ne pouvions-nous pas essayer de faire revenir la circulation ? ai-je suggéré. J'étais à peu près sûr qu'elle se trouvait sous l'emprise de quelque substance opiacée. Nous nous sommes attelés à la tâche ; nous l'avons frottée, pincée ; nous lui avons donné des petites tapes avec des serviettes humides, nous lui avons crié son nom à l'oreille. J'avais l'impression de manipuler une femme morte, bien que sa poitrine se soulevât et retombât, légèrement, très légèrement, avec une régularité pourtant parfaite. Sur cette poitrine, j'ai remarqué, surpris, d'une certaine façon, de trouver un défaut sur cette blancheur de magnolia, un énorme grain de beauté, juste au-dessus du cœur. Voilà qui suggérait à mon imagination troublée une blessure, et une menace. Nous nous échinions depuis un bon moment, en sueur, quand nous nous sommes rendu compte que quelque chose se passait de l'autre côté de la fenêtre – un petit choc furtif, un grattement sur la vitre. Je me suis emparé de la bougie, et je suis allé voir.

La chatte de Chypre était assise sur le rebord de la fenêtre, les griffes sur le battant. Sa fourrure trempée lui collait, flasque, au corps, ses yeux ont lui lorsque je l'ai regardée, sa gueule s'est ouverte sur une protestation. Elle grattait furieusement le loquet, les griffes de ses pattes de derrière glissant sur la boiserie. J'ai tambouriné sur la vitre, je lui ai crié dessus, et elle a frappé la vitre en retour, comme possédée. J'ai fini par l'envoyer au diable et lui ai tourné le dos : elle a poussé un long gémissement de désespoir.

Merridew m'a dit de ramener la bougie, et de laisser la bestiole tranquille. Je suis revenu vers le lit, mais la chatte continuait à pousser ces gémissements effroyables. J'ai proposé à Merridew d'aller réveiller l'hôtelier, pour qu'il nous prépare des bouillottes et nous monte du brandy; et de voir aussi si l'on ne pouvait pas envoyer quelqu'un chercher un docteur. Il a obtempéré pendant que je continuais les massages. Il m'a semblé que le pouls de Mme Merridew s'affaiblissait encore. Puis je me suis rappelé que j'avais une petite flasque de brandy dans mon sac. Je suis sorti en courant la chercher, et la chatte soudain s'est arrêtée de miauler.

Quand je suis arrivé dans ma chambre, l'air du dehors, qui entrait par la fenêtre ouverte, m'a bienheureusement cinglé le visage. J'ai trouvé mon sac dans le noir et l'ai fouillé à la recherche de la flasque, tâtonnant au milieu des chaussettes et des chemises. C'est alors que j'ai entendu un miaulement sonore et triomphant, et que je me suis retourné à temps pour voir la chatte de Chypre accroupie sur le rebord de la fenêtre. Une seconde plus tard, elle avait sauté dans ma chambre, sous mes yeux, puis filé vers la porte. J'ai retrouvé la petite bouteille, et j'ai couru à la chambre des Merridew, au moment précis où Merridew et l'hôtelier surgissaient en trombe de l'escalier.

Nous sommes entrés dans la chambre tous les trois en même temps. Mme Merridew alors a bougé ; elle s'est assise dans le lit, et nous a demandé à quoi rimait tout ce désordre.

Je me suis rarement senti aussi bête.

Le lendemain, il faisait plus frais. L'orage avait purgé l'atmosphère. Ce que Merridew avait bien pu raconter à sa femme, je l'ignore. Aucun de nous trois n'a fait allusion devant les autres aux événements de la nuit et, selon toutes les apparences, Mme Merridew était au meilleur de sa forme et de son humeur. Merridew a pris une journée de vacances, loin des barrages, et nous sommes tous les trois partis faire une longue virée et un pique-nique. Tout se passait très bien entre nous trois. Posez la question à Merridew, il vous répondra exactement la même chose. Il ne peut pas le nier – non, il ne peut pas le nier. Harringay, je ne peux pas croire un seul moment... je ne peux vraiment pas croire qu'il pourrait s'imaginer... me suspecter... je vous le dis, ce genre de soupçon était sans objet. Absolument sans objet.

Oui... La date est importante – le 24 juin. Je ne peux pas vous donner plus de détails : il n'y a vraiment rien d'autre à dire. Nous sommes rentrés, nous avons dîné, comme d'habitude. Nous sommes restés tous les trois ensemble toute la journée, jusqu'au moment du coucher. Sur mon honneur, je n'ai eu aucune conversation en privé ce jour-là, ni avec lui, ni avec elle. Je suis monté me coucher le premier, et j'ai entendu les autres monter à peu près une demi-heure plus tard. Ils discutaient gaiement.

C'était une nuit de lune. Pour une fois, aucun hurlement félin n'est venu me déranger. Je ne me suis même pas soucié de fermer la fenêtre, ni la porte. J'ai posé le revolver sur la chaise, près de mon lit, avant de me coucher. Oui, il était chargé. Je n'avais aucune raison particulière de le poser là, sauf que j'avais vraiment envie de m'attaquer aux chats, s'ils s'étaient remis à leur petit manège.

J'étais au bord de l'épuisement, et je pensais vraiment pouvoir sombrer immédiatement dans le sommeil; mais ce n'est pas ce qui s'est produit. Je crois que j'étais trop épuisé pour dormir. Je suis resté couché à regarder le clair de lune. C'est alors que vers minuit, j'ai entendu ce à quoi je m'attendais vaguement : un grattement furtif dans la glycine et un miaulement ténu.

Je me suis assis dans le lit, j'ai tendu le bras pour attraper le revolver. J'ai entendu le « pop ! » sourd qu'a fait la grande chatte en sautant sur le rebord de la fenêtre ; j'ai vu ses flancs noir et argent, et les contours de sa tête ronde, de ses oreilles dressées et de sa queue levée. J'ai visé, j'ai fait feu ; la bête a hurlé – un seul, un effroyable cri ; et elle a sauté dans la chambre.

J'ai bondi hors du lit. Le coup de feu avait retenti d'une façon terrible dans la maison silencieuse, et j'ai entendu une voix qui criait, quelque part au loin. J'ai poursuivi la chatte dans le couloir, le revolver à la main – avec l'idée de l'achever, oui, je crois bien. Puis, à la porte de la chambre des Merridew, j'ai vu Mme Merridew. Elle était là, debout, les bras écartés, prenant appui de chaque côté de la porte, et vacillant d'avant en arrière. Puis elle s'est effondrée à mes pieds. Sa poitrine nue était toute maculée de sang. Et tandis que j'étais là à la regarder, le revolver à la main, Merridew est sorti et nous a vus, tous les deux – dans cette position-là.

Voilà, Harringay, c'est mon histoire, telle que je l'ai racontée à Peabody, mot pour mot. J'ai bien peur que cela ne fasse mauvais effet au tribunal, mais que puis-je dire ? Les traces de sang menaient de ma chambre à la sienne ; la chatte doit avoir emprunté ce chemin ; je *sais* que c'est sur la chatte que j'ai tiré. Je ne puis vous fournir aucune explication. Je ne sais pas qui a tiré sur Mme Merridew, ni pourquoi. Si les gens de l'hôtel vous disent qu'ils n'ont jamais vu la chatte de Chypre, qu'est-ce que j'y peux ? Merridew l'a vue, l'autre jour, et je sais qu'il est incapable de vous mentir à ce sujet. Fouillez la maison, Harringay – c'est la seule chose à faire. Mettez tout sens dessus dessous, jusqu'à ce que vous trouviez le cadavre de la chatte de Chypre. Vous y trouverez aussi la balle que j'ai tirée.

Traduit de l'anglais par Anne-Sylvie Homassel

Sortilèges et Métamorphoses

Algernon Blackwood

I

Il semble que certaines personnes parfaitement quelconques, ne présentant aucune prédisposition à l'aventure puissent, une fois ou deux, au cours de leur paisible existence, connaître une expérience étrange à vous couper la respiration, à vous faire détourner les yeux ! John Silence, le médecin-psychiatre, était plus particulièrement à l'affût, pour les ajouter à sa collection, des cas de cette nature, car ils intéressaient en lui des sentiments profondément humains, ils éveillaient sa sympathie, mettaient sa patiente perspicacité au défi. Il parvenait ainsi à découvrir l'existence de problèmes étrangement complexes et d'un puissant intérêt pour une meilleure connaissance de l'homme.

Il aimait remonter aux sources cachées des cas qui semblaient précisément trop curieux et trop fantastiques pour être croyables. C'était chez lui une véritable passion de débrouiller la contexture intime des phénomènes les plus déroutants et de soulager en même temps la souffrance de ses semblables. Ce qu'il découvrait était souvent extrêmement étrange.

Que demandent les gens ? Une base vraisemblable qui leur inspire confiance, qui leur permette tout au moins d'imaginer une explication. Quand il s'agit de quelqu'un du type aventureux, ils comprennent : ce genre de personnage porte en lui une explication satisfaisante de la vie mouvementée qu'il mène et il est évidemment conduit aux aventures par leurs tendances innées. C'est ce qu'on attend d'eux. Mais les personnages sans relief, ordinaires, n'ont pas droit aux expériences situées hors des sentiers battus ; on n'y est pas préparé, on est désappointé, choqué même. « Qu'une chose pareille arrive à *cet homme*, s'écrie-t-on, quelqu'un qui est comme tout le monde ! C'est absurde ! Il doit y avoir erreur ! »

Il était pourtant incontestable qu'une chose étrange était arrivée à Arthur Vézin – il la raconta au Dr Silence. Il était hors de doute que cela lui fût arrivé, en dépit des railleries des quelques amis à qui il en fit le récit et qui faisaient remarquer pertinemment : « Une chose pareille pourrait à la rigueur arriver à Iszard, qui est un peu timbré, ou à cet original de Minski, mais à un type qui ressemble à tout le monde comme ce petit Vézin, qui est destiné à vivre et à mourir en se conformant à la règle commune, c'est impossible. »

Cependant, quel que pût être le genre de mort qui l'attendît plus tard, Vézin n'avait certainement pas, au cours de cette aventure particulière, vécu selon la loi générale. En l'entendant la raconter, en regardant son visage aux traits délicats devenir encore plus pâle, en tendant l'oreille pour écouter la suite car sa voix se faisait de plus en plus faible à mesure qu'il avançait dans son récit, jusqu'à n'être plus qu'un souffle, on avait l'impression qu'il restait au-dessous de la vérité. Chaque fois qu'il racontait son histoire, il la revivait. Il s'effaçait modestement au point de faire oublier sa présence. À la fin, il en arrivait à s'excuser d'avoir vécu une expérience qu'il désapprouvait à présent. On eût dit qu'il demandait qu'on voulût bien lui pardonner d'avoir osé jouer un rôle dans une histoire aussi fantastique. Car le petit Vézin était un garçon timide, affable, délicat, rarement capable d'affirmer sa sensibilité, tendre pour ses semblables et pour les animaux, affligé d'une incapacité congénitale à dire « non » ou à réclamer son dû. Il semblait destiné à ne pas connaître au cours de sa vie de péripéties plus passionnantes que celle qui consiste à rater un train ou à oublier son parapluie dans l'omnibus. À l'époque de ce curieux épisode, il avait déjà dépassé la quarantaine de plus d'années que ses amis ne le soupçonnaient ou qu'il ne voulait l'admettre.

John Silence, qui l'avait entendu raconter son histoire plusieurs fois, prétendait qu'il lui arrivait d'omettre certains détails pour en ajouter d'autres ; mais l'ensemble restait incontestablement vrai. Tout cela était gravé dans sa mémoire d'une manière indélébile. Aucun détail n'était inventé. Et quand il faisait son récit complet sans rien oublier, l'effet produit était irrésistible. Ses beaux yeux bruns se mettaient à briller et les aspects charmants de sa personnalité, habituellement refoulés, apparaissaient au grand jour en faisant naître la sympathie. Il restait bien entendu modeste comme toujours. Pendant qu'il racontait son histoire il semblait ramené à l'époque où elle s'était produite, le présent n'existait plus pour lui.

Au retour d'un voyage qu'il faisait chaque année dans les montagnes en recherchant de préférence les endroits peu fréquentés, il traversait le nord de la France pour rentrer en Angleterre quand il eut cette aventure. Il n'avait pas d'autre bagage qu'une valise à main; dans ce train absolument comble, il était à la limite de la suffocation. Les voyageurs étaient presque tous des Anglais, ces amateurs impénitents de vacances. Ils lui étaient antipathiques, non pas en leur qualité de compatriotes, mais parce qu'ils étaient bruyants et encombrants. Leurs longues jambes, leurs vestons de tweed l'empêchaient d'apprécier les tonalités délicates de cette fin de journée, d'oublier qui il était. Ces Anglais faisaient autour de lui un vacarme de fanfare ; ils lui donnaient l'impression qu'il aurait dû lui aussi s'affirmer davantage, se montrer plus turbulent ; il ne réclamait pas avec suffisamment d'insistance des choses dont il n'avait pas envie et qui lui paraissaient dépourvues d'intérêt, comme un coin, l'ouverture ou la fermeture d'une fenêtre, par exemple.

Il se trouvait donc très mal à son aise dans ce train ; il avait envie de voir le voyage se terminer et de retrouver sa sœur non mariée avec qui il vivait à Surbiton.

Lorsque le train s'arrêta pour dix minutes dans cette petite gare du nord de la France, il descendit sur le quai se dégourdir les jambes. À son grand déplaisir il vit alors une nouvelle fournée de Britanniques quitter un autre train et se diriger vers le sien. Il lui parut soudain impossible de continuer son voyage. Malgré son peu d'énergie, il eut un mouvement de révolte, une idée traversa son esprit : passer la nuit dans cette petite ville et repartir le lendemain par un convoi plus lent, mais probablement moins envahi. Le chef de gare criait déjà « en voiture », le couloir de son wagon était encombré de voyageurs. Pour une fois il fit preuve d'esprit de décision et se précipita afin de récupérer sa valise.

Le couloir étant impraticable, il frappa à la vitre – il occupait un coin – et pria le Français qui était assis en face de lui de lui passer son bagage, en lui expliquant dans son français approximatif qu'il avait décidé d'interrompre son voyage. À ce moment, le Français – un homme entre deux âges – lui adressa un regard, à la fois d'avertissement et de reproche, dont Vézin gardera le souvenir jusqu'à sa mort ; il lui tendit la valise par la fenêtre du train qui commençait à s'ébranler. En même temps, il prononçait une longue phrase, à voix basse et sur un débit rapide, dont notre homme ne put saisir que les derniers mots : « *... à cause du sommeil et à cause des chats**. »

Le Dr Silence vit immédiatement dans cet homme un personnage essentiel de l'aventure. Comme il interrogeait Vézin à son sujet, celui-ci reconnut que, depuis le début du voyage, ce Français lui avait fait une impression favorable, il ne saurait expliquer pourquoi. Ils étaient restés assis face à face pendant quatre heures, mais ils n'avaient pas fait la conversation, car Vézin avait un peu honte de son français balbutiant ; il avoua cependant que son regard n'avait pas cessé d'être attiré par le visage de son vis-à-vis ; grâce à de petites politesses, de discrètes attentions, ils avaient prouvé leur désir de se montrer aimables au risque de paraître indiscrets. Les deux hommes éprouvaient de la sympathie l'un pour l'autre. Leurs personnalités ne se heurtaient point ou du moins ne se seraient pas

* En français dans le texte. *(N.d.T.)*

heurtées s'ils avaient eu l'occasion de faire connaissance. Le Français semblait avoir exercé une influence silencieusement protectrice à l'égard de l'insignifiant petit Anglais ; sans prononcer une parole, sans esquisser un geste, il avait montré qu'il lui voulait du bien et aurait été heureux de pouvoir lui rendre service.

« Et cette phrase qu'il vous cria à haute voix au moment où il vous passait votre valise ? » demanda John Silence, avec ce sourire compréhensif qui avait le don de dissiper les appréhensions de ses malades, « vous n'avez pas pu la saisir exactement ?

– Il a parlé si vite, si bas et avec une telle véhémence, expliqua Vézin de sa petite voix, que j'en ai pratiquement perdu la moitié. J'ai seulement saisi les quelques mots de la fin parce qu'il les a prononcés avec beaucoup de netteté, et qu'à ce moment-là il avait passé la tête par la fenêtre et se trouvait ainsi tout près de moi.

– "*À cause du sommeil et à cause des chats ?*" répéta le Dr Silence, comme s'il s'était parlé à lui-même.

– C'est cela, dit Vézin. Le reste de la phrase, dont j'ai perdu tout le début, constituait un avertissement de ne pas faire quelque chose, de ne pas m'arrêter dans cette ville, peut-être bien. C'est l'impression que cela m'a fait. »

Et puis, bien entendu, le train repartit, laissant Vézin un peu perdu, seul sur le quai.

Les maisons de la petite ville s'étageaient en désordre sur le versant d'une colline escarpée qui s'élevait derrière la gare et qui était couronnée par les deux clochers en ruine d'une cathédrale. De la gare cette ville paraissait moderne et sans intérêt, mais sa partie ancienne, datant du Moyen Âge, s'étendait de l'autre côté de la crête et n'était pas visible de là. Quand il fut arrivé au sommet et qu'il s'engagea dans les rues anciennes, il sentit qu'il quittait la vie moderne pour pénétrer dans le passé. Le bruit et la bousculade du train s'estompaient. L'esprit de cette ville silencieuse juchée sur sa colline, située à l'écart des touristes et des automobiles, qui vivait sa propre existence de rêve sous le soleil automnal, se dégagea pour exercer sur lui une sorte d'enchantement. Il avait commencé d'agir sous cette influence avant même d'en avoir pris conscience. Il allait silencieusement, presque sur la pointe des pieds, à travers les rues sinueuses où les pignons des maisons construites de part et d'autre se rejoignaient presque au-dessus de sa tête. Il entra par la porte cochère d'une auberge solitaire comme en s'excusant d'être un intrus et de venir troubler les rêves de ses occupants.

Sur le moment, Vézin ne remarqua guère ces détails ; ce n'est que plus tard qu'il se mit à analyser ses impressions. Il fut alors simplement frappé par le contraste entre la paix silencieuse de ces lieux et le vacarme du train poussiéreux. Il s'étirait voluptueusement comme un chat qu'on caresse.

« Vous dites comme un chat, dit John Silence en l'interrompant brusquement.

– Oui. C'est l'impression que j'ai tout de suite éprouvée, répondit-il avec un sourire d'excuse. J'avais l'impression que la tiédeur et le calme de ces lieux me faisaient ronronner. Cela me semblait faire partie de l'atmosphère générale de la ville. »

L'auberge, une maison ancienne pleine de coins et de recoins, où l'on se serait cru encore à l'époque des diligences, n'eut pas l'air de l'accueillir avec beaucoup d'enthousiasme. Il eut l'impression d'être simplement toléré. Mais l'hôtel était confortable et bon marché ; la délicieuse tasse de thé qu'on lui servit dès cinq heures lui fournit une raison de plus de se montrer satisfait d'avoir quitté le train de cette manière originale et hasardeuse. C'était ainsi qu'il qualifiait sa conduite. Il se sentait un peu comme un chien sans laisse. Sa chambre avec ses boiseries sombres et son plafond bas, irrégulier, contribuait aussi à l'apaiser ; le long couloir en pente qui y conduisait semblait être le chemin naturel pour se rendre dans la véritable chambre du Sommeil, une petite boîte cubique hors du monde où le bruit ne pouvait pénétrer. Elle donnait sur une cour située derrière la maison. Elle était tout à fait charmante ; il se voyait déjà vêtu d'un velours très doux, le plancher lui semblait rembourré, les murs capitonnés. Les bruits de la rue ne pouvaient venir jusque-là. Il était plongé dans une atmosphère de repos complet.

Pour louer cette chambre qui devait lui coûter deux francs par jour, il s'était adressé à la seule personne présente dans les parages par cet après-midi invitant à la sieste : c'était un garçon entre deux âges muni de magnifiques favoris, lui aussi, un peu somnolent mais néanmoins courtois. Il était venu au-devant de lui en traversant paresseusement la cour pavée. Quand Vézin redescendit de sa chambre pour aller faire en ville une petite promenade avant le dîner, il fit la connaissance de la propriétaire en personne. Il y avait en elle quelque chose qui faisait penser à la mer ; elle avançait une main, un pied, et l'on croyait la voir nager, ses traits eux-mêmes avaient l'air de flotter à la surface de l'eau. On aurait dit qu'elle émergeait, pour ainsi dire. Mais elle avait de grands yeux sombres qui contrastaient avec son corps massif; on constatait finalement qu'elle était à la fois vigoureuse et alerte. Quand il l'aperçut pour la première fois, elle tricotait, assise à contre-jour sur une chaise basse ; il y avait dans son aspect quelque chose qui, aux yeux de Vézin, lui donnait tout à fait l'air d'un énorme chat tigré assoupi mais vigilant, prêt à bondir à la première alerte : elle lui faisait penser à un gros souricier à l'affût.

Elle l'accueillit en l'examinant d'un simple coup d'œil, avec politesse mais sans cordialité excessive. Malgré son épaisseur, le cou de la femme était extraordinairement souple ; elle pouvait ainsi le suivre des yeux tandis qu'il se déplaçait dans la pièce car sa tête pivotait en tous sens sans que son corps eût à bouger.

« Mais quand elle me regarda, vous comprenez, dit Vézin, avec un petit sourire gêné et ce mouvement des épaules qui lui était familier, par lequel il semblait vouloir s'excuser, il me vint une drôle d'idée : elle se proposait en réalité de faire un tout autre mouvement; elle aurait pu sauter sur moi en franchissant d'un seul bond toute la largeur de la cour, comme un énorme chat se précipitant sur une souris. »

Il eut un petit rire étouffé ; sans l'interrompre, le Dr Silence nota quelque chose sur son carnet. Vézin poursuivit son récit en ayant l'air de craindre d'en avoir trop dit ou d'avoir tout au moins dépassé les limites de ce qui est croyable.

« Elle avait des manières douces, mais elle était en même

temps très active malgré sa masse et son poids. J'avais l'impression que même en me tournant le dos elle n'ignorait rien de mes faits et gestes. Ce soir-là, elle m'avait parlé d'une voix douce et fluide pour me demander si j'avais bien tous mes bagages, si j'étais convenablement installé et pour préciser que le dîner était servi à sept heures. Tout le monde, en effet, se couche tôt dans ces petites villes de province. Elle avait visiblement l'intention de me dissuader de rentrer trop tard. »

Sa manière d'être avait évidemment pour but de lui donner l'impression qu'il allait être pris en main, que tout serait arrangé pour lui, préparé à l'avance, qu'il n'aurait qu'à s'engager dans la filière et à obéir. On n'attendrait de lui aucune décision, aucun effort personnel. C'était exactement le contraire de ce qui se passait dans le train. En se promenant dans les rues il se sentait apaisé et calme. Il avait conscience de se trouver dans un milieu qui lui convenait. C'était tellement plus facile d'obéir. Il se remit à ronronner en ayant l'impression que la ville tout entière ronronnait avec lui.

Il errait à pas lents par les rues de la petite ville et se sentait de plus en plus gagné par cette atmosphère de repos. Il allait sans but, de-ci, de-là. Le soleil de septembre frappait obliquement les toits. Par les ruelles sinueuses, bordées de pignons en surplomb et de croisées ouvertes, il avait des aperçus féeriques sur la vaste plaine qui s'étendait en bas, sur les prairies et les taillis dorés qui, dans la brume du soir, composaient une carte de géographie de rêve. Les sortilèges du passé se manifestaient intensément en ces lieux, car il les ressentait.

Les rues étaient pleines d'hommes et de femmes vêtus d'une manière pittoresque, vaquant à leurs occupations respectives. Mais personne ne semblait le remarquer ni le regarder avec plus d'insistance à cause de son aspect incontestablement britannique. Il oubliait que sa silhouette de touriste pût risquer de détonner dans ce tableau charmant ; il se mêlait de plus en plus intimement à la scène, il perdait complètement conscience de lui-même. C'était comme s'il avait été protagoniste dans un rêve aux coloris délicats sans avoir même l'impression qu'il s'agissait d'un songe.

Le versant est de la colline était plus rapide ; la plaine qui se trouvait en contrebas avait l'aspect, du fait d'un jeu d'ombres, d'une étendue liquide dans laquelle les petites pièces de bois auraient figuré les îles et les champs couverts d'éteule la mer profonde. Il longeait les vieux remparts, restes de fortifications qui avaient dû être formidables, mais qui ne subsistaient plus qu'à l'état de vestiges, avec leurs pans de murs grisâtres à moitié ruinés, recouverts de vigne vierge et de lierre poussant à leur fantaisie. Assis sur le large chaperon d'un mur, au niveau des cimes arrondies des platanes étêtés, il voyait à ses pieds, au loin, l'esplanade déjà gagnée par l'ombre. Par endroits, un rayon de soleil d'or pâle traversait le feuillage pour venir ranimer l'or des feuilles mortes tombées à terre ; de la situation élevée qu'il occupait, il voyait les habitants de la ville aller çà et là, dans la fraîcheur du soir. Il pouvait seulement entendre le bruit amorti de leurs pas, le murmure de leurs voix montait vers lui à travers les espaces libres subsistant entre les arbres. Pour lui qui les apercevait ainsi par instants, ces silhouettes prenaient l'aspect d'ombres se déplaçant avec lenteur.

Il resta là quelque temps à méditer, dans les murmures et les échos à moitié amortis par le feuillage des platanes, qui venaient mourir à ses oreilles. Cette ville, perchée sur sa colline, lui faisait l'effet d'être plantée au milieu de la plaine, et de fredonner tout en s'endormant.

Un peu plus tard, alors qu'il s'abandonnait paresseusement à ses rêveries, le son d'instruments à vent et à cordes parvint jusqu'à ses oreilles ; l'harmonie de la petite ville, à l'autre extrémité de la terrasse encombrée de promeneurs, se mettait à jouer sur un accompagnement de tambours doux et mat. Vézin était très sensible à la musique, il s'était en cette matière intelligemment cultivé, et même risqué à l'insu de ses amis à composer de tendres mélodies sur un accompagnement d'arpèges lents et graves, qu'il jouait pour lui seul avec la pédale douce quand il savait que personne ne se trouvait dans les parages. Cette musique surgissait des frondaisons et flottait dans l'air, émanant d'un orchestre de gens du cru, pittoresques sans aucun doute ; elle le charmait totalement. Il ne reconnaissait aucun air, on aurait dit que les musiciens improvisaient à leur guise, sans être dirigés par un chef d'orchestre. On ne pouvait reconnaître aucune mesure dans ces morceaux ; ils débutaient et se terminaient d'une façon qui rappelait le vent faisant vibrer les cordes d'une harpe éolienne. Cette musique prenait sa place dans le décor, au même titre que la lueur du soleil couchant et la brise légère ; les notes veloutées de ces instruments à vent, aux tonalités plaintives et désuètes étaient traversées de temps à autre par le son plus aigu des cordes. L'ensemble était partiellement assourdi par les percussions continues de la caisse grave et son âme s'en trouvait étrangement envoûtée, si accaparée que cela nuisait au plaisir qu'il aurait pu en retirer. Il y avait là quelque chose de curieusement ensorcelant. Cette musique lui donnait une déroutante impression de surnaturel. Elle lui faisait penser aux arbres agités par le vent, à la brise nocturne faisant vibrer les fils télégraphiques et grincer les girouettes, ou bien jouant dans le gréement de navires invisibles. Les associations s'imposaient à son esprit avec une netteté et un pouvoir de suggestion soudainement accrus : on aurait pu penser à un chœur d'animaux, ou d'êtres sauvages, hurlant à la lune, dans une solitude désolée, comme auraient pu faire n'importe quelles bêtes sauvages. Il croyait distinguer les cris plaintifs, presque humains, des chats errant sur les toits, avec leurs brusques montées suivies de chutes ; cette musique, amortie par l'éloignement et par les arbres, lui faisait penser à une assemblée de ces étranges créatures, sur quelque pignon, très haut dans le ciel, proférant leurs cris musicaux et solennels en se répondant et hurlant de concert à la lune.

Sur le moment, l'image qui lui vint à l'esprit était singulière, et pourtant elle exprimait mieux que n'importe quelle autre les sensations qu'il éprouvait. Les instruments jouaient sur une mesure si incroyablement étrange, les crescendos et les decrescendos étaient tellement évocateurs des miaulements nocturnes des chats, avec cette façon de s'élever doucement, puis de plonger sans avertissement dans les notes graves, le tout dans une étrange confusion d'accords justes et de dissonances. Mais, en même temps, une douceur plaintive se dégageait de l'ensemble et les discordances de ces instruments au son fêlé étaient si singulières qu'elles ne choquaient pas son sens musical comme l'auraient fait par exemple des violons aux cordes détendues.

Il s'abandonna un long moment au plaisir d'écouter, puis, dans le crépuscule, s'en retourna à l'hôtel en flânant malgré le rafraîchissement sensible de l'atmosphère.

« Il n'y avait rien qui pût vous inquiéter ? s'enquit brièvement le Dr Silence.

– Absolument rien, répondit Vézin. Mais, vous savez, tout cela était si fantastique et si ensorcelant que mon imagination en était très frappée. » Puis, cherchant à s'expliquer calmement, il ajouta : « Peut-être aussi était-ce sous l'influence de mon imagination que je me mis à éprouver d'autres impressions ; en effet, tandis que je m'en retournais, je me sentais envoûté par ces lieux de bien des façons, qui restaient claires pour moi. Mais il y avait cependant d'autres choses que je ne pouvais expliquer, même à ce moment-là.

– Des incidents, vous voulez dire ?

– À peine, je pense. Des sensations particulièrement vives m'assaillaient en foule et je ne pouvais en déceler l'origine. Le soleil venait à peine de se coucher, l'extraordinaire contour de ces vieilles maisons de guingois se détachait sur un ciel aux teintes opalescentes allant de l'or au rouge. L'ombre envahissait rapidement les rues tortueuses. Autour de la colline sur laquelle nous nous trouvions, la plaine formait comme une mer sombre dont le niveau montait à mesure que la nuit devenait plus profonde. Le charme exercé par ce genre de paysage peut être extrêmement mouvant, et c'était bien ce qui se passait ce soir-là. Mais j'avais toutefois l'impression que ce qui agissait ainsi sur moi n'avait rien à faire avec le mystère de ce merveilleux paysage.

– Il ne s'agissait pas seulement des transformations subtiles qui se produisent dans l'esprit en présence de quelque chose de vraiment beau, se risqua à dire le docteur, qui avait remarqué une hésitation chez son interlocuteur.

– Exactement. » Il avait désormais moins peur de nous faire sourire et, ainsi encouragé, il put continuer en ces termes : « Les impressions me parvenaient d'ailleurs. Par exemple, en suivant la rue principale encombrée d'hommes et de femmes sortant de leur travail et rentrant chez eux, s'arrêtant à un éventaire ou devant une petite voiture de quatre-saisons pour faire leurs emplettes, ou s'attardant à bavarder, personne ne paraissait me remarquer, s'apercevoir qu'il y avait là quelqu'un que l'on ne connaissait pas, un étranger. J'étais totalement ignoré, ma présence n'éveillait aucun intérêt.

» Et puis, la conviction me vint que cette indifférence n'avait jamais cessé d'être simulée. En réalité, tout le monde me surveillait de près. Aucun de mes mouvements n'échappait à l'attention de ces gens. Ils faisaient seulement, au prix d'un gros effort, semblant de ne pas me voir. »

Il s'arrêta un moment. Voyant que nous ne souriions même pas, il continua, rassuré :

« Inutile de me demander comment j'ai remarqué tout cela, pour la raison bien simple que je serais incapable de l'expliquer. Mais cette découverte me causa une sorte de choc. Cependant, avant que je n'arrive à l'auberge, un fait nouveau s'imposa avec force à mon esprit et je fus obligé de le reconnaître pour vrai. Mais, je dois dire tout de suite qu'il restait pour moi également inexplicable. En d'autres termes, je peux vous le citer, ce fait, mais c'est tout. »

Le petit homme se leva de son siège et vint se planter devant le feu. Il se sentait de plus en plus en confiance et se perdait à nouveau dans les réminiscences de cette prodigieuse aventure. Ses yeux commençaient à briller.

« Eh bien, continua-t-il, et le ton de sa voix commençait à s'élever, cela m'est venu pour la première fois alors que je me trouvais dans une boutique ; toutefois, l'idée devait me travailler depuis longtemps car elle a surgi brusquement sous une forme immédiatement parfaite. Je crois que j'étais en train d'acheter des chaussettes, dit-il en riant, je me débattais tant bien que mal avec mon mauvais français quand je fus frappé par une chose : la marchande se souciait comme de l'an quarante de me voir acheter quelque chose ou rien du tout. Elle faisait semblant de vendre. Cet incident paraît minime pour pouvoir servir de base à ce qui va suivre. Mais en fait, il n'était pas si insignifiant. C'était l'étincelle qui a mis le feu aux poudres et amené une clarté totale dans mon esprit.

» Car la ville dans son ensemble, je m'en apercevais soudain, était tout autre chose que ce que j'avais cru voir jusque-là. Les activités réelles de tous ces gens étaient différentes de ce qu'on croyait voir, leur intérêt se portait ailleurs. Leur vraie vie se cachait quelque part derrière ces apparences. Ils s'affairaient à des choses qui n'avaient d'autre but que de masquer leurs véritables desseins. Ils achetaient et vendaient, ils buvaient et mangeaient, ils circulaient dans les rues, mais le véritable sens de leur existence devait être cherché ailleurs, hors de ma vue, dans des lieux secrets. Dans leurs magasins, à leurs éventaires, ils ne se souciaient guère de me voir acheter leurs marchandises, ou non; à l'auberge, ils étaient indifférents à l'idée de me voir rester ou m'en aller. Leur vie se trouvait ailleurs, loin de la mienne, elle jaillissait de sources occultes et secrètes, et le cours de cette existence continuait son chemin à l'abri des regards, ignoré de moi. Cela faisait partie d'une vaste mise en scène réglée peut-être à mon intention, ou bien destinée à quelque objectif dont ils détenaient le secret. Mais il fallait chercher ailleurs le véritable sens de leurs activités. J'avais l'impression d'être un corps étranger introduit dans un corps humain qui ne tolère pas sa présence, si bien qu'un processus d'élimination ou d'absorption se déclenche. C'était ce que la ville était en train de faire avec moi.

» Cette idée bizarre s'imposait irrésistiblement à mon esprit tandis que je suivais mon chemin pour retourner à l'auberge. Je me demandais où l'on devait chercher le véritable sens de la vie dans cette localité, en quoi consistaient les activités occultes de ses habitants.

» Maintenant que mes yeux commençaient à s'ouvrir, je remarquais des choses qui m'intriguaient : tout d'abord, l'extraordinaire silence qui régnait partout. C'était vraiment comme si la ville tout entière s'était trouvée sous un étouffoir. Les rues étaient pavées, et pourtant les gens se déplaçaient sans faire aucun bruit, à pas feutrés, comme des chats. Tout était assourdi, en demi-teinte. Les voix étaient douces et faisaient penser à un ronronnement. Aucune manifestation bruyante ou violente n'aurait pu être tolérée dans cette petite ville perchée sur sa colline et perdue dans sa somnolence rêveuse. C'était comme pour la femme de l'auberge : un aspect de sérénité absolue destiné à masquer quelque activité intérieure intense et on ne savait quels desseins.

» On ne pouvait cependant pas déceler le moindre symptôme de léthargie ou même de paresse chez ces gens actifs et alertes. Non, une douceur magique et étrange les baignait seulement, ils paraissaient sous l'effet d'une sorte d'enchantement. »

Vézin se passa la main sur les yeux, comme si ses souvenirs étaient devenus très vivants. Sa voix baissa de niveau au point de n'être plus qu'un murmure et de nous obliger à tendre l'oreille. Ce qu'il était en train de nous raconter était sans aucun doute véridique, mais il éprouvait à la fois le désir de poursuivre son récit et comme une réticence.

« Je suis retourné à l'auberge, reprit-il d'une voix plus forte, et je me suis mis à table. Je me sentais environné d'un univers étrange. J'avais perdu tout contact avec la réalité à laquelle j'étais accoutumé. Que cela me plût ou non, je me trouvais là en présence de quelque chose de nouveau et d'incompréhensible. Je me pris à regretter l'impulsion qui m'avait fait quitter le train si étourdiment. J'étais engagé dans une aventure, et rien n'est plus contraire à ma nature. De plus il s'agissait apparemment du début d'un autre genre d'expérience, se situant dans le tréfonds de mon âme, dans une région sur laquelle je n'exerçais aucun contrôle. À mon étonnement se mêlait donc quelque inquiétude ; je craignais pour cette stabilité qui, en quarante années, était arrivée à faire partie intégrante de ma "personnalité".

» Je remontai pour me mettre au lit. Des pensées inusitées bouillonnaient en moi, d'une manière obsédante. Pour m'en dégager je m'efforçais d'évoquer à nouveau ce train bruyant, ces voyageurs tapageurs mais sains et normaux et j'en étais presque à regretter de ne plus me trouver parmi eux. Mais mes songes m'entraînaient ailleurs. Je rêvais de chats, d'êtres se déplaçant sans bruit, d'une vie silencieuse, étouffée, au-delà de la perception de nos sens. »

II

Vézin prolongeait sans cesse son séjour, et restait ainsi beaucoup plus longtemps qu'il n'en avait eu l'intention. Il se sentait gagné par la somnolence générale. Sans rien faire de particulier, il ne pouvait se décider à quitter cette petite ville qui le fascinait. Il avait toujours éprouvé de grandes difficultés à prendre des décisions et il se demandait parfois comment il en était arrivé à quitter ce train. Il avait l'impression que tout cela avait été arrangé par quelqu'un d'autre ; à une ou deux reprises il pensa au petit Français noiraud qui était assis en face de lui. Si seulement il avait pu comprendre la longue phrase qui se terminait par ces mots étranges : « *à cause du sommeil et à cause des chats* ». Il se demandait ce que tout cela pouvait bien vouloir dire.

Cependant, la quiétude ouatée de la ville le retenait prisonnier et il s'efforçait, avec sa manière douce mais un peu brouillonne, de découvrir où gisait le mystère, et en quoi il consistait. Mais l'insuffisance de son français et son horreur congénitale pour tout ce qui ressemblait à une enquête ne lui permettaient guère d'attraper les passants par le bouton de leur veste pour se mettre à leur poser des questions. Il se contentait d'une attitude négative : observer, surveiller.

Le temps restait calme et brumeux, ce qui convenait exactement à ses desseins. Il erra partout dans la ville tant qu'il ne connut pas toutes les rues, chaque impasse. Les gens le laissaient aller et venir sans aucune entrave mais il lui apparaissait de plus en plus clairement qu'il était l'objet d'une surveillance constante. La ville le guettait comme un chat guette une souris. Il ne faisait aucun progrès dans la découverte de ce que faisaient les habitants, de leur principale occupation. Cela restait caché. Ces gens étaient aussi souples et mystérieux que des chats.

Mais le fait qu'il était espionné s'imposait à lui d'une façon de plus en plus évidente de jour en jour.

Par exemple, quand il s'aventurait jusqu'à l'extrémité de la ville et qu'il pénétrait dans un petit jardin public très verdoyant situé au-dessous des remparts pour s'asseoir sur un banc inoccupé, bien au soleil, il était effectivement seul – pour commencer. Aucun autre siège n'était occupé : le petit square était vide, les sentiers déserts. Cependant, dix minutes ne s'étaient pas écoulées qu'une vingtaine de personnes venaient rôder autour de lui ; les uns flânaient sans but dans les allées, admirant les massifs de fleurs, les autres prenaient place sur les bancs de bois pour se chauffer, comme lui, au soleil. Personne ne semblait prendre garde à sa présence, mais il comprenait très bien qu'on était là pour le surveiller. Étroitement. Quand il avait rencontré ces gens dans la rue, ils lui avaient paru affairés, il avait pu croire qu'ils se hâtaient vers quelque occupation ; et soudain, ils avaient oublié ce qu'ils avaient à faire et ils ne songeaient plus qu'à paresser au soleil. Cinq minutes après son départ, le jardin était à nouveau désert, les sièges vides. Mais dans les rues pleines de monde, cela recommençait : il ne se trouvait jamais seul. Il ne cessait d'occuper la pensée des habitants.

Il comprit peu à peu comment il pouvait être surveillé si attentivement, sans qu'il y parût jamais. Ces gens ne faisaient jamais rien *directement*. Ils agissaient *en biaisant*. Il riait en lui-même d'avoir trouvé cette expression, mais elle traduisait très exactement la situation. Ils le regardaient en ayant l'air d'avoir les yeux fixés ailleurs. Quand ils s'intéressaient à lui, leurs mouvements commençaient à se faire en oblique. La manière directe, sans détour, n'était évidemment pas dans leur style. Ils n'agissaient jamais à visage découvert. S'il entrait dans un magasin pour faire un achat, la marchande s'écartait instantanément pour aller s'occuper à quelque chose à l'autre bout du comptoir ; cependant, dès qu'il ouvrait la bouche, elle lui répondait sur-le-champ, montrant bien ainsi qu'elle savait qu'il se trouvait là et que telle était sa manière de le servir, tout simplement. Elle agissait comme aurait fait un chat. Même dans la salle à manger de l'auberge, le garçon aux magnifiques favoris, si bien stylé, silencieux et rapide dans son service, ne semblait pas capable d'arriver à sa table directement quand il s'agissait de lui apporter un plat ou de prendre sa commande. Il venait en décrivant des zigzags, par un chemin détourné, si bien qu'il avait l'air de se diriger vers une autre table ; au dernier moment, il faisait un brusque virage et se trouvait près de Vézin avant que celui-ci pût s'en rendre compte.

Vézin avait un curieux sourire en se remémorant ces détails. En fait de touristes, il n'y en avait pas d'autres que lui à l'hôtel, mais il se rappelait la physionomie de deux habitants de la ville qui venaient prendre leurs repas. Eux aussi entraient dans la salle à manger de cette étrange façon. Ils s'arrêtaient tout d'abord sur le seuil, jetaient un coup d'œil circulaire, puis, après avoir procédé à cette rapide inspection, entraient de biais, en rasant les murs. Il se demandait chaque fois vers quelle table ils pouvaient bien se diriger. Au dernier moment, ils s'installaient d'un bond sur le siège qui leur était réservé. Ce comportement rappelait, lui aussi, celui des chats.

D'autres incidents minimes se rattachant à la vie étrange de cette ville l'impressionnaient également : l'extraordinaire vélocité avec laquelle les habitants se montraient pour disparaître immédiatement ensuite l'intriguait à l'extrême. Il n'aurait rien trouvé là que de très naturel s'il y avait eu des portes ou des ouvertures dans lesquelles ils auraient pu s'engager. Mais il ne réussissait pas à les apercevoir. Une fois – cela se passait tout près de son hôtel – il avait emboîté le pas derrière deux femmes d'âge mûr qui, de l'autre trottoir, avaient paru l'examiner avec insistance. Il les vit tourner à un coin de rue, quelques mètres devant lui. Il y parvint presque en même temps qu'elles ; mais il ne put rien voir qu'une impasse absolument déserte, sans trace de vie. La seule ouverture dans laquelle elles auraient pu s'engouffrer était une porte cochère à une cinquantaine de mètres de là, que le coureur à pied le plus rapide n'aurait pu atteindre aussi vite.

Les gens apparaissaient avec la même soudaineté au moment où il s'y attendait le moins. Une fois il entendit un bruit de bataille de l'autre côté d'un mur bas, il se précipita pour voir ce qui se passait. Tout ce qu'il put voir, ce fut un groupe de femmes et de jeunes filles engagées dans une conversation passionnée, à voix haute ; elles baissèrent instantanément le ton dès qu'elles virent sa tête apparaître pardessus le faîte du mur, pour reprendre le ton chuchoté qui semblait de rigueur dans toute la ville. Malgré cela, aucune de ces commères ne tourna seulement la tête pour le regarder en face. Avec une inconcevable rapidité, elles se dispersèrent à travers la cour, les unes en franchissant une porte, les autres en s'engageant sous un hangar. Leurs voix lui avaient fait l'effet, assez étrangement, des cris furieux que poussent des animaux en train de se battre ; il aurait presque pu dire des chats.

Toute l'âme de cette ville continuait à lui être étrangère comme quelque chose de fugitif, de multiforme, de retranché du monde extérieur, mais en même temps d'intense, d'authentique, de foncièrement vivant. Comme il faisait à présent partie de la vie de cette cité, ces cachotteries l'intriguaient, l'irritaient ; elles commençaient même à lui faire peur.

Du brouillard de ses pensées surgit à nouveau l'idée que ces citadins attendaient qu'il prît lui-même une position tranchée dans un sens ou dans un autre, et que lorsqu'il se serait exécuté, ils feraient à leur tour une réponse directe par laquelle ils l'accepteraient ou le rejetteraient. Il ne faisait cependant aucun progrès dans ce sens. Ce problème crucial : de quelle nature était la décision qu'on attendait de lui semblait toujours aussi loin de sa solution.

Une fois ou deux il se mit à suivre intentionnellement tel petit groupe de gens pour essayer de découvrir ce qui les faisait se rassembler ainsi ; mais il fut toujours découvert avant de n'avoir rien pu voir ; la petite troupe disparaissait, chacun s'en allant de son côté. C'était inévitable : impossible de découvrir l'objet essentiel de leurs préoccupations. La cathédrale était toujours vide, de même que la vieille église Saint-Martin, située à l'autre extrémité de la ville. Ils faisaient des emplettes parce que c'était nécessaire, et non parce qu'ils en avaient envie. Les étalages du marché, les éventaires, les petits cafés, eux-mêmes, étaient déserts. Et pourtant les rues étaient toujours pleines de passants affairés.

« Pourrait-il se faire, se disait-il avec un sourire d'excuse, comme s'il avait à peine osé formuler une pensée aussi absurde, que ces citadins fussent du crépuscule, que leur vraie vie se déroulât seulement la nuit venue ? » Dans la journée, ils faisaient de louables efforts pour avoir l'air de faire quelque chose, mais il aurait fallu attendre le coucher du soleil pour voir commencer leur véritable existence ? Leur âme était-elle sous la dépendance de la nuit et la ville tout entière au pouvoir des chats ?

Il était parcouru par des frissons d'effroi, cette idée déterminait en lui un mouvement de recul. Il faisait semblant de rire, mais il savait très bien qu'il commençait à se sentir mal à l'aise, que des forces étranges faisaient dans le tréfonds de lui-même vibrer des cordes insoupçonnées. En lui-même commençait à s'éveiller une tendance totalement étrangère à son caractère, qui ne s'était pas manifestée depuis des années et qui cherchait à agir maintenant sur son esprit et sur son cœur. Elle faisait naître en lui d'étranges pensées et commençait même à influencer quelques-uns de ses actes quotidiens. Cela mettait en jeu quelque chose d'essentiel pour lui.

Chaque fois qu'il rentrait à l'auberge vers l'heure du coucher du soleil, il voyait les silhouettes des habitants sortant de leurs boutiques, déambulant dans l'ombre, arpentant les rues d'un croisement à l'autre, comme des sentinelles, qui s'évanouissaient soudain dès qu'il approchait. Et comme les portes de l'hôtel se fermaient irrévocablement à dix heures, il n'avait jamais eu la possibilité de voir par lui-même quel aspect avait la ville une fois la nuit tombée. « *À cause du sommeil et à cause des chats.* » Ces mots lui revenaient de plus en plus souvent, mais continuaient à n'avoir pour lui aucun sens précis.

De plus, il y avait quelque chose qui le faisait dormir d'un sommeil de plomb.

III

Ce fut, je crois, le cinquième jour – bien que, sur ce point, les différentes versions de son histoire ne concordent pas toujours – qu'il fit une découverte qui devait porter son inquiétude au paroxysme. Il avait déjà remarqué qu'un changement s'opérait en lui, que certaines modifications subtiles de son caractère, une évolution de ses habitudes étaient en cours. Il n'avait pas voulu s'y arrêter. Il y avait à présent quelque chose qu'il ne pouvait ignorer plus longtemps, et il en était atterré.

Même dans ses meilleurs moments, il n'avait jamais une attitude vraiment positive, il se laissait aller à n'être que négatif, résigné, à tout accepter. Cependant, en cas de nécessité, il était capable d'assumer une action énergique et de prendre une décision courageuse. La découverte qu'il faisait à présent l'obligeait à prendre un tournant si net qu'il ne se sentait plus capable de rien de ce genre. Impossible de prendre un parti. Ce cinquième jour, il se rendait compte que son séjour avait assez duré et que, pour des motifs assez vagues, il était plus raisonnable et *plus sûr* pour lui de partir.

À ce moment-là, il s'aperçut qu'il ne le pouvait pas.

Cette impossibilité était difficile à exprimer par des mots. Il tenta plutôt de faire comprendre au Dr Silence par des gestes et des expressions de physionomie son incapacité à s'en aller. Cette surveillance, cet espionnage dont il était l'objet avaient tissé autour de lui un filet qui l'entravait en lui retirant toute possibilité d'évasion. Il était comme une mouche prise dans une toile d'araignée. C'était une sensation terrifiante. Sa volonté était paralysée, il était incapable d'agir. La seule perspective d'avoir à le faire avec vigueur – pour s'échapper – le terrifia. Toutes ses impulsions étaient introverties ; elles tendaient à faire revenir à la surface quelque chose de profondément enfoui, à lui faire retrouver quelque chose qu'il avait oublié depuis très longtemps, des années, peut-être des siècles. C'était comme si une fenêtre eût été près de s'ouvrir pour lui révéler un monde entièrement nouveau, mais qui ne laissait pas cependant de lui être vaguement familier. Il se figurait n'en être séparé que par un rideau. Quand celui-ci se serait levé, il verrait plus loin, il comprendrait au moins un peu de la vie secrète de ces gens extraordinaires.

« Est-ce parce qu'ils me surveillent pour me voir venir ? se demandait-il, le cœur battant, attendant le moment où je me joindrai à eux, à moins que je ne m'y refuse ? Est-ce qu'en définitive la décision ne m'appartient pas à moi, plutôt qu'à eux ? »

Arrivé à ce point, le côté sinistre de l'aventure lui apparaissait, et il en fut effectivement alarmé. La stabilité de sa personnalité plutôt mouvante était en jeu et il se sentait devenir lâche par certains côtés.

Sinon, pourquoi se serait-il mis soudain à marcher à pas de loup, en s'efforçant de ne faire aucun bruit, en se retournant à chaque instant ? Pourquoi serait-il allé sur la pointe des pieds dans les couloirs de l'auberge pratiquement déserte, pourquoi, une fois dans la rue, aurait-il cherché à utiliser tout ce qui se présentait pour se dissimuler aux regards ? Pourquoi, enfin, s'il n'avait pas eu peur, se serait-il avisé soudain qu'il était parfaitement raisonnable de ne pas sortir après le coucher du soleil ? Oui, pourquoi ?

Lorsque John Silence insistait gentiment pour obtenir une explication, il était obligé de reconnaître, en s'excusant, qu'il n'en avait aucune à fournir.

« C'était simplement parce que je craignais que quelque chose pût m'arriver avant que j'eusse reconnu les lieux. J'avais un peu peur. Instinctivement. » Il ne pouvait en dire davantage. « J'avais l'impression que toute la ville en avait après moi, me cherchait dans un but quelconque. Et que si l'on me prenait, je serais perdu, du moins en ce qui concerne le "moi" que je connaissais, pour me fondre dans un état de conscience inconnu. Mais, vous savez, je ne suis pas spécialiste en psychologie, ajouta-t-il avec douceur, je ne puis donc m'expliquer plus clairement. »

C'est en se promenant dans la cour une demi-heure avant le repas du soir que Vézin fit sa découverte. Il remonta immédiatement l'escalier et suivit le couloir sinueux jusqu'à sa chambre pour aller y réfléchir tranquillement. La cour était vide, cela était vrai, mais il y avait toujours la possibilité que la grosse femme qui lui faisait peur surgît de quelque porte pour venir s'asseoir et le surveiller tout en faisant sembler de tricoter. Cela s'était produit bien des fois et il ne pouvait même plus supporter sa vue. Il se rappelait toujours l'idée qu'il s'était faite au début : elle pouvait sauter sur lui au moment où il tournait le dos et le saisir à la nuque. C'était absurde, bien entendu, mais cela l'obsédait sans cesse. Cependant, cette hypothèse prenait corps au point de devenir une réalité.

Il monta donc l'escalier. La nuit était tombée, mais on n'avait pas encore allumé les lampes à pétrole dans les couloirs. Il trébuchait sur les aspérités du parquet vétuste, passait devant les portes dont le contour apparaissait dans la pénombre, – c'étaient des portes qu'il n'avait jamais vues ouvertes – les chambres correspondantes n'étaient apparemment jamais occupées. Il avançait, comme il en avait désormais pris l'habitude, à pas de loup, sur la pointe des pieds.

À mi-chemin, dans la dernière partie du couloir qui conduisait à sa chambre, il y avait un tournant brusque. Il en était arrivé là, il tâtait les murs, les bras tendus, quand il toucha du doigt quelque chose qui n'était pas une paroi, quelque chose qui bougeait. C'était doux et chaud, cela avait un parfum indéfinissable, et arrivait approximativement à la hauteur de son épaule, il pensa sur-le-champ à la fourrure soyeuse et odorante d'un petit chat. L'instant d'après il savait qu'il s'agissait de quelque chose de tout à fait différent.

Cependant, au lieu de poursuivre ses recherches – l'état de ses nerfs ne le lui permettait pas, dit-il – il s'aplatit sur le mur d'en face. La chose en question passa devant lui en se faufilant, dans un bruit de frou-frou et s'en fut à pas légers dans le couloir, derrière lui. Il conserva dans les narines une odeur chaude et musquée.

Vézin resta un instant sans bouger, retenant sa respiration, à moitié appuyé à la cloison. Puis il courut presque pendant les quelques mètres qui le séparaient de sa chambre, s'y engouffra et ferma la porte au verrou. Ce n'était pas la peur qui l'avait fait ainsi se hâter ; c'était une sorte d'excitation, pas désagréable en fin de compte. Ses nerfs vibraient, son corps était envahi d'une douce chaleur. Dans un éclair, l'idée lui vint que c'était précisément la sensation qu'il avait éprouvée vingt-cinq ans plus tôt quand il était tombé amoureux pour la première fois. Son humeur était devenue soudain tendre, amoureuse. Il se sentait fondre sous ces courants de vitalité qui venaient délicieusement réchauffer son cœur et son cerveau.

Sa chambre était plongée dans une complète obscurité. Il se laissa tomber sur le sofa près de la fenêtre, en se demandant ce qui lui était arrivé et ce que cela pouvait bien vouloir dire. Mais la seule chose qu'il put comprendre sur le moment, ce fut que quelque chose en lui venait de changer en un clin d'œil, comme par miracle. Il n'avait plus envie de partir, ni même d'envisager cette perspective. La rencontre qu'il avait faite dans le couloir avait tout changé. L'étrange parfum flottait toujours autour de lui, son cœur et son esprit en étaient encore troublés. Il savait en effet que c'était une jeune fille qui était passée devant lui, c'était un visage de femme qu'il avait effleuré dans l'obscurité. Il se sentait transporté comme s'il avait réellement déposé un baiser en plein sur ses lèvres.

Assis, sur le sofa près de la fenêtre, il essayait, en tremblant, de rassembler ses esprits. Il était absolument incapable de comprendre comment le simple fait d'avoir croisé une jeune fille dans un couloir obscur avait pu lui causer un choc si violent qu'il en ressentait encore le contrecoup délicieux. Il en était pourtant ainsi, il était inutile de nier ce phénomène ou de chercher à l'analyser. Une sorte de flamme ancestrale était venue embraser ses veines, et circulait maintenant dans tout son corps ; le fait qu'il eût quarante-cinq et non pas vingt ans n'y changeait rien. Un fait saillant se dégageait de toute cette confusion : le simple contact accidentel de cette femme inconnue, qu'il n'avait même pas pu apercevoir dans l'obscurité, avait suffi à ranimer une flamme qui couvait dans son cœur et à le faire sortir d'un état de complète apathie pour l'entraîner dans un tourbillon tumultueux.

Au bout d'un certain temps, cependant, l'âge commença à exercer son effet modérateur ; il se calma. Quand le garçon vint frapper à sa porte pour lui annoncer que le dîner était servi, il reprit ses esprits et descendit lentement à la salle à manger.

Quand il fit son entrée, tout le monde leva la tête, car il était très en retard ; il s'assit à sa place habituelle et commença à dîner. Il était toujours dans le même état d'agitation, mais le fait qu'il eût traversé la cour et le hall sans apercevoir le moindre jupon le calmait quelque peu. Il mit les bouchées doubles au point de rattraper presque les autres convives ; à ce moment, son attention fut attirée par un léger mouvement qui venait de se produire dans la pièce.

Sa chaise était placée de telle sorte que la porte et la plus grande partie de la longue salle à manger se trouvaient derrière lui ; cependant, il n'eut pas besoin de se retourner pour savoir que la personne qui venait d'entrer était celle qu'il avait rencontrée dans le couloir. Il avait senti sa présence bien avant d'avoir vu ou entendu quoi que ce fût. Il sut alors que les hommes âgés qui étaient avec lui, les seuls dîneurs, se soulevaient de leur siège les uns après les autres pour échanger quelques mots de bienvenue avec quelqu'un qui passait derrière eux, allant de table en table. Quand il finit par se retourner, le cœur battant, pour s'en assurer par lui-même, il vit la silhouette d'une jeune fille mince et souple, qui traversait la pièce en se dirigeant vers sa propre table.

Elle avait une démarche sinueuse, d'une grâce ravissante ; on aurait dit une jeune panthère. Il se sentit à son approche envahi par un trouble délicieux, à tel point qu'il fut d'abord incapable de distinguer les traits de son visage ou de découvrir comment il se faisait que la simple apparition de cette jeune créature suscitât en lui une aussi grisante agitation.

« Ah ! Mlle Ilsé est de retour ! » lui murmura le vieux garçon.

Quand elle fut près de lui et qu'il entendit le son de sa voix, il fut tout juste capable de comprendre qu'il s'agissait de la fille de la propriétaire. Elle lui parlait. Il vit des lèvres rouges, des dents blanches qui souriaient, des tempes encadrées de beaux cheveux bruns, en mèches folles. Tout le reste était caché par un nuage épais qui l'empêchait d'apercevoir autre chose que les visions peuplant son rêve éveillé. Il ne voyait rien de distinct, et il ne savait pas ce qu'il faisait. Cependant elle lui fit une charmante petite révérence et le regard de ses yeux immenses chercha celui de Vézin. Cela, il s'en rendit compte. Le parfum qui lui avait fait une telle impression dans le couloir obscur parvint à nouveau jusqu'à ses narines. Il vit aussi qu'elle était légèrement penchée vers lui, la main posée sur sa table. Elle était tout près – c'était ce qui, pour lui, comptait le plus – elle était en train de lui expliquer qu'elle était là pour vérifier si les clients de sa mère avaient bien tout ce qui était nécessaire à leur bien-être et elle se présentait à lui, le dernier arrivé.

« Monsieur est là depuis quelques jours déjà », lui dit le garçon ; la douce voix de la jeune fille répondit :

« Mais j'espère qu'il ne va pas s'en aller avant longtemps. Ma mère est trop âgée pour veiller convenablement au confort de tous nos hôtes, mais, maintenant, je serai là pour cela. Elle eut un rire adorable. Nous prendrons bien soin de monsieur. »

Vézin, qui se débattait entre son émotion et le désir de se montrer poli, se souleva de son siège pour la remercier de son petit discours ; il balbutia une vague réponse. En même temps, il se trouva que sa main effleura par hasard celle de la jeune fille qui était restée posée sur la table ; il fut traversé par une décharge électrique. Il se sentit défaillir intérieurement. Il surprit le regard de son interlocutrice posé sur lui avec une attention soutenue. L'instant d'après, il s'apercevait qu'il était à nouveau assis, incapable de dire un mot, et que la jeune fille avait déjà franchi la moitié de la longueur de la salle à manger. Il constata également qu'il était en train d'essayer de manger sa salade avec une cuiller à dessert et un couteau.

Espérant son retour tout en l'appréhendant, il avala le reste de son repas et remonta vite dans sa chambre pour se recueillir dans ses pensées. Cette fois, les couloirs étaient éclairés et il n'eut à subir aucun contretemps ; cependant, le couloir sinueux était obscur par endroits et la dernière fraction, qui était inclinée, lui parut plus longue que d'habitude. Il dévala la pente comme s'il s'était trouvé sur un sentier de montagne. En avançant ainsi sur la pointe des pieds, il avait l'impression que ce passage aurait dû le conduire bien loin de cette maison, jusqu'au sein d'une épaisse forêt. C'était comme s'il avait chanté à l'unisson avec le monde entier. D'étranges images assaillaient son esprit ; une fois dans sa chambre, la porte solidement verrouillée, il n'alluma pas les bougies, mais s'assit devant la fenêtre ouverte pour laisser librement affluer les pensées qui se pressaient en lui.

IV

Il raconta cette partie de l'histoire au Dr Silence sans trop se faire prier, il faut le dire, mais en balbutiant un peu, avec une élocution difficile qui trahissait son embarras. Il ne pouvait absolument pas comprendre, selon lui, ce que cette jeune fille avait bien pu faire pour l'impressionner à ce point, avant même qu'il eût posé les yeux sur elle. Son simple voisinage dans l'obscurité avait suffi à l'enflammer. Il ne connaissait rien des envoûtements et depuis des années, tout ce qui touchait aux relations affectives avec le sexe opposé lui était resté complètement étranger. Il était en effet paralysé par la timidité. Cette ensorcelante petite créature était pourtant venue à lui de propos délibéré. On ne pouvait s'y tromper : elle avait cherché tous les moyens d'attirer son attention. Elle était sans aucun doute charmante et chaste, mais pourtant nettement aguichante ; elle l'aurait entièrement conquis au premier regard de ses yeux étincelants, même si ce résultat n'avait pas été déjà acquis par le pouvoir magique de sa seule présence, dans le couloir obscur.

« Vous aviez l'impression que c'était une fille bien, saine ? demanda le docteur. Vous n'avez eu aucune réaction, d'inquiétude, par exemple ? »

Vézin leva les yeux et eut l'un de ses inimitables petits sourires par lesquels il tentait de s'excuser. Il attendit avant de répondre. Le simple fait de se remémorer cette aventure avait amené une rougeur sur son visage ; il garda ses yeux bruns rivés sur le sol avant de se décider à répondre.

« Je ne crois pas pouvoir dire exactement cela, se décida-t-il à expliquer. Ensuite, quand je fus assis dans ma chambre, j'identifiai en moi un certain malaise. J'avais de plus en plus la conviction qu'il y avait en elle quelque chose de... comment dire... d'impur. Je ne veux pas dire dans le sens physique ou moral, mais quelque chose d'indéfinissable qui me donnait vaguement la chair de poule. Elle m'attirait, mais en même temps me donnait envie de m'éloigner plus que... »

Il hésita, rougit violemment, incapable de terminer sa phrase.

« Rien de semblable ne m'était arrivé jusque-là et ne s'est reproduit depuis, dit-il pour conclure, tout confus. Je suppose que cela avait comme vous venez de le suggérer, quelque chose à voir avec un envoûtement. En tout cas, cette attirance était assez forte pour me donner l'impression que j'aurais été capable de vivre pendant des années dans cette petite ville hantée à condition de voir cette jeune fille tous les jours et peut-être aussi, de toucher sa main de temps en temps.

– Pouvez-vous m'expliquer à quoi vous croyiez pouvoir attribuer l'origine de son pouvoir ? demanda John Silence, en promenant son regard dans toute la pièce mais en évitant volontairement de le poser sur le narrateur.

– Je suis étonné que ce soit *vous* qui me posiez une pareille question, répondit Vézin, en s'efforçant de prendre une attitude aussi digne que possible. Je crois qu'aucun homme n'est capable d'expliquer à un autre d'une manière convaincante d'où émane l'influence magique d'une femme qui l'a ensorcelé. Je ne fais pas exception à cette règle. Je peux seulement dire que ce petit bout de femme m'avait subjugué. Le simple fait de savoir qu'elle vivait, qu'elle dormait sous le même toit que moi me comblait d'aise.

» Mais il y a une chose que je puis vous dire, reprit-il, l'œil brillant, en devenant plus sérieux, c'est qu'elle résumait en elle toutes les forces occultes et étranges qui agissaient d'une manière si extraordinaire dans cette ville et sur ses habitants. Elle avait les mouvements furtifs de la panthère, la même façon de se déplacer silencieusement et de biais des autres citadins ; comme eux elle poursuivait des buts bien à elle et j'avais l'impression que j'étais pour elle comme pour eux l'objectif final. Pour ma terreur et en même temps mes délices, elle ne cessait de m'observer, mais d'un air si insouciant, avec une telle maîtrise qu'un autre homme moins sensible que moi, si je puis dire – et il eut un geste pour s'excuser – ou moins préparé que moi par des faits antérieurs, n'aurait absolument rien remarqué. Elle était toujours calme et détendue et pourtant on eût dit qu'elle se trouvait transportée n'importe où en un clin d'œil. Je n'aurais donc pu lui échapper en aucune circonstance. Je ne cessais de rencontrer le regard de ses grands yeux rieurs, dans toutes les pièces, tous les couloirs, au travers des fenêtres, dans les rues les plus fréquentées. »

Leur intimité grandit très rapidement, semble-t-il, à la suite de la première rencontre qui avait si profondément remué ce petit homme. Il était très réservé et comme tous ceux qui ont ce caractère il vivait dans un monde si restreint que tout incident nettement inhabituel portait atteinte à son équilibre. Il se méfiait donc par instinct de tout ce qui présentait quelque originalité. Mais Vézin ne mit pas longtemps à renoncer à cette attitude. La jeune fille se comportait toujours avec pudeur ; en sa qualité de représentante de sa mère, elle avait naturellement affaire aux clients de l'hôtel. Il n'était donc pas anormal qu'une certaine camaraderie prît naissance entre eux. En outre, elle était jeune, délicieusement jolie, française et il lui plaisait visiblement.

Il y avait en même temps quelque chose d'indescriptible – une atmosphère indéfinissable évoquant d'autres lieux, d'autres temps – qui engageait Vézin à rester sur ses gardes ; il lui arrivait parfois de sursauter et d'avoir de la peine à reprendre sa respiration. Il dit à voix basse en s'adressant à Silence qu'il se trouvait dans un état ressemblant à l'un de ces délires peuplés de rêves, à la fois délicieux et effrayants. Il lui arriva plus d'une fois de ne plus savoir ce qu'il faisait ou disait, de céder à des impulsions dont il ne se sentait pas responsable.

Son projet de départ lui revenait périodiquement à l'esprit, mais chaque fois avec moins d'insistance ; il restait là jour après jour, il s'intégrait d'une manière de plus en plus étroite à la vie assoupie de cette cité médiévale de rêve, il perdait de plus en plus les traits de sa personnalité. Il avait l'impression que le Rideau ne tarderait pas à se lever d'un mouvement irrésistible et qu'il allait se trouver subitement admis à partager les secrets de cette ville, de sa vie cachée, à connaître les objectifs mystérieux de ses habitants. Ce n'est qu'à partir de ce moment-là qu'il serait complètement métamorphosé.

Cependant, il remarquait certains efforts qui étaient faits pour rendre son séjour plus attrayant : des fleurs, un fauteuil plus confortable dans sa chambre, quelques petits plats spéciaux servis à la table qui lui était réservée. Ses conversations avec Mlle Ilsé devenaient plus fréquentes et agréables ; elles avaient rarement trait à d'autres sujets que le temps ou certains détails concernant la localité, mais la jeune fille, avait-il remarqué, n'était jamais pressée d'y mettre fin ; de plus, elle trouvait souvent le moyen d'y insérer de petites phrases étranges qui avaient certainement un sens, bien qu'il ne le saisît pas clairement.

C'étaient ces remarques pleines de significations mais incompréhensibles, qui avaient trait à quelque but caché propre à la jeune fille, qui le mettaient mal à l'aise. Elles tendaient toutes, il en avait la conviction, à découvrir de nouvelles raisons de prolonger son séjour indéfiniment.

« Vous n'avez encore pris aucune décision ? lui dit-elle un jour à l'oreille, alors qu'ils étaient assis côte à côte dans la cour ensoleillée avant le déjeuner. Leur intimité avait fait des progrès rapides, parce que c'est tellement difficile, et nous devons tous vous venir en aide ! »

Cette question, venant s'ajouter à ses propres réflexions, le fit sursauter. Elle avait fait suivre sa phrase d'un joli rire cristallin ; une mèche de cheveux lui était tombée dans l'œil alors qu'elle se retournait pour le regarder d'un air presque polisson. Il y avait probablement là un côté français qu'il ne comprenait pas bien, car la proximité immédiate de la jeune fille lui faisait perdre tous ses moyens dans cette langue. Cependant, ses paroles, sa façon de se comporter, quelque arrière-pensée qu'elle avait peut-être aussi l'effrayaient. Cela le confirmait dans l'idée qu'il se faisait : la ville attendait qu'il prît sa décision sur une importante question.

En même temps, sa voix, le fait qu'elle se trouvait si près de lui dans sa robe sombre au tissu soyeux le faisaient frissonner d'une manière indicible.

« Cela est vrai, j'éprouve de la difficulté à m'en aller, bégaya-t-il en se perdant délicieusement dans la profondeur de ses yeux, et tout spécialement depuis votre retour. »

Il était surpris d'avoir réussi à prononcer cette phrase et charmé de sa galanterie. Mais en même temps, il se serait mordu la langue de l'avoir dite.

« Dans ce cas, c'est qu'au fond vous aimez bien notre petite ville, sinon vous n'auriez pas envie d'y rester, dit-elle en ignorant le compliment.

– Cette ville m'enchante, et vous de même », s'écria-t-il ; il avait l'impression que sa langue échappait à son contrôle. Il allait probablement se mettre à lui tenir toutes sortes d'autres discours au moins aussi enflammés, quand la jeune fille se leva avec légèreté du siège qu'elle occupait à côté du sien, et se prépara à s'en aller.

« Il y a de la soupe à l'oignon aujourd'hui ! lui dit-elle à voix haute en se retournant avec un petit rire, il faut que j'aille la surveiller. Autrement vous ne seriez pas content de votre repas et peut-être que vous nous abandonneriez ! »

Il ne la quitta pas des yeux tant qu'elle n'eut pas traversé la cour, de sa démarche légère, avec une grâce féline ; son corps était moulé dans sa petite robe noire toute simple comme aurait été celui d'une chatte dans sa fourrure. Elle se retourna avant de franchir la porte vitrée pour lui adresser un sourire, s'arrêta un instant pour parler à sa mère qui était assise sur son siège d'encoignure du vestibule, en train de tricoter.

Mais à la suite de quel phénomène, au moment où son regard se posa sur cette femme lourde et disgracieuse, mère et fille lui apparurent-elles sous un jour nouveau ? D'où venaient cette dignité qui était venue soudain transfigurer une femme gauche et massive, cette impression de puissance qui se dégageait d'elle en même temps que de sa fille ? L'aubergiste avait tout à coup pris à ses yeux un aspect royal ; il la voyait assise sur un trône, entourée d'une mise en scène terrifiante, brandissant son sceptre dans la lueur rougeoyante d'une orgie déchaînée. Et pourquoi cette toute jeune fille, mince, souple et gracieuse comme un saule, agile comme un léopard, avait-elle pris soudain un air à la fois majestueux et sinistre, avait-il cru voir sa tête couronnée de flammes et de fumée, ses pieds restant plongés dans les ténèbres ?

Vézin retint sa respiration et resta médusé. Mais cette curieuse impression se dissipa aussi vite qu'elle avait pris naissance, les deux femmes se trouvèrent à nouveau baignées dans la lumière du soleil, il l'entendit parler en riant à sa mère de soupe à l'oignon, il la vit regarder par-dessus sa chère épaule pour lui adresser un sourire, et il crut voir une rose perlée de rosée s'incliner doucement dans la brise de l'été.

Ce jour-là, il faut bien le dire, la soupe à l'oignon lui parut particulièrement délectable, car en approchant de sa table il vit qu'un deuxième couvert y avait été placé :

« Aujourd'hui, Mlle Ilsé honorera monsieur de sa présence à déjeuner, lui dit le garçon. Cela lui arrive quelquefois de venir s'installer à la table d'un des hôtes de sa mère. »

En effet, elle vint s'asseoir à côté de lui ; la joie de Vézin confinait au délire : elle lui parla doucement dans un français facile, elle veilla à ce que rien ne lui manquât, elle remua la salade, elle alla jusqu'à le servir de ses propres mains. Plus tard dans l'après-midi, il fumait dans la cour attendant avec impatience le moment où, son travail terminé, elle viendrait le rejoindre ; quand elle parut, il se leva pour l'accueillir. Elle resta un moment en face de lui, timide et un peu embarrassée, avant de se décider à lui dire :

« Ma mère trouve que vous devriez mieux connaître les beautés de notre petite ville, et c'est aussi mon avis ! Aimeriez-vous que je vous serve de guide ? Je peux tout vous montrer, car ma famille est installée ici depuis bien des générations. »

À vrai dire, elle ne lui laissa pas le temps d'exprimer sa satisfaction. Elle le prit par la main, et l'entraîna dans la rue sans qu'il opposât de résistance. Cette façon de faire paraissait toute naturelle, elle ne comportait aucune trace de hardiesse ni d'effronterie. Le visage d'Ilsé était illuminé de plaisir et d'intérêt pour son compagnon. Avec sa robe courte et ses cheveux en désordre elle avait bien l'air de ce qu'elle était : une charmante enfant de dix-sept ans, innocente et joueuse, fière de sa ville natale et peut-être plus sensible à la beauté des souvenirs que le passé y avait laissés que n'aurait été une autre fille de son âge.

Ils allèrent donc ainsi par la ville ; elle lui montra ce qu'elle considérait comme le plus intéressant : les vieilles maisons aux pignons inclinés où ses ancêtres avaient vécu ; le triste manoir aux allures aristocratiques habité par la famille de sa mère pendant des siècles, le vieux marché où il y a quelques centaines d'années les sorcières étaient brûlées par douzaines. Elle ne cessait de lui tenir son petit discours, dans un français fluide qu'il ne comprenait malheureusement qu'à moitié. Il maudissait son âge, tous les désirs qu'il avait éprouvés en atteignant l'âge d'homme revivaient en lui et semblaient le railler. Tandis qu'elle parlait, l'Angleterre et Surbiton paraissaient bien loin, et dater d'une autre époque. La voix de la jeune fille touchait une fibre ancestrale de son être, quelque chose qui était resté jusqu'alors profondément endormi. Elle conviait au sommeil les couches superficielles de son être, et permettait aux profondes de se réveiller. Comme la ville, qui se donnait beaucoup de peine pour avoir l'air de mener une vie active, moderne, les régions externes de sa conscience retombaient en léthargie tandis que tout ce qui gisait en profondeur revenait à la vie. Le grand Rideau commençait à s'agiter. Bientôt il pourrait se lever pour de bon...

Il se mit finalement à comprendre un peu mieux. Les états d'âme de la ville se reproduisaient en lui. Dans la mesure où sa personnalité extérieure s'estompait, sa vie intérieure prenait de la vitalité, de la réalité, s'affirmait. La jeune fille était

peron, immobile comme une figure de pierre, elle avait les yeux fixés au loin sur la plaine que l'ombre commençait à gagner. Il prit son courage à deux mains.

« Dites-moi, Ilsé, dit-il en imitant inconsciemment la douceur ronronnante avec laquelle la jeune fille parlait, mais conscient d'être tout à fait sérieux, quel est le sens de cette ville et quelle est cette vraie vie dont vous parlez ? Et pourquoi les gens me surveillent-ils du matin au soir ? Dites-moi le sens de tout cela ! Et puis, ajouta-t-il d'un ton plus pressant et passionné, dites-moi ce que vous êtes... pour de bon ? »

Elle tourna la tête pour le regarder à travers ses paupières mi-closes ; son excitation intérieure se trahissait par la légère rougeur qui passait sur son visage comme une ombre.

« Il me semble – et il se troublait étrangement en sentant son regard posé sur lui – que j'ai quelque peu le droit de savoir... »

Soudain, elle ouvrit les yeux tout grands et lui demanda d'une voix douce :

« Vous m'aimez ?

– Je jure, s'écria-t-il comme soulevé par une lame de fond, que je n'ai jamais éprouvé... que je n'ai jamais connu aucune femme qui...

– Alors, vous avez en effet le *droit* de savoir, dit-elle en interrompant avec calme ses aveux tumultueux ; car l'amour partage tous les secrets. »

Elle s'interrompit, et il fut traversé par un torrent de feu. Les mots prononcés par la jeune fille l'avaient transporté, il ne touchait plus terre, il était plongé dans une félicité triomphante, mais presque au même instant, par un affreux contraste, il se mit à penser à la mort. Elle avait tourné la tête pour le regarder dans les yeux et elle avait repris :

« La vraie vie dont je parle, chuchota-t-elle, est la vieille, vieille vie, la vie d'il y a très longtemps, la vie à laquelle vous avez, vous aussi, appartenu autrefois et à laquelle vous appartenez encore. »

Les mots qu'elle prononçait à mi-voix pénétraient jusqu'au plus profond de lui-même et réveillaient un très vague souvenir. Il savait par instinct que ce qu'elle disait était vrai, même s'il ne pouvait pas sur le moment en saisir toute la portée. Tandis qu'il l'écoutait, sa vie présente semblait s'échapper de lui, tandis que sa personnalité se métamorphosait en une autre, beaucoup plus ancienne et plus grande. C'était cette perte de sa personnalité présente qui lui avait fait penser à la mort.

« Vous êtes venu ici, poursuivit-elle, dans le but de retrouver cette vie ; les gens d'ici ont senti votre présence et attendent maintenant de savoir ce que vous décidez : partir d'ici sans avoir trouvé, ou bien... »

Les yeux d'Ilsé restaient fixés sur Vézin, mais son visage se mettait à changer, il devenait plus large, plus sombre, il prenait la gravité d'un âge plus avancé.

« Ce sont leurs pensées, sans cesse préoccupées de vous qui vous donnent l'impression d'être surveillé. Ce n'est pas avec leurs yeux qu'ils vous guettent. Le but de leur vie intérieure, c'est de vous appeler à eux, de vous réclamer comme un des leurs. Il y a très très longtemps, vous partagiez leur vie et maintenant ils veulent que vous reveniez parmi eux. »

Le timide Vézin se sentait défaillir en l'écoutant ; mais les yeux de la jeune fille le tenaient prisonnier de l'allégresse qu'ils faisaient naître en lui. Il était fasciné, complètement désincarné de sa personnalité habituelle.

« Cependant, à eux seuls, ces gens de la ville n'auraient jamais pu vous attirer et vous retenir. La force qui motivait cet appel n'était pas assez puissante, elle s'était affaiblie au cours des années. Mais moi... (elle s'interrompit un moment pour le regarder de ses yeux splendides qui exprimaient la confiance la plus complète) je détiens le charme qui peut vous conquérir et vous retenir : l'amour d'autrefois. Je peux vous conquérir à nouveau et vous faire vivre avec moi la vie de jadis, car le lien ancestral qui nous unit est irrésistible. À condition que je décide de le mettre en jeu. Et telle est ma résolution. Je vous désire toujours. Et vous, chère âme d'un passé qui s'estompe ?... (Elle se pressait contre lui, son souffle venait lui caresser les yeux, sa voix était devenue comme un chant.) Je veux que vous m'apparteniez, car vous m'aimez et vous êtes entièrement à ma merci. »

Vézin entendait sans entendre, comprenait sans comprendre tout à fait. Il était en pleine exaltation. Le monde s'étendait loin sous ses pieds, un monde fait de musique et de fleurs, et il flottait très au-dessus, dans un univers de délices illuminé de soleil. Les paroles miraculeuses d'Ilsé lui coupaient le souffle, l'étourdissaient, l'intoxiquaient littéralement. La terrifiante idée de la mort ne cessait d'apparaître à travers ses propos. Il en jaillissait des flammes qui venaient lécher son âme.

Ils communiquaient, lui semblait-il, par télépathie, car son français n'aurait jamais pu exprimer ce qu'il lui disait. Elle le comprenait parfaitement, elle lui répondait en déclamant des vers qu'il connaissait depuis longtemps. Ce mélange de souffrance et de suavité qu'il éprouvait en l'écoutant dépassait ce que sa petite âme pouvait endurer. Il s'entendit protester.

« Pourtant, c'est tout à fait par hasard que je suis venu ici...

– Non, s'écria-t-elle sur un ton passionné, vous êtes venu parce que je vous appelais. Il y a des années que je vous appelle, vous êtes venu, mû par l'énergie de tous ceux qui vous ont précédé dans le passé. Vous deviez venir, car vous m'appartenez, et je vous revendique. »

Elle se leva à nouveau et vint plus près de lui, en le regardant droit dans les yeux avec une certaine insolence, celle qui s'associe à la puissance.

Le soleil s'était couché derrière les tours de la vieille cathédrale, l'obscurité qui montait de la pleine les enveloppait. L'orchestre s'était tu. Les feuilles des platanes restaient immobiles, mais la fraîcheur de cette soirée d'automne se fit soudain sentir ; Vézin eut un frisson. On n'entendait plus que le son de leurs voix et, de temps en temps, le froufrou de la robe d'Ilsé. Le sang battait à ses oreilles. Il ne savait plus où il était ni ce qu'il faisait. Cette jeune fille française toute simple qui, assise auprès de lui, parlait avec cette étrange autorité, se transformait sous ses yeux en un être différent. Tandis qu'il la regardait, une image se développait et prenait vie dans son esprit, jusqu'à acquérir un caractère de réalité qu'il était obligé de reconnaître. Comme cela s'était produit une fois, il la vit grande et imposante, se déplaçant dans un décor de forêts, de montagnes, de cavernes, la tête surmontée de flammes, les pieds émergeant de fumées mouvantes. Des feuilles sombres entouraient sa chevelure, flottaient au vent, ses membres resplendissaient à travers les haillons. Il y en avait d'autres qui l'entouraient, des yeux de flamme lui lançaient des regards délirants, mais les siens à elle, étaient réservés à Un seul, celui qu'elle tenait par la main. Elle menait la danse au sein d'une orgie tumultueuse, au son des chœurs harmonieux. Cette danse se déroulait autour d'une grande et terrifiante silhouette placée sur un trône, qui suivait la scène à travers des vapeurs rougeoyantes, tandis que d'innombrables danseurs aux visages effrayants se pressaient autour d'elle dans une ronde délirante. Il savait que celui qu'elle tenait par la main, c'était Lui, il savait également que la forme monstrueuse jugée sur le trône était celle de l'aubergiste.

Cette vision s'élevait en lui, à travers de longues années enfouies dans le passé, et les cris qu'il entendait faisaient écho aux voix qui se réveillaient dans sa mémoire... La scène s'effaça peu à peu, il revit les yeux clairs de la jeune fille qui plongeaient sans broncher dans ses propres yeux ; une fois de plus, c'était la jolie fille de l'aubergiste, il retrouva le son de sa voix.

« Et vous, murmura-t-il d'une voix tremblante, vous, l'enfant des visions et des enchantements, comment se fait-il que vous m'ayez ensorcelé au point que je vous aie aimée avant même de vous avoir vue ? »

Elle se releva sans s'éloigner de lui et dit, avec une expression de parfaite dignité :

« L'appel du Passé. Et en outre, ajouta-t-elle avec fierté, dans la vie réelle, je suis une princesse.

– Une princesse ! s'écria-t-il.

– ... et ma mère est une reine ! »

À ces mots, Vézin perdit complètement la tête. Son cœur était délicieusement déchiré, il était plongé dans une étrange extase. En entendant cette douce voix chantante, les paroles qui sortaient de ces lèvres adorables, il perdit son équilibre et l'espoir de le retrouver. Il la prit dans ses bras et couvrit son visage de baisers, tandis qu'elle se laissait faire.

Mais, même dans ce transport de passion, alors qu'Ilsé était douce et consentante, quelque chose en elle le repoussait, et les baisers qu'elle lui rendait venaient ternir son âme... Quand, un moment plus tard, elle se fut dégagée et évanouie dans l'ombre, il restait là, penché sur le mur, défaillant ; son épiderme s'était hérissé au contact de ce corps docile ; il était intérieurement furieux de ce moment de faiblesse qui, il s'en rendait déjà compte confusément, devait le mener à sa perte.

Dans le calme de la nuit, à travers les ombres portées par les vieux bâtiments, dans lesquelles elle avait disparu, s'éleva un cri singulier, prolongé, qu'il prit d'abord pour un éclat de rire ; mais un peu plus tard, il était sûr d'avoir reconnu le miaulement presque humain d'un chat.

V

Vézin resta un long moment penché sur le mur, seul avec ses émotions et les pensées qui jaillissaient en lui. Il finit par comprendre qu'il avait fait précisément ce qu'il fallait faire pour appeler sur sa tête toutes les forces du Passé. Dans ces baisers passionnés il avait reconnu le lien qui l'unissait à elle, il l'avait senti revivre. Le souvenir de cette caresse douce et imperceptible dans le couloir sombre de l'auberge lui revint en mémoire et il eut un frisson d'horreur. La jeune fille avait tout d'abord assuré son emprise, puis elle l'avait conduit au seul acte qui fût nécessaire à l'accomplissement de ses desseins. Après des siècles, il était tombé dans un guet-apens, et conquis.

Il s'en apercevait obscurément et essayait de dresser des plans pour s'échapper. Cependant, au moins pour un moment, il était hors d'état de mettre de l'ordre dans ses pensées ou de faire un effort de volonté, car la douce et fantastique folie de cette aventure lui était montée à la tête et agissait sur lui comme un charme. Il se plaisait à se sentir ainsi envoûté, à se déplacer dans un monde autrement plus vaste que celui auquel il était habitué.

La lune, pâle et énorme, était juste en train de se lever au-dessus de la plaine qui ressemblait à l'océan, quand il se leva enfin pour s'en aller. Ses rayons obliques donnaient à toutes les maisons une perspective inusitée ; les toits, luisant déjà de serein, semblaient s'élever dans le ciel beaucoup plus haut que de coutume, leurs pignons et leurs vieilles tours étranges se trouvaient dans les régions plus élevées, colorées de pourpre.

Dans un brouillard argenté, la cathédrale prenait un aspect fantasmagorique. Vézin allait lentement, sans sortir de l'ombre ; mais toutes les rues étaient désertes et silencieuses ; les portes fermées, les volets accrochés. Pas une âme ne donnait signe de vie. Le silence de la nuit s'étendait sur toute chose. On aurait dit la ville de la mort, un cimetière aux tombes géantes et baroques.

En se demandant où pouvaient bien se dissimuler les symptômes de vie décelables dans le jour, il se dirigea vers une porte de derrière qui permettait d'entrer dans l'auberge en passant par les écuries, dans l'espoir de regagner sa chambre sans être vu. Il arriva sans encombre dans la cour et la traversa en longeant le mur et en profitant de son ombre. Il alla jusqu'au bout, sur la pointe des pieds, imitant en cela les clients de l'hôtel, quand ils entraient dans la salle à manger. Il fut horrifié de constater qu'il le faisait instinctivement. Il fut pris au milieu du corps par une étrange impulsion, l'envie irrésistible de se mettre à quatre pattes et de s'enfuir en courant, silencieusement. Il leva les yeux, l'idée lui vint de bondir sur le rebord de sa fenêtre plutôt que d'emprunter l'escalier. Ce chemin lui apparaissait comme le plus commode et le plus naturel. On eût dit le début d'une horrible métamorphose. Pris de terreur, il se raidit.

La lune étant maintenant plus haut dans le ciel, les ombres portées par les murs étaient plus épaisses ; il s'y maintenait de son mieux et parvint ainsi à la porte vitrée.

Mais là, il vit de la lumière. Il y avait encore du monde. Espérant traverser le hall sans être vu, et parvenir à l'escalier, il ouvrit la porte avec précaution et se glissa à l'intérieur. Il vit alors que le vestibule n'était pas désert. Sur sa gauche, une grande chose sombre était étendue contre le mur. Il pensa tout d'abord que c'étaient des ustensiles de ménage. Mais cela bougea et il crut voir un énorme chat, déformé par le jeu de l'ombre et de la lumière. La chose se dressa et il vit que c'était la propriétaire.

Que faisait-elle dans cette position ? Tout ce qu'il pouvait hasarder comme explication était inquiétant ; mais au moment où elle se leva pour le regarder bien en face, il se rendit compte qu'elle était revêtue d'une dignité terrible ; l'étrange déclaration de sa fille tendant à dire qu'il s'agissait d'une reine lui revint sur-le-champ en mémoire. Énorme et sinistre, elle était là, debout sous la petite lampe à pétrole ; seule avec lui dans ce hall vide. Une sorte de terreur sacrée qui semblait puiser ses racines dans une peur très ancienne le mordit au cœur. Il sentit qu'il devait s'incliner devant elle et lui rendre hommage d'une manière ou d'une autre. Il s'agissait d'une impulsion irrésistible résultant d'une très longue habitude. Il jeta un rapide coup d'œil autour de lui. Il n'y avait personne. Alors, il pencha la tête et s'inclina respectueusement.

« Enfin, vous avez fini par vous décider ! C'est bien. Je suis contente. »

Ces paroles lui parvenaient avec une étrange sonorité, comme si elles avaient été prononcées dans une vaste pièce vide.

La grande silhouette traversa soudain le hall dallé pour s'approcher et saisir ses mains qui tremblaient. Une force irrésistible émanait d'elle et s'imposait à lui.

« On pourrait faire un petit tour ensemble, n'est-ce pas ? Nous y allons cette nuit et il faut s'exercer un peu à l'avance. Ilsé, Ilsé, viens vite ! »

Elle tourna autour de lui en esquissant les premiers pas d'une danse qui lui semblait étrangement et affreusement familière. Ce couple singulièrement assorti ne faisait aucun bruit sur le carrelage. La danse était souple et silencieuse. Et ensuite, alors que l'air semblait s'épaissir comme si une fumée venait de s'élever, pour être immédiatement après traversé par une flamme rougeoyante, il comprit que quelqu'un était venu les rejoindre ; la mère avait lâché sa main qui était à présent étroitement serrée dans celle de la fille. Ilsé avait répondu à l'appel. Il la vit, avec ses cheveux sombres entrelacés de feuilles de verveine, vêtue des vestiges en lambeaux d'un curieux accoutrement, belle comme la nuit, affreusement, odieusement, dangereusement séduisante.

« Au sabbat ! Au sabbat ! s'écriaient-elles. Au sabbat des sorcières ! »

Ils dansaient de long en large dans le hall étroit, les deux femmes encadrant Vézin, sur un rythme sauvage comme il n'en avait jamais imaginé, tout en s'en souvenant obscurément, et avec crainte. La danse continua jusqu'à ce que la flamme de la lampe se mît à vaciller, puis à s'éteindre. Ils furent alors plongés dans une obscurité complète. Le démon s'était éveillé en lui, faisant naître mille suggestions ignobles qui l'épouvantaient.

Soudain, les deux femmes lâchèrent ses mains, il entendit la mère s'écrier que l'heure était venue et qu'ils devaient partir. Il ne perdit pas de temps à essayer de voir dans quelle direction elles s'en allaient. Il se rendait seulement compte qu'il était libre ; il tâtonna dans les ténèbres jusqu'au moment où il trouva l'escalier ; il monta dans sa chambre comme s'il avait eu le diable à ses trousses.

Il se laissa tomber sur le sofa en gémissant, la figure enfouie dans ses mains. Il passa en revue une douzaine de moyens pour s'échapper sur-le-champ, et les écarta tous comme impraticables. Il décida que la seule chose à faire pour le moment était de rester tranquillement sur son siège et d'attendre. Il fallait voir ce qui allait arriver. Il était au moins en sécurité à l'intérieur de sa chambre. La porte était fermée au verrou. Il traversa la pièce et ouvrit doucement la fenêtre donnant sur la cour qui permettait aussi d'avoir vue sur une partie du hall à travers les portes vitrées.

À ce moment, montant de la rue, vinrent à ses oreilles la rumeur d'une grande activité, un bruit de pas et de voix assourdis par la distance. Il se pencha avec précaution et tendit l'oreille. La lune resplendissait à présent, mais comme elle se trouvait derrière la maison, la fenêtre de Vézin était dans l'ombre. Il lui vint l'idée irrésistible que les habitants de la ville, dissimulés un instant plus tôt derrière leurs portes closes, étaient à présent sortis, se hâtant vers quelque objectif secret et impur. Il prêta attentivement l'oreille.

Tout d'abord, tout restait silencieux autour de lui, mais il ne tarda pas à se rendre compte de mouvements qui se produisaient dans la maison. Des bruissements, des miaulements lui parvinrent à travers la cour silencieuse, éclairée par la lune. Une assemblée d'êtres vivants faisait entendre son murmure dans la nuit. Tout entrait en action. Une odeur âcre et agressive venant il ne savait d'où s'élevait. Un peu après, ses yeux restèrent rivés aux fenêtres ménagées dans le mur opposé doucement éclairé par la lune. Le toit qui se trouvait au-dessus de lui et derrière se reflétait nettement dans les vitres ; il vit le contour de corps sombres qui s'y déplaçaient à grandes enjambées sur les tuiles et le long des chaperons. Ils passaient et repassaient, silencieusement et sans heurt ; ils avaient la forme de chats énormes ; ils descendaient ensuite à un niveau inférieur et, là, il les perdait de vue. Il ne percevait que le bruit sourd de leurs bonds. Il voyait parfois leurs ombres se projeter sur le mur blanc situé en face sans savoir s'il s'agissait d'êtres humains ou bien de chats. On aurait dit qu'ils passaient rapidement d'une forme à une autre. La métamorphose semblait affreusement réelle car ils bondissaient comme des hommes et une fois en l'air changeaient instantanément pour retomber sous la forme d'animaux.

Au-dessous de lui, la cour s'animait : on voyait des formes sombres qui rampaient en se dirigeant furtivement vers les portes vitrées. Ils serraient le mur de si près que Vézin ne pouvait discerner leur véritable forme, mais quand il les vit rejoindre le grand rassemblement qui s'était formé dans le hall, il comprit qu'il s'agissait des êtres dont il avait vu les ombres rampantes se refléter dans les vitres du côté opposé. Ils venaient de toutes les parties de la ville, ils rejoignaient le lieu de rendez-vous en passant par-dessus les toits et les tuiles, en sautant d'un niveau à l'autre jusqu'au moment où ils arrivaient dans la cour.

Un son nouveau frappa son oreille, il vit que toutes les fenêtres qui l'entouraient étaient en train de s'ouvrir doucement, et à chacune d'elles apparut un visage. Un instant plus tard, des silhouettes se laissèrent tomber dans la cour. Il vit alors qu'elles étaient humaines. Mais parvenues saines et sauves dans la cour, elles se mettaient à quatre pattes et se métamorphosaient en un clin d'œil pour devenir... des chats. D'énormes chats silencieux. Tous couraient pour rejoindre dans le hall le gros de la troupe.

Si bien qu'après tout les chambres de cet hôtel n'avaient jamais été inoccupées.

Bien plus, ce qu'il voyait cessa de l'étonner, car il s'en souvenait parfaitement. Ce spectacle lui était familier. Tout cela s'était déjà produit de la même façon, des centaines de fois, il avait lui-même pris part à cette cérémonie démentielle qu'il connaissait très bien. Le contour de la vieille maison se modifia, la cour s'agrandit, il eut l'impression qu'il la contemplait d'une hauteur beaucoup plus considérable, et à travers une épaisse fumée. Tandis qu'il regardait, se rappelant à moitié, les douleurs de jadis, à la fois déchirantes et douces, l'assaillirent avec violence ; tout son sang fut remué horriblement à l'appel de la Danse à nouveau perçu dans son cœur, et en éprouvant la puissance magique et ancestrale de la danse d'Ilsé qui s'enroulait autour de lui.

Il eut un brusque mouvement de recul. Un énorme chat avait surgi de l'ombre avec agilité pour venir se poser sur le rebord de sa fenêtre tout près de son visage et le fixer d'un regard humain. « Viens ! semblait-il dire, viens te joindre à nous dans la Danse ! Change-toi comme jadis ! Vite ! Viens ! » Il ne comprenait que trop bien l'appel silencieux de cet être étrange.

À nouveau le chat avait disparu dans un éclair ; c'était à peine si l'on avait entendu son pas feutré sur le carrelage ; d'autres chats se laissaient tomber par douzaines le long des murs de la maison, disparaissaient de sa vue, changeant tous d'apparence dès qu'ils tombaient sur le sol en s'éloignant vers le point de rassemblement. Soudain, il éprouva à nouveau l'envie terrifiante de faire comme eux ; marmonner les vieilles formules d'incantation, se laisser tomber sur les mains et les genoux, courir rapidement avant de prendre son essor à travers les airs. Le désir passionné de faire ainsi montait en lui. Ce fut comme un raz de marée, il se sentit pris aux entrailles. Il était possédé par une irrésistible attirance pour la vieille danse de jadis, celle des sorciers au sabbat des sorcières. Les étoiles gravitaient autour de lui, il subit une fois de plus l'attraction magique exercée par la lune. Le vent, qui avait traversé les gorges sauvages et la forêt, bondi de colline en colline, franchi les vallées, cherchait à l'entraîner de toute sa puissance... Il entendait déjà les cris des danseurs, leur rire diabolique, et enlaçant cette fille sauvage, il se mit à danser furieusement autour du sombre trône sur lequel était juchée la silhouette pleine de majesté, tenant son sceptre.

Et puis, soudain, tout s'apaisa et se tut, la fièvre qui le possédait se calma. Le clair de lune illumina une cour maintenant déserte. Ils étaient partis. Le cortège s'était élevé dans le ciel. Et on l'avait laissé en arrière, seul.

Vézin traversa la pièce sur la pointe des pieds et déverrouilla la porte. Il perçut un murmure grandissant provenant de la rue. Il suivit le couloir avec précaution. Parvenu en haut de l'escalier, il marqua un arrêt et tendit l'oreille. À ses pieds, le hall où ils s'étaient tous rassemblés était silencieux et plongé dans l'obscurité, mais par les portes et les fenêtres ouvertes à l'autre extrémité lui parvenait un immense bruit de foule qui s'éloignait de plus en plus.

Il descendit l'escalier dont les marches de bois craquaient, espérant rencontrer un traînard qui lui montrerait le chemin, mais le craignant en même temps. Il n'y avait personne. Il traversa le hall qui, si récemment, grouillait encore de monde, et n'eut qu'à franchir la porte ouverte donnant sur la rue. Il ne pouvait se faire à l'idée qu'on l'avait vraiment laissé en arrière, oublié et qu'on lui avait à dessein donné la possibilité de s'échapper. Cela le laissait perplexe.

Il jeta nerveusement un regard autour de lui, inspecta la rue dans les deux sens. Ne voyant rien, il s'aventura le long du trottoir.

À mesure qu'il avançait, il constata que la ville était complètement vide ; c'était comme si tous les êtres vivants avaient été emportés par un ouragan. Portes et fenêtres étaient restées ouvertes, mais rien ne bougeait. Partout, le silence, et le clair de lune. La nuit recouvrait tout comme un manteau. L'air, doux et frais, lui caressait la joue comme l'aurait fait une énorme patte de velours. Il reprit confiance et se mit à marcher plus vite, tout en se maintenant du côté de l'ombre. Personne n'aurait pu découvrir le plus léger indice de ce grand exode païen auquel il venait d'assister. La lune se déplaçait dans un ciel serein où il n'y avait pas un nuage.

Sans très bien se rendre compte de l'endroit vers lequel il se dirigeait, il traversa la place du marché et parvint aux remparts ; il savait que de là un chemin descendait à la grand-route et qu'il pouvait trouver ainsi le moyen de s'enfuir vers l'une des autres petites villes situées au nord et vers le chemin de fer.

Mais il fit d'abord halte pour contempler le paysage qui s'étendait à ses pieds ; c'était une grande plaine qui ressemblait à la carte dessinée en argent de quelque contrée de rêve. Sa sereine beauté s'imprima dans son cœur, aggravant son sentiment de dépaysement et d'irréalité. Il n'y avait pas un souffle d'air, les feuilles des platanes étaient parfaitement immobiles, les détails éclairés par la lune se détachaient nettement sur le fond obscur. Dans le lointain les champs et les bois se mêlaient au sein d'une brume légèrement miroitante.

Mais lorsque son regard quitta l'horizon pour se reporter sur la perspective toute proche de la vallée s'étendant à ses pieds, il resta figé sur place, le souffle coupé. Le versant de la colline, que n'éclairait pas la lune, scintillait ; il distingua d'innombrables formes en mouvement, se pressant entre les troncs des arbres, tandis qu'au-dessus de sa tête, telles des feuilles emportées au gré du vent, des silhouettes volaient, se détachant par moments sur le ciel, puis plongeant avec des cris et d'étranges chants à travers les branches jusqu'à la zone qui lui paraissait en flammes.

Il resta là à regarder, médusé, pendant un temps qu'il ne put évaluer. Et alors, mû par l'une de ces terribles impulsions qui semblaient dominer toute son aventure, il grimpa avec agilité sur le faîte du mur et resta un moment en équilibre devant la vallée qui s'ouvrait à ses pieds. À cet instant précis, alors qu'il restait là à se balancer légèrement, son attention fut attirée par un mouvement soudain parmi les ombres portées des maisons. En se retournant il aperçut la silhouette d'un gros animal qui traversait comme une flèche l'espace situé derrière lui et venait atterrir un peu plus bas. Cet animal courait comme le vent à ses pieds, puis vint se percher à côté de lui sur le rempart. Tout lui parut trembler sous la lune, sa vue fut un instant brouillée, son cœur se mit à battre furieusement. Ilsé était à côté, le dévisageant.

Le visage et la peau de la jeune fille étaient enduits d'une substance sombre qui brillait sous la lune tandis qu'elle étendait les bras vers lui ; elle était vêtue d'oripeaux en loques qui lui allaient pourtant merveilleusement bien ; des feuilles de rue et de verveine encadraient ses tempes, ses yeux brillaient d'une flamme impure. Il eut de la peine à se retenir de la prendre dans ses bras et de sauter avec elle dans la vallée.

« Regarde ! s'écria-t-elle en tendant un bras autour duquel flottaient d'étranges haillons pour lui désigner la forêt illuminée dans le lointain. Regarde, ils nous attendent ! Les forêts sont en vie ! Les mages tout-puissants sont déjà arrivés, la Danse va commencer ! Voici l'onguent ! Oins-toi et viens ! »

Un instant plus tôt, le ciel était clair et sans nuages ; mais dès qu'elle eut parlé la face de la lune s'assombrit, le vent se mit à agiter le feuillage des platanes. Des bouffées de vent apportaient des chants et des cris sauvages du bas de la colline, l'odeur de fauve qu'il avait déjà remarquée dans la cour de l'auberge se répandit dans l'atmosphère.

« Transforme-toi ! Transforme-toi ! s'écria-t-elle à nouveau ; sa voix était modulée comme un chant. Frotte-toi bien la peau avant de t'envoler. Viens ! Viens avec moi au sabbat, goûter ses folles et furieuses délices, viens t'abandonner au démon ! Regarde ! Les maîtres sont déjà là, ils préparent les terribles Sacrements ! Le trône est occupé. Oins ton corps et viens ! Allons, viens ! »

Elle grandit au point d'atteindre la taille d'un arbre, elle sauta sur le mur, ses yeux lançant des flammes, les cheveux au vent. Lui aussi commençait sa métamorphose. Les mains d'Ilsé lui effleurèrent le visage et le cou pour les enduire de cet onguent brûlant qui faisait circuler dans ses veines le vieux pouvoir magique devant lequel se retire tout ce qui symbolise le Bien.

Un rugissement sauvage parvint à ses oreilles, sortant du cœur des bois ; en l'entendant, la jeune fille fit sur le mur des bonds frénétiques exprimant une joie maudite.

« Satan est là ! rugit-elle en se précipitant sur lui et en essayant de l'entraîner vers le bord du mur. Satan est venu ! Les Sacrements nous appellent ! Viens, avec ta chère âme d'apostat, nous allons célébrer son culte et danser jusqu'à ce que la lune se couche et que le monde soit oublié ! »

Vézin se retint à temps pour ne pas faire le terrifiant plongeon, il se débattit pour échapper à son étreinte, tandis que la passion tirait sur les rênes et parvenait presque à le dominer. Il poussa un cri aigu, sans savoir ce qu'il disait, hurla encore. C'étaient les vieilles impulsions, les terribles habitudes de jadis qui se faisaient jour à nouveau et s'exprimaient ainsi ; car tout en ayant l'impression de ne pousser que des cris dépourvus de sens, les mots qu'il prononçait avaient une signification, étaient intelligibles. C'était l'appel de jadis. Cet appel était entendu en bas. Et l'on y répondait.

Le vent gonflait les basques de son vêtement, tandis qu'autour de lui l'atmosphère s'obscurcissait d'une multitude de formes qui volaient en s'élevant au-dessus de la vallée. Les clameurs de voix rauques venaient frapper ses oreilles et se rapprochaient de plus en plus. Il recevait des gifles du vent, qui l'envoyaient de gauche et de droite sur le faîte du mur croulant. Ilsé s'accrochait à lui de toute la longueur de ses bras soyeux et luisants, le tenant par le cou. Mais il n'y avait pas qu'Ilsé, il y en avait une douzaine d'autres, qui l'entouraient, tombant du ciel. L'odeur fauve des corps enduits d'onguent le suffoquait, excitait en lui la folie ancestrale du sabbat, la folie qui mène à la danse des sorcières et des sorciers honorant le prince de ce monde.

« Oignez-vous et en avant ! criaient-ils en chœur. Joignez-vous à la Danse qui ne finit jamais ! Pour le caprice doux et terrible du génie du Mal. »

Un peu plus et il obéissait, il s'en allait, car sa volonté s'amollissait, et le flot de ses souvenirs l'avait presque submergé. À ce moment – un incident minime peut complètement changer le cours d'une aventure – il se prit le pied dans une pierre disjointe sur le bord du mur et il alla tomber sur le sol un peu plus bas. Mais c'était dans la direction des maisons, dans un espace libre recouvert de poussière et de pierres rondes et, par bonheur, il n'avait pas roulé sur la pente descendant vers la vallée à l'autre extrémité.

Les autres vinrent aussitôt s'abattre autour de lui, telles des mouches sur un morceau de viande ; mais, comme ils tombaient, il fut pour un moment libéré de leur contact et pendant ce bref instant de liberté il eut une fulgurante intuition qui le sauva. Avant d'avoir eu le temps de se remettre sur pied, il vit ces êtres revenir maladroitement sur le faîte du mur à quatre pattes comme si, à l'instar des chauves-souris, ils n'avaient pu voler qu'en se précipitant d'un point élevé ; ils n'avaient pas de prise sur lui dans cet espace découvert. Alors, les voyant perchés en rang comme des chats sur un toit, formes indistinctes et sombres, avec leurs yeux qui brillaient comme des flammes, il se rappela soudain la terreur d'Ilsé pour le feu.

Avec la rapidité de l'éclair, il trouva ses allumettes et enflamma les feuilles mortes accumulées au pied du mur.

Le tas prit feu instantanément, le vent propagea la flamme qui se répandit le long du mur et en hauteur. Dans un concert de cris et de lamentations, cette rangée de formes serrées sur le faîte du mur se dispersa de l'autre côté dans les airs ; bientôt tous ces êtres avaient disparu dans une ruée générale vers les profondeurs hantées de la vallée, laissant Vézin bouleversé, le souffle coupé, maître du terrain déserté.

« Ilsé ! appela-t-il d'une voix faible, Ilsé ! » Son cœur saignait à l'idée qu'elle s'était rendue à la grande Danse sans lui et qu'il avait perdu l'occasion de participer à cette terrible explosion de joie. Il était profondément soulagé mais il avait l'esprit si confus qu'il savait à peine ce qu'il disait ; dans la tempête déchaînée en lui par toutes ces émotions il se contenait de crier.

En contrebas du mur, le feu continuait sa progression ; la lune reparut, à la suite de cette éclipse passagère. Après un dernier regard horrifié aux remparts en ruine, éprouvant en même temps une curiosité terrifiée pour la vallée hantée qui s'ouvrait à ses pieds et où des formes indistinctes se pressaient et s'envolaient dans les airs, il se tourna vers la ville et se dirigea lentement vers l'hôtel.

Pendant tout le parcours, il fut escorté par un concert de cris, de gémissements, de hurlements provenant de la forêt illuminée ; mais ce vacarme s'apaisa peu à peu avec les sautes du vent et à mesure qu'il avançait davantage à l'abri des maisons.

VI

« Cette fin peut vous paraître un peu brusque, dit Arthur Vézin qui, timide et rougissant, regardait le Dr Silence armé de son carnet de notes. Mais, c'est un fait : à partir de cet instant, ma mémoire tend à me faire défaut. Je ne puis me rappeler exactement comment je suis rentré à l'hôtel et ce que j'y ai fait.

» Il semble que je n'y sois pas allé du tout. Je me revois confusément avançant très vite sur une longue route, blanche sous la lune, traversant des bois, des villages calmes et déserts, puis, à l'aube, apercevant les clochers d'une ville assez importante et arrivant à une gare.

» Mais je me rappelle aussi m'être arrêté sur la route, bien avant cela, pour regarder derrière moi la ville perchée sur sa colline, où s'était déroulée mon aventure et me disant à quel point elle ressemblait à un chat monstrueux accroupi sur la plaine : ses deux énormes pattes de devant figurant les rues principales, les deux clochers jumeaux et ruinés de la cathédrale se détachant sur le ciel comme des oreilles dressées.

Cette image est restée gravée dans ma mémoire et conserve encore aujourd'hui toute sa fraîcheur.

» Un autre souvenir de ma fuite : j'ai soudain pensé que je n'avais pas payé ma note. Je décidai alors, sur cette route poussiéreuse, que la valeur des bagages que j'avais laissés, bien que modeste, couvrirait largement son montant.

» Pour le reste, je peux simplement vous dire que j'ai pris du café et des tartines dans les faubourgs de cette ville où j'étais parvenu, que peu après j'ai trouvé le chemin de la gare et pris un train un peu plus tard. Le soir même j'arrivais à Londres.

– Combien de temps pensez-vous être resté dans cette ville ? » demanda John Silence avec le plus grand calme.

Vézin leva les yeux en prenant l'air décontenancé.

«J'y arrivais, dit-il en se tortillant comme pour s'excuser. J'ai découvert en arrivant à Londres que j'avais une semaine en trop dans le calcul de mon emploi du temps. J'étais resté plus d'une semaine dans cette ville et nous aurions dû être le 15 septembre, alors que nous n'étions que le 10 !

– Si bien qu'en réalité vous n'avez passé dans cette auberge qu'une nuit ou deux ? » demanda le docteur.

Vézin hésita avant de répondre. Il se sentait sur la sellette et il essayait de biaiser.

«Je dois avoir gagné du temps quelque part... finit-il par dire. Quelque part ou d'une façon quelconque. J'avais à coup sûr une semaine d'avance. Je ne peux pas l'expliquer. Je ne puis que vous signaler le fait.

– Cela vous est arrivé l'année dernière, et vous n'êtes jamais retourné sur les lieux ?

– Oui, l'année dernière à l'automne, répondit Vézin dans un souffle ; quant à retourner là-bas je n'en ai pas eu le courage. Je crois que je n'en aurai jamais envie. »

Voyant que le petit homme était arrivé au bout de son histoire et n'avait plus rien à dire, le Dr Silence finit par lui poser une question :

« Dites-moi, avez-vous lu des ouvrages sur la sorcellerie du Moyen Âge, vous êtes-vous d'une manière quelconque intéressé à la question ?

– Jamais ! déclara Vézin avec énergie. Autant que je sache, je n'ai jamais pensé à cela.

– Ou à la question de la réincarnation, peut-être ?

– Jamais... avant mon aventure. Mais depuis, si», répondit-il sur un ton significatif.

Cependant il y avait encore quelque chose que cet homme aurait voulu confier au Dr Silence, sans pouvoir s'y décider ; après maintes ouvertures pleines de tact et de compréhension de la part du docteur, il dit en bégayant qu'il aurait voulu lui montrer les traces qu'il avait toujours conservées sur le cou, aux endroits où la jeune fille l'avait touché de ses mains ointes d'onguent magique.

Après toutes sortes d'hésitations, il ôta son col et fit descendre sa chemise. Il avait sur la peau une ligne rougeâtre suivant le contour de l'épaule et descendant un peu vers la colonne vertébrale. C'était exactement la position d'un bras qui l'aurait enlacé. De l'autre côté du cou, un peu plus haut, se trouvait une marque similaire, mais moins nette.

« C'est là qu'elle m'a tenu ce fameux soir, sur les remparts », dit-il dans un murmure tandis qu'une lueur étrange apparaissait dans ses yeux pour se dissiper aussitôt.

Quelques semaines plus tard, comme j'avais l'occasion de consulter John Silence sur un autre cas extraordinaire qui était venu à ma connaissance, nous nous sommes mis à discuter à nouveau de l'histoire de Vézin. À la suite du récit qu'il en avait entendu, le docteur avait fait son enquête personnelle ; l'un de ses secrétaires avait découvert que les ancêtres de Vézin avaient pendant plusieurs générations vécu dans la ville où cette aventure était survenue. Parmi eux, deux femmes avaient été jugées comme sorcières et condamnées à être brûlées vives. De plus, il n'avait pas été difficile de prouver que l'auberge où Vézin avait séjourné avait été construite aux alentours de 1700 sur les lieux mêmes où les bûchers étaient dressés. La ville était une sorte de quartier général des sorciers et sorcières de la région ; ils y étaient jugés et brûlés par douzaines.

« Il paraît étrange, poursuivit le docteur, que Vézin soit resté dans l'ignorance de ces faits ; mais, d'autre part, ce n'était pas le genre d'histoire dont on a envie au cours des générations successives de conserver le souvenir en la racontant aux enfants. J'aurais donc tendance à croire qu'il continue d'ignorer tout de la question. »

L'ensemble de l'aventure semble avoir été la réminiscence très vivante d'une vie antérieure par suite d'une prise de contact avec des forces douées encore de toute leur vitalité et hantant toujours les lieux en question ; peut-être même, par un hasard exceptionnel avec les âmes de ceux qui avaient précisément pris part aux événements ayant marqué cette existence particulière. La mère et la fille qui l'ont si étrangement impressionné doivent avoir été, en même temps que lui-même, les acteurs principaux des scènes de sorcellerie qui, à l'époque considérée, hantaient tous les esprits dans la région.

Il suffit de lire les chroniques pour savoir que ces sorcières prétendaient avoir le pouvoir de se métamorphoser en différents animaux, à la fois dans le but de se déguiser et de se rendre rapidement sur le théâtre de leurs orgies imaginaires. On a cru partout à la lycanthropie, c'est-à-dire au pouvoir de se changer en loup ; la possibilité de se transformer en chat en s'enduisant le corps d'un onguent, ou d'un baume spécial, a fait également l'objet de croyances très répandues. De nombreux procès de sorcellerie en apportent le témoignage.

Le Dr Silence cita ainsi les chapitres et les paragraphes d'ouvrages traitant de ce sujet et démontra que dans l'aventure de Vézin chaque détail était fondé sur les croyances de ces siècles d'obscurantisme.

« Mais que toute cette affaire se soit insérée subjectivement dans la conscience de cet homme, cela, je n'en doute point, poursuivit-il, répondant à mes questions. Car mon secrétaire, qui est allé enquêter sur place, a retrouvé sa signature sur le registre de l'hôtel, ce qui prouvait qu'il était arrivé le 8 septembre et était parti à l'improviste deux jours après sans payer sa note. Les propriétaires de l'hôtel étaient restés en possession d'un sac de voyage usagé brunâtre et de quelques vêtements de touriste. J'ai payé sa note, qui était modique et je lui ai réexpédié ses bagages. La fille était absente, mais la patronne, une forte femme ressemblant beaucoup à la description qu'il en avait faite, a dit à mon secrétaire que ce voyageur lui avait paru très étrange, sujet à des absences. Après sa disparition elle avait craint longtemps qu'il n'eût trouvé une fin tragique dans la forêt voisine où il avait l'habitude d'aller flâner tout seul.

J'aurais aimé avoir une entrevue avec la fille pour vérifier jusqu'à quel point ce que Vézin m'avait raconté comme s'étant passé entre eux avait un caractère subjectif ou réel. Car sa terreur du feu devait provenir du souvenir intuitif de sa mort affreuse et nous aurait expliqué la raison pour laquelle Vézin s'était plus d'une fois imaginé la voir apparaître à travers des flammes et un nuage de fumée.

« Et ces marques qu'il avait sur la peau ? demandai-je.

– Elles ont simplement une origine hystérique, comme les stigmates des religieuses et les cicatrices qui apparaissent sur le corps de sujets hypnotisés à qui on a suggéré qu'ils devaient s'attendre à les présenter. Cela est très courant et s'explique facilement. Ce qui est curieux, c'est que ces marques aient persisté dans le cas de Vézin. Habituellement, elles disparaissent très vite.

– De toute évidence, il ne cesse d'y penser, de repasser tout cela dans sa tête, de revivre son aventure, me risquai-je à dire.

– Probablement. Et cela me fait craindre qu'il ne soit pas au bout de ses peines. Nous entendrons à nouveau parler de lui. C'est un cas pathologique, hélas ! Je ne peux pas faire grand-chose pour le soulager. »

Il y avait maintenant du sérieux et de la tristesse dans les intonations du Dr Silence.

« Et que faites-vous du Français du train, demandai-je encore. L'homme qui l'avait mis en garde, "*à cause du sommeil et à cause des chats*" ? C'est à coup sûr un détail singulier ?

– *Très* singulier, en vérité, répondit-il avec lenteur. Je ne peux l'expliquer que par une très improbable coïncidence.

– C'est-à-dire ?

– Que l'homme ait lui-même séjourné dans la ville et

connu une expérience analogue. J'aimerais retrouver ce voyageur et l'interroger. Mais nous n'avons aucun indice. Je ne peux donc conclure qu'à une singulière affinité psychologique, à une force encore active en lui et puisant son origine dans une vie antérieure qui l'aurait attiré vers Vézin et l'aurait mis en mesure d'appréhender ce qui était susceptible de lui arriver ; ce qui l'aurait conduit à le mettre en garde.

» Cependant, continua-t-il ensuite, comme se parlant à lui-même, j'ai l'impression que Vézin s'est trouvé pris dans un faisceau de forces se dégageant d'une vie antérieure fertile en intenses activités et qu'il a revécu une scène à laquelle il avait maintes fois participé il y a des siècles. Car les actions violentes donnent naissance à des forces qui sont tellement longues à s'amortir qu'on peut presque dire qu'elles ne disparaissent jamais. Dans le cas qui nous occupe, elles n'avaient pas la vitalité suffisante pour rendre l'illusion complète, si bien que le petit homme s'est trouvé la proie d'une confusion déroutante entre le présent et le passé ; il était cependant assez réceptif pour reconnaître qu'il s'agissait de quelque chose de vrai et pour lutter contre cette dégradation qui aurait consisté à revenir, même par le souvenir, à un stade d'évolution ancien et inférieur.

» Oui ! poursuivit-il en traversant la pièce pour aller contempler le ciel qui s'obscurcissait et en paraissant oublier ma présence, ces brusques réminiscences restant sur le seuil de la mémoire peuvent être excessivement pénibles et quelquefois extrêmement dangereuses. Je ne peux que souhaiter que cette âme pacifique réussisse à échapper à l'obsession d'un passé tumultueux et passionné. Mais j'en doute, oui, j'en doute. »

Son intonation se voilait de tristesse. Quand il se retourna vers l'intérieur de la pièce, il y avait sur son visage l'expression profondément sincère de quelqu'un qui aspire à aider son prochain avec une ferveur qui pourrait peut-être dépasser ses possibilités d'y parvenir.

Traduit de l'anglais par Jacques Parsons

Les Chats d'Ulthar

H.P. Lovecraft

On dit qu'à Ulthar, qui se trouve au-delà de la rivière Skai, nul n'a le droit de tuer un chat ; ce que je comprends, en vérité, quand j'en observe un qui ronronne, couché devant le feu. Car le chat est un animal mystérieux, familier de choses étranges que les hommes ne peuvent pas voir. Il est l'âme de l'ancienne Égypte, le détenteur de récits venus des cités perdues d'Ophir et de Méroé ; le parent des seigneurs de la jungle, l'héritier des secrets de la séculaire et sinistre Afrique, et le cousin du Sphinx, dont il parle la langue ; mais, plus vieux que lui, il se souvient de choses que le Sphinx a oubliées.

À Ulthar, bien avant que les notables interdisent le meurtre des chats, vivaient un vieux paysan et sa femme, qui prenaient grand plaisir à capturer et à tuer tous ceux de leurs voisins. Je ne sais pourquoi ils agissaient ainsi : mais il est vrai que beaucoup de gens détestent entendre les chats miauler la nuit, et s'offusquent qu'au crépuscule ils courent furtivement dans les cours et les jardins. Quoi qu'il en soit, le vieil homme et son épouse se plaisaient fort à s'emparer de tout félin qui s'approchait de leur masure ; et, à en juger par les bruits qu'on entendait la nuit venue, de nombreux villageois conjecturaient que la mise à mort devait être particulièrement originale. Mais ils n'abordaient pas ces questions avec les deux vieux, à cause de l'expression qu'on lisait sur leurs visages fanés, et également parce que leur chaumière, aussi minuscule qu'obscure, restait cachée sous de grands chênes, derrière un terrain en friche. À dire vrai, les propriétaires de chats les détestaient, mais les redoutaient plus encore ; et, au lieu de les traiter d'assassins, se bornaient à prendre garde qu'aucun chasseur de souris n'aille errer aux environs du taudis dissimulé là-bas sous les arbres ténébreux. Quand une fatale négligence entraînait la disparition de l'un d'eux, et que certains bruits se faisaient entendre dans la nuit, le possesseur de l'animal se lamentait, impuissant ; ou se consolait en remerciant le Destin que l'un de ses enfants ne se fût pas éclipsé de la même manière. Car les habitants d'Ulthar étaient des gens simples, et ne savaient même pas ce qu'il advenait des chats.

Un jour, une étrange caravane de nomades venus du sud pénétra dans les étroites rues pavées de la ville. Ils étaient noirs de peau, et très différents des vagabonds qui traversaient le village deux fois l'an. Sur la place du marché, ils dirent la bonne aventure pour quelques pièces d'argent, et achetèrent aux marchands des perles de couleur vive. Personne ne savait d'où ils venaient ; mais ils psalmodiaient des prières inconnues, et les parois de leurs roulottes étaient peintes de figures bizarres, aux corps d'hommes surmontés de têtes de chats, de faucons, de béliers et de lions. Et le chef de la caravane portait un chapeau orné de deux cornes, entre lesquelles reposait un disque curieux.

Il y avait, dans cette singulière caravane, un enfant sans père ni mère, qui n'avait plus à chérir qu'un petit chaton noir. La peste ne s'était pas montrée tendre avec lui, mais lui avait quand même laissé cette petite boule de poils pour adoucir son chagrin ; et, quand on est très jeune, on peut se consoler au spectacle des joyeuses facéties d'un chaton noir. Aussi le petit garçon, que le peuple à peau sombre appelait Menès, riait-il plus qu'il ne pleurait, assis avec le gracieux animal sur les marches d'une roulotte aux peintures bizarres.

Les nomades étaient à Ulthar depuis trois jours quand, un matin, Menès ne put retrouver son chat ; comme il pleurait à grands cris sur la place du marché, des villageois lui parlèrent du vieillard et de sa femme, et des bruits entendus durant la nuit. Quand il apprit cela, ses pleurs cédèrent la place à la réflexion, et pour finir à la prière. Il étendit les bras vers le soleil, et pria dans une langue que nul ne pouvait comprendre ; bien qu'à la vérité les habitants de la ville n'aient pas fait beaucoup d'efforts en ce sens, occupés qu'ils étaient à observer le ciel et les formes étranges que prenaient les nuages. Chose surprenante : tandis que le petit garçon lançait ses supplications, ils semblaient prendre là-haut l'allure nébuleuse et indistincte de choses inconnues, de créatures hybrides couronnées de disques placés entre leurs cornes. La nature n'est pas avare de telles illusions quand elle veut impressionner notre imagination.

Cette nuit-là les nomades quittèrent Ulthar pour ne plus reparaître. Les chefs de famille s'inquiétèrent en constatant que, dans tout le village, il était impossible de trouver le moindre chat. Tous avaient disparu du foyer : gros, petits, noirs, gris, rayés, jaunes ou blancs. Le vieux Kranon, le bourgmestre, jura qu'ils avaient été emmenés par le peuple à peau sombre pour venger le meurtre du chat de Menès, et maudit la caravane et le petit garçon. Mais le notaire, le maigre Nith, déclara que mieux valait suspecter le vieux paysan et sa femme, dont la notoire haine des félins devenait chaque jour plus audacieuse. Personne, pourtant, n'osa récriminer auprès du sinistre couple, même quand Atal, le fils de l'aubergiste, eut juré qu'au crépuscule il avait vu, dans ce lieu maudit caché sous les arbres, tous les chats d'Ulthar avancer en cercle, d'une allure très lente et solennelle, autour de la chaumière, marchant par deux, comme s'ils s'adonnaient à des rites inconnus des hommes. Les villageois hésitaient à croire un enfant aussi jeune ; et, bien qu'ils aient craint que les deux vieux n'aient infligé aux chats un enchantement mortel, ils préférèrent attendre, pour faire des reproches au paysan, de le rencontrer en dehors de son obscure et répugnante demeure.

Ulthar s'endormit donc plein d'une fureur impuissante. Mais quand les gens se réveillèrent à l'aube – voilà que chaque animal était revenu au foyer ! Gros, petit, noir, gris, rayé, jaune ou blanc, aucun d'eux ne manquait à l'appel. Le poil luisant, l'air repu, tous émettaient des ronronnements sonores. Le vieux Kranon répéta une fois de plus que les nomades avaient dû les emmener, puisque d'ordinaire aucun d'entre eux ne revenait vivant de la chaumière du vieillard et de sa femme. Tous, cependant, s'accordèrent à trouver des plus bizarre le refus des chats de manger leur part de viande, ou de boire leur soucoupe de lait. Deux jours durant, les félins indolents, au poil luisant, s'abstinrent de toute nourriture, et ne firent que sommeiller au soleil ou près du feu.

Une semaine entière passa avant que les villageois se rendent compte qu'aucune lumière n'apparaissait plus le soir aux fenêtres de la chaumière dissimulée sous les arbres. Le maigre Nith fit alors remarquer que personne n'avait vu le vieil homme et sa femme depuis la nuit où les chats avaient disparu. La semaine suivante, le bourgmestre décida de surmonter ses craintes, et d'aller à la demeure silencieuse pour voir ce qu'il en était ; il prit soin, cependant, de se faire accompagner de Shang, le forgeron, et de Thul, le tailleur de pierres, pour qu'ils lui servent de témoins. Quand ils eurent forcé la porte, ils ne trouvèrent que deux squelettes humains, parfaitement nettoyés, gisant sur le sol de terre battue, et un grand nombre d'étranges scarabées qui rampaient dans les sombres recoins de la pièce.

Il s'ensuivit de longues discussions entre les notables d'Ulthar. Zath, le juge, débattit sans fin avec le notaire, le maigre Nith ; et Kranon, Shang et Thul se virent accablés de questions. Même le fils de l'aubergiste, le petit Atal, fut interrogé en détail, et reçut une sucrerie en récompense. Tous parlèrent du vieux paysan et de sa femme, de la caravane de nomades à la peau sombre, de Menès et de son chaton noir, de ses prières et de l'aspect du ciel à ce moment-là, des rites auxquels s'adonnaient les chats, la nuit où les nomades avaient quitté Ulthar, et de ce qu'on avait trouvé plus tard dans la sordide demeure cachée sous les arbres ténébreux.

Et pour finir les notables édictèrent cette loi dont parlent les marchands d'Hatheg et qu'évoquent les voyageurs de Nir, à savoir qu'à Ulthar nul n'a le droit de tuer un chat.

Traduit de l'anglais par Jean-Paul Mourlon

BIOGRAPHIES ET BIBLIOGRAPHIE

Pour chaque nouvelle, nous indiquons dans l'ordre : la parution originale en revue lorsqu'elle existe, la première publication en volume, et les mentions de traduction en français les plus significatives.

STEPHEN VINCENT BENÉT

Poète et nouvelliste américain né en 1898, mort en 1943. Son poème sur la guerre civile *John Brown's Body* (1928) l'a consacré comme l'un des meilleurs poètes de son époque. Nouvelliste à succès, ses histoires telles que *Le Roi des chats*, *By the Waters of Babylone* et *The Devil and Daniel Webster* sont régulièrement citées parmi les plus remarquables de la littérature américaine. La dernière, un récit de pacte avec le diable, a été adaptée au cinéma sous le titre *All That Money Can Buy* (William Dieterle, 1941).

Le Roi des chats / The King of the Cats

- in *Harper's Bazaar*, février 1929.
- in *Thirteen O'Clock; Stories of Several Worlds*, New York : Farrar and Rinehart, [1937].
- in *Le Roi des chats*, Paris : Julliard, « Sequana », 1947, traduit de l'anglais par Pierre Javet.

ARTHUR CHRISTOPHER BENSON

Essayiste anglais né en 1862, mort en 1925. Professeur à Eton puis à Cambridge, A.C. Benson a peu écrit. Son recueil

d'essais *From a College Window* (1906) reste son œuvre la plus connue. De rares recueils de contes fantastiques dominés par une troublante mélancolie le distinguent pourtant de nombre de ses contemporains (*The Hill of Trouble*, 1903 ; *The Isles of Sunset*, 1904). Il est également l'auteur d'un roman sur l'immortalité (*The Child of Dawn*, 1911).
Le Chat gris / The Gray Cat
– in *The Hill of Trouble and Other Stories*, London : Isbister, 1903.

EDWARD FREDERIC BENSON

Écrivain anglais né en 1867, mort en 1940. Frère du précédent. D'abord attiré par l'archéologie, Benson s'est tourné vers la littérature après le succès considérable de son roman *Dodo* (1893). Certaines de ses comédies sociales sont encore rééditées et parfois adaptées pour la télévision : plusieurs romans des cycles de Miss Mapp et Lucia ont récemment été traduits en français. Dans le domaine du fantastique, il laisse une œuvre considérable, autant dans le genre romanesque (*The Judgement Books*, 1895 ; *The Image in the Sand*, 1905 ; *The Angel of Pain*, 1906 ; etc.) que dans celui de la nouvelle où il excella : *Mrs Amworth*, *And No Bird Sings*, *Caterpillars* ou encore *Negotium Perambulans* sont considérées, à juste titre, comme des classiques.
Bagnell Terrace / Bagnell Terrace
– in *Hutchinson's Magazine*, juillet 1925.
– in *Spook Stories*, London : Hutchinson, [1928].

ALGERNON BLACKWOOD

Écrivain anglais né en 1869, mort en 1951. Féru d'occultisme et des religions orientales, Blackwood a commencé à écrire tardivement des nouvelles (plus de cent cinquante) qui, pour la plupart, font appel à ses expériences de jeunesse et à ses convictions métaphysiques. Sa création la plus marquante reste la série des aventures du détective du surnaturel John Silence, récits à peine romancés de ses propres expériences psychiques. Très connu en Angleterre pour ses narrations de contes fantastiques à la radio et à la télévision, Blackwood fut également très apprécié pour ses romans destinés à la jeunesse (*Jimbo*, 1909 ; *The Human Chord*, 1910 ; etc.)

Sortilèges et Métamorphoses / Ancient Sorceries

– in *John Silence*, London : Eveleigh Nash, 1908.
– in *Migrations*, Paris : Denoël, « Présence du Futur ; 101 », 1967, traduit de l'anglais par Jacques Parsons.

ROBERT WILLIAM CHAMBERS

Écrivain américain né en 1863, mort en 1933. Romancier à succès, célèbre pour ses comédies de mœurs dans le premier quart du XXe siècle, Chambers est tombé dans un oubli quasi total, largement immérité pour ce qui concerne la part fantastique de son œuvre. Influence tardive de Lovecraft, Chambers a laissé plusieurs recueils dignes d'attention : *Le Roi de jaune vêtu* (1895), par exemple, rassemble plusieurs nouvelles reliées par la référence constante au livre maudit qui donne son titre au volume. Ce motif déjà employé par Ambrose Bierce se retrouvera chez Lovecraft et surtout chez ses continuateurs. Citons également *In Search of the Unknown* (1904), une série de nouvelles humoristiques mettant en scène deux héros à la recherche d'animaux mythiques.

L'Homme à la table voisine / The Man at the Next Table

– in *The Maker of Moons*, New York : Putnam, 1896.
– in *In Search of the Unknown*, New York : Harper, 1904, (dernier chapitre).

[HENRY FITZ]GERALD HEARD

Écrivain et essayiste anglais né en 1889, mort en 1971. D'abord chroniqueur scientifique pour la BBC dans les années 30, Heard a émigré aux États-Unis en 1937. Auteur d'ouvrages philosophiques, Heard s'est tourné vers la fiction au début des années 40, sa trilogie : *A Taste for Honey* (1941), *Murder by Reflection* (1942) et *The Notched Hairpin* (1949) qui met en scène le frère de Sherlock Holmes, Mycroft, a eu un grand retentissement. Citons également deux recueils de contes de terreur (*The Great Fog*, 1944 ; *The Lost Cavern*, 1948) et un roman anti-utopique (*Doppelgangers*, 1948).

Le Chat, «Je Suis» / The Cat, «I Am»
– in *The Great Fog and Other Weird Tales*, New York : The Vanguard Press, 1944.

Robert Smythe Hichens

Écrivain anglais né en 1864, mort à Zurich en 1950. C'est un roman à clef dirigé contre les excès du mouvement décadent anglais qui a fait connaître Robert Hichens (*The Green Carnation*, 1894). Après quelques années de critique musicale, il s'oriente vers la littérature abordant tous les genres avec un certain succès. Attiré par les recherches contemporaines en matière de spiritisme et de métapsychique, Hichens a traité nombre de thèmes de ces domaines sous forme de romans (*Flames*, 1897 ; *The Dweller on the Threshold*, 1911 ; *Dr Artz*, 1929 ; *Harps in the Wind*, 1945 ; etc.) et de nouvelles, dont la plus réputée, *How Love Came to Professor Guildea* est un modèle d'histoire de fantôme. Plusieurs de ses œuvres ont été adaptées au cinéma, comme *Le Procès Paradine* en 1950 par Alfred Hitchcock.

Le Retour de l'âme / The Return of the Soul
– in *The Folly of Eustace and Other Stories*, London : William Heinemann, 1896.

Walter John de la Mare

Écrivain anglais né en 1873, mort en 1956. Tour à tour poète, auteur de livres pour enfants, romancier ou nouvelliste, Walter de la Mare est sans doute l'un des auteurs les plus exigeants de la première moitié de ce siècle. Ses débuts littéraires portent la marque de Poe, de Hawthorne ou de Willa Cather. Il est l'auteur de nombreux recueils de contes fantastiques : *The Riddle* (1923), *Two Tales* (1925), *The Connoisseur* (1926), *On the Edge* (1930), *The Wind Blows Over* (1936), *A Beginning* (1955), *Eight Tales* (1971). Son roman *The Return* (un récit de possession publié en 1910) a obtenu le prix Polignac, tandis que *Memoirs of a Midget* (1921) a été récompensé par le prix du James Tait Black Memorial. Son œuvre est en cours de traduction.

Manches à balai / Broomsticks
– in *The London Mercury*, octobre 1925.
– in *Broomsticks and Other Tales*, London : Constable, 1925.

JOSEPH SHERIDAN LE FANU

Écrivain anglo-irlandais né à Dublin en 1814, mort en 1873. Très certainement l'auteur fantastique le plus connu du XIXe siècle en Angleterre. Comme Hoffmann en Allemagne ou Edgar Poe aux États-Unis, il a modernisé le genre fantastique enraciné jusque-là dans l'immense production du mouvement gothique et permis l'éclosion de la *ghost story* anglaise du tournant du siècle. Ses réussites sont éclatantes tant dans le roman : *Uncle Silas* (1864) ou *The House by the Churchyard* (1863), que dans la nouvelle : *Schalken the Painter* (1839), *Thé vert* (1869), ou encore *Carmilla* (1871-1872), adapté au cinéma en 1970.

Le Chat Blanc de Drumgunniol / The White Cat of Drumgunniol
– in *All the Year Round*, 2 avril 1870. Publication anonyme.
– in *Madam Crowl's Ghost and Other Tales of Mystery*, éd. M. R. James, London : George Bell, 1923.
– in *Le Hoberau maudit et autres contes*, Paris : Cercle européen du livre, « Les Chefs-d'œuvre de la science-fiction et du fantastique », 1975, traduit de l'anglais par Jean-Louis Degaudenzi.

HOWARD PHILLIPS LOVECRAFT

Nouvelliste et poète américain né en 1890, mort en 1937. La consécration de cet écrivain de science-fiction et de *fantasy*, collaborateur de la mythique revue *Weird Tales* à partir de 1923, est venue tardivement mais elle est aujourd'hui considérable – jusqu'à l'excès. Outre ses créations cosmogoniques originales, dont certaines sont abusivement regroupées au sein du mythe de Cthulhu, l'apport de Lovecraft peut se mesurer à sa faculté d'intégrer le meilleur de ses prédécesseurs, notamment des auteurs anglais du début du siècle : Arthur Machen, Lord Dunsany, William Hope Hodgson et Algernon Blackwood.

Les Chats d'Ulthar / The Cats of Ulthar
– in *The Tryout*, vol. 6, nº 11, novembre 1920.
– in *The Outsider and Others*, Sauk City, Wisc. : Arkham House, 1939.
– in *Night Ocean et autres nouvelles*, Paris : Belfond, « Les Portes de la nuit », 1986, traduit de l'anglais par Jean-Paul Mourlon.

RICHARD MARSH

Fils d'un immigrant juif d'origine allemande, Richard Marsh (de son vrai nom Richard Bernard Heldmann) est né à Londres en 1857. À l'issue de ses études, il entame une carrière d'écrivain particulièrement féconde, rédigeant six romans pour la jeunesse publiés sous le nom de Bernard Heldmann. Après un silence de plusieurs années, il se tourne vers la littérature populaire et le fantastique sous le nom de Richard Marsh. Parmi plus de quarante romans, *Le Scarabée* est, sans conteste, le plus connu. Cette œuvre, qui traite de sorcellerie et du culte d'Isis, fut, avec le *Dracula* de Bram Stoker, le roman d'horreur le plus populaire de la dernière décennie du XIXe siècle. Richard Marsh est mort en 1915.

La Disparition de Mme Macrecham / The Disappearance of Mrs Macrecham
– in *The Harmsworth Magazine*, février 1901.
– in *Both Sides of the Veil*, London : Methuen, 1901.

ELINOR MORDAUNT

Pseudonyme de la romancière anglaise Evelyn Mary Clowes (1872-1942). Ses romans à forte connotation autobiographique évoquent ses nombreux voyages à l'étranger et une vie personnelle mouvementée (notamment *The Park Wall*, publié en 1916, et très apprécié de Virgina Woolf). Elle prit la défense de Thomas Hardy contre Somerset Maugham (*Gin and Bitters*, 1931), et fut poursuivie avec succès par ce dernier pour diffamation. Son autobiographie, *Sinaboda* (1937) serait, dit-on, passablement fantaisiste.

Le Chat jaune / The Yellow Cat
– in *Hutchinson's Magazine*, août 1921.

SAKI

Pseudonyme de l'humoriste et journaliste anglais Hector Hugh Munro né en Inde en 1870, mort en France en 1916. Il est l'auteur de plus de cent quarante nouvelles qui l'ont rendu mondialement célèbre. Son roman *L'Insupportable Bassington*, d'un grand cynisme, dévoile la médiocrité de la société anglaise, tandis que son dernier roman, terminé avant son départ au front, décrit une invasion de l'Angleterre par l'Allemagne (*When William Came*, 1914).

Tobermory / Tobermory
– in *The Westminster Gazette*, 27 novembre 1909.
– in *The Chronicles of Clovis*, London : John Lane, [1911].
– in *Union Jack*, éd. Paul Morand, Paris : Gallimard, 1936, traduit de l'anglais par Robert Alos.
– in *Nouvelles* [vol. 1], éd. Graham Greene, Paris : Laffont, « Pavillons », 1960, traduit de l'anglais par Jean Rosenthal.

DOROTHY LEIGH SAYERS

Écrivain et anthologiste anglais née en 1898, morte en 1957. Spécialiste de littérature médiévale, elle fut l'une des premières femmes diplômées d'Oxford. Son premier roman policier date de 1923 (*Whose Body ?*). Créatrice du détective lord Peter Wimsley, qui fit son succès, elle est aussi reconnue comme étant une remarquable anthologiste dans les domaines du policier et du fantastique. Elle est également l'auteur de drames religieux, d'essais théologiques et d'une traduction de la *Divine Comédie* de Dante.

La Chatte de Chypre / The Cyprian Cat
– in *Harper's Bazaar* (édition anglaise), mai 1933.
– in *My Best Thriller, An Anthology of Stories Chosen by Their Own Authors*, London : Faber & Faber, 1933.
– in *In the Teeth of Evidence and Other Stories*, London : Victor Gollancz, 1939.

TABLE DES MATIÈRES

Collection dirigée par Joëlle Losfeld

Littérature de langue française

ALI ABASSI
Tirza
en coédition avec les éditions Cérès

ALEXANDRIAN
Le Grand Astrosophe

TAOS AMROUCHE
Solitude ma mère
Jacinthe noire
Rue des tambourins
L'Amant imaginaire

ALI BECHEUR
Jours d'adieu
en coédition avec les éditions Cérès

EMNA BELHADJ YAHIA
L'Étage invisible
en coédition avec les éditions Cérès

RAYMOND BORDE
Le 24 août 1939
L'Extricable

HIMOUD BRAHIMI
Casbah lumière

JEAN-PAUL CORSETTI
Furtives

ALBERT COSSERY
Les Hommes oubliés de Dieu
Un complot de saltimbanques
La Violence et la Dérision
Mendiants et orgueilleux
La Maison de la mort certaine

Les Fainéants dans la vallée fertile
Conversation avec Albert Cossery
en coédition avec l'INA

DELLFOS
Cerise ou le moment bien employé

AGNÈS KÉDIM
L'Étang de la mer rouge

MURIEL LAPIDUS
Mortelle Imposture

RICHARD MORGIÈVE
Un petit homme de dos

GILLES PLAZY
L'Académie des chiennes

PONSON DU TERRAIL
La Baronne trépassée

MICHEL QUINT
Cake-walk
Lundi perdu

RACHILDE
Mon étrange plaisir

ALINA REYES
La Nuit

ANNE-SYLVIE SALZMAN
Au bord d'un lent fleuve noir

Littérature étrangère

CESARE BATTISTI
Dernières Cartouches
traduit de l'italien par Gérard Lecas

JO ANN BEARD

Les Hommes de ma vie
traduit de l'américain par Dominique Mainard

MAX BEERBOHM

Sept Personnages
nouvelles traduites de l'anglais par Anne-Sylvie Homassel et Norbert Gaulard

ELIZABETH BOWEN

L'Adultère
traduit de l'anglais par Anne Rabinovitch

MARY ELIZABETH BRADDON

Le Secret de lady Audley
traduit de l'anglais par Madeleine Jodel

ROBIN COOK

Bombe surprise
traduit de l'anglais par Jean Esch

WALTER DE LA MARE

Miniature
traduit de l'anglais par Florence Lévy-Paoloni et Christiane Guillois

MARCO DENEVI

Rosa, ce soir
traduit de l'espagnol (Argentine) par Jean-Marie Saint-Lu

COLEMAN DOWELL

Les Maisons des enfants
nouvelles traduites de l'américain par Bernard Hœpffner

THEODORE DREISER

Sister Carrie
traduit de l'américain par Jeanne-Marie Santraud

GEOFF DYER

Jazz Impro
traduit de l'anglais par Rémy Lambrechts

La Couleur du souvenir
traduit de l'anglais par Rémy Lambrechts

JOHN MEADE FALKNER

Le Stradivarius perdu
traduit de l'anglais par Michel Desforges

Le Blason de lord Blandamer
traduit de l'anglais par Bernard Kreise
Le Mariage d'une nuit d'été suivi de Charalampia
traduit de l'anglais par Philippe Meyniel

JANET FRAME
Les Hiboux pleurent vraiment
traduit de l'anglais par Catherine Vieilledent
Poussière et Lumière du jour
nouvelles traduites de l'anglais par Dominique Mainard
Un été à Willowglen (Un ange à ma table, tome II)
traduit de l'anglais par Françoise Robert
Le Messager (Un ange à ma table, tome III)
traduit de l'anglais par Dominique Mainard
Visages Noyés
traduit de l'anglais par Solange Leconte
Le Jardin aveugle
traduit de l'anglais par Dominique Mainard

BENITO PEREZ GALDOS
Misericordia
traduit de l'espagnol par Emma H. Clouard

JAMES HANLEY
Loin du monde
traduit de l'anglais (Irlande) par Dominique Mainard

THOMAS HARDY
Les Yeux bleus
traduit de l'anglais par Georges Goldfayn

MARIANNE HAUSER
Moi et m'man
traduit de l'anglais par Nadine Gassie

ROBERT S.HICHENS
Comment le professeur Guildea rencontra l'amour
traduit de l'anglais par Dominique Mainard

RICHARD KEARNEY
La Chute de Samuel
traduit de l'anglais (Irlande) par Manuela Dumay
À la recherche de Raphaëlle
traduit de l'anglais (Irlande) par Manuela Dumay

FRANCIS KING
La Maison des ténèbres
traduit de l'anglais par Georges Goldfayn

WILLIAM KOTZWINKLE
Le Livre d'une nuit
traduit de l'américain par Jean-Paul Gratias

RICHARD MARSH
Le Scarabée
traduit de l'anglais par Jean-Daniel Brèque

LIAM O'FLAHERTY
L'Assassin
traduit de l'anglais (Irlande) par Hervé Jaouen
Insurrection
traduit de l'anglais (Irlande) par Isabelle Chapman

OLIVER ONIONS
La Belle qui vous fait signe
traduit de l'anglais par Georges Goldfayn

ANNA MARIA ORTESE
Le Chapeau à plumes
traduit de l'italien par Claude Schmitt

MERVYN PEAKE
Titus dans les ténèbres
traduit de l'anglais par Bernard Hœpffner
Mr Pye
traduit de l'anglais par Bernard Hœpffner

TOBIAS SMOLLETT
Les Aventures de sir Launcelot Greaves
traduit de l'anglais par Serge Soupel

SYLVIA TOWNSEND WARNER
Le Diable déguisé en belette
traduit de l'anglais par Anne Rabinovitch

FAY WELDON
Wanda et les autres
traduit de l'anglais par Simone Manceau

T.H. WHITE
Excalibur, l'épée dans la pierre

(La Quête du roi Arthur, tome I*)*
traduit de l'anglais par Monique Lebailly
La Sorcière de la forêt
(La Quête du roi Arthur, tome II*)*
traduit de l'anglais par Monique Lebailly

Anthologies

La Griffe du chat
traduit de l'anglais
Dernières nouvelles de Dracula
traduit de l'anglais par Monique Lebailly
Les Sept Péchés capitaux
traduit de l'anglais et de l'espagnol
Petits Romans noirs irlandais
traduit de l'anglais (Irlande) par Bernard Hœpffner

Théâtre

PHILIPPE CAUBÈRE
Le Roman d'un acteur
Le Roman d'un acteur au cloître des Carmes
(festival d'avignon 1993)

Livrets d'opéras

Carmen
illustrations d'Hippolyte Romain

Paillasse
illustrations d'Hippolyte Romain

Revues

Nouvelle revue des études fantomassiennes
Le Visage vert
revue de littérature fantastique n°2

Récits - Témoignages

Beaux-Livres

Cet ouvrage a été imprimé par la
SOCIÉTÉ NOUVELLE FIRMIN-DIDOT
Mesnil-sur-l'Estrée
en avril 1999

Imprimé en France
Dépôt légal : septembre 1998
N° d'édition : 92 – N° d'impression : 46611